自 治
——美国民主的文化史

〔美〕罗伯特·H.威布 著

李振广 译

商务印书馆
2007年·北京

Robert H. Wiebe

SELF-RULE

A Cultural History of American Democracy

© 1995 by The University of Chicago Press

All rights reserved.

Licensed by The University of Chicago Press,

Chicago, Illinois, U.S.A.

本书根据芝加哥大学出版社 1995 年版翻译

目　录

致谢	1
绪论	4
第一部分　美国例外（19世纪20年代—19世纪90年代）	17
第一章　民主政治	22
第二章　未开化的人	49
第三章　人民	71
第四章　进或出	99
第二部分　转变（19世纪90年代—20世纪20年代）	129
第五章　使下层阶级沉沦	134
第六章　新兴的等级制度	157
第七章　使人民分裂	184
第三部分　现代民主（20世纪20年代—20世纪90年代）	205
第八章　个人	210
第九章　政府	229
第十章　内部的冲突	252
结论	279
注释	302
特别致谢与参考书目	316
索引	350
译者后记	367

致　　谢

本书的初稿是 1987 年在康奈尔大学由最和蔼可亲的迈克尔·坎曼主持的三次卡尔·洛特斯·贝克尔讲座内容的一部分。我对斯图尔特·布卢明在这一时期对我的鼓励深表感谢。简·J.曼斯、布里奇·J.诺雷尔、玛丽·贝思·诺顿、詹姆斯·奥克斯以及罗伯特·韦斯布鲁克通过指出这些演讲的缺点，激励着我去把事情做得更好。萨拉·埃文斯、约翰·海厄姆和苏珊·赫希对一篇概述了我对美国民主的另一种观点的论文做出的回应，也起到了类似的作用。作为 1987 年耶路撒冷一次讨论会的评议人指责我"走的是共产主义道路"的施洛莫·阿维尼瑞，其富有想像力的批评特别值得一提。

约瑟夫·巴顿、约翰·L.托马斯和小萨姆·巴斯·沃纳忍受着原稿的粗糙，通读了本书的草稿——作为学院提供赞助的最后测试——并要求我继续这项研究。詹姆斯·T.克洛彭伯格和詹姆斯·J.希恩为后来的版本提出了富有见地的评价，而艾伦·卡罗尔·杜波依斯对第二部分进行了全面的评价。罗宾·芒西对倒数第二版的精当评论一直指导着我对本书的最后修订。我对所有这些人的帮助深表感谢。我对罗伯特·贝拉和迈克尔·舒德森提出的见解也深表感谢。

詹姆斯·坎贝尔、阿瑟·F.麦克沃伊和哈罗德·珀金为我提供了一些有用的原始资料。我分享了哈里·沃森对 19 世纪初期政治的广博知识，我还分享了亨利·宾福德对 19 世纪后期城市的广泛了解。罗兰·盖约特帮助我整理了我对当代民主的见解，乔伊斯·塞尔策帮助我把我的手稿编成章节。我的家人对这一项事业很感兴趣。道格拉斯·威布和理查德·P.威布推荐了一些读物。埃里克·威布和帕特里克·威布对我所认为的选举投票的优点表示怀疑。与詹姆斯·E.谢里丹和克拉伦斯·L.维尔·斯蒂格一样，托比·威

2　自治

布表示相信我最终是会有想法的。理查德·L.麦考密克、彼得·帕里什和横山亮对其中的某些想法感到激动。在芝加哥大学出版社，凯斯林·戈尔、道格拉斯·米切尔以及里纳·拉纳利始终是富有同情心的和助人为乐的。所有这些人的贡献都在鼓舞着我。

纽贝里图书馆提供的一个劳埃德·刘易斯研究员职位，使我有时间在一所大学的环境中撰写本书的初稿。理查德·H.布朗——这家图书馆当时的学术副馆长——不断给予我极大的鼓励。斯潘塞基金会和无名捐赠者的慷慨加快了原稿完成的速度。在本书的撰写期间，鲁道夫·H.魏因加特讷和劳伦斯·B.杜马，即西北大学艺术与科学学院前后两位院长，一直支持这项研究计划。我还应特别感谢史蒂文·L.贝茨、约翰·R.麦克莱恩和阿戴尔·L.瓦尔登堡，他们为确保我从休假中获得最大收益而打乱了他们自己正常的工作安排。如果我愿意，我可以抱怨运气不好，但我却不能说我得到的条件太差。

此外，还有撰写这本书的无形资产以及大量其他的东西。乔·巴顿和芭芭拉·斯派克收留了一位无家可归者；佩吉·安德森、吉姆·希恩夫妇，芭芭拉、赫布·巴斯夫妇，芭芭拉、劳埃德·加德奥夫妇，芭芭拉、杰里·林德曼夫妇，以及多萝西、约翰·汤普森夫妇提供了理解与仁爱的机会。芭芭拉·赫尔特与格里·史密斯忠贞不渝地支持我；安尼塔·费尔曼见证了我正在达到预定目标；帕特·格雷厄姆为我提供的是她那种实际帮助与个人热情的无与伦比的结合。帕梅拉·洛温斯坦表达了一种坚定的信心；而萨姆·沃纳与我分担了一项又一项令人讨厌的事情，对于他们的帮助，我感激不尽。

献给萨姆·沃纳

绪　　论

　　美国人的行为似乎表明,由于民主太重要了因而是无法定义的。他们似乎要说,使民主保持足够的弹性以便容纳我们在国家生活中所发现的最好的东西。因此,在日常用法中,民主也许是指在公开和私下场合我们相互之间的待遇;可以是指保守的、自由的或激进的经济计划;可以是指个人抵御多数人的权利或多数人抵御所有新来者的权利;可以是指有种族差异意识或没有种族差异意识的公共政策;可以是指国外专制独裁政权的垮台或国内行政权力的上升;可以是指消除差别或赞美差别等等更多的东西。作为一个无论我们喜欢什么都是必不可少的术语,民主在总体上覆盖的范围如此之大,但在细节上并不具有多少重要的意义。

　　事实上,由于民主太重要了而不得不对它进行定义。作为美国最突出的特点和美国对世界历史的最大贡献,民主需要经过那种现实、缜密的检验,这种检验是我们专门用于检验上述那些问题的,这些问题能够使我们了解我们自己的生活。我参加了一场由最近几年凭自身的能力一直在把民主剖析开来以进行严格检查的人们组织的集会。我对这些会谈的贡献是特别关注美国民主的历史。美国民主是怎样降临的? 美国民主与其周边的其他行为模式是怎样相互联系的? 几个世纪来它是怎样发生变化的? 它在当代美国的处境怎样?

　　但在回答这些问题之前,要简略谈一谈民主的意义。尽管最近对民主兴趣的上升已经使这一问题充满一种新的严肃性,但却并没有使这一问题更为清晰。定义的混乱——有些是明确的,有些是含蓄的——争相吸引着我们的注意力。通过利用最近 25 年来 60 多项研究精髓对民主的评论,让我们尝试着弄懂这种混乱的含义。*

尽管最初的印象——一种重要的印象——即这60多种声音当中,许多观点完全是无法相互交流的,但是,我们的范例中也出现了一些意见一致的方面。首先,几乎所有这些研究都有一个共同的基础:民主是一个包括选举在内的自治过程。然而,几乎没有一项研究仅仅停留在这一点上。事实上,大多数评论家一起匆匆忙忙开列了一张使选举及任何他们认为与自治有联系的其他东西合法化的条件清单。在此,复杂性开始出现了。

他们的一些条件规定了什么东西必须进入政治程序,另一些条件则规定了什么东西必须从政治程序中产生。就输入这一方面而言,前提条件分为两部分:一部分具体指明了民主政治的结构,也就是宪法、法律、规则及程序;另一部分具体指明了参与政治过程的那些公民的资质,那就是信仰、承担的义务以及对于像你、我这样的人的了解。在这一过程的最后,实质性的产物分成三大类:自由,通常所指个人的自由;公正,通常集中在社会公平问题上;以及效率,几乎总是珍视那种能够快速、权威性地解决主要问题的能力。这些条件有一个极为快速的积累途径,这是任何人都可以从这个范围中和这些因素的自然要求中猜出来的:政治结构和公民资质进入这一过程,自由、公正和效率从这一过程中产生出来。究竟是谁想要一种反常的结构或一种不合格的公民?谁想要一种不公平的制度或一种摇摇欲坠的政府?各种各样的评论家为民主设置的条件越高,我们唯一的共同基础——自治过程——被埋葬得就越深。结果,民主的主题就越来越与一大堆人人都极为关心的事务相似。

乱上加乱的是,当代评论家们自身趋向于分成不同的团体——思想家,政论家,社会科学家——并且只与他们自己的同行相互交流。通常把民主当作一种道德问题的思想家们把个人置于中心地位,紧接着,在他们的争论中才涉及了民主制度本身,并强调民主的结果:他们告诉我们事情应该怎么

---

* 引用著作的要点是按照作者和出版时间来标注的。有关引文的全称,参见第279–281页(为原英文版书页码。——译者)"特别致谢与参考书目"中的绪论与结论部分。

样。也许是由于他们中的许多人是新闻工作者的缘故,政治家们以公共事务中的危机为起点,把危机与民主联系起来,并设计出一份必须改革的菜单:他们告诉我们事情必须怎么样。社会科学家从政治与政府开始,在政治与政府中寻找民主,并把全部精力用于程序的改善:他们告诉我们如何使事情运转起来。当这辆汽车发出咔嚓、咔嚓的响声时,社会科学家打开汽车发动机罩进行检查,思想家问我们想要去哪里,而政论家们则在找警察帮忙。被自由和公正问题所吸引的思想家和政论家们,避而不谈对结构进行缜密检查的问题;相反,社会学家却把结构和效率置于优先的地位。政论家们的历史意识最薄弱:他们所称的危机几乎总是史无前例的。思想家们的历史意识最强:他们的思想几乎总有一个历史渊源。社会科学家最重视现状,思想家最不重视现状。即使不考虑包括某些参与者难以分类在内的那种不可避免的例外,三个如此根本不同的团体——各自都在进行自己激烈的民主问题讨论——也有助于解释为什么围绕这一主题竟有这么多不同的解决方法。

几乎在所有的情况下,不满意最终都是从民主的结果开始的。正像思想家罗伯特·诺齐克和法学理论家罗伯特·曼加贝拉·昂格尔可能认同的,也许个人的自由正在受到阻挠;或者像消费者利益的捍卫者拉尔夫·纳德和政治评论家凯文·菲利普斯所称的,社会正义正在被否认;或者像新闻工作者小E.J.迪翁和政治学家詹姆斯·莫伦所主张的,政府制度正在创造出没有价值的结果。当批评家们把注意力从输出转向输入这一端时,他们几乎总是希望向其中添加某些能消除这些缺陷性结果的东西。社会学家通常偏爱政党的复兴,偏爱于竞选资金如何筹集的附加规定(这在政论家当中也很普遍),以及控制难以驾驭的立法机关的方法,诸如,允许分项否决或(政论家们和思想家们都加入进来)颁布公平合理的经济政策。一些政论家和思想家主张把受宪法保护的权利名单加长。所有这些都是通过改变进入政治程序的那些东西以便提高这一程序输出结果的公正性或效率的替代办法。

大多数建议寻求弥补普通民众中的缺点:强大的政党是由于普通公民需要核心和领导;对竞选开支进行限制是由于选民抵御不了听起来有说服

力的宣传；授予权利是由于弱者需要得到保护以抵御强者，少数人需要得到保护以抵御多数人。政治学家詹姆斯·麦格雷戈·伯恩斯和L.马丁·奥弗比指责说，除了"被传媒和金钱所控制；除了使公民感到困惑的长长的候选人名单；除了回避真正的问题以及无穷无尽的蛊惑人心的宣传、追求轰动效应和玩世不恭之外"，选举政治还会是什么？学者摩西·芬利认为，我们在这些方面达成一致意见是理所当然的，即公民们普遍"愚昧无知"，他们"明显缺乏前后一致性……缺乏知识，缺乏政治训练，并且态度冷漠"。弗兰克·索芬夫院士甚至以一种更为尖锐的语调把美国的政治描述为"由民众的担心、民众舆论及民众投票推动的，是一种很容易被煽起激情"并被不可救药地个人化的"政治"。民众进行着顽强的抵抗。不是政府需要显示它值得得到选民的支持，而是选民需要显示他们值得受到政府的关注。历史学家克里斯托弗·拉希宣称，摆脱现代社会那种把成人当幼儿看待的困惑并"显示出民主具体表现为一种要求较高的行为规范"，是公民的责任和义务。罗伯特·贝拉和他的同事建议把民主定义为"一种政治系统，在这一系统中人们积极关注那些意义重大的问题"。[1]

詹姆斯·麦迪逊和托马斯·杰斐逊的那种少数人讲解问题、多数人听的等级式排列的世界，在那些最怀疑民众参政资格的人当中受到特别的欢迎也就毫不奇怪了。思想家威廉·赖克把任何其他形式的民主称之为"荒唐的"和"站不住脚的"。[2] 由思想家尤尔根·哈贝马斯提出的那个受到广泛赞誉的公共生活理想是以这样一种有知识的、不带偏见的并且能迅速接受理智的理由规劝的公民为前提条件的——就像亚当·塞利格曼所敏锐地指出的，哈贝马斯试图使我们的时代重新流行18世纪启蒙运动的价值观。像专栏作家弗洛拉·刘易斯与思想家约翰·罗尔斯这样与众不同的评论家都重申了这种理性公民的要求。

在这些讨论中，没有多少人赞成用除此之外的别的办法来治疗通常情况下发生的那些弊病。在参与者本身就是这一问题的一部分时，这种解决办法是没有意义的："更加的民主"只是"进一步加剧了美国公共部门的混乱状态"。用政治学家托马斯·克罗宁那种权威性的说法就是，如果，而且只有

8　自治

在"人民了解情况并且予以关心的情况下,才能把民主政治托付给他们"。[3]但是,在其他情况下会怎么样?对结果不满意助长了对输入的不满意。按照定义,从这一过程之中产生的错误结果是与输入到这一过程之中的错误的公共价值观念联系在一起的。民主配得上这一名称是一种品质更高的原料的必然结果。此外,一开始就要求更好结果的那些人兜了个圈子后又回到原处寻求这些结果:只有在新的结构和新的公民价值观产生出规定的或自由或公平或高效的结果时,它们才是重要的。如果公众不关注贝拉那类人认为是重要问题的那些东西,按照他们的标准,民主就是失败的。

当代批评家们用某些代名词来表示他们对现存输入与输出系统的忧虑,其中最常见的一个词就是真正地,例如,思想家菲利普·格林渴望实现一种公民"真正平等的"民主,或者政治学家詹姆斯·菲什金寻求"一种真正合适的民主类型"。[4]其变种包括对一种名副其实的或真正的民主的肯定,与当前华而不实的假民主是截然不同的;或者,从这一问题的阴暗面出发,使用像思想家约翰·邓恩的"资本主义民主"和社会学家格兰·塞博恩(Göran Therborn)的"资产阶级民主"这样轻蔑的术语,这样的民主可能与请求实施一系列无产阶级的、无政府主义者的、神权的和传统主义的选择是截然不同的。为使我们继续对结果保持关注,其他的人就恫吓我们说,如果我们不提防的话就会出现其中最坏的结果。为防止民主发生错误的转变,政论家欧文·克里斯托尔唤起了我们对那种"邪恶的、卑鄙的、肮脏的、有损人格的"社会的一种霍布斯式的强烈反感。[5]思想家艾伦·吉尔伯特一再动不动就提出纳粹来恐吓我们。争论的结果认为,如果我们无法容忍这些令人讨厌的结果,那么,除非能够确保正确的民主制度,否则我们别无选择。

几乎不可避免的是,这种对结果、原因以及进一步结果的先入之见,缩小了介乎于两者之间的共同基础——政治过程。例如,赞同更多绝对权利的自由与公平的拥护者,公然打算对人民的政府进行控制。权利就是处于民众选择范围之外的那些授权,被法学理论家罗纳德·德沃金进一步明确为"多数人对少数人的不容置疑的承诺"。在思想家艾米·古特曼向她的公正宪法模式中添加了"普遍的福利权和相对公平的收入分配"之后,在众多其他的权利当中,政府主要是行政管理性的,而选举则是仪式性的。政治程序逐渐扮演了一个朴素的因变数的角色。一位研究低水平投票的专家鲁伊·泰克西拉(Ruy Teixeira)建议,提高投票率不要扩大民众的参与而是要赋予领导人以"足够的合法性去实行人们所热切希望的政策"——除非"改革的代价不算太大"。[6]

共同的基础偶尔会完全消失。尽管几乎没有民主评论家公开这么说,但过度强调结果总是会将广受欢迎的政治程序置于危险之中。如果它不能证明自己的价值,为什么还要保留它?有些定义放弃了政治程序这一概念,就像社会科学中两位德高望重的长者的那些定义所显示的:对于西摩·马丁·李普塞特来说,民主只是"正在运作着的美好社会本身";对拉尔夫·达伦多夫而言,民主充其量也就是"没有革命的政治变革"。在这种安排中的民主是漂浮不定的。比如,由于没有更为牢固的精神支柱,因此,号召对我们的所有制度实行民主改革,读起来像是随意出来的一句话。[7]

一旦升空,民主就可以停留在空中。那些认为这种制度本身毁坏了其结果的评论家们,要求建立一种新的制度——对于思想家罗伯特·保尔·沃尔夫来说就是无政府主义,对于政论家迈克尔·帕伦蒂来说就是革命的社会主义。帕伦蒂与弗朗西斯·福克斯·皮文及理查德·克劳伍德都认为,事实上美国在任何时候都不曾是民主的。按照他们自己较高的标准,政治哲学家本杰明·巴伯和罗伯特·达尔持相同的看法:用巴伯的话来说,真正的民主在美国"从来没有存在过"。思想家卡罗尔·佩特曼把这一争论扩大到,"对于女权主义者而言,民主从来没有在任何地方存在过;在任何已知为'民主'的国家里,妇女从来没有并且仍然不被承认为是完整意义上的和平等的成员与公民。"[8]

也许就像威廉·格赖德所建议的,较高的标准把民主从一个社会制度转变成了"一个尚未实现的、美国总有一天会实现的幻想"。[9]思想家约翰·德赖齐克(Dryzek)曾经更为明确地认定,一个开放的、人人平等的民主只能是一个永远无法实现的理想。不可否认,达尔对民主的全面论述,为任何社会都不会遇到的民众参与确立了标准:一个包括所有智力正常的成年居民在内的选民,每一个选民都有一个平等的机会去筹划公共问题的议事日程,在决定、决策机制方面都有着平等的权利,都有平等的权利去获得与这些公共问题有关的信息,在决定解决办法方面具有同等的权利。这些理想的最高点更加突出了最终由美国与真正的、真实的、名副其实的民主之间的巨大距离所测定的、美国下沉的深度。

作为一个逻辑命题,民主的定义不需要与实际上发生的事情有任何联系。但是通得过逻辑检验的东西却通不过历史的检验。某件极为重要的事情发生在19世纪初期已经获得名义上民主的美国。事情一旦发生,它的影响将传向全世界。从那时起,千千万万的人是按照这样的一个假定而活动的:民主是存在的,而民主的定义必须小心对待这一事实。引人注目的是,在20世纪60年代以来的大量评论中,几乎没有人估计到这种社会经验的历史。

历史意识以两种方式放宽了什么必须进入民主和什么必须从民主中产生的标准。首先,它对某些以现在的标准看对良好的民主似乎是必不可少的前提条件表示怀疑。例如,认为我们所定义的贫穷使公民丧失了资格、我们所定义的教育使公民获得资格的那些人们,没有注意到19世纪一种相反的历史记载。在19世纪的大部分时间里,尽管生活水平很低而且没安全保障体系,但是美国的选民却在整个政治过程中——包括投票选举——明显投入了很大的精力。经济不景气——无数公民都曾经历过不由自主地下落的体验——似乎没有阻止任何人的参与积极性。与20世纪全面增长的正规教育所培养的选民相比,19世纪通过家庭、教堂和公立学校的教育,通过口头的和书面的大众传播交流网络的教育以及通过参与本身的教育所培养出来的选民更为坚定和自信。那些认为20世纪的形势已经发生了巨大变化并特别举出现代政府难以想像的复杂性和大众传媒的思想麻痹作用的人们,显然没有注意到几乎是完全相同的指控:在大政府时代之前,在收音机时代之前,更不用提电视时代,能力不足、被人操纵的公民在20世纪初已经成为惯常现象。像"现代生活的复杂性和大众传播媒介的影响力"这样的说法是文化上的人为现象,而不是科学的真理。

有关不公平地划分选区损害了民主、辱骂攻讦的竞选运动使民主受到贬损、公开拉选票败坏了民主等指责同样是有问题的。一人一票作为超越法律的代表制准则只是一种全新的强迫性观念。刺耳难听的语言经常显示出政治的重要程度。而公开拉选票通常同样也加强了表达这种强烈情感的组织纽带。在一个现代投票站外,短得令人沮丧的投票队伍会使一个19世纪的民主人士感到忧虑,至少,与想到19世纪喧闹的党派群众似乎会使今天的评论家们感到忧虑是一样的。

作为第二种较为温和的影响,历史否认了这样的观念:即民主需要证明是完美的,任何方面降低到普遍性标准之下都会使整个民主事业陷于堕落。什么样的事物曾经达到最完美的形式? 只有坚持认为今天而且只有今天才揭示了真理的那种心态———一种认定今天的真理明天就过时的心态———拒绝相信其他时代的人和其他的文化在寻找他们自己的走向民主道路方面的巨大可能性。在很长一段时期里,我们不仅都是无用的,而且还都是错误的。别的有着其他类型价值观的社会已经创造出其他种类的民主制度。这暗示着那些有着最苛刻要求的评论家们对19世纪美国的民主表露出的满意程度最低。他们认为,19世纪美国的民主充其量只能算是我们这个时代的一个有缺陷的预备阶段:例如,在达尔看来就是一种局部的多头政治,或者,借用政治学家斯蒂芬·斯科罗尼克那种轻蔑的说法,在皮文和克劳伍德看来就是现代之前的那些"宫廷与政党"。格兰·塞博恩判断说,即使作为一种"资产阶级民主",在1970年之前美国也是不合格的。

当然,容忍缺点是有其限度的。例如,也许白人在19世纪美国那种长时期内对选举权的垄断,完全超出了含义最灵活的民主所能包括的范围。然而,没有人期望广泛的成年人的公民权会在19世纪初期眨眼之间就能降临。某些被排斥在外的情况——有些方面是因为发展,有些冲突是因为界限——几乎是不可避免的。而且,最初所存在的,甚至是根据现在看来似乎是无法容忍的理由而存在的被排斥在外,与后来剥夺公民曾经拥有权利的那种被排斥在外有着不同的含义。从民主历史发展的角度来说,剥夺公民选举权比最初未能授予更具有致命性。如果把这一个称为一项努力追求的目标的话,那么另一个就是一项破坏性的工作。

换句话说,感觉到历史的多样性,有助于我们把加诸于民主定义中的当代条件尽可能降到最低。这又一次使我们回到了最初的那个共同基础——人民民主之上。民主的核心就在于此。我们应约束、控制我们的价值观以便为政治程序留下空间,而不是因为政治程序威胁了我们的价值观而把它撇在一边。

一群包括彼得·巴卡拉克、沃尔特·迪安·伯纳姆、约翰·德赖齐克、威廉·格雷德、西德尼·维巴和诺曼·尼,以及迈克尔·沃尔泽等在内的当代评论家,一直在为我们保留了这个基础。而且尽管有本杰明·巴伯和罗伯特·达尔为他们的理想世界设置了极高的规格这种事实,但他们一直是捍卫民众参与的伟人。维巴和尼以使人消除疑虑的、简明易懂的方式宣布,"如果民主被认为是由人民统治,那么……决策中的参与者越多,则也就越民主。"在沃尔泽的构想中,民主"是一个没有终点的过程,一场没有明确结论的争论……从没有公民宣称曾一劳永逸地说服了他的同胞"。[10]

这种开阔得足以使我们获得一种历史视野的方法,恰好提供了一个简朴的民主定义。它的第一个原则就是人民的民主。因此,它必定是政治的,而且由于它包括许多民众,所以它需要统计意见和选择以便记录人民的决定。尽管民意测验、集团要求、甚至个人的市场选择都可以在这一过程中扮演某种角色,但是,选举仍然是决定性的步骤,而这一步骤的保证依然是民主政治中的最重要的规则:选民中的多数人永远不得把选民中的少数人排除在选举程序之外。

仅凭投票是不够的。各种政府都举行选举。为使政治参与更加有效,公民需要信息和进行联盟的可能,这种联盟能够赋予他们进入到政治制度中来的机会,以及他们还需要对人民的决定做出响应的政府官员。除了这些进入权与做出回应的核心要求之外,民主也需要足够的运行空间。尽管民主可以在其范围之内容忍某些不民主的习俗,但是它在一个大的、敌对性的制度环境中却无法运行。在 18 世纪的一个君主国中的镇民会议是不具有民主资格的:因为主权权力必须是民主的那种主权权力。

最后,民主是别的某种东西。当它扎下根来的时候,它会获得一系列与特定的时间和地点相符合的特征,而且这些特征最终会变成这种民主的一个无法摆脱的部分。例如,在大多数 20 世纪初出现的欧洲民主国家,社会福利计划就体现了这一点。第二次世界大战后,日本的民主制度吸收消化了那些服从的习俗、制度。然而,就像这些特征标志着每个国家的民主那种难以磨灭的特征一样,这些民主依然保留着它的从属特征。没有福利政策的人民民主仍然是合格的民主;没有人民民主的福利政策——就像许多独裁国家所表明的——却不是合格的民主。总之,民主始终是人民的民主,并且民主又是难以确定的别的什么东西——某些依附在民主之上的、文化上特有的东西。在美国,所谓别的什么东西就是个人的自决。

历史与理论是相互作用的:使定义符合历史,用定义界定历史。如果历史提醒我们民主在许多地方、许多时代意味着许多东西,那么定义就提醒我们在任何地方、任何时代民主什么都不是。民主不是政治经济的一个方面,它也不偏爱资本主义、社会主义或它们的任何变体。它与许多环境的可分离性和可适应性,有助于解释它的全球性影响。民主不是一组社会结果。它没有允诺带来良好的健康、充足的休闲、上升的生活水平或收益的均等。民主并不等同于一批特定的支柱——两党政治、宪法、充满活力的新闻舆论、大量的民间社团等等。没有什么单调而重复的环境能够代理人民民主,民主也不包含消除残暴和压迫行为:它没有垄断富于同情心的冲动或社会敏感性。尽管它在理论上倾向于自由、平等和公正的原则——因此这些词在对民主的讨论中被频繁使用是显而易见的——但它没有对这些重要观念中的任何一个提供可靠的、具体的支持。换句话说,民主揭示了我们的人性,而非我们之得救。我们可以不喜欢它。

民主是处理公共事务的方式之一。历史并没有赋予它以优势地位。问为什么在一个特定的时间或在一个特定国家不存在民主,这显然是一个歪曲性的问题。它的不存在不必给予解释。任何国家对民主的未来都不拥有特别的权利。意识到民主的历史偶然性,可以使我们认识到:它的到来是多么的激动人心,它的扩展是多么的惊人,它的前景是多么的不确定。

我写了一部关于民主起源的文化史。在这里,文化指的是能够使一个社会运行起来的价值观与相互关系的网络。因此,从某种意义上说,我的研究处在信念与行动之间的交叉点上:美国人说了什么和美国人做了什么;他们对他们所做的是怎么说的。而且,它一方面有意识地避免成为一部系统的思想史,另一方面也有意识地避免成为一部详尽的政治行为史。这两者之中的任何一个都会产生一种非常不同的解释。因此,对于美国民主的某些方面是否包括美国民主的文化这一问题,我的回答是:我当然希望如此,但这项研究不涉及这一问题。几乎不需要提及的是,我没有试图就我的研究所涉及的众多熟悉的话题进行全面的讨论,如:立宪共和的发展,多党制,周期性的改革运动,商业法律与经济,一种正在成长中的消费者文化等等。尽管我或多或少是按照年代顺序进行研究的,但是我还是以说明性论文的态度来进行挑选和取舍,而不是进行综合性分析。

一些主题在我的解释中被反复提及。第一个是工作与权力之间的新关系勾勒出美国民主中主要变革轮廓的方式;第二个是这些主要变革为什么包括了民主的两个主要组成部分:集体与个人自治之间显著不同的相互作用与关系,时而是朋友,时而是对手。第三是民主固有的激进性质——这种性质把平等赋予所有的参与者而不考虑他们在其他背景中的地位和身份——与不断用民主制度去限制或抵消其影响的努力之间的紧张关系。

这些问题和其他的问题贯穿于本书分为三个部分和一个结论的十个章节之中。第一部分的注意力集中在从19世纪20年代到19世纪90年代这一段时间,这时,美国拥有世界上唯一的民主制度。第一章解释了为什么说按照18世纪的旧观点19世纪早期最初的民主制度代表了与过去的一种断然决裂。第二章从欧洲的视角把这种民主与当代欧洲社会相比并把它作为美国人生活的一个推动力,验证了外国来访者对这种民主的激进性质的认定是多么生动有力。第三章讨论了19世纪各种各样民主群众的活动,包括全国性民众——人民的活动。作为这种人民的时代背景,第四章把可以与之匹敌的美国白人兄弟会的世界置于一个更大的环境之中,在那里,按照阶级、种族和性别的标准与白人兄弟会成员区别开来的其他美国人,发展着他们自己与民主之间的关系。

第二部分转向从19世纪90年代到20世纪20年代的过渡时代,那时美国最初的民主制度崩溃了,而它的接替者的外形已经浮现。第五章分析了美国社会底层阶级关系的根本性变化。第六章揭示了这一时期美国社会上层阶级关系的根本性变化是如何创造出一个由三个阶级构成的、从根本上改变公共政策动力的阶级体系的。在过渡时期的最后一段时间里,这段时间主要是指第一次世界大战及战后时期,第七章解释了多数主义民主的逐渐削弱是如何在人民的解体中达到高潮的。

第三部分则重新从20世纪20年代的美国民主史开始探讨,并把这一历史延伸到现在。第八章讲述了在19世纪曾与集体自治结合在一起的个人主义作为20世纪民主的最重要的力量使它自己从这种结合中分离出来。第九章解释了在20世纪的第二个25年中,其他确定好政府和好的公共政策的方法是如何把多数主义的惯例撇在一边的。第十章把20世纪60年代和70年代新的两极分化政治作为它的出发点,描述了公共政策中的前景是如何发生变化的,并描述了阶级对阶级的掠夺是多么严重地限制了民主。最后,就像我所解释的那样,通过把美国民主的历史与被我收录在这篇绪论中的那60多位当代评论家的观点相结合,结论对美国民主的前景作了评估。了解了这一研究中的其余部分就不需要阅读这个结论,但是了解了这个结论则还需要阅读这一研究中的其余部分。

这里要考虑到两个有关我自己的偏见问题。是的,我是一个民主的信徒。虽然我没有明显的证据来证明这一点,但我相信,作为一项显示信念的行动,人类能够通过人民民主创造出一种更富有、更满意的生活。不,我对19世纪民主不感到任何怀恋。作为整体的一部分,我没有任何要求恢复19世纪民主的愿望。在任何情况下,19世纪的民主只存在于那个时代,现在,至关重要的事情是民主在21世纪的角色。

第一部分
美国例外
（19世纪20年代—19世纪90年代）

13　　　作为肇始于现代欧洲早期社会解体时的一个宏大的、分化进程的组成部分而发展起来的民主政治，在 18 世纪得到迅速扩展，到 19 世纪便使西方世界发生了根本性的改变。在这一进程中，一个与众不同的中产阶级形成了。它彻底革新了资本主义制度以适应第一次工业革命浪潮。它创制出一种社会生活，在那里，一种新式公民确定了他与政府之间的关系，它还把女性划分到被看作是公共领域对立面的私人领域。在全球范围内，它确定了种族划分，以此为正在形成中的白人帝国主义进行辩护。换句话说，这一分化进程赋予西方社会中的个人和团体以新的特性和浓厚的自我意识。结果，几个世纪后我们同时真实地接受了两种生活方式，一种是作为个人，我们完全孤独地生活；另一种是离开了它们的社会环境，我们的社会生活就没有意义。美国民主的历史正是这一对孪生事实和它们之间关系变化的一种体现。

　　　当个人从家庭和身份关系网络中摆脱出来时，他们就实质上获得了对他们自身财产的所有权。拥有自己，个人也就拥有了他们的劳动所得。由此，他们的技能——能够使他们进行生产的那种东西——他们财产中固有的组成部分——是他们的财富——当然，也是他们自身固有的组成部分。这种对财产的个性化理解，使得勤劳及其成果成为现代个人价值的核心以及个人居于支配地位的社会价值的核心。在提倡和宣传这些价值观念方

14 面，约翰·洛克的学说是特别有说服力的。在吸收洛克的遗产近一个世纪之后，通过把美国社会对于诚实劳动的献身精神与腐败的英国贵族寄生虫的祸患进行对照，美国的革命者宣称，共和主义者的美德是属于他们自己的。

　　　通过辛勤劳动，个性化在很大程度上成了中产阶级人士的一个特性。社会的其他成员，只得把他们对于自己劳动果实的权利让与上级或长官，放弃他们的独立自主权，就如他们所做的那样，放弃了他们个性中最重要的部分。由于同样的原因，公民的身份——一种与个人独立自主无法分割的职

能——没有扩散到中产阶级以下的阶层中。个性通过公民身份参与到使政府合法化以及将公民与政府区分开来的活动中来。政府,遵照尤尔根·哈马斯的著作,是一种变得与公共领域有关的联合体。与周边的独裁国家政权相比,中产阶级个人开凿出了他们自己的空间——进行聚会、讨论的地方,以及提出和辩论社会问题的地方——从那里,他们用自主的声音对官方讲话。因为这些公共网络依赖于印刷品,所以,新的公民身份支持一种新的出版自由。

公民身份越是自觉地适合于公众,公共的就越是与私人的相反。一个是事务领域,在那里男人们集合起来、解决问题;另一个是拒绝承认妇女是公民社会中的一个看得见存在的等级领域。当家庭地位给公民的事务带来秩序的时候,时常代表着其家庭的妇女们行使了其中的某些职权。贬抑妇女、抬高男人形象的个性化,终止了那种选择权。那些曾经利用她们的家庭地位参与公民生活的妇女们发现,与所有拒绝给予她们在公民生活中一个地位的其他限制相比,家庭的限制要多得多。

在这个性化进程的晚期,民主政治在西方世界进入了一种困境。尽管它的出现大体上与工业革命的扩展是并行的,但是这种联系并不密切。要不然,民主制度应该起源于工业革命最早兴起的英国,而不是落后的、以农商为主的美国。民主制度也不是从18世纪启蒙运动的价值理念中产生的。作为欧洲对理性个人主义最完整的陈述,启蒙运动的价值理念与民主实践的冲突,远比其与法国大革命及拿破仑的帝国主义之间的冲突激烈。最后,民主政治也不是从美国革命中发展而来,它只是从中接受了一个有影响的、象征性的词汇而没有其他什么东西。革命时期的一代人应该被允许满足于其既得荣誉。这些人摆脱了已有的当权者,设计了一个新的国家,但是,他们的成就与民主政治之间没有明确的联系。

19世纪早期,在一个漫无目的地扩展、冒险精神勃兴的国家,当这些最近分化出来的个人的主要特权——拥有自我的权利和公民身份——不加区别地向一种关键性类型的人中的每一个人开放时,即向白种男人阶层:不仅向值得尊敬的中产阶级白人而且也向所有新来者开放时,民主政治也就到来了。恰恰当美国在其他许多方面依旧仅仅是欧洲的一个分支的时候,欧洲人立刻承认了这种如此清晰地将美国人的生活与他们的生活区别开来的令人震惊的主张。但是,正如布鲁斯·阿克曼的评论所说的,取得革命的资格并不要求"全面的变革":"在政治制度中进行大的变革已经足够了。"[1] 那种革命——民主——使美国与世界的其余部分拉开了距离。

所有白人男子都拥有同样的特权,不仅给美国社会带来了异乎寻常的流动性,而且还带来了一种特别的凝聚力。在那里,他们中的每一个人都是平等的公民,权利是可以转移的,在环境需要的时候,那些可以相互替代的权利携带者就会相互联合和重新组合起来。传统上可以追溯到伯里克利时期雅典的一种不同的民主,取决于一个行使着国家职能、小而稳定的实实在在的社会。相反,美国的民主则有着大量的流动性的公民。

同时,自治在美国获得了它的典型含义。欧洲的启蒙运动把自治理解为一种个人的事情,是个人的自我调节,因此是个人的责任。按照这种观点,来访的英国地质学家查尔斯·莱尔把美国人声称的任何种类的团体自治都当作是一种明显的道德上的借口而不予考虑。民主政治遵循的是一种不同的逻辑。由于所有的白人男子作为个人平等地管理着他们自己,所以,所有白人男子联合起来就等于共同地管理他们自己。就个人而言,每一个白人男子对整体做出自己的贡献,这是一种可以追溯到亚里士多德的、附加的关于公民资格的观念。就集体而言,所有的白人男子组成了统治阶层,这是一种在19世纪早期才与新的民主政治凝结在一起的、全面的关于公民生活的观点。

美国的公共职位都由民主的自治公民担任。像哈贝马斯所描述的18世纪欧洲的变化过程一样,如果说那里的中产阶级不得不在一个制度化社会的缝隙中开辟出一个公共空间,那么,民主的美国人简直就是涌入了一个真空之中。国家做得很少,国家的侵扰更少。按照人们熟悉的马克斯·韦伯关于国家是垄断着暴力强制手段的机构这一定义,美国实际上是无政府的。在无数的联合体中,白人设计了他们自己的松散地结合在一起的、可以扩大的公共机构来从事公共活动——确实,他们的许多公共活动是在许多不同的环境中进行的。政治不仅表达这些公众想要什么,而且也表达他们对于想要的东西的感受是什么样的。与理性对话和经缜密分析做出决定的启蒙运动的传统不同,民主的政治是充满激情和喧闹的。

当公共生活丰富活跃的时候,民主政治就改变了公与私之间的关系。一方面,它使分化的界线更加分明:白人男子的民主在白人妇女和有色人种的衬托下显得更为清楚。在此过程中,先前的限制被强化了。已经被习惯上的家庭父权所束缚的白人妇女,在婚姻生活中被重新彻底驯化,欧洲访问者发现,这有点过分了。不仅黑人仍然被奴役;奴隶身份在美国受到的无情约束超过了任何其他地方。也就是说,在这两种情况下白人男子产生一种新的意识,拒绝承认某种人的社会存在。另一方面,民主政治中由多部分组成的公众的散漫和松懈,使得组织之外的人依靠他们自己的民众进行实验的可能性是存在的——或许是向白人男子挑战,或许是加入到他们当中来,甚至可能是不理睬他们。在这些不断变化的、意义不明确的相互作用过程中,美国人经历了阿列克西·德·托克维尔最精明的命题之一的真实性:"民主制度唤起和培养了一种可能永远不会使他们完全满意的对平等的强烈感情。"[2]

第一章　民主政治

当民主政治猛然出现于 19 世纪初的美国时,曾经使 18 世纪包括美国在内的西方世界每个地方的生活井然有条的等级制度阻挡着民主政治发展的道路。在经济机会和政治特权方面,在服装和语言方面,在信息的掌握和说话的权利方面,在明显的和微妙的社会生活的各个方面,等级制度的特权被认为是按照社会级别分类的,社会的运转取决于对那些差别的普遍认可。等级制度的规则时常被违反——也许是戏剧性的,像偶尔发生的国王的倒台所显示的——但等级制度的主要结构继续存在。那些等级制度擅长于修复零零碎碎的由违反规则的行为所造成的破坏;只有等级制度大规模地瓦解,才能为新的社会制度开辟出足够的空间。在美国就发生了这样的等级制度的全面瓦解,这一全面瓦解是从 1800 年左右开始的,在 1815 年到 1825 年之间速度加快,接着在 19 世纪 30 年代期间巩固了一个又一个的胜利。

由于 18 世纪美国白人男子中的等级制度比欧洲的等级制度脆弱,因此消除这些等级制度好像是一件容易的工作。首先,殖民地美国分散的人口、精干的政府、富有竞争精神的新教和少量的军队不利于建立等级制度。18 世纪 50 年代,当英国军官试图将他们那苛刻的、不折不扣的军事纪律强加于马萨诸塞和弗吉尼亚的民兵时,殖民地居民所持有的一种上下级关系更宽松、更对等的想法,挫败了英国军官们的企图。此外,18 世纪一波又一波的变革使得美国的等级制度支架发出咯吱咯吱的响声。18 世纪的 30 和 40 年代,那些反复出现的被称作"大觉醒"的、对已经确立的新教进行的攻击,在殖民地到处蔓延。在 18 世纪 70 年代,美国革命砸碎了一个专横的等级制度,而 18 世纪 90 年代的法国大革命几乎是以各种方式威胁着传统的制度。在革命期间,美国的白人男子发起反对长子继承权、政府浮华、英国的习惯法以及所有等级制度支持者的运动。大批的公民,一些社会等级很低下的人,普遍通过在革命委员会和民主—共和党俱乐部联合起来,围攻可恨的当权者,诅咒特权,来主张新的自由。欧洲人常常提到美国的普通民众尤其是沿海城镇民众的直率及其恭顺语言的缺乏。

但是,美国的那些等级制度不仅宽松而且还有弹性。总体上说,作为"大觉醒"的副产品而出现的教堂,使一种18世纪常见的领导者与追随者之间的等级关系重新出现。革命委员会和民主—共和党俱乐部存在的时间都很短,它们最杰出的成员,不是为新的社会制度而奋斗,而是攀附在现存的社会制度上。当暴民把矛头对准权力内部具体的敌人时,他们依然对权力的总结构很敏感。那些多次诅咒其官员的人们,还会面临着煽动叛乱的法律。在1800年遵从等级制度的人,决定着从政党的组织到哪些公民将得救进入天堂、哪些不能进入天堂的预言等问题。

美国人是多么的激进,后来法国革命的放任自由也没有对美国松散的、适应性强的等级制度造成结构性损害。虽然,宾夕法尼亚在1776年建立的是一个起破坏作用的议会单院制政府,它的1790年宪法则又恢复了规范的权力分立。在18世纪末,众多的地方名士仍然控制着政府,少数富裕的人依然独占着它的经济特权,少数阶层仍然控制着需要高深学识的职业,出身高贵的军官们仍然在招募他们自己的部队,他们所拥有的特权几乎和四分之一世纪之前这些等级制度中的上层人物所拥有的一样多。1802年,当汤姆·潘恩长时间离开美国再次返回时,他逐渐陷入到孤立之中,革命者已经过时了。

持续不断的对权威的抨击,没有摧垮产生于世纪之初的美国等级制度。例如,对于新教权势集团的挑战,是在19世纪最初的几年里以一轮从肯塔基沿着阿巴拉契亚山脉传播的信仰复兴运动为起点而开始的。尽管信仰复兴运动者自己也相信大家熟悉的炼狱之火和天罚的力量,但是他们却派生出了一种新的巡回福音传教者,他们把信仰复兴运动对教派权威不停的冒犯扩展到对其基础的攻击:一个博学的牧师解释他们的神的不可思议形迹的独特能力,以及在此过程中证明少数几个被挑选出来的人——通常是少数富裕的人——灵魂得救,把其余的人交付到各种不确定的地方和地狱。这些激进的旅行传教士把他们那更易懂、更乐观的信息传播到偏远地区,他们所到之处均受到热情的响应。

1812年战争之后,卫理公会教徒——他们的神学已经承认任何人的灵魂都有得救可能性,和浸礼会教友——他们当中的许多人现在已经放弃了粗鲁的得救预定论教条,不仅对西部地区而且也对东部地区用他们的有关好消息的说法宣讲福音。受过教育的牧师没在其中任何一个教派中起到重要作用。当浸礼会教友和卫理公会教徒在争取新成员的竞争中飞速前进的时候,某些长老会教友和公理会教友则落在了他们的后面。当他们之中的查尔斯·格兰迪森·芬尼从西部的纽约来到海滨城市时,他在19世纪20年代鼓动起又一波信仰复兴运动。这些福音传教士共同使通往天堂的路变得平坦。一位牧师代表整个运动宣布:"悔改后转意归主……是一件坦率的、明白事理的、有见识的举动,对所有人都是明智的。"[1] 一位聪明的浸礼会教友,举起他的手要观众跟着他学习,他把走向灵魂得救的步骤变成一种初步的五指练习。这里没有神秘可言:没有那种费解的、只有精英人物才能理解的神学,没有错综复杂的等级制度来彻底地分配教派的知识和好处。灵魂得救的大门对于那些能够抓住这种机会的人是敞开的。世纪之交,在凯恩·里奇的信仰复兴运动中,有罪的人被告知不要阻止上帝的神秘工作;19世纪20年代,在芬尼的信仰复兴运动中,有罪的人被告知要对他们自己的灵魂负责。每件事都取决于个人为他们自己做了什么。

那么,另一场民众运动涉及了人的健康。18世纪结束时,正统的医学严重依赖于对人体的内部平衡和维持平衡的精确养生法的抽象计算,这就使得患者依赖于医生的连续指导。国家的法律保障了他的专有权,但大量的费用限制了他的业务。在经过多年的反对官方医学的游击战后,把自己看作是人民战士的那些反对者,在萨缪尔·汤姆森身上找到了他们自己的一个权威,汤姆森的那本书名简洁并迅速获得成功的《新健康指南》(1822)列出了一些普通美国人能够掌握和使用的植物治疗法。一伙伙严厉批评医学贵族、把他们自己与福音派牧师结盟并谴责各地垄断者的汤姆森们,在"每个人都是他自己的医生"格言的指导下,把他们的自我救助的知识和信息在全国范围内散发。

  提倡顺势疗法者、沥青疗法者、水疗法的执业者,和各种各样自行解释的和自学的折中主义者,也随之而来。特殊的训练不带来特定的权威。就如一位医学史专家对这些年代特点的描述,"在美国,一位从医的人可能没有医学博士学位,没有营业执照,属于没有受过专门训练的阶层"而通常仍然被看作是医生:"所有职业身份的要素取决于行动。"[2] 毫无疑问,正规医生那种会引起中毒的汞和锑的剂量,他们那种令人痛苦的起水疱疗法,和他们使用导致人衰弱的蚂蟥和柳叶刀——这些强调一个患病的下级对医学的上级服从的疗法——把他们的部分皈依者贡献给反对运动。从 1833 年开始,公众要求削弱或取消对正统医学的法定保护政策的压力在一个又一个州出现。传统的开业医师被激怒了,像辛辛那提的医生丹尼尔·德雷克就对安德鲁·杰克逊支持汤姆森主义者表示了极大的蔑视:"他参加了一场伟大的战斗,因此是一个伟大的医师!"[3] 但是这一潮流却掠过德雷克,继续发展。单一的职业等级制度被取代,现在,民众有了选择的余地,其中的许多选择把他们变成了自己的医生。没有什么比美国人均酒精消费量的惊人下降更能戏剧性地说明有多少美国人对他们的健康承担起新的责任,到1850年这个数量下降到了 30 年前的大约四分之一。

  实际上,通俗读物和宽容的法规使得差不多所有专门的职业实践对任何一个有进取心的个人都是开放的。能够拯救灵魂、治愈身体的人也能建造房屋、修建桥梁:普遍适用的规则对于他们中的所有人来说都是可以使用的。简单易懂的课本、案例讲义上的提要和宽厚的主考人,围绕着少数剩余的专业等级制度孤岛,制造了大量的律师。它的一个推广者宣称,"18 世纪等级制度排列的主要支柱——习惯法,并不比其根深蒂固的常识更具有典型特色。"[4] 在地方法院——"反动的、排他的和非常不规范的"——普通公民担任公诉人的角色,律师和非专业人员相互合作创造出美国新的认罪辩诉协议制度,而法官们则顺应了将他们选举出来的人们的价值观念。[5] 天赋的聪颖取代了传统的权威。

政治生活中的权威,也是沿着同样的轨道从18世纪的等级制度走向19世纪的在人民中间的扩散。美国革命实际上提高了那些指导革命的爱国精英的权威,他们因此可以在公共生活中利用他们所储备的大量的民众感激之情。在艾伦·克劳特出色的概要中,革命的共和政治是"由为数不多的、精选出来的、居于社会等级制度顶端的少数人"[6]管理的政府。对于至少另一代人来说,这个或那个革命领导者被尊为他所在州政治中"最杰出的人物"。每一个人都认可乔治·华盛顿是美国最杰出的人物;的确,他将成为总统的保证,使得行政权力在宪法中另一种危险的扩张合法化。

一点也不令人吃惊的是,美国最初的全国性政治党派,18世纪90年代的联邦党人和共和党人,就是由以下这些杰出人物自上而下组成的,首先是处于顶点的像华盛顿、托马斯·杰斐逊、约翰·亚当斯这样的真正的英雄,然后是地位依次降低的人,从他们的国家军官到意气相投的州领导人,再到众多的把人民团结到他们周围的地方名士。对于活动和行动日程的解释按相同的渠道向下传递。全国性的选举是政党统治集团的主要集会。尽管没有人否认人民在理论上的主权权力,甚至地方名人也在天天期盼对人民进行开导并为了人民的利益而做出决定。当集会民众和公民团体时常在这个或那个问题上给立法者以正确指示的时候,他们为争取控制权而进行的努力并不比地方上抵抗来自统治集团上端的压力和贿赂更代表人民的主张。

对于这些突然达到顶峰的政治党派来说,唯一最重要的权力来源是国家安全。国家安全一直是统治集团的朋友。只要欧洲国家对法国革命和拿破仑帝国的战争越过大西洋威胁到这个新的国家,联邦党人和共和党人就能控制美国的政治。因此,随着1815年以后国际危机的解除,这种政党也就消失了。在一段时期里,曾经将统治集团召集起来为独立而战斗的联邦党人或共和党人的思想似乎是荒谬可笑的。詹姆斯·门罗总统那种身穿褶裥饰边和裤子体现着过时服装的形象,作为一件国家博物馆的藏品赢得了广泛的喜爱,但是作为国家的领导人却没有赢得什么支持。在他的周围,其他的等级权力中心正在衰落。政党的地区秘密预备会议,作为挑选包括总统候选人在内的政党候选人的标准手段,因被攻击说他们对公众隐瞒了自己而衰落了。公开的代表大会出现了新的支持者。亚伦·埃兹拉希写到,在民主政治中,"看见与见证"——和他们被要求提供无可辩驳的证据——"与试图把政治定义为一个简单的、任何人都看得见的事实的范畴是分不开的"。[7]到19世纪20年代末,就像阿列克西·德·托克维尔所注意到的,"揭去……所有掩盖在它上面的遮住人们目光的东西,以便在光天化日之下更仔细地观察它",[8]这已经成为美国人在政治活动中的实践。确切地说,对透明性的这种坚持给这些年反对共济会政治运动*的突然爆发以如此深得人心的力量:共济会秘密政治,意味着贵族的颠覆活动。

甚至,当联邦党人和共和党人正在为独立的条件进行斗争的时候,另一种政治——以州为基础的,以发展为方向的政治——在1800年之后迅速获得了力量。它主要集中在公司许可证,或小规模的垄断方面,州政府仍旧一个接着一个地授予这种许可证,表面上是为了服务于全体居民的利益。在世纪之交,这些在少数几个城市为精英人物的特权增光的政策措施,其中50个仍旧继续存在。从主要中心地区的地位较低的绅士,到较小的沿海城镇的领导人,最后到整个落后地区的有事业心的人们,都有分享那些特权——开设银行,建立保险公司,修筑收费的道路——的欲望。在经济开发的名义下,这些强烈的欲望将整个地区动员起来,增加了州选举的参加者,增加了对立法机构的压力。到1816年,州特许公司的数量已经迅速增加到大约1500家。到那时,最初的政党制度已经瓦解,州里的党派正在占据所有的政治空间。通过控制公共土地的分配,授权建立中央银行,征收关税以及为建立一个内陆交通网络提供资金等手段来恢复中央政府权威的尝试——有时标上美国制度的标签——被称作是统治集团的反对者将在19世纪30年代和40年代予以推翻的政策清单。各州首府的发展计划并不更顺利。工程如雨后春笋般地在各地涌现,权力也在随之分散。

有离心倾向的政治是凭着对那些与其选民舒坦、自在地交往,而不是高

---

* 共济会精神是指有着共同经历的人们之间心照不宣的谅解、默契。共济会政治就是指那种秘密的心照不宣的政治决定。——译者

高在上的人的平常的观察来产生领导人的。权威穿着卑贱的服装出现,穿着它的人必须证明他们应该得到它。诸如经历了新旧两种政治生涯的亨利·克莱和丹尼尔·韦伯斯特这样的领导人,因为在他们进入政界的时候被期望显示出比他们的实际情况更富有,而处于看起来有些冷漠和傲慢的特别危险之中。现在,为消除这种损害,他们重新编造了他们的生活故事以便于显示出比他们的实际情况还要穷的形象。显贵出身的克莱就有了一个贫穷的少年时代和自我训练的精神,贵族出身的韦伯斯特则与拓荒者在一个小木屋中的生活有了联系。把杰斐逊先生称为"汤姆",或把麦迪逊先生称为"杰米",表明他们太普通而无法领导18世纪的等级制度;把克莱称为"西部的哈里",把安德鲁·杰克逊称作"老核桃树",以认可他们适合于作为19世纪的领导。当杰斐逊成为总统时,他告诉他的同事们把政府事务委托给詹姆斯·麦迪逊、阿尔伯特·加勒廷和他自己来掌管:他们领导着他们的政党。在19世纪前期,马丁·范布伦和威廉·亨利·哈里森似乎急于消失在他们自己的政府之中:他们的党限制着他们。命令不再来自最高层;中央只有少量的权力。

23   一个随之而来的过程虽不太喧闹但却深刻地修改了白人男子世界中的工作准则,一种白人男子将主宰自己的工作命运的惊人主张,取代了很久以来的假定:他们当中绝大多数人的劳动将依赖于少数地主、东家和雇主。新的自主工作准则击中了社会秩序问题的核心,由于社会是围绕着谁为谁而工作的规则组织起来的,而受益者则以这些规则是世界上美好的和神圣的规则的名义来维护这些规则。

    在现代欧洲早期,当白人殖民者把他们的道路推进到北美洲的时候,大多数工作是围绕着土地进行的。这些土地是由人口中的一小部分人拥有的,并且是由被复杂地区分为租地、农奴身份、日工的绝大多数人进行耕作的。用亚当·斯密的话说,这些人属于"劳动的穷人,是人民的主体",实际上,斯密和他的同事们一起把这些人当作是处于生存边缘的、未免除辛苦工作的人。在18世纪中期到19世纪中期的一百年中,随着欧洲的人口从

14000万猛增到25000万,尽管法国大革命期间农民的期望有过大幅度的上升,但农民对于有一个不错的运气的期望实际上减少了。由于没有剩余的土地吸收这些增长的人口,这一人口激增将几百万人从土地上赶了出去,与此同时,给继续留下来的人身上压上了更沉重的负担。在与之相连的中欧和东欧地区,越来越多的农民又滑回到了农奴状态。在爱尔兰的农村,从生活朝不保夕向绝望无助地依附于别人的渐变造成了日益恶劣的状况,直到饥荒把最脆弱的人消灭。就像托马斯·哈代在有关贫穷的英格兰西南诸郡的小说中所揭示的,甚至在英格兰相对自由的农业制度中,农村中的依附关系保留着其大部分的权力。徭役,即那些短时期的、为一个掌握着整个地方关系结构的大人物提供的无偿劳动,在19世纪中期的法国仍然还在实行。

经过几个世纪后,欧洲的市镇和城市为这些正在增长中的农村人口真正提供了一种活命的选择。有产的英国人害怕那些到处乱跑、没有主人控制的人的流动,实际上,他们在17世纪就已经成为英国生活中不可或缺的部分。尽管如此,在他们最低限度的、经常是勉强饷口的生存中,除了可能在犯罪中取得成功之外,没有什么能够使他们脱离依附状态。他们当中也没有人分享被C.B.麦克弗森称为"有占有欲的个人主义"的那种中产阶级精神。无论18和19世纪的工资劳动是提高了还是降低了这些人们的生活水平——这一直是一个有争议的问题——所谓的自由劳动力市场肯定不意味着免受上级控制的自由。相反,随着移民的流动,使工作纪律变得更严格的尝试增加了。饥饿感总是在刺激着工人们,紧随其后的就是饿死的威胁。在19世纪的英国,福利政策被小心谨慎地制定以便维持这些刺激。

在北美洲殖民地,由于其广阔无垠的可耕地以及长期的劳动力短缺,白人是在十分不同的环境下工作的。虽然现实从来没有达到为每一个白人定居者提供一块农场的神话,但是按照任何欧洲的标准,美国的土地拥有者身份已经是非常的普遍了。欧洲的那些与土地使用相联系的等级特权和义务绝大多数也都消失了。在复杂的英国制度中,土地的自由保有权是指某些租户所拥有的土地在一定时期里免受奴役或任意勒索的权利,这种权利被北美洲的白人殖民者弄成了所有权的另一个名称:在那里,自由就是指不受约束。在美国,城镇没有城墙,乡下没有庄园主的宅第。白人在寻找机会过程中的迁移几乎是随意的,这明显不同于欧洲各地像迷宫一样的关卡所强加的限制。

然而,依附性劳动的模式在这个白种人世界里深深地扎下了根。白人移民在到达这些殖民地时恐怕有一半的人在法律上是受约束的——白人契约奴、根据合同自愿放逐的罪犯或被囚禁的贫民、年轻的学徒和其他契约劳工。尽管名称和期限不同,根据习惯和法律,几乎所有的这些人都得听任他们主人的驾驭和管理。在殖民地生活中,不动产的终身保有者可以享有各种利益,但他们在减轻不自由者的这种痛苦命运方面却无所作为。总的来说,这些殖民地的契约奴役的状况甚至"比英国盛行的惯常做法还要严酷"。[9]

另外,18世纪仆人的使用暴露了一个范围更大的从属性、强制性的工资关系,其中包括根据领主拥有其农民的劳动这种古老传统已经在整体上被减轻了的强制关系的变种。重要的法律术语主人和仆人就是它们所表明的那种关系。这些遍及殖民地社会的多种类型的奴役,使得白人的依附性劳动成为生活中的一个正常部分。实际上,在18世纪中期以后,这种依附性似乎增加了。来自英格兰的契约工的数量开始上升。一批批移民从马萨诸塞西部的一个城镇迁移到另一个城镇,但没有找到土地。一种土地短缺的观念沿着东海岸传播,而更多大地产的所有者试验着通过一个长期依附协议的办法来束缚他们的佃户。

美国革命,在没有改变这些关系结构的情况下,为这些工作关系带来一种较温和的启蒙运动式的改革热情。尽管一些州修改了契约合同的期限和范围,但是它们同样也重申了这些契约的合法性。公共土地是以大块的面积出售的,以至于只有富裕的投资者能从政府手中买得起土地。对于普通的民众来说,向土地投机者的私人大庄园之外更远的地方迁移不是件简单的事情。1800年左右,生活在谢南多厄谷地以东的白人中,有三分之一没有土地。居住在马萨诸塞的缅因地区企图求助于革命来支持其事业的佃户们,当他们试图逃避那些阻碍他们拥有他们所耕种的土地的旧式租约时,在一场他们最终失败了的战斗中,几年的冲突仅仅使他们赢得了很小的让步。在这些地区,传统的特权在世纪之交被牢牢坚持着。

像等级制度权威解体一样,工作条件的基本调整也是按照同样的时间顺序进行的。随着19世纪的到来,出现了主要变革的第一个信号;到了20年代,各地的旧体制正在瓦解;在30年代,新体制获得了彻底的胜利。1800年以后,在不断扩大的正式和非正式的挑战面前,那种对契约奴役制度的支持明显地削弱了。然而,顽固的雇主们设法保留这种制度的某些变体,直到1821年一个法律裁决出乎意料地拔掉了这种制度的中心支柱:法院拒绝强制执行违背一个成年人意愿的合同。如果奴仆可以轻易地离开,那么谁是主人?别处的法院也做出了相同的判决,这种制度崩溃了。到这个世纪20年代结束时,甚至不受法律支持的入境移民也能够逃避契约限制。

学徒,一种在18、19世纪之交仍然给予师傅几乎完全控制学徒工作条件权力的契约类型,在随后相同的年代里也衰落了。1810年以后,在一场日益复杂的争论中,法律行动和个人对于独立自主的坚持把师傅/保护人与学徒/依附者之间的关系弄得一团糟。到了20年代,师傅的权力空间明显地受到限制。在十年之内,除了作为政府为托付一些穷人子女的一种方式之外,家长式管理的学徒几乎消失了。像从前的各种形式的契约奴一样,现在,学徒也像别的工人在劳动力市场上所做的那样,为工资而谈判。

广阔的空间打破了对土地的垄断。1812年战争之后,白人农民涌往西部,在他们的前面,土著美国人被驱赶,大部分的政府管理落在了他们的后面。当数量稀少的官员试图强调不在乡的土地所有者的权利时,擅自占地者的叛乱遍及了西部。迅速转手是精明的土地投机者的第一条规则。经过一段时间以后,政府政策对不屈不挠的土地寻求者做出反应,首先是降低每英亩土地的价格,接着——甚至更重要的——是降低土地出售面积的最低限度:从1796年的640英亩减低到1832年的40英亩。在随后的九年中,政府确立了一种先买权政策,授权边远地区的殖民开拓者选择他们的农场;在政府的土地测量员追上他们之前,他们能够购买他们已经占据的至多160英亩的土地。结果,西部成了地产终身保有者的天堂。甚至在奴隶制的有害结果臭名昭著地压迫着贫穷白人的南方州,在19世纪中期"有80%—90%的贫穷农民拥有了他们自己的土地"。[10]

到了19世纪30年代,美国呈现出一种惊人的社会场面:几乎放弃了所有组织白人进行劳动的权利,实际上也缺乏进行这种尝试的各种权力。向西部延伸而且呈星罗棋布状的小型企业的成倍增长,远远超出了对它们进行监督的、力量单薄的政府的能力,白人男子通过这些企业掌握着对他们工作的控制权,由那些实际上从事这项工作的人做出日常决策。事实上,法律不允许白人男子放弃这种控制权及通过契约剥夺他们的自由,即使他们想要这样做,那也是不允许的。工作——脑力的或体力的,如这个措辞所说——变成了国家的圣歌。穷人和富人一样都有权利决定他们自己的工作命运。即使饥饿永不消失,它也不再是社会政策的替代物。富人和穷人一样都有同样的义务去工作。波士顿的富豪约翰·默里·福布斯像一个19世纪的波洛尼厄斯*一样,教导他的儿子"在你使自己习惯于做这种工作之前,生活中真正的工作都是辛苦的……接着,工作就会经常成为一种乐趣"。[11]

因此,19世纪通俗的口头禅这样说,所有真正的公民都是生产者,生产性工作是他们独立自主的象征,拒绝给予他们一种独立工作生活的机会就等同于剥夺了他们的美国人身份。作为一种必然的结果,因为通过无比复杂的网络在北美大陆传播的个人信誉支撑着这些自主工作的准则,所以,白人男子坚持这种与生俱来的而不是作为一种便利或奖赏的权利。妨碍着这种权利的政府政策和金融机构成为19世纪的首恶,对于这种生产者的思想意识而言,用一个西部普遍习惯了的立法机构的说法,"每一个渴望得到贷款的商人、技工和农民"一经要求就应该获得适当数量的信贷。[12]

在自定权威和自主工作背后的力量在白人男子中迅速传播时,常常如此紧密地结合在一起以至于它们似乎要融合为一体。1821年——法院驳回了契约奴役的权利要求;1822年——汤姆森出版了《新健康指南》;1823

---

* 波洛尼厄斯:莎士比亚著名的悲剧《哈姆雷特》中饶舌自负的老廷臣。——译者

年——芬尼发动首次伟大的信仰复兴运动;1824年——议会的政党领导人秘密会议的丧钟敲响了:谁还会试图去消除它们的影响? 在19世纪20年代末和30年代初,反共济会的政治主张,工人党党纲的政治主张和土地法自由化的政治主张一个接着一个地从顶峰跌落下来;公正地说,杰克逊对于第二合众国银行的攻击,对于维护人民权力和独立自主的工作是有益的。

然而,在这两者之中,胜利对于自主工作来说无疑是两者当中较为脆弱的和较为幸运的。作为一个普遍的准则,自主工作在1815年之后仅仅用了一段很短的时间便获得了胜利。在白人男子的世界中,这么多事情不得不同时联合在一起:充裕的廉价土地,强制性劳动安排的总体瓦解,工资劳动者地位的不稳定性,日常决策权的无情分化,针对农场主的小额度信贷的明显扩大。在19世纪里,这个重要组合中的要素一个接着一个地减少。原有的耕地与农民之间的比率已经变得不利于雄心勃勃的新来者。信贷的发放者使用贷款的目的主要是控制土地本身,以及有时使债务人继续在那块土地上耕作,而让使资金缺乏的农场主继续掌管其土地则是次要的。机器改变了农业与工业中的工作关系,而不再是少数人的体验的挣取工资——或许到此为止仅仅是一个暂时的情况——把越来越多的人们带进了终生依附的工作模式。通过抓住19世纪早期的历史机遇,白人不仅扩大了对于他们自己工作命运的控制,而且把这种控制确定为美国人的一项基本权利。借助这一胜利的势头,自主工作的权利在完成了自我改造之后的很长时间里仍然是一个全国性的准则。

在19世纪初期,建立某些新的东西依赖于首先破除某些旧的东西:建设的先决条件是破坏。当老亨利·詹姆斯认为民主就是"旧体制的分裂和瓦解"的时候,他也就理解了这种密切的相互依存关系,"这种分裂和瓦解并不仅仅是把治理的权力分解到人民手里,进行拆卸……和进行重新委任"。[13] 尽管这场使权力等同于扩大工作控制权的运动所依赖的不是大锤而是离心机——一种脱离官方控制的运动,一种冒险精神与冲突的扩散——但它们不饶恕任何阻挡着它们前进的东西。

34 自治

民主的传说将这一重要过程改写成一系列经常流传的关于英雄坚持不懈直到敌人被杀死的故事。根据自我疗法的领袖萨缪尔·汤姆森自己的说法,在他努力解除患者疾苦的过程中,尽管有极大的困难,但他坚持同一个又一个医学等级制度的代表进行不懈的斗争,直到他的书最终为人民赢得胜利。传说中的这种风格的故事把安德鲁·杰克逊当作是与上层人物的一个又一个特权阴谋进行斗争的孤独战士:首先是反对议会秘密政党核心分子会议;接着是反对约翰·昆西·亚当斯与亨利·克莱之间达成的从人民选出的总统杰克逊手中窃取总统职位的"肮脏交易";最后是与通过它遍及全国的触角榨取普通人民存款的庞大的合众国银行的斗争。在一个能够打败强大对手的人的世界里,像共济会这样将等级制度、忠诚和秘密状态结合在一起的组织,发现它没有进行防卫的可能性,而敌人的连续打击使它实际上被消灭。其他的等级制度好像是它们命中注定的一样也都倒塌了。一个试图从纽约市的总部向全国传播福音派基督教新教道德的名为仁慈帝国的组织,也在19世纪30年代晚期解体。

冒着论述这一不稳定过程过于概念化的风险,我们可以考虑一下这种崩溃和瓦解的最初结果,如许多现代人所做的那样:白人生活彻底的个人主义化。在18世纪,审视当时的等级制度,分散化个人的见识总是保守的,这是一种使拥有主权的人民分裂并使他们不能进行团体活动的方式。比如说,像詹姆斯·威尔逊和亚历山大·汉密尔顿这样的中央集权主义者,他们构想了绕过州一级的集体主张、在各个公民与全国政府之间创造了一种直接联系的新宪法。等级制度在19世纪的美国被瓦解时,个人主义化却显露出相反的趋向——加强了,而不是衰弱了。它授权白人一个接着一个地做出选择,并按照这些选择行事。在英国,关于少数上层人士领导多数下层民众的观念依然是牢固的,像约翰·斯图尔特·穆勒这样一个期望普通工人发挥公民作用的、严肃的19世纪改革家,看到他所面临的只是令人沮丧的艰巨任务:"未来的前景取决于使他们成为理性的人的社会地位。"[14]相反,在美国的新格局中,这种责任被均匀地分布在白人男子中间,他们当中的每一个人都有自己来决定想什么和做什么的专有权。

这种分散化主权的最明显的含义就是,通过一次根本的扫除,消除了曾经令革命的一代人感到苦恼的对于民主制度可扩展性的各种担心。现在,当白人到世界各地去的时候,他们把民主传播到他们所到达的任何地方,而不改变民主的任何实质属性——它的力量、合法性和权威的任何部分。他们当中的每一个人都完全恰如其分地体现了民主精神。从另一个角度来看,这些个人构成了无数可替换的小小的主权单位——因此是立刻起作用的——当他们无论为何事和无论在何地走到一起的时候。范围与民主政治的定义不再有任何联系;有民主精神的人,就像他们决定去什么地方一样,由他们自己决定民主的范围。

当这些拥有独立主权的小小个体走到一起时,他们就给予那些在常见的标签下乍一看是普通的行为以完全不同的意义。例如,在公共权力和工作命运民主化前后的政治党派就是如此。一方面,对起源于18世纪90年代的联邦党人和共和党人进行管理、合法化和界定的工作,都是由一个很小的有身份的阶层来担任的;另一方面,在19世纪20年代末和30年代固定下来的政党确认和重申了所有白人男子的共同主权。选举无足轻重的人物和使官员轮换作为切合实际的手段,起到了挑战有关忠顺的古老假定、使政府非神秘化和通过选民使政治权力循环轮回的作用。在19世纪初期,正是工人党的存在——在革命时期是不可想像的——表明了最初的政党制度与新的民主政治之间的巨大距离。曾经是受保护者和恩人之间的一种垂直联结的庇护关系,现在首先在一个新政党内部巩固了受益人对所在民主团体的单向忠诚。在18世纪,游行明确体现出了社会差别和职业分层,他们的党派接替者在19世纪则体现了一个单一的公共权力。

在此过程中,投票的意义也经历了一个根本的变化。比如,采取了公开投票的做法。在18世纪末,尽管革命放松了对既得利益集团的限制,但是领导人仍然把担任政治职务当作他们的权利,把管理人民当作他们的任务。虽然选民否认官员的权威,但在使有身份的人相互竞争的选举中,选民们有时候的的确确是支持他们自己的候选人的。在这种格局中,公开投票正式认可了地方统治集团的权威。作为那些传统方法的坚定捍卫者,詹姆斯·费尼莫尔·库珀在他的小说《准备回家》中的一段话描绘了它们的意义。故事中,一条船上的全体船员被敌人的一支部队掳走,船长和大副——两人都是当然的领导人——向水手们提出:他们有责任冒着危险夺回他们的船只吗?水手们高呼他们同意夺回船只。只有库珀的那个懦怯的民主分子——"坚定的"道奇畏缩不前。"投票也许会产生另一种结果,"道奇先生咕哝着说,"没有投票就不可能有选举自由。"[15]

当然,道奇是完全正确的,19世纪早期的投票有助于把投票行为与对一个领导人的支持区别开来。然而,独立平等的选民刚刚适应这种方式,就发生了公开投票以新的形式重新出现的变化:用标着不同颜色的选票区分不同的政党,在投票处公开鼓吹党派忠诚,按党派投票等等。欧洲来的游客们实在不明白,美国人为什么废除他们自己的秘密投票改革?相同的事情再一次变得完全不同了。在18世纪,投票本身意味着在等级中的位置:无投票权者,投票人,较小的官员,重要官员,领导人,沿着这种升序排列,在每一档都有比前一档更高的资格,这种资格等级通常被写入法律。谁能想像高居首位的人——乔治·华盛顿或约翰·汉考克*——竟然还参加投票?在这种体制中,公开投票确定一个人的职位。选举权只有在19世纪才等于表示平等。现在,公开投票宣告了平等的独立自主新时代的开始:独立自主的选民通过他们的选择,公开并自豪地支持他们的同志、他们的党。

这些貌似有连续性的变革的最基本的原则涉及选举权与公民资格。在18世纪和在19世纪一样,投票权不仅标志着公民资格,而且也是公民独立自主的保证。习惯上,独立自主的根据是至少有少量的财产。威廉·布莱克斯通的否定性说法抓住了在英美传统的财产资格背后的根本原因:"将那些社会地位如此低微以至于被认为没有自己意志的人排除在外。"在大多数情况下,人们假定,财产也被赋予了其他的一些可取的属性:相信法律,支持维护社会秩序,有做出客观理性判断的能力。根据这些理由,英国的政论家们

---

* 约翰·汉考克(1737—1793)美国独立战争的领导人之一、独立宣言的第一个签署人,历任大陆会议主席、州长等职务。——译者

取消了英国人口中绝大多数人——"普通民众"——的这种财产资格。亚当·斯密总结说,普通民众的"劳动""不仅是如此无休止的,而且也是如此的劳苦,以至于使他们没有任何闲暇和意向致力于其他任何事情,更不用说去思考这些事情了"。[16]只有财产才能提供一种从那种悲惨的、无须智慧的生活方式中解脱出来的出路。

作为一个移民国家,北美殖民地为它的白人男子提供了意义重大的、更宽厚的公民资格标准:财产资格的类型有极大的灵活性,标准也更低。结果,在美国独立战争前夕,北美殖民地的选民数量多得惊人,差不多三分之二的白人男子具有选民资格,与之相比,在英国四个人中大约只有一个是选民。然而,在美国与在英国一样,领导人在寻找公民独立意志的根据时也假定,不管数量多少,财产为此划出了合适的界线。在美国革命之后,州议会不仅通过使退伍军人成为选民而且还通过授予后来使他们取得选民资格的土地来使退伍军人获得公民权。

正是自主工作的新标准对有关财产与独立自主之间关系的假定进行了彻底的验证。在每一个白人男子都对他自己的工作命运负责的地方,即使他们当中最不令人喜欢的人也有自主权。这就是过于自信地做出决定,也就是弗雷德里克·格里姆凯用"过多"来对之进行强调的、称之为美国人的"不受限制的选择自由"。[17]到了成年阶段就可以获得独立自主权。对于白人男子来说,这种权力不必去争取也不必去证明,因为这是他与生俱来的民主权力。在打破了财产与公民资格之间的传统联系之后,19世纪的民主政治接着确立了一种使布莱克斯通的名言被完全颠倒的新联系。如果在18世纪成为一个土地拥有者就表明他获得了一种假定的独立自主的权利,那么,在19世纪,每一个公民的独立自主就表明他获得了一种假定的成为一个土地拥有者的权利。

当财产不再是公民资格的依据时,财产也就失去了塑造公民品质的能力。如果民主政治要求它的公民具有诸如稳健、理智、诚信这样的品质时,他们需要用其他的方法去获得这些品质。成年时代已经太晚:因为那时绝大多数的白人男子会自动获得完整的公民身份。匆匆填补这个缺口的教育改革家们——霍勒斯·曼、亨利·伯纳德和他们的助手们——许诺在孩子们性格可塑的、容易形成习惯的公立学校读书时期,塑造这些民主分子的公共品质。财产不再能够做到的事情,学校里的男女老师将能够做到。曼宣布,民主的公民拥有"接受教育的绝对权利",他们的社会同样有一种使他们接受教育的强制性责任。[18]

没有什么比缺乏民主更能证明民主的到来是多么重要的突破。如果民主政治是从18世纪的传统中逐渐发展出来的,那么以马萨诸塞或许还有波士顿而居于其他殖民地前列的新英格兰地区无疑应该是先锋,因为它们的制度赋予了它们明显的领先位置:在马萨诸塞有着最广泛的殖民地居民选举权,有教堂会众自治的历史,为争取自由同英国进行坚持不懈的斗争,尤其是镇民大会,这些不仅是新英格兰人自己的骄傲,也是历史上最受喜爱的第一个民主人士——托马斯·杰斐逊羡慕的目标。然而,实际情况的发展却不是这样的。实质上,人们的一个共同看法是,19世纪早期一个又一个的外国游客指出,新英格兰的某些地区——经常是马萨诸塞,有时恰好是波士顿——为美国最没有民主的地区。相反,他们报告说,它拥有美国社会中最好的秩序、最少的平等和最恭顺的民众;它的公民遵守社会秩序,遵守法律,听信他们的上司。阿列克西·德·托克维尔写到,"在新英格兰,……普通民众习惯于尊重并毫无怨言地服从有知识的和品行端正的上级——民主政治在这里比在任何别的地方作出的选择都更明智。"[19]

像18世纪美国其他虚有其表的民主先驱一样,新英格兰的制度表现出它特有的等级体系。如马萨诸塞殖民地的民兵所显示的,下级受上级的约束是通过一种不言明的以服从命令换取福利的交易换来的。尽管当英国军官发号施令时士兵们拒绝出击,但是士兵们却服从那些对于他们的需要和希望给予某些关注的殖民地绅士的命令。甚至18世纪末缅因州那些根据他们的权利而要求获得自耕农场的农民起义者们,也企图重新建立一种"保护公约",凭此,他们的领导者们负责照看这些忠诚公民的总体利益。类似的相互关系类型也在教堂里被实践,以及通过镇民大会得到维持,他们意见一致的回应成为19世纪民主个人主义的截然相反的对立物。

在18世纪到19世纪之间发生的剧变,证明了新英格兰的等级制度是非常有弹性的。美国革命没有削弱这些等级制度。在18世纪90年代,没有地区比新英格兰更反对"自行建立"组织的思想——这是超出了行政管理机构公认规则范围的团体行为——一种不久将在美国民主制度重建中被赞美的思想。在每一次追求权力平等的重大斗争中,新英格兰的等级制度是最有抵抗力的。在那里,正统的医学和职业的教育程度限制,通过法律手段获得了最强大的支持。在美国独一无二的是,马萨诸塞州和康涅狄格州带着国立宗教的残余进入19世纪,新英格兰对新的主张人人平等的宗教复兴运动的反应最冷淡。相应地,为了向他的听众阐明灵魂得救的选择权,伟大的福音派传教士芬尼不得不对新英格兰的神学进行猛烈的攻击。在象征着对这些强大的民主潮流的宗教反应中,波士顿同样著名的牧师莱曼·比彻——挨着个证明他自己的教堂同事太自由的人——宣布他将亲自把危险的芬尼挡在新英格兰的大门之外。

在整个美国,由联邦党人和民主共和党人组成的第一个政党体系在1815年以后就已经无可挽回地破裂了,新的政党——民主党和辉格党——根据地方和州的各种倡议不得不重新建立。不过,在新英格兰,联邦党人从1810年代被重新召集,在19世纪20年代改称国民共和党人,在19世纪30年代改称为辉格党。在多数政党中,这是一个一直保存着18世纪保守主义重要成分的政党,这种连续性甚至愚弄了20世纪后期一些历史学家,使他们相信辉格党在总体上与其说是这种特殊的以马萨诸塞为基础的政党,不如说是一个在民主社会中顽固坚持等级价值观念的政党。就像许多新英格兰的雇主们在他们的店铺里坚持家长制和服从一样,如此之多的新英格兰的政治家们拒绝放弃古老的财产与公民资格之间的等式关系。正是较好地掩盖了不体面的广泛公民权的丑陋之处的东北部辉格党人,误导了欧洲人,使他们相信几乎所有的美国白人男子都值得获得公民身份,由于他们当中几乎所有的人都拥有财产。只有在新英格兰,就像马萨诸塞所显示的那种方式,在19世纪早期,选民们面临着带有强制性的选民登记法。

每当根据民众的要求各州搬迁首府的地址以便使政府看起来不怎么可怕而更容易接近的时候,只有马萨诸塞州的首府继续牢牢地留在海边大城市——波士顿。在19世纪中期,马萨诸塞州仍然没有批准实行秘密投票。在那里,没有旧制度的崩溃,换句话说,并没有旧制度的瓦解来为新的制度开辟空间。从大量等级制度负担的重压下艰难缓慢地走出来的民主政治,在慢慢地到来。

民主政治含义在18世纪与19世纪的公开讨论中展现出巨大的差别。对于革命的一代人来说,民主政治是一件小事。民主政治的重要性主要源于它与其他政府管理类型的关系。这些制度类型标准的三种模式是君主制、寡头制和民主制——分别是一个人的统治,少数人的统治和多数人的统治——这些制度类型以亚里士多德的研究为基础,被许多古典作家详细论述过,并在18世纪大西洋两岸的公开评论中被用作基本的理论材料。革命的美国人声称把这三种制度结合成一种保留了每一种制度的独特长处的共和政体——君主制的活力,寡头制的合作,民主制的代议制——与此同时,避免每一种制度的独特缺陷——君主制的专制,寡头制的腐败和民主制的混乱。* 由于根深蒂固的古老习惯,美国的共和政体从来没有丧失与其母体英国政治体制的相似性:君主、上议院、下议院,去掉他们神圣的、等级制度权威的外衣,穿上世俗的土布礼服并冠以普通的头衔,就变成了美国的总统、参议院和众议院。

在这种体制之下,美国革命的领导者们确定了拥有主权的人民,或多或少也是18世纪的英国政论家们对人民的定位,但是在美国则将君主和议会过去拥有的这种终极权力赋予人民。这种保障了美国革命中共和党人身份并激发了人民最广泛的忠诚的人民主权,一旦被赋予将永远不得被剥夺。

---

* 在描述寡头制的长处与缺陷时,作者用的都是 Corruption 这个词,实在令人费解。根据亚里士多德在《政治学》中对寡头制的分析及本文上下语境,寡头制的长处似应是体制内的合作,为此,译者将此处视为作者的笔误,即可能是 Cooperation 之误。不当之处请方家指正。——译者

从此以后,在美国,每一个与政府有来往的人都是从这一点开始的。不过,在这些拥有主权的人民之上,革命者们建立了各种各样的机构,它们的合法性还依赖于管理部门的适当平衡。如果民主的组成部分超过了适当的限制,即使它以人民机关的名义进行的,也会威胁到整个制度的安全。"民主的"按照其本义意思是"没有任何限制或……制衡"。除了革命的第一次骚动之外,当对立法权的巨大热情迅速达到其最高潮时,把整个政治体制称为民主制就是对它进行谴责。理查德·亨利·李与年轻的约翰·昆西·亚当斯仅仅打算按照邦联条例,给政府贴上一个"简单的民主制"的标签,因为它缺少一个分立的与由州代表组成的国会相补充的行政部门和上议院。"但是,一个均衡的共和制与民主制之间的差别,"约翰·马歇尔直率地宣布,"就像秩序与混乱之间的差别是一样的。"[20]

1787年在费城制定的联邦宪法以新颖的方式重新处理这些熟悉的问题。取代了依靠每个州去体现美国民主共和党人的基本信念和把这些共和政体聚合成为州的联盟,新的计划在整个国家构建了一个民主共和党的上层建筑,在这一过程中把领土扩大到这些共和政体认为必须控制的地方。从雅典的古代城邦到不列颠密集的小岛,虽然民主政治的参照标准经过了几百年的发展,但人民的政治机构——传统上是立法机构的下院——是否能够实际上像美国宪法规定的众议院一样广泛地存在于一个制度中,这依然是个问题。

批评家们说:不会。在美国的州政府要求由2000人以上的代表组成真正民主机关的问题上,反联邦主义者争辩说,拟议中的众议院代表人数应该少于100人。另一些人则想知道,在一个马车和乡间道路的世界里,居住地"与选民之间的距离达200—500英里的议员们能够……对人民的幸福保持强烈的关爱吗"?那种不道德的人将被吸引到议院。"当议员的数量是如此之少时,这种公职将是非常高尚和重要的",将能够吸引"天然的贵族"参与并"只留下很少一点点民主在里面"。为代替对贵族参议院的制衡,众议院将与参议院合并。"以立法机构的不同部门为借口,议会的成员实际上将从同样级别最高的公民中挑选。"没有民众的制衡,美国宪法将导致"一个人或

少数几个人的专制统治"。²¹

反对拟议中的美国宪法的人们,在国家政治体制问题上受到了挫折,他们仅在州政府中发现了一个名副其实的民主成分。除了州的职能之外,它们看上去还能在批准政体架构——先是邦联条例,现在是美国宪法时,表达主权人民的愿望。尽管这是一个重要的角色,但却是一个被严格限定的角色。它们看起来也不再是君主制与寡头制因素在每一个州政府内部的混合。从整个国家的角度看,州政府的组成部分,行政部门和立法部门一样,应该合并成一个单位。现在要紧的是,同全国政府与人民之间的距离相比,州政府似乎与人民紧紧相邻:"它们与人民之间将会有密切的联系,它们的成员将直接与人民交往。"一位反联邦主义者总结了这种新情况后说,"我认为下面的看法是不可否认的,即联邦政府将主要由天然的贵族掌控,而州政府将主要控制在民主团体——大多数人民的代表手中。"²²

讨论的领域从政府的部门转移到政府的层次有着深刻的影响,这些影响有些是短期的有些是长远的。对于这些非常坚持权利法案的人而言,美国宪法的前十条修正案代表的不是个人权利的保障,而是州民主政权的巩固。杰斐逊认为,根据这些修正案"[州政府]将尝试联邦政府的所有行为"。²³1798 年,杰斐逊在断定联邦党人的政府无情地辗过了联邦宪法,而与麦迪逊一起为肯塔基州和弗吉尼亚州的议会起草决议案驳斥新近颁布的《客籍法》和《惩治叛乱法》的时候,差不多运用的正是这种对权利法案的理解。肯塔基和弗吉尼亚的决议案宣布,联邦政府在这场有关自由的考试中是不合格的,而只有州政府——人民的政府——才能够保护人民的权利。

从长远看,这种州的反抗权将被南部人用于证明在拒绝联邦法令和脱离联邦行为背后截然不同的政治计划的正当性,而各地的民主派也将把这一抵抗权变成另一种赞成地方民主自治的理由。当然,这些都是 19 世纪的事情。在 1800 年左右,州政府与联邦政府之间的对抗仍然是按照人们熟悉的 18 世纪平衡共和制结构的议事日程进行的。

民主的第二个问题——代表的通俗含义也被 18 世纪的概念严格限定。当反联邦党人期望把州政府当作人民的庇护人时,他们重新采纳了美国人在18世纪70年代追求独立时的一系列论据。这种论据认为,远距离的、间接的代表违反了共和制的原则。用乔治·梅森的话说,合格的代表"应该与人民融合在一起,想人民之所想,感受人民之所感受……并完全了解人民的兴趣和状况"。[24]因此,一个高高在上的众议院缺乏作为人民机关的本质特征。只有与人民联系密切的州政府才足以代表人民。

然而,在等级制度之中,人民与高于他们一个或两个等级的代表之间的那种密切关系,使代表们获得的权力比人民授予的权力多得多。代表与他的选区居民密切交谈是为了理解他们的境况,不是为了接受他们的命令。在政府中,他是根据他自己的看法行事而不是按照选区居民们的看法行事。是他,而不是他们,决定什么是他们的最大利益。因此,只要他们都受到代表的关心,他们当中所有的人都拥有投票权就是不必要的。换句话说,代表组成的团体把人民都涵盖了。实际上,代表组成的团体变成了人民,就像英国有影响的政论家约翰·特伦查德早在几十年以前对它们下的定义:"人民(就是那些)被成功地选出来代表民众的人。"[25]美国的新联邦制内部的民主利益的拥护者们在称赞州政府:"在某种程度上是人民的一种定期的集会,""人民本身是有教养的"时,[26]他们在内心也明确有一个这样的一次方程式。在这一点上,18世纪的民主政治也转移到结构问题上。那些结构问题不再涉及人民政府的问题,而仅仅涉及人民在政府中位置的问题。州政府的捍卫者们不再问人民怎样才可以行使更大的权力,而是问哪一个官员能够以人民的名义最有效地行使这一权力。

只有民主联合的最后一个,也是相当模糊的领域——人民的主张——有突破18世纪这些传统限制的可能性。在这一点上,至少人民本身是起作用的。然而,即使按照18世纪最宽宏的解释,这种民主已经处于蛊惑人心的边缘,18世纪90年代,来自法国大革命的强风则把它吹过了这个界线。在一系列几乎使人难以相信的事件中,西方世界的这个巨人丢弃了等级制度的特权,处死了它的国王,与整个欧洲作战,并用血腥的恐怖政策对付它自己。当这一令人震惊的结果展现出来时,仍然能够从欧洲的熊熊烈火中看到自由征兆的美国人的数量减少了。当欧洲战争的影响扩展到大西洋彼岸的时候，美国人对于英国和法国这两大帝国的恐惧进一步加深了。到1794年，革命极端主义的这些术语——雅各宾派和恐怖统治——就像是对人民感情随心所欲地表达的诅咒，因而被严厉限制。不到一年，法国革命在美国的最强烈的支持者——民主—共和党人俱乐部就消失了。没有人为恐怖统治辩护，没有人选择支持动乱。

雅各宾派的污点也沾染到人民的政府机构身上。通过根除可以认可的行政机构，法国那些极端分子终归把立法机构的权力扩大到了共和制的极限，可能还超过了这些限制。民主总是意味着喧闹和混乱。比如说，当亚当·斯密想要把北美洲殖民地谴责为麻烦制造者的时候，他把它们"与小民主分不开的那些充满积怨和恶毒的宗派集团联系在一起"。[27]根据亚里士多德的学说，可以预料到，纯粹的民主会导致无政府状态，接着就打开了通向专制政治的大门。甚至在拿破仑加冕之前，许多目击者就认为法国革命正在他们的面前证明这一经典说法的正确性。

正在发展的革命在这些结构性的担心之上又增加了一种对放纵暴力的直接担忧。最主要的联邦党人对此很明白，即根据他们对法国经验的看法，所有增加州或立法机构权力的努力，同时也是在招致流血杀戮。由于心照不宣地承认所争论的这种暴力的存在，杰斐逊和麦迪逊小心翼翼地把肯塔基决议案和弗吉尼亚决议案限定——同时也是对州和立法机构权力的维护——在一个和平的范围之内。没有恐吓威胁：他们宣称，全国政府是这些权力的唯一侵犯者。没有不合时宜的骚乱：他们积极地劝阻公众的抗议。但他们的这种限定没有效果。在法国的那种环境下，弗吉尼亚州对国家权力的挑战必将引起人们对军事叛乱的恐惧。对此，汉密尔顿立刻准备进行战斗。

尽管杰斐逊渡过了18世纪90年代末的危机在1801年成为总统，但作为一个公众讨论的话题，民主政治并没有随着他一起成功。只有杰斐逊可以为了下一个世纪向那些18世纪的概念注入新的活力。他与这个民主传统的各个方面都有着坚固的联系：同反联邦主义者的关系密切，公开拥护权利法案，公开对法国大革命最初的破坏性力量表示高兴，对州政府的制衡能力抱有极大的期望。然而,杰斐逊不是面向未来而改变那种传统,而是放弃了它。首先,民主政治变得非常危险。无论在1798年他的职业是多么的温和与清白,然而他秘密策划肯塔基决议案和弗吉尼亚决议案却像一部间谍小说,充满了秘密会议、骑马夜行、宣誓终生保守秘密等情节。在危机期间,杰斐逊最后提及民主政治预示着带有流血杀戮的暗示。在1801年初,当他认为联邦党人可能使用暴力反抗来否认他的总统职务时,他写到,按照"美国当前民主精神的状况",如果必要,友好的州民兵将会武装护送着他去参加他的就职典礼。[28]就如汉密尔顿所预言的,一旦成为总统,杰斐逊就会很容易地喜欢上行政权力。现在,还有什么需要立法机构的检查或需要州政府的反对?

民主政治简直是名誉扫地。由于没有得到任何的支持,18世纪民主政治的主题悄然从人们的视野中消失了。在拿破仑的欧洲,肯定没有什么东西能够恢复民主的声誉。要在边远地区大声喊出:是的,他的美国是"一个民主的国家",就需要有像未来时代的预言者、激进的浸礼派教友伊莱亚斯·史密斯那样的自由精神。[29]几乎在别的任何地方,民主这个总是受到怀疑的概念一直处于缄默的掩盖之下。

在一代人之后,当民主问题又重新出现时,这只丑小鸭已经变成了一只白天鹅。尽管仔细的观察者能够发现它们的家族相似性,但问题的关键是它已经发生了奇迹般的变化。在18世纪,民主是一种包含在——立法部门与行政部门之间,州政府与全国政府之间以及人民与他们的代表之间——正式关系中的一种力量。19世纪,民主获得了自由。现在,民主意味着人民在积极行动。1834年,在回顾18世纪的结构性成见时,民主党的主编威廉·莱格特不知道如何论述"一种'不平衡的民主'"这种难以理解的说法。莱格特对这个问题根本不予考虑,因为:"我们已经不再有那些担心。"[30]

当麦迪逊在1791年分析"民意"的时候,他多少赋予了"民意"以社会价值观的等同物的性质。在19世纪,民意获得了力量。就像评论家弗雷德里克·格里姆凯所说,"民意"是政府的"推动力"。斯蒂芬·A.道格拉斯宣布,如果"人民要求"一项措施,"直到他们的要求被尊重和他们的意志被顺从时,他们才会满意"。威廉·卡伦·布赖恩特认为,当被唤起的公众发现了腐败官员时,就会马上惩罚他们。即使人民像暴君一样,他们的要求也不能被拒绝。1864 年,当辉格党人贾斯廷·巴特菲尔德被问到他反对墨西哥战争吗?他回答说:"不,老天作证,我不反对战争。如果我反对一场战争,战争就会把我毁灭。"他宣布,现在如果人民希望,"我就支持战争、瘟疫和饥荒"。大革命的一代人将他们的等级制度置于人民之上,19 世纪的政论家们,推翻了等级制度,同这一制度之下的人民一道,结束了这种制度。年轻的乔治·班克罗夫特在 1826 年有点自负地说,"人民的声音对于我们来说是最有力量的,""这是我们的神谕,我们承认,这也是上帝的声音。"[31]

19 世纪新的人民不仅包括所有的白人男子,而且它还使他们中的每一个人具有重要性。莱格特认为,"每一个男人的楷模"在舆论中"都具有……领导性的影响"。班克罗夫特认为,让一个人担任一项公职,你只能得到他不得不奉献出来的东西。把权力授予人民中的一小部分人,你会得到正义的部分展示。把权力给予全体人民,你会得到最接近于普遍理性的体现。尽管多数人犯错误是可以想像的,但这是绝不可能发生的。"由于多数人智慧与意志的广泛联合,这一推定当然是对多数人有利。"[32]甚至一些愚蠢的想法也有它们自己的作用。保守但乐观的格里姆凯生动地描绘了错与对之间的冲突在民主政治争论中的交织状态,这种争论剔除一个又一个谬误,使真理在更大程度上显露出来。

当然,在这种从共和制向民主制的转变过程中,一些连续性是极为重要的。18 世纪允许美国人在跨过州的边界后转换公民身份的做法,为 19 世纪美国变动之中的全国性民主政治开辟了道路。到 18 世纪末,选举已经成为日常惯例,政权的交替已经规范化,以至于杰斐逊明显随意地使用一个夸大的措辞,称"多数的法则……是人类社会的自然法则"。[33]革命只是强化了对已被精确阐明了的政治程序的支持,这种程序就是,为表达观点和解决公共冲突,用把多数派和少数派一同联结到一个共同文化中的办法使问题得到处理。此外,与中央政权抗衡,怀疑政府所批准的特权,以及坚持主张代表应从他们所代表的人民当中产生——这些主题在18世纪80年代和90年代分别被反联邦党人和民主共和党人明确有力地表达出来——作为19世纪美国民主政治的品质都继续保留下来。

然而,不连续性在民主政治到来的过程中占据了主导地位。当独立革命那一代领导人在阐明政府的原则时,他们讲起来就好像发现了被深深埋在人类历史之中的真理似的。19世纪的民主派夸口说创建了他们自己的政府原则。18世纪,有身份的人寻求控制他们所领导的社会,而19世纪那些有身份的人则寻求释放社会的活力。独立革命中的大人物们整理、聚合权力,19世纪的民主派则把权力分散。按照18世纪的那些体制,民主政治只有在与共和制政府的其他属性相联系才是有意义的:它的民主精神,精英人物和依赖于相互支持的行政机构各部门。19世纪的民主政治是独立的,它为自己提供正当性的理由,形成它自己的意志。

民主政治新的基本原则是自治:人民共同管理自己,人民又各自管理自己。一般说来,民主政治的孪生根源是沿着上述两个方向分开的。自定权威使白人男子获得进行集体管理的权力;自主工作给了他们各自独立创新的自由。从一个分支上产生了社区自治,从另一个分支上产生了经济自主。例外也很多:许多社区承担起了发展社区经济的义务。许多个人提高了自我约束的品质。然而,在美国19世纪初期那种肆无忌惮、充满活力的小资产阶级世界里,白人男子就像以政治的方法管理他们的集体权力一样,倾向于以经济方法来管理他们的个人自由。

但是,如果根是分离的,那么枝干缠在一起是没有意义的:使民主政治中的集体与个人两个方面相结合,远比使它们分开重要。自由的个人形成民主的社会;民主的社会支撑着自由的个人。公民们的共同参与为他们共同的政治决定赋予了合法性,这种政治决定接着又把权力带回到他们的个人生活中去。在复兴时期,在集体压力和社会支持的环境下,美国人作为个人受到了保护。一群群的手工艺人们坚持他们作为个人的权利。典型的是,让民主政治家们说起来,好像是相同的规则和相同的利益支配着这两者。道格拉斯宣布,"伟大的自由原则就是使每一个男女在最大程度上保持完全的行动自由,这是有利于社会的安全与和睦的,""而这一原则应该被应用于各州、准州、政治团体以及个人。"[34]因此,无论是让·雅克·卢梭的淹没了个人的共同意志,还是亨利·戴维·梭罗的撇开了社会的无政府的个人,都无助于理解这种新的民主政治。相反,民主总是使白人依靠他们自己的力量,从不超出团体范围之外。

第二章 未开化的人

　　不受管束的人们生活在一个没有管理组织的社会中：这个社会能够运转吗？自治是一条新的真理还是一种自相矛盾的说法呢？川流不息的欧洲游客们亲自目睹，并且在回国后与好奇的公众分享了他们的发现。在认识美国民主背后的力量或者评价他们是多么激进的问题上，这些目击者中几乎没有人有困难，因为他们与大西洋对岸所坚持的行为方式形成了鲜明的对照。当美国的白种人掌握着自己工作的命运时，英国新的济贫法令正在将穷人驱赶进不列颠的劳务市场。美国颠倒了欧洲基本的人口方程式：不是固定的土地与日益膨胀的人口的问题，而是大量的土地没有人手去耕作。当权力正在杰克逊的美国分散的时候，在皮尔的英国和梅特涅的欧洲，高压政府击退了民众的权利要求。甚至英国所谓重新分配政治权力的1832年选举改革法案也没有相当可观地扩大其政治权力的基础。1848—1849年的欧洲革命和英国宪章运动的失败仅仅使大西洋两岸的这些差异更加显著。

　　这些富有的欧洲游客给美国的新局面带来了启蒙运动后欧洲的气质与价值观念。他们把自己看作是理性的和博爱的，是秩序之友和人类之友。他们盼望改善人类的状况，拥护改善人类状况的变革。他们相信，即使在最不平等的人类关系中，基于基本的体面准则，野蛮的惩罚和非人道的奴役也应该被根除。在许多年里，标准的美国旅游包括必须参观一个或多个新的专门为罪犯、精神病人、聋哑人或其他一些弱势群体规划的机构。欧洲人回去后普遍赞扬了这些创新并预言这些创新将被广泛采用。

　　在多数情况下，欧洲游客们的观点是冷静的，不受他们背后的理性信念以及他们之间的社会地位差距的影响。欧洲游客们把美国的民主制度置于与等级制度的精神背景相对立的地位，在等级制度中，社会生活是按出身、血统以及不言而喻的社会地位和等级差异来划分的。而这种想法影响着后面不同寻常的评价。作为这种想法的必然结果,他们几乎都仍然坚持普通民众需要领导人,领导人决定社会发展方向的信念;换句话说,在认为存在一个"天然的贵族"以及"大众遵守的并非是已经制定的行为原则"的背后,是公认的启蒙运动的观念。[1] 在美国,对于少数上层人物道德品质的传统信赖已经同其他等级观念一起被19世纪早期的碾磨机碾碎,变成一种截然不同的主张,即在所有白人男子中分配公民权利和责任。但是没有碾磨机来粉碎欧洲人的信条,他们继续把社会的功罪等同于其领导人的功罪。

几乎所有这些被称作对美国社会的经验性反应的欧洲人的描述,被精心地汇编成由业余科学家所作的,可以说是关于一个陌生世界的实地考察报告。每一篇报告都有其与众不同的特点及个人印记,这使得它成为一个特定游客的作品。不过,这些报告给人以深刻印象的不是它们的独特性,而是它们对于一套相互印证支持的固定思维模式的依赖。尽管在1815—1860年间涌入美国的欧洲评论家们在几乎所有其他的方面各不相同——作为日记作者、理论家和传播流言蜚语者,他们的访问目的、逗留时间长短、经历的类型不同;作为眼光敏锐的人、眼光模糊的人和凭空捏造的旁观者,他们的国籍、政治见解以及性别不同——他们用同样的故事题材、线索和描述去描绘出关于美国社会的基本上同样的形象,得出非常类似的结论。此外,它还是一幅连贯的画卷,一个卡通形象的美国除了像其他漫画一样构思巧妙外,它当然还是对敏锐生动地观察美国社会特点的报告的一次整理,对于这些特点,美国人和欧洲人都会毫无困难地将之与在美国的生活相联系。

这种连续的、不断的反复讲述,具有一种言多自行成真的性质,好像这些游客真的都是科学家,确实毫无偏见地进入美国这个实验室,不料却像他们的前辈一样重新发现了同样的真理,并由此再一次为国际社会诠释这些真理。他们当中的许多人很注重在一系列一模一样的、有见地的欧洲人的判断中把他们的结论表现为最新和最权威的。换言之,标准化与规范化强化了对真实性与可靠性的要求。结论中所出现的一种新的、以前未曾出现过的定义,就是对美国激进运动的第一个权威性界定。作为文化真理,无论其传播到何处都会产生出无可争辩的影响。正是这些欧洲人使美国人的民主变得规矩起来。

欧洲人一眼就发现了工作自动化方面的革命，而且他们还一致宣告了这一革命的结束和胜利。他们一个又一个地描述白种人在各种经济层次取得的工业自动化方面的奇迹。斯图亚特·沃特利夫人宣布："雄蜂不得进入大西洋彼岸这个大蜂箱。""在这场重大比赛中，已经没有闲暇时间了；[小伙子们]赶快各就位，准备起跑！"蜂箱是一个将无情的、目的明确的工作与无人监管联系起来的非常恰当的比喻，托克维尔则用蚁冢来代替蜂箱这个比喻。弗朗西斯·格伦德断定，像美国人那样"工作就是快乐，劳动就是消遣的那种人，人世间大概再也没有了"。"像食物和衣服对于一个欧洲人来说是至关重要的一样，劳动对于美国人的幸福是至关重要的。"是的，法国人米歇尔·薛瓦利埃也认为美国是一个"令人快乐的"地方——"在他看来，工作是第一位的，对于他而言，工作可以取代其他任何事情。"弗雷德里克·马里亚特则认定："美国人的寿命是其他人的两倍，因为在他的生命中他干了两倍的工作。"[2]

这种工作精神的影响遍布整个社会。"艰苦的生活——欧洲社会下层的命运——构成了美国富人的自愿选择……，"托马斯·格拉顿报道说，"一个人不努力增加他的财富，并使之达到可能达到的数额，那将被认为是不体面的。"同样地，哈里特·马蒂诺总结说："工农阶层的人……当他们处于社会中任何一个阶层之上时，他们感谢上帝，"但还是从不休息。一个苏格兰人在美国缅因州伊斯特波特的初步印象是，这里的码头工人"身背着沉重的货包或推着小货车，不是平稳、从容地走上舷梯、跳板，而全是负重跳着、跑着向上冲，飞奔而下去取货"。弗朗西丝·特罗洛普承认，"谁的儿子也可以变得同别人的儿子一样棒，这种意识对于努力工作肯定是一种鞭策。"通过将美国人与英国的工人相对照，威廉·钱伯斯承认："希望之情在很大程度上被激发出来。"[3]

在物质方面，这种结果使民主对于进步发展的要求得到确认。在美国的两年期间,特罗洛普写到:"我既没有看到过一个乞丐,也没有见过一个富人允许自己停止扩大其财富的努力。"用众所周知的启蒙运动思想的标准来衡量,亚历山大·麦凯断定"在美国,没有一个阶层能被称为严格意义上的贫穷;这也就是说,任何社会阶层都具有基本的足以维持温饱生活的收入及财产。"

于是,民主的批评家们便用最可能坏的眼光来评价这些结果。认为一种为免遭解雇而工作过分卖力的文化所产生的是狭隘、卑贱和自私的品格:"他们所有的体力和智力……都用于获取财富;""他们有着永不满足的获利愿望。"尤其是他们对于美国佬品格的描述,很容易无意中把精明的、讨价还价的计算当作是彻头彻尾的欺诈。这些评论家们报道说,就像"只工作不玩耍,聪明的孩子也变傻"的小曲所预示的,"美国人就是这样的傻孩子"——不仅是一个苦干的民族,而且也是一群"非常缺乏想像力的人民"。事实上,英国人很久以来就抱怨美国好得过了头:太多的土地,太多的自由,甚至——偏偏是亚当·斯密说的——"不必要的和多余的进取心"。不过,在这种吹毛求疵的掩盖下,19世纪早期的欧洲人也承认,美国在工作自动化方面的非凡实验是成功的。它的评论家们确认,无论在民主的美国发生其他的什么事情,经济自主的妖魔一旦被释放出来将永远不会被再次装入瓶中。它所启动的力量现在已经自主地运作起来。[4]

欧洲游客们宣称,支撑民主制度的第二种力量——权力的平衡——同样是全面的和彻底的。无论如何,在这个问题上宣布真相仅仅使探究之门大开而已,他们发现没有什么简单的方法可以用来解释其后果。按照欧洲人的理解,这个问题的关键在于社会本身:谁当众制定规则?谁有权获得公职?谁有优先权?谁能取得立法提案权?谁有权组织其他的人民运动?谁来作出关于谁发言,谁对谁发言,发言的人可以说什么的决定?包括欧洲在内,规矩这个词的含义就是权力。规矩控制着公共生活的运作。游客们所积累起来的大量的奇闻轶事,提供了大量的证据证明:美国民主主义者所考虑的公民自由实际上就是长期的无序状态,而且他们把重建社会的合法性边界当作他们的任务。

第二章 未开化的人 53

他们对于美国公共生活的最初反应——一种与众不同的经历,他们宣布——就是无权的感觉。这并不纯粹是由于他们在美国的生活中常常被拥挤或推搡,尽管他们提到过这两个方面。他们在人流之中常感到茫然无措——亨利·默里愤慨地称之为——一种不合适的群聚。惊讶的麦凯报告说,"一听说开饭,人们争抢座位的场面简直是骇人听闻的。由于靠近门口,我未用任何力气就被人流挤到屋里面来。"格伦德建议,旅行者在美国生活"必须使个人兴趣爱好的满足屈从于多数人的愿望……在多数人吃饭、喝水、睡觉、起床时,他得与其他人保持同步"。在纽约高级旅馆的大厅里,新来者会遇到"一伙伙的人在高谈阔论,其他的人则在火炉上做烧烤,许多人在嗑花生,更多的人在抽烟。在他们的共同糟践下,地板上极不雅观地布满了痰迹、花生皮,并且偶尔还夹杂着烟灰和丢弃的烟头"。"在美国的旅馆里……,"里德总结说,"你只是一个无足轻重的小人物。"难怪这些欧洲游客都以不同寻常的心情来描述他们在美国旅行或进餐过程中个人空间上的意想不到的方便。[5]

当然,要紧的是他们认为众多与之拥挤在一起的美国人是下等人。就像特罗洛普在对英格兰空想平均主义的挑战中遇到的那样:一个接着一个地去握那"结实、油腻的笨拙大手",没完没了地呼吸着其他人身上散发出的"葱头和威士忌酒"的臭味,接着还要赞扬民主的成就。不过像特罗洛普在护理其患病的女仆中所表现的那样,她对于接触社会下层并无反感。基于同样的原因,苏格兰人詹姆斯·斯图亚特非常怀念那位尽力使客人们无拘无束地吃喝的英国店主所散发出的、时常萦绕在身边的友好气息。真正的问题是:谁来决定相互之间的地位? 谁来判定别人是自告奋勇还是犹豫不前? 巴兹尔·霍尔上尉抱怨在美国西部遇到的"冷漠和粗暴"对待,不是因为边远地区美国人不好客或"脾气坏——完全相反"——而是由于美国人不走过来帮着搬他的行李;他们缺乏"成为文明及有益的人的内在愿望"。另一些人提出火车列车员的粗暴无理,当列车员被召唤时,他们根本不会愉快地前来为你服务。在一个决定着其他人的进出权利的问题上,伊曼纽尔·豪伊特坚决认为,是他的狗而不是美国的行人有权使用他房子旁边的公共空间,因此,愤怒的女店主"带着女人特有的滔滔不绝的唠叨、指责",将他赶了出去。[6]

就如这些故事所提示的那样,称呼是社会秩序管理的重要手段和组织相互交流的重要方式,称呼能使各个方面明白自己的身份和地位。欧洲游客们一再批评美国人恣意使用上流社会的头衔。在美国,清道夫被称作"先生",妓女则被称作"女士",玛丽·伦迪·邓肯抱怨说,整个社会"遭遇了对古老语言次序安排的颠倒"。在民主的美国,每一天都是狂欢节。查尔斯·奥古斯塔斯注意到,当小酒馆老板希望被称为"将军",称酒馆的杂工为"上校"时,初次见面的"农场的帮手和工人便叫我'查利'",默里反过来十分亲切地把那种民主的勇士——自立、富有的农场主称作"美国农民"。被以这样的方式称呼,游客们发现美国白人"下层……有一种莽撞、无礼的倾向"。特别是"那些应向别人尽义务或提供服务的人"更是如此。使一个英国人感到被严重冒犯的是:旅馆的服务生在得到其指令后,居然扬长而走,一去不复返。这个英国人便称之为"该死的坏蛋"。这个服务生后来解释说,他只是按照自己的意愿行事,因此不是一个"该死的坏蛋"。美国人拒绝穿仆役式制服也就意味着欧洲游客们经常连一个可以使唤的人也找不到——这也是他们对铁路列车员感到失望的原因之一。确切地说,欧洲人通常把人们的衣着档次高于其身份这种现象看作是美国罪恶的一个例子。[7]

对于那么多希望写下他们的经历的旅行者来说,支配着各种社会交流的规则是最为重要的。当他们在问、听和看的时候,只有通过大量美国人的合作他们才能收集到某些值得讲述的东西。而他们正是那些感到被占了便宜的人。"每个人都找你谈,"查尔斯·狄更斯怒冲冲地说。几乎每一个游客都有一些关于讨厌的谈话的轶事。豪伊特抱怨说,"无论你走到哪里,总是要被一些立刻有许多问题要问的人围住(这些人在以前从来就没有见到过你)",他们就是那些在美国消息闭塞、亟欲知道其面临的众多问题的答案的未来殖民开拓者。尽管美国人也许"像随时准备提问一样,也准备好随时回答问题",但他们仍然属于那种不得要领的"一问一答者"。包括狄更斯和麦凯在内的数个旅行者,以极大的兴趣描述了他们是怎样误导这些美国人或者是如何让这些爱打听的美国人灰心丧气的。他们谈论说,有民主精神的人,换句话说,就是不须等待某个人的许可嘛。里德发牢骚说:"在美国几乎见不到所谓的胆怯、缺乏自信,这——他进而挖苦说——极大地促进了美国人讲话的流畅性。"[8]

理查德·科布登在他的日记中提到,"偷听在这个国家是一种癖好,"并记述了他无意中听到的各种各样的谈话。欧洲人认为,这太可怕了。不停地在进行观察的波兰游客特里萨·普尔斯基(Theresa Pulzsky)难以掩饰他对"那些公共会餐的厌恶,在那种场合,众多好奇的眼睛关注着我们的一举一动和我们的胃口"。有一个游客报告说:"你就像是在一个玻璃房间里。"很明显,一些人有看的权利,其他人则只有被看的权利。克林科施特莱姆(Klinkowström)男爵表态支持他们的看法:"欧洲人……怀念在旧世界所受到的礼遇,而在美国这往往被看作是奴役的标志。"当狄更斯渴望"故乡的那种古老而体面的礼节规则"时,他心中想到的恰恰是诸如谁在提问和谁在观看此类的问题。[9]

因此,就像德国人莫里茨·布施提出的,大家共同的看法是,美国人普遍"敌视各种权威"。亨利·默里报告说,美国的教育忽视了"训练人们在思想上服从权威的必要性,而这将是自我控制的基础"。另一个人总结到,"就服从命令和纪律而言",普通美国人"天生是世界上最差的士兵。因为,他所受到的教育使他相信,他自己与指挥他的军官是平等的"。巴兹尔·霍尔概括说:美国人的生活是自由而无章的,因为"每个阶层都没有相应的礼仪制度来规范它的公共事务"。一个少见的例外证实了这种情况。当旅游者们来到洛厄尔的工厂的时候——一个位于新英格兰旅游线路上的普通观光点,他们把这里看作是民主沙漠中的秩序绿洲,因为,在这里人们清楚地知道自己的社会地位,那些女工只有在被问的时候才说话——至少在工厂里是如此。这与整个美国社会形成了多么巨大的差距![10]

欧洲人使这一问题变得非常清楚,一言以蔽之,美国人的这种性格引发了一种严重的事态。社会这个词的任何合理的含义都消失了。他们的解决办法是孤立民主的美国——事实上就是将美国隔离。通过一连串类似的成见,游客们用如此明显,时常是如此肆无忌惮的手法来形容美国的民主,以至于没有人会认为这种制度同样也适用于欧洲。就连托克维尔——他关于民主最终将在欧洲取得胜利的含蓄评论意味着他可能是个例外——也把民主制度在美国的存在归因于美国具有其他国家无法比拟的、独一无二的环境。

欧洲的评论家们以美国民主的非文明化来强调大西洋彼岸的特点。抱着各种不同的目的和观点的欧洲游客们再一次把同样的成见、同样的辛辣比喻加工成一个对于美国的综合性描写。由于在他们的头脑中有关美国的印象是消散的、麻木不仁的、兽性的和暴力的,因此他们拒绝承认美国是西方文化中的一员。与17、18世纪同样风格的争论不同,这些19世纪的评论几乎不再使用有关形容印第安人野蛮和美国茫茫荒野的古老格言。鉴于传统价值因成千上万美国白种人的决定而大量丧失,这种有关美国野蛮状态的新形象不是指美国的自然环境,而是指美国人创造的产物。就像他们自夸的那样,他们的公共生活是他们自己创造出来的产物。欧洲游客们坚持认为,美国的民主主义者选择了使他们的国家野蛮化的道路。

这些游客们报告说,在美国,事事都在变,没有什么是一成不变的。许多家庭都离散了。托克维尔对于美国这种父母与子女互相分离还能心安理得的现象感到惊讶。霍尔将这种结果生动地描写成无数的原子,在那里"孩子悄悄地离开父母……兄弟姐妹各奔东西,他们不仅互相忘记对方,而且也被他们的家庭忘记"。据说,美国人会因一时的兴致而改换他们的姓名。个人的自主意识使各地的人们纷纷走出家园,并使他们处于寻找财富的迁移流动之中。他们似乎根本不会居住在他们曾经出生的地方。鉴于一种特别突出的无根的印象,格拉顿断定,在美国的城市中,绝大多数人居住在供膳食的寄宿处。这些暂时寄住的过客"显示出美国人缺乏我们所梦牵魂绕的那些家庭亲情关系"也就不足为怪了。在狄更斯所称的位于大西洋彼岸的巨大会计室里,柔情、忠诚、慈爱等问题都被换算成是否赚钱、赔钱。在这里"一切都能换算成金钱"。托克维尔对没有注意到这一点的人解释说,"在欧

洲,我们习惯于把永不满足的癖性、对于财富的无限欲望以及对独立自主的过分热爱看作是对社会非常危险的性格取向。"¹¹

甚至连看上去牢固的东西也并非结实。美国的城市——欧洲文明的试金石,据说发生火灾的危险非常高,这个国家的主要中心纽约市,简直是处在燃烧之中——每天晚上至少有一次大火灾,一些游客认为确实如此。斯图亚特·沃特利提醒说,那里的消防队应该是最优秀的,因为"我真的在想,天底下没有其他地方像他们这样有大量、连续、无休止的灭火实践"。¹²注意到火灾之后美国人以非凡的速度进行重建,就像机体在生长发育中的过度新陈代谢正在消耗着其本应供养的机体本身一样,纽约市总是给人以一种不停地烧了建、烧了建的幻觉。

与美国人永远不停地迁移和他们的家庭不停地分解一样,在日常生活急速流动的影响下,美国的城市也处在不停地分解之中。城市的根基如同其市民之间的人际关系一样肤浅、不牢固。为了个人利益而为所欲为的现象一旦消失了,那些城市也将不复存在。托克维尔报告说,由于"没有人关心在他之前发生的事情",¹³所以美国人没留下任何关于过去经历的痕迹。因此,美国总是处于未开化的状态。在这些年里,欧美的作家们准确地创作出了印第安人作为一个正在消失的、文化已经消亡的种族的相同形象。就如这种描述所展现的那样,变化不再是赫拉克利特的那条河流,而是无情地冲刷着沙滩的海潮。

从虚无中产生的还是虚无。格拉顿使用了另一种所谓未开化的感受性的成见,评论说:"美国人所有品质都是极端肤浅的,人们对任何问题都没有深刻的感受。"由此,弗朗西斯·霍尔中尉解释说,美国所缺乏的那些美的艺术和活动,"也许是由于幸运,只被赋予那些已经学会了感知的民族。"能在感情上打动欧洲人的事情,从来不会打动美国人的感情:玛格丽特·霍尔写到"我们发现,那些使我们非常关心的事情,却引不起美国人一点感觉。"¹⁴

最令人惊讶的是美国人对于死亡的麻木不仁。詹姆斯·白金汉认为,在美国"大街上有人被刺伤,或有人掉到河里,甚至在陪伴一个即将死亡的人时,所引发的美国人的情感反应……还不如英格兰任何城镇大街上一条狗的死亡所引起的反应强烈。"亨利·默里报道说,在面临"可怕的"重大灾难时,人们会说"唉……管它呢?"只要一切保持运转,也就没有什么问题值得担心。弗朗西斯科·艾瑞斯(Arese)伯爵注意到"如果(在建筑作业中)有人死了,在美国最常用的一句口头禅就是——'没关系!'"甚至在发生企图刺杀总统的事件之后,一些游客感受到"事件在美国人当中引起的轰动或反应是非常的微弱"。就如斯图亚特·沃特利提出的,美国人"必须赢得胜利,急速前进,这是一种不胜即死的选择,而战场上的死者将被他们急切的战友和敌人踩在脚下"。这也是蜂箱中的道德标准。[15]

这种比喻绝非牵强附会。仅将重点稍作转变,欧洲人就能进而把这些道德上麻木不仁的美国人写成动物。美国人狼吞虎咽地吃掉放在他们面前的任何食物,按照欧洲旅游者的测算,美国人吃一顿饭的速度在10—15分钟之间,使人联想到这与兽类的进食速度差不多。"人们会像狼一样吃掉"一种"仅适合于用来喂猪和犯人"的典型大众餐。托马斯·汉密尔顿说,在美国没有欧洲人所理解的那种"吃"的概念;那里的人们是在"'吞食'……在动物园范围之外的地方很难发现类似的情形"。查尔斯·默里将美国人的贪吃与他们对死亡的麻木不仁联系起来,说:"最近在纽约有几个人就是由于囫囵吞咽而被食物噎死的。"[16]

污秽总是与动物相伴而来。相应地,旅行者们在对美国社会的描述中也夹杂着对美国肮脏一面的描写——纽约市大街上的垃圾、一直延伸进精美的机构中的烂泥以及最常见的从人们口中飞出的烟痰。游客们无不提到这里可恶的污染及其讨厌的沉淀物,显然是暗指这里是一个污秽的场所。"习惯咀嚼烟草的人像沼泽中的鳄鱼、树林中的臭鼬一样,是美国人的休息室中常见的一种牲畜。"格伦德报道说,实际上"'一半是马,一半是鳄鱼'在西部美国人的语言中的含义",就像欧洲骑士典章中的游侠骑士一样,"完全是一个赞誉性的词汇"。[17]

狄更斯精心制作的一个象征着民主人士的破旧的小猪画像,集中体现了美国人的这种动物形象。他把它放置在通往百老汇的人行道上,这条路是旅行者们通往美国最大的输入港及美国最繁荣的地方——纽约市的必经之路。"让我们再一次前往那令人愉快的大街去吧,"他召唤着说。看,一些迷人的"或一对对地或单个地来来往往的衣着艳丽的女士"就在前面。

  注意这些猪。两头肥胖的大母猪紧跟在这辆四轮马车后面匆匆向前跑,六头精选的公猪则刚刚转过街角。
  这是一头往回家的方向闲逛的猪。他只有一只耳朵;他在城中游逛是因遇见流浪狗而与另一只猪走散。而离开了另一只猪,他生活地照样很好……他是一只自由自在、漫不经心、态度冷淡的猪。在其他与其性格相同的猪当中,他有一大批熟识者。他不是通过谈话而是通过看来认识他们的,因为他很少麻烦自己停下来与别的猪相互客套,而是咕哝着下到街旁的沟渠中翻掘着以白菜根和垃圾的形式出现的城市新闻和闲话……无论从哪一方面看,他都是一个具有共和精神的猪,去他喜欢的任何地方,如果不是以高贵的身份的话也是以平等的身份混入上层社会,因为当他出现时,每一位都要给他让路,而且如果他喜欢的话,最高贵的人也要把最好的路让给他。他是一个伟大的哲学家,除非遇到前面提到的流浪狗,他也很少跑动。有时候,你甚至可以看到他的小眼睛闪着喜悦的光芒,盯着一个被屠宰后身躯挂在屠夫家门柱上的朋友,而他却嘟哝着说"这就是生活,众生都是肉!"然后,他又把他的鼻子拱入烂泥里,蹒跚着下到街旁的沟中:梦想着只差一点就能够得着零星的菜根来自我安慰,不管怎么说……绝对的泰然自若、自信、坚定不移的沉着是[他]最重要的品质。[18]

  对野蛮美国的概括多么简洁,在那里,就像玛丽·邓肯说的,妓女确实是女士,清道夫就是先生;在那里,一天的营生和新闻同样出自于社会垃圾;在那里,美国人因害怕暴力而偷偷摸摸地进行查看,对于他们身边的死亡反应冷漠,而熟人之间除了无聊的闲谈外互不了解;在那里,平等意味着损害、挤占别人的空间;而所有的都是以民主自决的名义实施的。
  在这些欧洲人的描述中,动物形象可能传递了许多信息:美国人的生活、其无须用脑的工作、其沉闷单调的社会,三者具有没有人情味的同质性。然而,最重要的是其荒蛮恐怖的边疆社会的产物——美国的暴力锋芒。特罗洛普的餐桌弄懂了一种几乎失控的野兽般力量的意思。共和党的狼们将猪们推到一边:"食物被抓住并被吞咽下去的狼吞虎咽的速度,古怪粗野的语言和发音,根本不可能使我们的外衣不碰上的令人恶心的吐痰,用他们的刀子送食直到整个刀片几乎进入口中的可怕方式,以及还要可怕的是后来用小折刀剔牙的方式,"构成一种快要使她的餐厅爆炸的紧张局面。对于欧洲人来说,人们带着坚硬且锋利的足以用来吃粗韧的烤肉、野味和各种面包、干酪及坚果的刀子到餐桌上并不是一件偶然的事情。在重复特罗洛普对一顿饭的描写时,亨利·默里在某一时刻宣布说:"折刀被打开了,"接着马上又补充说"别紧张;没有预想的流血杀戮,尽管半打携带这些武器的人到处闲逛似乎是不吉祥的。"[19]

的确是不吉祥的。美国人公共餐桌的不文明言行使这里的每一个令人讨厌的举动具有一种真正危险的含义,就像豪伊特通过一个饭间逸事所显示的那样。这个故事是以坐在桌子另一边的一个美国人告诉他别再要求小饭馆老板伺候这伺候那开始的。豪伊特告诉这个美国人别管闲事。"这是对一个自由美国人的严重侮辱,"豪伊特接着说,"他就当众破口大骂。"他吃的时候"像野蛮人一样暴食,像他的言谈一样令人作呕"。这个民主主义者会手拿刀子跳到桌子这边来吗?豪伊特肯定想要他的读者去思考这种可能。[20]

实际上,美国的暴力是旅行者的一大困扰。虽然通常把暴力与法网不及的西部联系起来——"在那里,来复枪决定着争端的结果,"汉密尔顿宣布——这个西部,有时距离哈得孙河只有几英里远,与其说是一个地点不如说是对主体美国的一个比喻性说法,是让读者们相信作者曾经进入到民主社会中心的一种方式。在他们旅行的同时,游客们像收集纪念品一样搜集他们的暴力故事,并把它们运用于对美国的报道。那些故事中的许多就发生于旅行过程本身。在斯图亚特·沃特利的记述中,公共马车的车夫"经常喝醉、粗暴、残酷、不顾后果地对待他们的马……而且还残暴地对待乘客"。

实际上,那种辱骂他的乘客,甚至有时还殴打他们中的一个人的车夫成了他们旅行记录中一个常见的人物。[21]

用更概括的措辞来说,美国人喜欢自发组织维持正义的倾向,使他们与"成群结队的海盗、土匪或野蛮人"沦为一伍。把人身上涂满柏油并粘上羽毛作为一种惩罚,使他们比中国人更"野蛮"。武器的普遍存在把流血杀戮带入日常生活之中:"短刀现在磨得飞快是为了对付谁?"查尔斯·默里宣布"是为了对付兄弟、堂兄弟和邻居"。手枪到处都有,一位冷酷无情的贵格会教徒报告说:"我相信没有人会比美国人更毫不犹豫地使用它们。"的确,在最好的社会里,没有了律师之间"手持长猎刀在街头打架"或者没有了被人戴了绿帽子的先生当众鞭打那个玩弄女性的高手,那样的时节将会是什么样的? 旅游者们试图保持一个安全的距离。当年轻的无赖们在光天化日之下公开辱骂一群老年妇女时——没有人出来说话反对这件事——亨利·默里也躲在一边:"如果我敢于去干涉的话……可能,我将被拴在集市的一根柱子上,被迫当一个小时的靶子。"里德总结说,公开的暴力行为是"北美最大的罪恶——比奴隶制还要糟"。[22]

很少有人认为有这么严重。对于大多数游客而言,奴隶制是首要的暴力行为,是民主制度野蛮的铁证。甚至在18世纪的时候,欧洲人已经把奴隶制度等同于他们社会生活的边缘,在那里,文明丧失了,而强取和贪婪胜利了。在19世纪,这些评论家们以压倒的优势同意,奴隶制来自于罪恶的过去,就像是文明价值观念上的一个病虫害。尽管他们通常讨厌废奴主义者,但19世纪早期每一种信仰的游客均以严词抨击这种制度,称它是美国的"祸根"、"弊端"、"恶习"、"丑恶"。友好的批评家,如哈里特·马蒂诺,把它挑出来当作必须解决的矛盾。对于不友好的批评家来说,奴隶制完全拆穿了美国作为"自由之邦"的虚伪性。[23]

像在别处一样,旅行者们通过对奴隶制采用标准化的描写来使他们对于奴隶制的批判性观点更加尖锐。在这种综合性的描述中占着首要地位的印象,是最初令人震惊地意外遇到一个奴隶市场。欧洲人把它改写成一个由四个主要部分组成的经久不衰的故事。首先,目瞪口呆的旅游者发现:人竟然能够被买卖。然后,聚光灯的光落到一个"将要被卖的人身上,他就像一匹在伦敦塔特萨尔赛马拍卖行里待卖的马"。装饰上轭、枷锁和鞭子是为了强调一种难以容忍的堕落。[24]把黑人动物化,是走向把买卖黑人的白种人野蛮化的一小步。故事接着把黑人哭喊着追要她的孩子们或遭受拍卖台上被拍卖之辱的可怜境况,与那些没有任何自责不安表示、平静地干着自己的事的白种人的无动于衷进行了对照。最后,不能忍受这种场面而且不愿意保持沉默的旅行者逃离了这个奴隶市场。

在这种形式化的故事中,无疑有很多复杂的寓意。在国内面临着逃亡商业资本主义的威胁,欧洲人正在表达出他们自己对于那些等待被出售的人的强烈担心。对于白色的手击打推搡在黑色身体上的细节描写,引起了另一种关于肢体接触和个人暴力的情感——尤其是在美国这种环境下,他们对推搡、抓打人的民主主义者的强烈反感。而这个道德故事也表达了对奴隶制本身极端厌恶的强烈感情。在另一部三卷本的自鸣得意的书中,巴兹尔·霍尔描写了在目击了一个16岁黑人的出售之后,他是如何逃往大街上并狂奔"以彻底弄明白我自己的自由身份",以发自内心的声音大声呼喊。[25]

甚至,臭名昭著的英裔美国人与非洲人受奴役状态的关系,也没有软化这种谴责。在奴隶制和自由尚未分出胜负的地方,皮肤的颜色似乎纯粹是遗传上的运气。一个心有余悸的游客写到,"我是第一次感谢上帝给了我白色的皮肤。"[26]在旅行者们揭露美国的非文明化的运动中,奴隶制的存在确认了隔离美国民主制度的理由。确实,必须得把这样一个每天都有人被买卖的社会排除在西方文化之外。

除了激进的平等和个人主义化外,换而言之,欧洲人还在美国的暴力、野蛮的癖性中发现了一个根本性的特点。在某种程度上,他们的震惊反应了这样一个事实,即美国人采用的这种流血恐怖是欧洲人通过扩张主义带来的。欧洲人似乎要说,这种恶习在欧洲已经没有立足之地。但是,这种特点并没有引起19世纪早期美国人的注意。白种人这就需要其他的防护以免使奴隶制的指控留下更深的印象。

廉价的生命和暴力的作风,随着白种人文化在美洲的出现而到来,并贯穿于17世纪的饥饿时代、屠杀土著人以及18世纪的准军事性农场拓殖。谁不对无根的白种人在丛林中踏出小路感到惊奇?在西方社会的边缘,北美是一个开发之地,吸引着那些能够赶得上占领及成功步伐的人。没有人"拥有"这块荒野:它放在那里等人来拿。进入到19世纪后,白人仍然在土著人的鲜血中开垦农场,从筋疲力尽的黑奴身上榨取利润。

民主制度没有做任何事情来减缓这些特性。多数人的统治没有给弱者和边缘人提供保护,有时却积极地助长了针对外人的暴力行为。当民主制度在19世纪20年代晚期和30年代初期逐渐获得力量的时候,种族的和宗教的暴乱也在逐渐获得力量。民主的个人主义包括携带武器的权利和或多或少随意在解决问题过程中使用武器的权利。白人用手枪和刀子相互威胁,用手相互致残,相互用滚烫的沥青进行惩罚,相互用一根绳子和一个桩子处以死刑,而在其他方面采用各种残忍的社会习俗。但是,用神话的术语来说,内战是神的惩罚。这场到此刻为止世界上最血腥的战争,以一种新颖的歼敌战略实验为特色,得胜的联邦军队接着把这种战略运用于对大平原印第安人的无情消灭。这些不是战争过程偏离了常规,它们是美国价值观念——延伸部分——的表示。狂暴的三K党也不是南部对独特的重建环境的特有反应。大约与此同时,加利福尼亚的白人用同样的手法来对付比邻的华人。这些实例只不过生动地表现了美国的主要传统而已。一旦得到可以比较的统计数字,他们就会显示出美国的谋杀和其他暴力犯罪的犯罪率要远比欧洲高。

对人的生命的漠视与对经济发展的强烈爱好有着密切的联系。在汽船可以削减运费90%的地方,美国人建造和驾驶汽船几乎不考虑安全问题。美国的承包商们以假定要出事故来铺设铁路轨道并期望重新铺设这些轨道而臭名昭著。相应地,当美国人在工业生产方面领先时,它不仅在铁路,而且在矿山、车间、工厂的安全措施普遍落后于西欧。在这些工业化国家中,只有19世纪的美国——在其他一切经济方面都是根深蒂固的精于计算的人——没能保存它有关工业事故的公共档案。

欧洲人的野蛮人概念，用于解释美国人的这种行为非常合适。尽管其他的欧洲人——譬如，川流不息地涌往美国的移民——给予美国的实验以另一种意义，但是对奴隶制的指控由于太强有力了因而不能被忽视。白种美国人用两种方法来对付这些指控：试图反驳它们和彻底改变它们。

美国的评论家们特地强调美国社会中坚实的中产阶级品质。年轻的爱德华·爱弗雷特断言，世界上没有人比美国人更不倾向于"恐怖统治"。他们如此珍视托克维尔对他们的描写——把他们描写成虔诚的、爱财的、遵守法律的人民，以至于他们并不回避这种赞美的代价：美国人也有着麻木的精神。每当欧洲人赞扬美国社会的一个方面时，美国人就将它作为整个国家优越性的代表。例如，为数众多的游客奉承地提到东北各州的革新监狱。根据这些描述，弗雷德里克·格里姆凯选定用"刑法典的改进来衡量社会的普遍进步"。其他被欧洲人看作是破坏秩序的品质，美国人把它们转变成稳定的根源。按照格里姆凯的说法，美国的阶级混合使文明的价值观念传播到社会的各个方面并增加了相互宽容。根据同样的精神，托马斯·斯塔尔·金牧师将美国多民族的混合称之为美国"有序、稳定民主"的真正基础。[27]

美国的时事评论家们贬低民主这个词的使用。乔治·班克罗夫特在1826年的勇敢声明——"政府是一个民主政体，一个坚定的、不妥协的民主政体"——不是典型。哈珀—布拉泽斯出版社声称，直到1841年仍然没有美国的关于民主政治的书籍。美国的时事评论家们却倾向于偏爱一个更严肃的词共和主义者，显然，他们没有认识到这个词对于欧洲人而言，使人想起雅各宾派的恐怖统治，其所包含的涵义至少同民主主义者这个词同样危险。

其他美国人尝试着按照欧洲人的条件来对付这些指控。他们敢于声称新大陆的心脏地带造就了未开化的人，敢于对一位雄辩家的观点表示异议。"看看那些人吧……在我们西部的新拓居地中，看看杰克逊们，哈里森们，克莱们，卡斯们，格伦迪们……和许多其他的人们吧；告诉我，是荒野地区的生活方式适合于形成、加强和发展出这种性格！"他们承诺，民主的精神将胜过贵族的精神。在19世纪初期的传说中,有个年轻的费城绅士尼古拉斯·比德尔在英格兰以他的古希腊知识使英国的学者感到"惊讶"。在白宫对面的安德鲁·杰克逊骑马塑像的揭幕典礼上,当时的演讲者赞美美国雕塑家克拉克·米尔斯的创作为"天才的作品":"我们没有受过教育的乡下人取得了胜过最著名的欧洲艺术纪念碑的令人惊叹的成就!"[28]

无论如何,这些断言不值一驳。欧洲人想知道,除了他们杀死印第安人的才能以外,杰克逊和哈里森有什么资格当总统。在比德尔的故事中,美国人想看到那种像耶稣使拉比大惊失色那样的"惊讶",而欧洲人看到的就像一个狒狒哼唱贝多芬的乐曲那样的"惊讶"。弗朗西斯·特罗洛普轻蔑地问,缺乏训练通常在一个人的职业中难道不是一种不利条件吗?美国人偶尔也能识破他们自己的骗术。尽管画家托马斯·科尔与欧洲的艺术大师们不在一个等级,商人菲利普·霍恩在他的日记中承认,但"我认为每一个美国人都有义务以赞美科尔来证明其对国家的热爱"。[29]

在他们这样做的顶峰时期,这些努力使美国人一点点地找到其他人的小缺点。每一次在辩论欧洲人解释中的一部分时,都会有证实美国是个大的野蛮性整体的危险。此外,许多美国人切断了与他们过去的联系。自我调整工作的自由使他们四处分散。社会生活的规则是不断变化的。美国人不需要表示一种担心:他们的社会可能会分解成一种疯狂的混乱。作为次一等的、较有希望的战略,他们改变了辩论的措辞。他们以意想不到的事实再一次声明,美国白人是非常非常积极的,他们以一种非凡的速度开垦土地、开挖运河、运输货物,并在民主化年代继续加速。这些全国性的努力怎样才能被理解?

在此时此刻,欧洲人构想出了美国人的活动。重点关注他们眼前那些事物的欧洲人,将美国人的事业心变成劳累工作的无休止循环。用特罗洛普那种平淡无味的措辞来说就是,"一群忙忙碌碌的、勤劳的人民,开辟出他们通往一个大陆的道路。"一般来说,更具同情心的伯恩哈德公爵仍旧看到,在他的周围"除了一个为未来的进步而斗争的忙忙碌碌的现在之外,什么也没有"。托马斯·格拉顿在19世纪50年代写到,"清理林地,追猎野兽,击溃野蛮人的部落,打垮一群群不如他们勇敢凶猛的民族;然后,就去耕种土地,在矿山中采掘,以及开辟出自然存在的崎岖道路——这些构成了美国文明的要素。"在大约同一个时期,威廉·钱伯斯提出一个类似的概括:"因此,用以仔细观察美国的那种适当视角,就是一块原野对移民的接受情况。"美国就是大西洋对岸那块广阔的空地。[30]

在一个仅仅被眼睛看到的国家,游客们发现在发展的混乱中没有什么是有吸引力的。斯图尔特·沃特利报告说,处在发展过程中的纽约"给人以一种未完工的城市的想法……布满各种可以想像得到的垃圾……成堆的木头,一垛垛的砖块,堆积如山的装货箱,一堆堆的石头"。外国人发现这个国家首都的建筑物散布在没有铺砌的街道两旁,真丢脸。一个经常被重复的旅行者的笑话描述了一个新来者是如何乘坐公共马车去首都变得不耐烦了,要求车夫在他们快到华盛顿时一定要告知他一声,这时他被告知他们已经到达了华盛顿。这个城市,不是像它的创办人所称的区域宏大的城市,而在狄更斯著名的曲解中,则变成了"意义宏大的城市":一个无人居住的大街的景色,一段安德鲁·杰克逊·道林所遗弃的林荫路,未完工的华盛顿纪念碑残段。这块荒原就是一块荒原,此外什么也不是。例如,密西西比河就是一条泥泞、脏乱,有时还是不祥的河流:"一个黏滑、泥泞的怪物,""那杂乱交叉的植物根系就像乱蓬蓬的头发……像特大的水蛭……像受伤的蛇。"托马斯·卡瑟用同样令人生畏的夸张比喻,把这条河的河岸描写成"阴暗、没有人烟……原始的、未开发的森林,稠密得……连太阳光都透不进来。"[31]

由于这种心情,波士顿使如此多的欧洲人感到满意,因为它似乎不会发展成任何其他的什么东西。它的稳定性成为对几乎所有其他地方之杂乱的一个鞭策。只有波士顿是稳定的和可以预料的。"取代了肮脏、喧闹和各种不当的行为,我们拥有清洁、相对的安静,以及它似乎存在着一个市政管理系统。"由于被送往美国"流放",科布登认识到波士顿将是最可能好的目的地。科布登评论说,它的社会比美国其他任何地方都更像是英格兰的社会。詹姆斯·西尔克·白金汉进而又说出了最终的赞美:甚至连英国的城镇也不会比波士顿提供更好的"秩序、体面和安全"。[32]

但是,倘若那些此时此刻正在观察的人看到了未来,那将会怎样?倘若他们心目中确定的、产生最后结果的那种发展仍然没有开始进行,那会怎么样?在这种管理制度下,美国不是它曾经是什么,而是它将会成为什么,数年以后它会变成什么。美国半开化论的坚定鼓吹者巴兹尔·霍尔,与一种美国人的恰好是如此相反的、对现实的看法,发生冲突。他谈论的题目是位于波士顿和奥尔巴尼之间多山路线上的一条铁路。他写到,完全是幻想。"在美国,相同的论证可以被应用于一百个其他的工程,工程中的大多数同样是行不通的,但是那些工程,尽管只存在于纸面上,却仍然被假装为已经完成,用来增加美国伟大的分量,直到幻想的天平装满期望中的宏伟壮丽,使旧大陆的分量显得极轻。"33 尽管有失败,但仍然有足够多令人震惊的成就使这些梦想繁荣兴旺;不久,火车便开始行驶在波士顿与奥尔巴尼之间。如果说1832 年的布法罗只不过是一个建立在希望之上而不是建立在已经被看得到的东西之上的新拓居地,到了这个世纪中期,其他小镇上的时事评论家们已能够援引布法罗这个繁荣的城市来支撑他们自己对宏伟未来的幻想。34

　　那些在现在就看到了未来的人们,能够把欧洲人有关野蛮状态的例证改写成美国发展进步的证据。美国人没有让泥泞的密西西比河处于一种荒芜人烟的状态,而描绘了一个沿着这条巨大的商业动脉的岸边涌现的新文明。当特罗洛普指责一个极其节俭的家庭宁愿有悖常情地选择肮脏的住处也不选择他们能够付得起钱而又体面的住宅的时候,她与他们的眼光集中在非常不同的事实上。特罗洛普认为是矛盾的东西正是他们的进取心所在。在欧洲游客们哀叹无根的地方,美国白人则夸耀一种开拓精神会产生什么。那个被欧洲人描绘为一个不成熟社会的地方,美国人则以一个创造了它自己的公共机构的自由社会之典型来进行反击。减弱关于有什么的讨论,将注意力集中在会产生什么上,美国人把欧洲人怀疑民主之现在的真正根源看作是他们走向无限未来的起点。在某种程度上,现在的局面越糟,美国的前景就变得越广阔。

　　霍尔上尉报告说,进步这个词,在英国是一个表示性质的词,在美国则完全是一个表示量的词。19 世纪早期的美国,在必定是最成功的公关活动中,辛辛那提的积极支持者们使用那种美国的习语来宣传他们的城市是现代世界奇迹之一。19世纪的20年代和30年代,在旅行者通常的西部旅行计划中,辛辛那提的排名仅次于尼亚加拉瀑布,一个接着一个的游客,重复那枯燥冗长的陈述就好像是抄自同样的宣传广告,报告辛辛那提是如何在1800年左右从一无所有开始,发展成为繁荣的西部中首屈一指的城市,到此时差不多拥有好几万人口。这是为美国说好话的一次恰当的机会:"不自觉地把各种野蛮生活的想法与美国内地这些词联系起来的那种欧洲人,如果他能突然从他的家乡被运到这座城市,他将几乎不能相信他的眼睛,"一位游客滔滔不绝地说。通常较为苛刻的查尔斯·默里认为,世界上没有其他的城市能从其开始创建起的27年的时间里,出现如此大量的工厂、企业、人口、财富和使生活舒适安逸的社会设施。[35]

不过,从一个令人愉快的小山丘上只看到一个整洁城镇的那些认为美国未开化的时事评论家们,也非常清楚在俄亥俄河地区生活的文化局限。这就要求用一个不同的透镜去观察美国人看到了什么,有改革精神的英国妇女哈里特·马蒂诺——她不无关系地发现波士顿像世界任何城市一样是一个"贵族式的、虚浮和粗俗的城市"——就是少数几个持有这种观点的人之一。她唱到"辛辛那提是个好地方"。用跨越过去和未来的一个世纪的长度来想像这个城市,她不仅标明了在前50年它前进了多远,而且还说明了后50年它将走多远,作为一个民主抱负日益扩大的中心,"那里每一个人都可以满足他的高尚合理的愿望。"[36]在这种情形下,与其用阴沉日子里的蒙蒙细雨还不如用奔流这个词形容激动人心的变化源源不断地涌现更合适。发展本身就是文明,那些在现在看起来可能是野蛮的东西,实际上是通往未来进步的第一步。辛辛那提,美国最有名的发展典型,被叫做波克波里斯,把狄更斯描绘的猪的形象改造成民主事业的成果仅仅是偶然的吗?

从虚无中的确产生出了某些惊人的东西。然而,与此同时,同样的精神把当前紧迫的问题转变成虚无。根据将来一定会出现的事物来判断现在发生的事物是合理的,就是以未来发生的事情的名义为现存不合理的辩护。后来,一些善于剽窃的时事评论家们盗用了可怜的威廉·钱伯斯的说法,宣称这种以现在代替未来的交易表现出美国人的"实用主义的"价值观。事实上,这是某种完全不同的东西,它是美国人与像19世纪的澳大利亚和南非这样的欧洲人的分支所共同拥有的一种发展的道德。

此外,确定要发生的事情还有它的另一面——对于欧洲的批评家们来说,就是一个令人高兴的、遭到报应的可能,但对于美国民主人士来说就是一种更坏的前景。欧洲人的一个老生常谈是,只不过是美国丰富的耕地给了美国经济这种向上的推动力,并给予如此之多的美国公民以强烈的欲望和抱负。当这种土地消失的时候,经济规律在美国的暂时失灵将会结束,不可避免的经济困难将会开始:租金上升,工资下降,城市拥挤不堪,社会阶层之间的斗争难分难解。无数的美国人学会了同样推理方法。密苏里的托马斯·哈特·本顿以马尔萨斯或李嘉图的精神警告不要廉价地出售公共土地,或"用佃户填充新的州,以穷人填充老州"。就像激进的卡尔·马克思和保守的托马斯·巴宾顿·麦考利在欧洲发展了这些论点一样,在美国,激进的奥雷斯蒂斯·布朗森和保守的弗雷德里克·格里姆凯也赞同这些观点。布朗森于1840年写到,我们"民主制度的建立纯粹是由于偶然的原因",到本世纪结束之前维持这些制度的"低廉的土地价格"将不再存在。[37]

这些跨大西洋的对话在19世纪一直继续着。在19世纪80年代,英国评论家詹姆斯·布赖斯预料美国遭报应的那天将在一代人的时间之内。"当[美国]西部地区住满居民的时候,她会看到这一时刻的到来,到那时,所有最好的土地已经被占据……食品价格将上升……生存斗争将变得更加剧烈……实际上,旧社会积习难改的罪恶和问题以及人口拥挤的国家,这些我们今天在欧洲看到的,将会出现在这块新的土地上。""当[公共土地]的供应被耗尽的时候,"美国的旅行传教者乔赛亚·斯特朗重复别人的话说,"我们将进入一个新的时代,将会更快速地接近欧洲人的生活状况。"因此,当19世纪90年代的经济萧条全力袭来时,旧时欧洲人的评论,现在完全被接受,为美国人的苦恼提供了一个现成的解释。宣布"土地荒"的劳工时事评论家约翰·斯温顿,只能为发生在这个国家穷人身上的事情感到痛苦,"如果他们能够得到土地,就像他们的祖先那样……(工资)将会大幅度增加;普遍的苦难将会大量地减少;整个社会的生活状况将会被改善。"[38]

这场长期的讨论随着弗雷德里克·杰克逊·特纳关于美国边疆重要性的著名论文在1893年发表的而达到顶点。如果说作为一个历史学家,特纳像学者一样反驳那些认为美国的制度起源于中世纪欧洲的学说,作为时事评论家,他与19世纪所有关于野蛮行为、民主以及发展的论点进行了斗争。是美国人的经历导致了野蛮行为产生的吗?是的,特纳光荣地宣布。通过剥夺开拓者们带来的那种无用的、文雅的习俗,边疆上自由了的美国人创造了他们的社会。民主不导致野蛮行为,但野蛮行为导致了民主。而随着民主制度而来的是一个新的、更高的文明——不是欧洲人那种被用于边疆的不友好的说法,而是从边疆中产生的吃苦耐劳的、适应性强的、土生土长的品种,按照美国的标准,这已经达到了西方世界成就的顶峰。当然,野蛮残酷的事情发生在边疆。但是它们的意义不在于事件本身,它只在它们所处的发展过程中出现。由于不断的恶习,民主的美德也就逐渐形成了。事实上,边疆自身只有在作为发展,作为使民主自我更新的不断重复的过程时,才有意义。

在公开辩论的背景下,特纳的解释,综合了几乎一个世纪的外来攻击和国内反应,它不仅是对美国的欧洲批评者的一个有力反驳,而且也是对于他们在美国东北部城市中的模仿者的有力反驳,如《民族》的作者 E.L.戈德金,他在19世纪中期以后强调对美国西部的指控几乎与欧洲人从前对整个国家的指控是一样的。但是,就像它的强大说服力一样,特纳的论文也证实了那些争论中的严酷的预言:当土地被卖完的时候,美国民主的独特性也将随之消失。对那些相信特纳的人们来说,特纳在赢得争论的时候,却放弃了自己的主张。

第三章　人民

乍一看，19世纪的欧洲人很少谈到美国的政治似乎是令人惊讶的。来美国的人中，几乎没有人对美国的政治感兴趣，到达美国之后，也没有多少人对美国政治产生兴趣。确实，人们对联邦主义、美国宪法、独立宣言感兴趣，但这些都不是政治。这是由于政治没有显示出自己的有效意图，它是附加在其他问题之上的，这些说法几乎都是后来才想到的。通过对社会的理解，这些欧洲人想当然地认为他们自动就理解了政治。因此，当他们接触到政治的时候，他们也就几乎没有什么可要补充的。

这是带有一种深刻见解的感觉迟钝。与更多相同的事情一样，拒绝考虑政治就抓住了其重要的代表性特点。这些游客相信，所有真正的领导人必须遵循精英文化的规矩，与之相反，美国的政治家们表现得像投票选举他们的白人男子一样。而且，使欧洲人厌恶地举起他们的手的政治过程与结果之间表面上的不一致——如此小题大做，这几乎没什么是可以展示的——表达了民主的绝对必要的目标：让政府做得很少并使它近在手边。与千篇一律和不合逻辑一道，这些游客确定了民主的第三个基本特点：从欧洲人的角度看，长期政治活动的刺激不会给他们以和平；从美国人的角度来看，政治的普及通过共同的行动使美国各地的人民结合在一起。不仅每个人参与，而且所有的人都参与。总之，凡是欧洲人当作是民主政治之问题的事情——它的粗俗，它的肤浅，它的无所不在——美国白人把它们当成解决他们问题的民主方法。一个公开的大众政治分散了政府的权力并使一个散乱的国家统一在一起。

欧洲人是如何得出他们的这种漫不经心的看法的呢？在这里和在其他

地方一样,通常的顺序,首先是描述那些规定着他们自己社会阶层间秩序的差别的丧失,接着,把此种结果看作是令人讨厌的混乱。弗朗西斯·霍尔报道说,令英国人震惊的是,他们"发现这个国家最高的文职官员和军官居然与人民中最卑贱的人乘坐同样的交通工具旅行,与他们在同一张餐桌上吃饭并同他们进行随意的交谈"。欧洲人把它当作社会颠倒的另一个例子:"从事生产和劳动的阶级所拥有的特权和权力如此之大,实际上给予了它控制政府和宪法的权力。"最糟糕的情况排在了第一位。一位来访的新教高级神职人员警告他的东道主们说,除了野蛮的、未开化的爱尔兰人以外,那些领导美国的"主权暴民"的人,也就是那些一直蔑视"温和而且善良的人的榜样,并……继续作为同样狂热、难以驾御和无情的人"。阿米莉亚·默里抱怨说,具有爱尔兰传统的人在政治中是如此的过激,他们的举止是如此的荒唐,以至于用特别的法律把他们排除在公共生活之外将是受欢迎的。[1]

这种状况从根本上降低了公共生活的品质,使得所谓劣币驱逐良币的格雷欣法则居于主导地位,即将有才干的人驱逐出去,让位于那些假话连篇的夸夸其谈者。查尔斯·莱尔判定,普选权的最大邪恶就是"为一批贫穷的冒险家提供了不可抗拒的诱惑,使他们把政治当作一种交易,并把他们的全部时间投入到鼓动、竞选活动和讨好民众"。一种全面的民主甚至要求"选举法官……只是次数有限,这样便将法官席置于国王般的暴民控制治下。"就像弗朗西斯·塔克特所描写的北卡罗来纳的文职官员那样,通过这种过程被提升职位的人是肌肉发达、脸色苍白……野蛮的,还带着明显冷酷无情的残忍,他们长长的头发和野蛮、肮脏的外表使他们更显残忍。只有"第六级"的官员们是"他们选民的奴隶"。美国肮脏的政治适合采用"粗俗的"和"不体面的"绰号:擦火派,烧仓派*。[2]

粗俗会不可避免地滑向野蛮。非常令人厌恶的是普通美国白人随地喷吐口中的烟草唾液;令人不能容忍的是遇到口中嚼着烟草的民主立法者和

---

* 擦火派(Locofoco)是1835年左右美国纽约民主党激进派或称平等权利派的绰号;烧仓派(Barnburner)也是纽约州民主党中的一个派别。——译者

在"国会大厦"的地毯上留下能说明问题的污迹。亚当·霍奇森认为,咀嚼烟草的恶习使美国参议院丧失了所有的颜面;在别名讽刺家鲁比奥的托马斯·霍顿·詹姆斯的笔下,美国参议院令人尊敬的发言人完全变成了"一个向四处喷吐他口中烟草唾液的年轻人"。从这些政治联想中,弗朗西斯·特罗洛普引申出典型美国人的名字:乔治·华盛顿·施皮特丘(吐烟草唾液)。同样令人厌恶的行为也使总统自己显得不文明。在总统与人民一起旅行过程中,鲁比奥报告说,"在一条汽艇上,我看到他用一个肮脏的梳子梳理他的头发,并用一根细绳扎起来,而且与其他50个肮脏的旅客一样用长毛巾洗澡。"3

按照这些标准,普通公民认为可以自由地以各种令人厌憎的方式侵入白宫也就没有什么可奇怪的了。从描述暴民们参加庆祝安德鲁·杰克逊的第一次就职典礼开始,关于放纵喧闹的官方活动中充斥着沾满烂泥的动物和横冲直撞的野蛮人的故事,便在欧洲游客中广泛流传。托马斯·汉密尔顿对1831年的一场白宫招待会的描写就表明了这类情况。"呵,是这么一伙人!是一群开挖运河的劳工在这里。招待会的茶点是柠檬汽水和威士忌潘趣酒*,实际上,服务人员被迫用短棒护卫以防止大批人的争抢,才使得招待会的秩序得以保持。"共和猪猡们的拱嘴猛烈碰撞着。汉密尔顿以特别的兴趣解释了美国特色的"干到底":"干到底者……就是那些决定最大程度上遵照民主原则的政治家。"4

通常,野蛮就意味着暴力。塔克特举例说,在美国参议院,没有什么能够禁止像密苏里州的托马斯·哈特·本顿那样的民主政治家的典范"用最没有节制的语言"来回答丹尼尔·韦伯斯特的问题。"不断有人发出拼死搏斗和刀剑相向以及类似的威胁。"流血厮杀似乎完全是家常便饭。几位游客表达了他们对议员之间决斗的强烈反感。按查尔斯·默里的理解,当别的议员在议院的议员席上伤害了发言者本人,对他的惩罚,就是"被申斥"。欧洲人如此经常地把打斗与美国国会的日常工作联系起来,以至于格拉顿发现未

---

* 潘趣酒是一种用酒、果汁、牛奶等调和的饮料。——译者

被提到的也是值得注意的:"虽然有一些不得体的言行和吓人的啐唾沫的实例,但没有实际上的暴力事件。"当政治家们自己不以最激烈的方式从事这项活动的时候,他们的影响就会越来越小。美国能够"征服"或"胜过"世界上任何国家,游客们说他们是自吹自擂。[5]

甚至一些赞美美国的话对于欧洲人的这些评价也只有短暂的影响。一个又一个在白宫门口排队等候与美国总统进行半小时会面的人们,用几乎一样的、沾沾自喜的无聊的话来描写他们的这一经历。一旦经过了最初的激动——"我简直不能相信一个人竟敢如此无拘无束地同国家的最高官员在一起,"瑞典的克林科施特莱姆男爵对此感到惊奇——他们把这种机会当作个人的荣耀,在这一过程中,他们十分详细地描写他们遇到的这位总统的特点。倨傲不逊的汉密尔顿向他的读者们保证,知道这些来客希望"看到我一手拿着印第安战斧,另一手拿着剥取印第安人头皮的匕首"的杰克逊,特别成功:"没有任何东西可以被最苛刻的批评家认为是属于粗鲁的或粗俗的。"[6]

然而,没有一个总统可以被称为真正的领导人。这并不是说欧洲旅行者们是一批顽固保守、对美国独立革命及其所有结果深感遗憾的人。很多在心中装着一个拿破仑或另一个名人的人也把乔治·华盛顿列入世界伟人的行列。但是,无论美国产生了何等伟大的事物,那都是在过去。在他们的报道中,美国的衰退变得越来越突出。通常,这个新国家中建立国家的那一代人就是检验标准。通过把亚历山大·汉密尔顿和托马斯·杰斐逊时的美国黄金时代与杰克逊时的黄铜时代相比,阿列克西·德·托克维尔写到:"美国有数量众多的政党,但是不再有汉密尔顿、杰斐逊那样的人……现在的政治家远远不如50年前负责处理国家事务的那些人。"到19世纪50年代,死亡依次提升了约翰·C.卡尔霍恩、亨利·克莱和丹尼尔·韦伯斯特的地位。提到这些人的名字就像早期的游客提到开国元勋一样的亨利·默里悲叹到:"唉!这种伟大的精神……在哪里?"[7]

直到美国内战为止,欧洲人仍然不知道美国的主要官员做了些什么事情。与其说他们在控制混乱,还不如说他们加入到了混乱之中。"在这个国家有任何秩序或管理吗,或每一个人做他想做的事情吗?"一本为准备移民的挪威人提供的小册子感觉到有责任提出和回答这些问题。这些游客得出的结论是,政治的目的是政治而不是管理。政治既没有开始,也没有结束,除了自身特有的永恒以外,它没有什么理由。美国的民主报刊只是进一步证实了这一观点。如果整个国家的识字水平给他们留下深刻印象——爱尔兰人托马斯·卡瑟承认,"美国人是一个读报纸的民族"——那么他们从这些民主发动机中所读到的东西能使欧洲人魂不附体。显然,大众报刊除了怨恨和卑鄙以外没有其他的作用。"报纸充满了这种粗野的毁谤和恶言谩骂,使得诚实、荣誉和公正不断被丧失。"报纸进一步刺激了这种已经处于危险之中的野蛮冲动。"那么,他们对当局和执政者的伤害远远超过了任何意义上的暴力伤害,"斯图尔特·沃特利夫人报告说,"……你有时候会认为它们正在谈及最凶恶的罪犯。"甚至轻信了关于美国社会令人陶醉之空想的哈里特·马蒂诺也气愤地说道:"在所有的报纸出版物之中,我从未听说过任何人否认美国是最糟的国家。"在一项特别令人不快的对新闻出版道德品质的总结中,亨利·默里提出了一个他所说的谚语:"自食其污,腐烂而死。"[8]

诽谤性的报刊自然也就与欧洲人在美国无休止的示威游行、演讲、辩论中所听到的声音和狂怒是一致的。特罗洛普称之为"竞选活动狂":"它全神贯注于每一次谈话,激起各种情绪。"狄更斯把这整个过程看作是苍蝇之灾,是一种不停的、烦人的嗡嗡声,"对于所有坚定的政治家和国家的真正热爱者来说这是一种不可言传的惬意:也就是说,对于几乎所有的成年男人和男青年都是如此。"卡瑟生气地报道说,"美国人民天生都是政治家。"1848—1849年匈牙利革命失败后不久,特里萨·普尔茨斯基仍然发现这种充满活力的政治活动完全是"令人讨厌的"。[9]

在否定之中也包含了19世纪美国民主政治的创造性精神:责任的扩散,对制度化权力的抵抗以及它在美国的普及。正如他们所描写的那样,前来寻找本来不存在之事物的那些欧洲人,没有注意到那些存在的事物。由于坚决主张一个界限分明的领导者阶层、一个统治它的公民的政府和一个反映这些领导人和他们的政府需要的政治,欧洲游客们对于美国缺乏所有这三项条件感到遗憾,并抱怨其结果的空虚。

有时,会有一道闪亮的光线照亮民主政治的实际作用。弗朗西斯·霍尔认为,一个平等的大众化政治会产生警惕性与能动性、"理智和知识"等品质,这些品质在美国产生了一种"独一无二"的公民团体:"行政管理行业,这在别的地方是庞大政府运行的发动机,但在美国却不是什么神秘的事物。"为说明表面上没有意义的"公共集会、政党代表大会、秘密会议、论坛和永远在进行的示威游行",苏格兰人里德解释说:"总之,每个人都是一个主权拥有者,老是忙于管理其他的主权拥有者。"如果把这些分散的、争吵的白人联合起来将会怎么样?在一次难得的顿然醒悟中,弗朗西斯·格伦德看到了民主政治背后的一对孪生力量——集体在管理方面的权力和个人对工作的控制权——是如何行使此种功能的:他写到,把美国人联合在一起的"思想感情","主要是政治的,或者与他们勤劳的习惯有关。"[10]

但是,这些顿悟同样也是一闪即逝。尽管许多欧洲人碰巧发现了正确的主题,但是却没有人找到解释政治行为的政治背景。比如,在对一个管理主权拥有者的社会进行描述之后不久,里德就又重新提起一个老一套的民主政治的社会罪恶名单:"公共生活被助长,家庭生活受影响,制造出一种对刺激性事物的病态渴望。"使他们困惑的是,他们没有能力在民主政治中找到某些能够使他们用于界定政治活动的东西。他们没能领会政治活动为什么是这个规定程序的本质:没有政治活动也就没有民主。理解政治活动的关键性作用——也就是理解分散责任、保持小政府状态并仍然能把国家统一在一起所表达的意义——要求对美国的政治生活进行新的审视。

19世纪的民主政治是以选举为中心的——总的来说,选举越多民主政治就越好。选举将选举人和被选举者结合到一个相互确认的过程,这个过程的确既没有开始也没有结束。由于政权是所有白人男子的共同财产,因此,选举权就表现了他们的不可让渡的平等权。投票活动不再是18世纪那种把某个人的票投给别人的行为或通过支持认可上下级关系的行为,而是成为一种自我表达的方式,这种自我表达方式就是肯定一个人在无数个参与集体自治行动的人当中的位置。因此,根据它的性质,选举权的任务永远完不成。每一次选举都重新调整权力,并更新每一个投票人的主权份额。

此时,也没有人可以像18世纪所珍视的那样通过特许状和证明书把他们的权利授予投票者。共和党宣称,你是自由的因为法律说你是自由的。民主党人斯蒂芬·A.道格拉斯在嘲弄俄亥俄州的听众们时说,"我想你们都是自由的,因为你们选择了自由。"[11]道格拉斯以同样的选择精神提倡在美国西部准州实行人民主权原则或地方自治。他的敌人和朋友都认为这种观点是非常吸引人的。当后来的批评家们抱怨说,从定居点到准州再到州的顺序中,他们没能说明在什么样明确的阶段举行决定性的投票,此时,他们忽视了19世纪关键性的特点:人民主权需要连续不断的再确认,即要求人民一再进行选择。当选择结束时,民主政治也就结束了。如果不对选举政治进行持续不断的观察与思考,一个美国人告诉英国的巴兹尔·霍尔说,"他们将永远失去他们的自由。"[12]

一方面,这种永不终止的选举对官员施加了严格的约束。频繁的选举涉及了几乎所有的职位,这就使获胜者无法非常惬意地占据官位,使失败者紧盯在他们后面。这种惯例迫使官员们用行动来表现对选民的依赖。在每一次议会会议之后,议员们都要回到家乡,去告诉大家:他们做了什么?为什么这么做?下一步他们将要做什么?"在这种不停地寻求选民赞同的过程中,一位疲倦的北卡罗来纳州国会议员不满地说:主啊,我太讨厌民主了。"[13]

在另一方面,官员也有他们自己的与选民保持密切联系的强烈动机。就像不断举行的选举授权给选民一样,选举也授权给这些官员:选举使他们的职权合法化。因此,当追求公职的人呼吁延长包括从低级的地方官员到州法官的选举周期时,他们是在为自己服务。即使按最乐观的看法,回避选举也是不可能的。甚至那些刚好不在人民直接选择范围之内的官员,如总统和参议院,也经常与其他形式的民主更新保持着一种密切关系。关于亚伯拉罕·林肯渴望受到公共舆论的注意和威廉·麦金利非常关注民众呼声的轶闻趣事,用一种渴望——一种需要——无论他们在政府中居于何职,都要求维持民主政治相互作用的基本要素——将19世纪这两位模范总统联系在一起。

平衡权力和分散权力使得白人男子的日常生活逐渐政治化。无论他们在什么地方,他们都被期望表现出他们的独立性并表达出他们的价值观。相应地,选举使民主的选择合法化,民主的规则扩展到每一个地方:用这一规则挑选俱乐部官员、学校教师、队长以及各种日常事务的发言人等。许多欧洲人嘲笑一个主张人人平等的国家对军事头衔的热爱,但他们忽略了这些都是起源于民兵选举这样的事实。在以多数票决定军官的去与留的地方,一个口中念叨着这种头衔的士兵与他实际当上"队长"一样,是对他自己和选举他的同伴们的尊敬。就连乍一看似乎违背了多数原则的惯常做法——比如,在一些立法机构中采用的资深惯例——实际上并非如此。资深采用的是排队的逻辑,而不是由等级制度和民主的再确认——选举的连续胜利——来规定排队。

这种松散式的民主政治就是白人的社会图谱——从敌人中寻找朋友,确定可以解决什么样的竞争,确立当前的迫切问题与今后长远问题之间的联系。维持这种民主政治需要非凡的活力。在19世纪初期,新闻报纸在美国的普及程度远远超过世界上其他任何地方。这些毫不掩盖党派倾向性的报纸鼓动政治忠诚,参与地方争斗,仔细分析政治争论,并与别处的同伴联系在一起。为利用报纸这一网络,美国人使他们自己成为有文化的人。在几乎没有得到公立学校帮助的情况下,民主的传播使得美国的识字率在1800年到1840年之间猛增:在美国北部,成年白人的识字率从大约75%上升到95%左右,在南部,则从大约50%上升到80%左右。演讲的作用至少和印刷品一样重要。在同一时期,公共语言的标准也从1800年前后由有教养的人的语言垄断转变为一种普遍易懂的平民语言——一种稍微改进的日常语言——这种语言在19世纪大部分时间里成为全国范围内进行民主讨论的工具。[14]

就像它们所传播的政治一样,这个精心编织的高效连接网络一周接着一周地传播着相同的简明信息当中所进行的连续不断的抨击,连续不断的规劝,连续不断的重复,既没有中心也没有起点。在这样一个复杂、分散的系统中,一个特别的想法、口号或一个立法建议首创于何处经常是说不清楚的,而且通常这也不重要。白人男子形成了一个由无数参与者组成的既无起点也无终点的圆。托克维尔以他的生花之笔写到,因为他们中的每一个人都享有一份"社会管理"权,所以他把"自己生活的一半"奉献给了对公共事务的这种"不间断的煽动"。就像主编威廉·莱格特所宣布的,"成为一个政治家是每一个聪明人的责任。"[15]

民主政治是一个充满生机和活力的社会过程:游行示威,赞美,争论,辩论,投票。人们通过要求得到一个位置而进入这一过程。对秘密政治的愤怒,对公开性的要求,就是对导致民主政治不能实行的状况的一种机能性反应。没有参与的权利,公民也就没有作用;秘密交易使民主政治瘫痪。有大量自我任命的参与者参加的、喧闹的、表面上乱哄哄的政治大会是典型的民主政治制度。最终,进行公开会议的规则通常得到执行:作出决议,而仅有一些人对决议进行投票表决。但与此同时,其他人也参与到会议中来,他们用欢呼和喊叫进行非正式的投票,使会议的结果符合他们的利益。

进一步讲,自我选择为整个民主政治的进程提供了动力。没有什么比管理参与这一原则更接近于自我选择行动的核心:从事美国民主的方式就是进行自我选择。不必经任何人的允许,不必遵从任何人的优先权,恰恰就是进行自我选择。就像几个欧洲人建议的那样,公民们在公共事务中连续不断行动的事实,并不是令人紧张的全国性混乱的标志。[16]美国人使他们的民主政治保持着生机与活力。在安宁之中,所有的事物都消失了。

分散政治责任也就分散了管理的权力。积极的公民进行频繁的选举不仅仅使代表回到他们的社区,而且即使可能伤害到他们自己的利益,他们也会拒绝给予那些代表以必要的行动支持。在19世纪政府的特点中,没有什么比美国独有的低税收更能加强民主自决。后来,富裕自足的守旧者坚持这一理由,但在19世纪低税收所巩固的是一个以农业为基础的民主。

在欧洲,征税是通过一个双重的转移而逐渐形成的:首先,庄园主要求其雇农付出的租役从以劳务支付向以现金支付转移;其二,这些税收权从庄园主手中转移到庄园主的政府手中。因此,贵族不认为有纳税的必要,但劳动者必须纳税。尽管也有政府对中产阶级的财产征税,但是,征税基本上是与耕种土地紧密联系的。就像托马斯·杰斐逊在法国所看到的,这种负担能够使农村失去生机和活力。此外,在这些乡村地区,税款不得不用现金支付,而硬币是昂贵的——这就是通常的钱——为纳税而设法获得现钱的迫切需要,使关于作物轮作、畜养牲畜,以及避免陷入高利贷的无底深渊等方面的明智决定被扭曲。这些习惯做法在19世纪早期的欧洲并没有消失,而对这些做法所导致恶果的认识,决定了农业美国的政治议事日程。就如英国人威廉·科贝特在世纪之初所说的,当美国人纳税的时候,他们期望具体的回报。他们被征税是为了修路吗?这条路在哪里?别的每一样事情都受到怀疑,不是由于美国独立自主的农民是思想闭塞的乡下人,而是由于他们是清醒敏锐的民主人士。自主工作的最明显、最无情的敌人就是高税收。

低税收确保了小政府,按照欧洲的标准也就是那种极小的政府。根据迈克尔·曼收集的数字,除了美国南北战争时期以外,主要欧洲国家的政府支出与国民生产总值的比率一般比美国高五倍或六倍。当然,美国政府本身也参与公共活动,甚至有些还是十分宏大的活动。而且,同预算的限制一样,观念上的限制也是非常严格的。关于美国的公共资源最终应该进入私人手中的假设,在民主政治来到美国之前已经得到广泛传播,到19世纪中期获得了两党的热诚支持。尽管两个主要政党都在为他们亲信的私人企业寻求政府的帮助,但是两党都期望那些企业在获得最初的帮助之后能够依靠它们自己的力量发展进步。

甚至在社会秩序方面,政府也只有相对较少的责任:公民们期望非正式地承担大多数的维护社会秩序的责任。像一个遵纪守法的芝加哥人在1871年大火之后所解释的,关键的问题不是一个行动的合法性问题,而是有没有"社会舆论的力量作为它的后盾"。[17]直到这个世纪很晚的时候,政府才试图对激进的行动进行控制。比较而言,"在大多数欧洲国家,""警察……会调查一个人怎样想,以及一个人说了什么;但是在美国警察只问一个人做了什么。"[18]即使在维持治安行动中,白人也只注重他们自己的社区。当一些白人感觉到其他白人利用一个遥远的政府去告诉他们做什么的时候,如果意识不到此时他们是何等的愤怒,也就无法理解导致内战发生的那种情绪。在战争前后关于宪法权力的激烈争论中,作出决定的人几乎承担了决定所带来的所有压力。

在一片散沙似的美国,小政府也就意味着彻底的权力分散。美国18世纪的政治遗产鼓励了这些与中心脱离的拉力:全国政府的权力受到州的抵抗,议会服务于选民的利益,使立法机构在本地坚定不移地捍卫提出——或者,更恰当地说是不提出——新税法的权利。不像雅各宾派留给法国的遗产,美国民主共和党人的意识形态仅仅是加深了这种对全国性动员的不信任。因此,19世纪早期权力结构的倒塌使原本强有力的对地方自治的推动得到进一步的加强。至少在这个例子中,新的民主政治体现了与18世纪的连续性。

19世纪,对这一状况的最大挑战出现于内战进行期间。在战后的十年之内,尽管华盛顿进行统一的绝大多数努力戛然而止,但是这种努力的最终结果是扭转了19世纪早期的那种权力分散化趋势。捍卫合众国的统一以及废除奴隶制突出表现了这种变化。战后,民事和经济事务中新的国家标准也加强了中央政权的权威。然而,就像屠宰场案(1873)所证明的,这种国家性的权威依然非常薄弱:州和地方政府仍然赋予公民身份以重要意义,*仍然控制着它们自己的经济。就拿南北战争时的法律建立了一个单一的美国货币来说,即使在国家管理非常重要的地方,在统一与流通之间也存在着重大的差别。一种全国性的货币便利了交易的进行,而不试图去管理这些交易。

政党的状况显示了这些集权化问题在19世纪早期和晚期的变化与连

---

* 在"屠宰场案"中,美国最高法院将因具有国家的公民身份而享有的特权,与因具有州的公民身份而享有的特权加以区别,认为所有重要的权利均来自于州的公民身份。——译者

续性。19世纪早期政治中的主要政党,民主党和辉格党,在1840年之前也没有发展成为固定的全国性的政治中介。到1846年这两党也开始分崩离析,即使在情况最好的六年里,它们也受到一系列令人困惑的长期争斗、分歧和背叛的困扰。换句话说,它们正常的发展趋势就是退化成为地方性组织。它们的继任者,共和党和民主党享受了大体上从1875年到1890年长达15年的国家稳定。它们也经受了各种各样的紧张斗争与分裂,其中大部分显然是,但绝非仅仅是由南北战争和战后重建引起的。但是,在整个19世纪后期,共和、民主两党在很大程度上比它们的前辈保留了更多州的,甚至地区性的明确特征。离心力和向心力更加相互接近。

在其19世纪的所有变化中,美国的低税收、小政府的民主政治依然是劳动密集型的。18世纪那种由富裕的庇护人控制一批政治扈从的习惯做法或多或少已经过去了,而20世纪的那种由有钱的资本家控制中央集权机构的模式还没有到来。由于19世纪政治权力的分散,把公正合法的人与腐败堕落的人区别开来是非常困难的——更别提他们中的更为腐败的人——很难找出他们之间的显著区别。政治,和经济一样,属于压倒多数的小资产阶级。纽约州州长华盛顿·亨特在1852年的建议——那些被发现贿赂选民的人应当失去他的公民权——抓住了19世纪腐败的本质上的地方特性、几乎也可以算是个人的特性。即使一种以微弱的优势取得胜利使得这种腐败的重要性显得更加突出,这种胜利也是结合了其他为数众多的小范围的力量,这些力量对那种候选人势均力敌的选举有影响——与下雨冲毁农村地区的道路或在某些城市邻居间发生流行感冒一样,并不是一个原因。

就像它们实际上那样的低级庸俗,19世纪70年代揭露出来的镀金时代的丑闻,在一个稍大一点的背景下呈现出更多同样的小型腐败,它们所激起的长期的愤怒意识就是某种清白的证明,即证明了一种广为传播的假定:美国的民主政治完全不能容忍行贿和任何贪污受贿。即使在19世纪结束时,当马修·奎和马克·汉纳用数百万美元增大政治影响的赌注时,这些活动的主办者仍然没有比这种到处撒钱期望有所回报的方式更好的办法。19世纪民主政治背后的驱动力就是成千上万的人鼓励成千上万的其他人去行动。许多的小恩小惠,许多的个人关系,损害了大量弱小的、推动民主机制运行的原动力。总的来说,经过这个世纪的发展,那些有钱的人不再能因有钱而得到更多的政治权力,而那些拥有政治权力的人也不再能因权而获得更多的钱。

在19世纪,当时民主已经在美国的地方上扎下根。凡是描写美国民主的特征和它所做到的事情,都是从美国社会中小团体与小团体之间的自觉分离这一特点开始的。然而,它却在某个完全不同的地方结束。在19世纪的民主政治方面,没有什么比它的扩展性力量更为引人注目。这种向外扩展性力量将这些地方性碎片的巨大混合体聚合成为一个人民整体,并反过来使这些人民构成美利坚民族的基本组成部分。从一方面看,民主政治就是那些限制成员身份、不信任外人并坚决维护现状的无数个自卫性白人团体的凝结物。从另一方面看,民主政治起到了扩大共同利益集团范围的作用,这种共同利益集团将相距遥远的公民联结起来,引发跨越阶级和种族界限的合作,并为海内外数百万人民担当自尊的灯塔。19世纪的民主政治从排外的地方主义发展成为无所不包的国家主义,完善了民主政治基本品质的要点:平等、分散、联合。

民主的活力通过兄弟关系的方式灌注到这种团体生活之中:这种兄弟关系不是普遍意义上的兄弟关系,而是建立在相互信赖、密切联系之上的地方团体中完全平等的成员之间、运动俱乐部或军队班排内部的那种兄弟关系。虽然一种兄弟关系也许与其他种类的兄弟关系结合在一起,比如,就像人们在一个州的地方分会的秘密会议、或一个城市的运动联合会或军队的一个师里所表现的那样,但它的根本价值在于扎根于本地的社团。这种地方分会民主的第一个规则是忠诚——向内的、无条件的——以及为给这种兄弟般的联合扫清道路,美国白人编造了一个善良家庭分离的故事。

当欧洲人听到这个故事时,这只是一个有关早熟少年离开家门的故事。弗朗西斯·格伦德说,"从其生活的最早阶段开始,年轻的美国人就习惯于自立……。""到了他能够读书写字的年龄,他已经制作出了一个自己未来独立自主的计划。"另一个人写到,"[美国的儿童]似乎天生就具备所有的公民责任感,并且表现得非常严肃。"因此,就像托克维尔描写的,"在一个人童年结束时,他似乎开始勾画出他自己未来生活道路的轮廓。"其父亲"未经交锋便交出了[他的权力]";儿子"像接受自己的物品一样"心安理得地接受这一权力。[19]

关于19世纪早期家庭生活中的变化是否实际上引发了这一进程的证据,由于太混乱而没有说服力。但是,要求相信这个不受怀疑的故事,必定鼓励这种事情的发生。从某种意义上说,这是一个必不可少的表示新民主政治到来的故事:达到一定的年龄,每一个白人男子都会自动成为一个自由、自主的公民。从另一种意义上说,父子之间这种简单、和平的分离表明,所有的父权制价值观念都被毫不费力地消灭。凡是有镇民大会传统的地方,新的民主政治就需要清除投票是家庭共同体共同行动的传统观念,代之以投票是一种个人行为的新观念。比如,在俄亥俄州,这种转变是在1815年之后的变革岁月中开始的。尽管期望摆脱家长的控制可能引起相当大的焦虑与不安,但是在这个对民主政治故事化的描述中,摆脱家长的控制代表了对其他任何有约束作用忠诚的一种自然的、无痛苦的否认。在这个离家自立的故事中,那些随时离开家庭的年轻人,几乎马上建立了新的同样强度的联系。换句话说,当他们冲破旧的从属关系纽带的时候,他们便使自己进入到一个独立自主的成年社会之中。

在这些兄弟关系之中,成员们发誓无论在什么情况下都相互忠诚。安德鲁·杰克逊不仅把地方团体的民主价值观带进白宫,与此同时,他还把他那臭名昭著的要求带入白宫,那就是要求那些忠诚于他的人通过礼貌对待一个内阁成员不光彩的妻子来表示对他的忠诚,这个女人就是蓓姬·伊顿,她是一场粗俗的性与婚姻游戏中的一个机敏的幸存者,她被总统圈子里的一些高贵的成员所排斥。杰克逊支持她目的不在于帮助她,他仅仅是利用她作为加强周围的人对他个人忠诚的一种手段。那些毫无困难地理解并通过了杰克逊的忠诚测试的人当中的一个人,马丁·范布伦围绕着地方团体的价值观编造了他的自传:政治职业被理解为一系列个人关系,每一组关系要么是研究了相互忠诚、相互尊重、相互帮助,要么是探究了它们的反面。林肯表达了同样的看法。他总是宽恕他的辉格党内部竞争者——他给一个儿子取了竞争者当中一个人的名字——但是他从来不宽恕背叛者。对于其中一个背叛者,林肯只是想起如何"在我最需要朋友的时候,他却反对我";而对于另一个则想到"他内心在撒谎"。[20]

就像这些观点所表明的,兄弟会成员是在一个很深的感情基础上联合在一起的。尽管地方政治团体的成员彼此视为"朋友",但这个词与其在民主共和党人的18世纪时的含义相比,有着非常不同的含义。那时,朋友把人们与抽象的概念,如:自由之友或秩序之友联系在一起。在民主的19世纪,朋友一词经常以地方政治团体最钟爱的候选人的名义把志同道合者联系在一起,如:克莱之友,布莱恩之友。一种新的充满热爱之情的语言造就了人与人之间的这种关系。厄谢尔·林德将军在回忆其史蒂芬·道格拉斯时说:"我对他的热爱,就像约拿单*对大卫的爱一样——这种爱超越了对女人的爱。"在许多地方政治团体领导人都曾经历过的一种争夺战中,罗伯特·M.T.亨特无法使自己从弗吉尼亚的另外两个民主党人之间乱糟糟的钩心斗角之中解脱出来;其中一个对另一个抱怨说:"你是什么时候并且如何如此喜欢亨特的,""你总是更热爱亨特而不是更爱我。"[21]

地方政治团体经常按照军队的连排模式,使以其地位而自豪的领导人充当那些自称为少尉、步兵等称号的人的首领。根据由他们自己决定领导人种类这种循环的逻辑,推断出精英管理着这些地方政治团体的结论是可能的。不过,在一个民主党俱乐部内,领导人是由他们的同伴任命和罢免的。在这一过程中,各方被认为是完全平等的。尤其是公开交流对话认同了一种人人平等的类型。英国人查尔斯·默里宣称:"我曾经见到过一个汽艇上的职员和密苏里州一个小村庄上的杂货商,与一名国会议员和一位军官坐在一起喝格罗格酒、打牌、一起欢笑、一起发誓,并且他们之间随便地相互称呼比尔、狄克和哈里这样的名字。"[22]

---

* 约拿单:基督教《圣经》故事中的人物、大卫之友。——译者

给相距遥远的最喜爱的人所起的绰号——西部哈里,老核桃树,小核桃树。老阿贝——并不简单地把他们等同于党的高级地位。实际上,他们使距离遥远的领导人被当作地方政治团体中的人。杰克逊属于所有的民主党人。在他旅行时,他会帮助那些可能从来没有见到过他的画像的公民前来认识他并与他们进行交谈。"你就是杰克逊将军?""是的,先生,我就是。"当然有些交谈比另外一些更受欢迎。据报道,一位田纳西州的农场主向挑剔的第八任总统提出,"布伦先生,下一次你来这里,我希望你能和我及我的朋友们一起共度时光。"[23]旅行中的这些人人平等的习惯做法,同样或流行于教堂,甚至白宫。当选总统林肯为出席他的就职典礼而乘坐秘密特别列车悄悄地来到华盛顿,违反了这些公开性准则,是民主首要原则的耻辱。

把他们自己置身于公众面前,民主的博爱精神展现出了巨大的多样性。一些组织,如19世纪后期的复兴共济会和农民的地方团体,强调他们的尊严与体面。其他的组织,如消防队、运动俱乐部则夸耀他们的街头时尚。其他的组织仍然持骑墙态度:民兵组织被一致的命令和他们的战友情谊弄得十分苦恼,工会既要树立他们的好名声又要将他们的要求付诸行动。尽管新教的附属群体在增加,教堂本身在男主外与女主内之间并没有一个足够明显界线来轻松地适应民主的兄弟情谊。比新教更容易把男女分开的天主教,非常自然地把教堂融入到他们的地方团体生活之中。

政党,即选择出来的地方社团,也试图消除体面与粗糙方式之间的差异。一方面,政党演说家讲一种体面的辞令;另一方面,党员们大声宣布他们的政治倾向并公开咒骂他们的对手。至少具有最低程度礼节的正式规则规范着候选人之间的辩论。然而,在大街上,地方团体成员们的行为则是放任自由的。当詹姆斯·K.波尔卡胜过其在田纳西州政治中的主要对手约翰·贝尔而当选参议院发言人后,一个兴高采烈的民主党人详细地讲述了当时的情景:

> 许多正直、忠诚的杰克逊的支持者在48响大炮的轰鸣中涌向沃克斯霍尔(Vauxhall),在那里我们打开几十瓶香槟酒。紧接着48响炮声

和大量最美的享受之后,鼓乐队登场了。很快聚集起了几百人,他们排着整齐的队伍,在不断地开着枪围绕广场游行之后,向闹市进军,在深夜11点钟,钟声开始不停地响起……那种喧嚣我从来没有听到过;那些正直的、不知内情的纳什维尔人还以为整个城镇着火了。每一个人肯定对疯狂与混乱有些恼火,但是他们都令人愉快地过去了。

波尔卡的支持者从另一个城镇报告说:"没有人阵亡,只有几个人因他们手枪的反冲力而受伤(非致命性的)。"[24]

对于道德秩序的卫道士来说,仅在体面方面前进一步是远远不够的。巴尔的摩的乔治·伯纳普牧师大人建议说:"首先,需要提醒年轻人不要把从事党派政治活动当作工作和职业。在所有的职业中,这种职业是最肮脏的职业之一。"杰出的乔治·里普利把民主政治与"烂泥"联系在一起。霍勒斯·布什内尔尖刻地评论说,"庞修斯·彼拉多*就是一个政治家。"在查尔斯·谢尔登的通俗小说《追寻》(1897)中,在政治活动和酒馆有着密切联系的堪萨斯州的托皮卡,对竞争公职的期望——公民的最大奉献——使得当地有教养的大学校长身患重病。在总结了19世纪美国的体面之后,詹姆斯·布赖斯认为"政客……在美国各地正直的公民看来是一个不光彩的贬义词"。当政客们因此而进行反驳时,他们根本无法改善他们本来的形象。站在两派中粗犷的一方,他们攻击批评者是"男性女帽商",是"华而不实的"改革者,由于太娇贵而打不了漂亮仗。[25]

在这个鸿沟值得尊敬的一边,民主政治固有的粗俗在一连串荒诞故事中体现出来,这些故事不断重复地传递了一个简单的信息,即正派公民被粗野的普通百姓压制的信息。恰如其分地说,其中最臭名昭著的荒诞故事产生于因民主政治到来而导致的冲击与震动。其中一则讲述了在1840年那场以小木屋与苹果酒运动闻名的总统选举中,全国民众被烈酒麻醉、被蛊惑

---

* 庞修斯·彼拉多:罗马犹太巡抚(26—36)主持对耶稣的审判并把耶稣钉死在十字架上。——译者

人心的政治家们蒙蔽。另一则甚至更为有名,描写了杰克逊第一次就职典礼时的那场灾难。

大批民众聚集在一起欢迎他们的英雄,这次就职典礼的故事开始了。各色人等挤满了通往国会大厦的道路,迫使典礼在户外露天举行,接着涌向刚刚宣誓完毕的新总统。从国会大厦后面逃脱的杰克逊,在骑马前往白宫的路上仍然不得不奋力闯过一道人墙,不料却被淹没在人山人海的庆典参加者汪洋之中——有人估计有20000人——他们乱扔污物,打碎玻璃器皿,越过窗户跑向放在草坪上的威士忌酒桶,甚至不得不临时组成警卫圈以保护总统本人的安全。

尽管许多人,主要是杰克逊和他所代表的平民政府的敌人提供了零零碎碎的材料,尤其是关于白宫狂欢的材料,但关键性的材料来源是玛格丽特·贝阿德·史密斯,她在华盛顿社交界一直是位名流,也是克莱的一位密友。事件过去一周之后,她把所看到的相当少的场面与大量道听途说的内容糅合在一封长信里。

其实,这封信就是一个用暴民、群氓、污物、烈酒这些代码字构成的故事。这个故事以暴民作为开端。确实,就职典礼这一天,首都的人非常多。在1829年3月4日,这一天正逢星期日,这个假日促使各色人等,尤其是市区的居民们走出家门快活一番。在星期天,这些没有选举权的华盛顿人当中究竟有多少把杰克逊当作他们的英雄或十分关心他的当选,有多少人只是在伸着脖子看热闹,以及究竟有多少人是独自行为,我们将永远无从知晓。

然而,我们有一些证据证明总统就职典礼之后参加庆典的人数并不太多,他们没有阻断交通;事实上,当杰克逊骑马去国会大厦的路上,在将军的旁边保留了一个简直足以容下一辆马车的空间,以便马车的主人们很远就能看到他,在国会大厦前的场地上也没有集聚那么大一群人。同50多岁、身穿不合时宜的宴会服的玛格丽特·贝阿德·史密斯一起在最后一刻到达此地的那群人,围绕整个集会进行了一个简单的步行演习,"到达一个清静的地方……能够一览无余地看到整个会场的全景。"[26]在国会大厦后面,真的有一群人挡了杰克逊离开时的路了吗？很可能没有。史密斯自己什么也没看到。由于缺少一个奥林匹克运动员式的冲刺，在杰克逊轻松走过国会大厦时，她没能环绕大厦跑一圈。甚至她所引用的报道也承认，一旦杰克逊决定骑上他的马，他就能毫无困难地骑马离去。

我们忘记了在白宫的暴民，史密斯也未看到他们。在参加完参议员托马斯·哈特·本顿家的派对聚会后，她来到很大程度已被抢空但还没有清扫的白宫，此时她所感受到的绝不会是任何社交聚会生活上的那种迷人时刻。然而，其他的描述清楚地表明：白宫非常拥挤。显然这次聚会热热闹闹地持续了三个小时，来到白宫的人肯定比预期的要多很多。此外，人们到达白宫需要一定时间，一旦到这里，他也可能只停留片刻——也就是说，平均半个小时到一个小时之间，如果在每一次有大约700人能够挤进杰克逊的白宫，而且如果在最多的时刻有另外200人在草坪上聚会狂欢。那么到白宫的人总数为3000人左右，这是一个合理的估计。

当你预期只有1000人左右而实际来了3000名宾客时，将会使任何聚会变成一场危机。很自然，目击者们记得拥挤的人群，狭窄的空间，以及不可避免地洒落的饮料，打破了的玻璃器皿。在白宫的聚会与在国会大厦的就职典礼一样，没有人负责数人数。绝对没有后来称之为控制民众的措施：没有界线标志，没有卫兵，也没有任何一种命令指示。在这种情况下，人们自我管理得相当好。表面上冒着暴民贯穿于庆祝会始终这一危险的杰克逊，他认为这一天过得不错。然而，怎样来对付那些抱怨暴民们"践踏草坪和新种花坛"的怀有偏见的目击者呢？[27]为什么不在草坪行走？即使假定某些人解答了3月1日在华盛顿种植何种花草的诀窍，能指望集会的民众也预先发现并绕开这些花吗？当然，在白宫，适时地使用草坪挽救了局面：把饮料放置在这里，是被围困职员的一个最聪明的办法。

犹如任何人都会想到的，3月初路面未铺砌的华盛顿，4日这一天"满街泥泞"，大多数来访者也就把脚上肮脏的烂泥一起带进了白宫。[28]在一场耗尽工作人员每一刻精力的聚会上，那些骑着马来的人，拴好他们自己的牲畜，接着他们像步行的人一样，靴子上也沾上了烂泥。只有那些坐着车直接进来的人——只有人数极少的几个名流——是干干净净地进入白宫的。

如果由于带泥的脚印而谴责除极少数富裕的人物以外的所有的人,那么也就应该因为饮用威士忌酒———种掺在白宫潘趣酒中的烈性酒,而谴责几乎所有的人。杰克逊就职演说之时大体上而也正是美国全国酒精消耗达到顶峰的时候,这几乎是对上述假想的公然否定。许多观察者说,对于那些勤勤恳恳、辛勤劳作的美国白人来说,花一整天的时间一杯接着一杯地大口喝着烈酒在19世纪20年代是很常见的——在他们工作、吃饭和休息的时候都要喝酒。只是后来几代人由于很低的饮酒量,才使美国大量饮酒的这一简单的事实成为暴民在杰克逊就职庆典中失去控制的证据。在1829年,绝大多数美国人认为,酒的无所不在是理所当然的。

把此类饮酒者与另一类饮酒者区别开来的是细节问题。酒桶里的威士忌酒引起了玛格丽特·贝阿德·史密斯的注意,因为她还保持着在本顿议员家宴会上的饮酒感受——她认为,"真是一次美妙的招待会"——在那里她发现,"葡萄酒……非常充足",无疑,她用的是玻璃杯。[29]然而,在几乎所有其他阶层中,威士忌酒是最常见的选择,白宫的工作人员幸运地为一大群全由美国人组成的民众找到了几大桶威士忌酒。总之,异常众多的民众在星期天庆祝杰克逊的就职典礼,总体上人们是心情愉快、行为端正的。仅仅是由于看到那些人而感到气愤,上层的评论家们把那些人的行为——他们的日常行为——编写成了关于美国民主粗俗性最持久的荒诞故事。

作为地方性力量,政党使社会充满活力。它们的工作永不停止:"上次选举的激烈竞争刚刚过去,"狄更斯感叹到,"下一轮选举的激烈竞争马上就开始了。"作为对公民管理自己之能力的一种连续不断的庆祝活动,政治就是批准,就是命令,就是消遣、娱乐和鼓舞人心的事。在一个人民不断流动的国家,政党通过"不断大肆宣传"他们的诉求、"确定新的选民,把问题摆到他们的面前,赢得他们的参与,以及……使他们在选举日到投票点投票",来召唤社会中的流动人口。美国内战前和内战后一样,从事政治活动的人们当中常用的比喻就是把政党看作是一个军队,随时准备出发参加一场没完没了的战争。[30]

　　人们对政党的呼吁做出回应,是由于每个政党对于其党员的那种坚持不懈的、道德上不容置辩的要求……同时与这些党员自身的身份密切地联系在一起。[31]政党绝非是唯一的身份来源,然而,尤其是在1880年到1890年政党忠诚最突出的这半个世纪里,政党围绕一种十分广泛的、其他种类的、重要的身份把它们自己组织起来。当父亲们把党派信仰传递给他们的儿子们时,那些名字——民主党、辉格党、共和党——已经被融入了家庭身份之中。宗教信仰和民族出身互相促进着对政党的忠诚。让20世纪那些指望工人应该忠于阶级职责的历史学家感到失望的是,19世纪的工人此时正在合并,正在分离,正在改变他们对劳工组织和主要政党的忠诚。这些众多的忠诚交叉线在19世纪形成了特别紧密的联系网。1908年,当生命即将结束的哲学家乔赛亚·罗伊斯恳求他的同胞们把对忠诚本身的忠诚当作他们的最高道德标准时,他实际上标明了美国忠诚世纪的结束。

　　政党的普通成员几乎包括各色人等。没有其他的白人兄弟会组织接近于比得上政党所达到的程度。根据19世纪某些时候在22个州生效的法律,外国人和美国公民一样都可以参加政党。尽管对投票权的居住资格甚至识字水平的限制在这个世纪曾经一度流行,但是,社区往往作出它们自己关于选举资格的决定,而虚怀若谷则证明是一项得到两党支持的规则。在一个流动的社会中,代表总是与移民群保持同步前进。到19世纪40年代,议员代表选区不代表他们当选的州这一原则开始在各地盛行,人口逐渐增长的选区总是为在这格局中获得一席之地而斗争。当然,公平并不总是获得胜利。有时投票站关闭太早或开放太晚。恃强凌弱的恶霸阻止人们进入投票站,贿选、选票被毁,然而,这些热情的党员设置了热心的投票监督员,敏于发现可疑者并且不怕威胁。此外,一人一票并非是一项19世纪的迷信。尽管它关系到大量在地方选举中参加投票的人,但是,一个地方选区是否在规模上比得上其他选区则无关紧要。不公正地划分选区最可能引起愤怒,因为这种做法打破了可以接受的社区边界,而不是由于它违反了代表权的严格平等。

92 自治

　　从某种意义上讲,地方社团政治通过它们自己的活动制造了无数的小社会,兄弟会的生命力依赖于它在地方所受到的支持。甚至在城市,通常个人的政治权威预计不会"超出邻里之间或最多不超过一个行政区。"³²选举意味着对地方忠诚的动员,有时就像地方团体成员挥舞着本党派那种颜色的选票成群结队地向投票站前进所表达的那种集体忠诚。即使在一方的胜利被预先注定的地方。每一张选票仍要被统计,选民很少在候选人之间进行选择,他们总是支持这个或那个候选人,失败与胜利的准确差额——5500或5000张选票——证明了兄弟会以其绝对尽了最大努力而感到自豪。

　　然而即使在它最内向的时候,地方团体政治也在向外延伸。在投票表示政党忠诚的地方,获胜者代表的是他的党而远非他的选区。实际上,失败党派的成员此刻生活在被占的领土上。尽管对于一个失败的州长候选人来说,一个相当数量的地方多数可能鼓励他宣称这个地区至少从来没有被胜利者占领,但是选举中失败一方的大多数人只是在本党网络中的其他地方寻找代表。正是这种实际代表的形式维持了19世纪的政治和平。

　　这些地方民主团体的这种灵活意识表明,19世纪的政党具有多么不可思议的扩展性。由于对一个共同名称的自豪而紧密地团结在一起的大而松散的忠诚联盟,拥有共同的英雄和共同的记忆,一些被深信的政党真理,关于本团体在别的地方获得胜利新闻的盛大宣传,以及为全国性竞选运动而进行的四年一度的动员。这些要求,就像是在一个高度流动社会中便于携带的行李,使得政党像美国一样迅速而又大规模地扩展。无论它们在什么地方,地方机构所起的作用是相同的。不需要靠横贯大陆的铁路来把19世纪中期的加利福尼亚和俄勒冈州整合到美国的政党体系之中。远在它们的金钉揳入犹他州的奥格登之前,一个日益扩展的统一性已经使候选人提名大会、党派报纸、名目繁多的选票、投票程序等等在整个国家有了一个共同的外表。从1848年11月7日开始,美国有了一个标准的总统选举日。

　　依赖于类似的基本事实的其他松散连结的组织链条,使得教堂、职业、改革和学校与国家一起发展,并为主要政党创造了一种制度化的环境。比如,公立学校讲授易懂的语言修辞,具有可塑性的新教教义,以及支持政党的扩张性、政治网络的主要美德。用李·索尔托和爱德华·史蒂芬那种贴切的话说,它们传播了美国"学习文化的思想意识",这种学习意识并未提到政党为新一代人进入19世纪的政党生活进行的准备:吸收和认同少量基本的价值观念,学习强化这些价值观念,并且无论敌人在何处出现随时准备为捍卫这些价值观而战斗。33公立学校向土生土长的白人儿童讲授他们已经知道是真实的东西,向那些移民儿童讲授那些在同等条件下进行竞争他们所需要了解的东西。

由于创建一个地方政治团体的标准是十分灵活的,而且地方自治的传统很强大,因此,几乎所有的白人团体都在19世纪的政党体系中占有一席之地。在那些感到较为自然的地方,德国人、瑞典人和其他移民群体在他们自己的政党团体中使用本民族的语言。甚至在这个世纪晚期之前,用英语进行公共教育还不是一个尖锐的焦点问题,当然,相反的趋势也是存在的。它们偶尔还与政治运动联合在一起,最臭名昭著的是19世纪40年代末、50年代初在东北部城市出现的反移民、反天主教的浪潮,紧接着在1854年至1856年之间,发展为美国党或一无所知党,而达到高潮。然而,如果说这种运动的本土保护主义反映了美国的长期传统,那么它在政治上的迅速失败也是如此,当它发现无法利用立法机构时,同时也就失去了它的优势,不久便消散在新的政治成分复杂的共和党之中。新教徒也许仍然在与天主教进行斗争,但是他们也在纽约州和密苏里州这样的州同天主教徒结盟以便形成共和党的多数。

在多年徘徊于被接纳认可的边缘之后,当摩门教徒在1844年被实际上从伊利诺伊州的公共生活中驱逐出来的时候,他们被暴力排斥在公共生活之外的情况,与19世纪白人当中的激烈竞争和不情愿的信仰自由准则,形成鲜明的对照。所有主要政党都必须考虑种族多样性。任何政党都不可以强硬地反对其他政党的多样性。1884年一位共和党教士猛烈抨击民主党是崇尚"糖蜜酒、天主教和叛乱"的政党,因而大大得罪了本党的天主教选民,使詹姆斯·G.布赖恩在纽约州付出了代价——失去了纽约州的选举人票以及总统职位本身——不管这个故事是否具有真实性,但它的确是每一个当代政治家都应该熟知并引以为戒的故事。

不情愿地容忍分歧,足可以赋予19世纪地方政治团体以特殊形式的平等。这种平等与每个人都有权坚持自己的习惯、风俗和宗教价值观的信仰无关,它也不含有任何愿意与陌生人接近的意思。政治性的兄弟会组织会毫不迟疑的禁止外来者,而有着他们自己的组织的外来者同样也可以这么做。没有什么礼节问题。憎恨——在成见中被浓缩,在歧视中被强化,并被公开展示——在解释地方团体政治的文化方面扮演了一个重要角色。

这种平等完全是程序上的:准备选举,投票,结果就是参与,并一再循环。到1840年,即美国党派偏见最强烈的这半个世纪之初,有关利用公共空间和控制政治冲突的惯例,与有关提名、投票、竞选以及选举过程其他方面合理稳定的规则一起,将暴力推到日益规范化的政党竞争的边缘。这种规范化的竞争虽然被内战所打断,但绝没有被摧毁。通过参与到政治中来而学会理解政治这一民主政治的主要原则,也是在这个有着多种多样地方政治团体的世界上体现敌方的宽容是如何起作用的一种方式:被询问的时候,给外人的答案将会是"反对";做的时候,结果是"同意"。尽管南北战争导致大规模的杀戮,但南方的叛乱者们却通过使他们自己回归到美国政治体系中来并且一旦回归就要求被平等对待,而为他们自己创造了奇迹。形形色色的移民背景也不妨碍这一进程。未来的选民不要求经历公民的预备阶段。就像公民权是公民的特性一样,公民也是公民权的特性。对于新手几乎没有什么可以讲的。政治参与培养出公民——实际上,参与使人民成为公民。

权力分散对这一进程是至关重要的。同样,产生出所有团体都为他们自己的利益掌握一定权力而没有任何团体为了某些目的的掌握着大量权力这种意识的权力普遍平等,也是至关重要的。这正是对詹姆斯·麦迪逊关于在一个范围广阔的共和国内多疑的、四分五裂的派别将互相监督对方的权力这一观点的严格确认。毫无疑问,这种体制极大地得益于美国白种人的广泛分布。无论在这里或那里出现什么样的群体,他们都不会产生巴尔干化——没有德国州或爱尔兰地区——而且因此没有任何作为美国种族冲突结果的领土完整性问题。

只有程序将这些数不清的碎片联合在一起。然而,使用这些措辞,其结果是令人震惊的:平等但分离,分离但参与。1852年在托马斯·斯塔尔·金牧师大人老练的维多利亚式言辞的背后,有着一个惊人的和明显的美国背景:"我们已经如此习惯于这样的事实,以至于我们不再对这种事实所表明的令人惊奇的事实感到吃惊……这些浩荡而富有活力的英国人、德国人、爱尔兰人和斯堪的纳维亚人的移民浪潮涌向西部,并在他们进入到良好的社会秩序中时就稳定下来。"几年之前,通常态度轻蔑的英国游客亚历山大·麦凯从众议院的走廊观看到了同样的一幕:"从某种意义上说,在美国国会里,你们的确有一个各民族的聚会。"他继续说,你们有一个非凡的人种样本,他们"有着各种各样的习俗、偏好、历史、信念和传统;你们使几乎每一个欧洲国家的代表生活在一起,这不是一种瘫痪的状态,而是一种不断辛勤工作和积极竞争的状态,并规范着他们自己的政治生活"。[34]

但是,是什么把所有这些凝聚在一起的呢?由于政党仅仅鼓励社会分裂成敌对的阵营,因此,政党是没有这种资格的。在19世纪,使多样性保持完整,从这种多样性中创造出不折不扣的统一性的唯一机会就是大选。民主文化在这里形成了一个完整的循环。在这个循环的开始,公民权规定了每一个白人男子同其他所有的白人男子都是平等的,确认了他的独立自主权,授予他以公共权力。在这个循环的结尾,正是运用了这些相同的主权标志,把其他方面分散而又多疑的每一种类型和信仰的人转变成一种执政的人。前往投票站时,他们带着各种各样的狭隘的忠诚。然而,在投票行动中,公民们似乎进入了一种特殊的原始状态,当他们投出他们的选票时,他们的其他各种身份都被剥离,只剩下作出集体决定的主权公民身份,在这一时刻,他们是美国国民。这一时刻过去后,像他们来的时候那样,他们带着所有保存完好的各自不同的忠诚离开投票站。

这些信念是实用的而非那么神秘,他们或多或少是随遇而安的。在行动的一刹那的一致性,并不要求人们的品质和文化发生重大的改变,也不要求美国"人民"接纳那些难以驾御的人。一种强烈的差别意识仍然是这种民主政治的标志。不是人民整体本身而是附加部分依赖于班克罗夫特式的那种选举整体意识,在越来越多的选民参与选举时,这种整体意识提高了这种选举的质量和重要性。在这部分附加人民的产生过程中,非常关键的是,早在18世纪美国的传统就已经采用了一种附加的公民身份,这种公民身份能够使新来者充分地、平等地、难以区别地进入一个无限扩展的国家。同样要紧的是,19世纪的民主政治不承认个人的自身利益与集体行动之间存在严重对立,人民不以个人为牺牲品。此外,它并不是为了各种意图和目的而显示白人经验的概念。在一次接着一次的选举中,减去那些生病、老弱、残疾或某个方面行为不便的人,差不多每个能够投票的人都去投票。在白人看来,这些票数,尤其是在总统选举中的票数,完全是人民的决定。

这种民主政治对于美国19世纪错综复杂的国家建设进程是非常重要的。当现代西方民族主义从拿破仑战争的严峻考验中崛起的时候,民主政治已经基本上席卷了整个美国。在欧洲文化唤起古老的传统和民族精神来统一他们的国家的时候,美国文化唤起的是居于美国浪漫的民族主义核心的民主精神。到这个世纪中期,普遍的理解使美国与民主政治成为同义词。当欧洲评论家们为隔离这种病毒而认为民主只合适于美国的时候,美国白人衷心赞同这种观点。民主是他们国家的特点;他们声称民主是他们所独有的。欧洲游客误认为是不可救药的、狂妄自大的东西,实际上是一个身份认同的问题。美国人明确地夸耀这些使他们感到自己是美国人的民主特点,其中包括一个体现着众多民族大混合的主权人民,而这种民族混合被许多欧洲评论家用来证明美国式的国家是不能生存的。

换句话说,美国人把人民与国家融为一体。林肯在内战中最伟大的成就之一就是他富于想像力地把两者统一起来:战争是为了美国的国家利益,政府是民有、民治、民享的。就护宪联盟所发生的冲突具有非同寻常的含义,维护宪法的这种完整性就会使强烈的惩罚与毁灭性情绪爆发出来。但是,国家及其人民的温和观念非常宽松地搁置了战争的屠杀,以至于白人的北方和南方能够形成一种地区性说法,即人民为了美国的最高利益决定打一场人民战争并最终把他们编入到一个独一无二的充满兄弟般的勇气和集体决断的国家历史中。

哈佛大学保守的查尔斯·W.埃里奥特于1888年问到:"美国人民就极度困难和极度重要的公共问题下定决心……明智吗?"他明确指出了三个问题:"第一是从英国统治下独立出来的问题;第二是建立一个稳定联邦的问题;以及第三个,不惜任何代价维持这个联邦的问题……每个人现在都能看到,在每一个问题上唯一明智的决定都是由民众作出来的,尽管他们所面临的困难与危险被许多当代政治家……认为是难以克服的……没有政府……可能作出更明智的决定或更坚决地执行这些决定。"威廉·迪安·豪厄尔斯在同一年写到:"这个国家属于人民,"他们的决定使政策只符合人民的要求。就这些国家大事做出根本性的决定,似乎有点混乱吗?平时严肃的弗雷德里克·格里姆凯宣称,感谢上帝及众天使,"由于正是这种在应该受到控制时不受任何约束的、真正的行为和思想自由,使公共舆论得以存在;而没有舆论的影响,社会将是一个纯粹的废物。"甚至,怀疑者也不得不给予民主恶魔在美国以应有的地位。怀有敌意的亨利·亚当斯通过他小说《民主》(1880)中的一个人物说:"对于一种使邪恶——如果是作为上帝代言人的多数人——反对正义与善良的学说或许有些疑问,但它却是人类希望的保证。"[35]

从班克罗夫特到惠特曼,19世纪美国民主政治的捍卫者们显示出非常类似的品质:富有活力而且坚定,既有个性又有一致性,既有直觉又有判断力,既有多样性又有整体性。弗雷德里克·杰克逊·特纳在1893年提出了一个新的关于美国民主的综合性解释,因此,在他解释美国边疆的起源时,他能够假定,读者已经习惯于这些品质。在特纳的笔下,年轻的白人割断与他们家庭的联系,但绝非是失去与他们家庭的联系,而是以狩猎、捕鱼、农耕、建筑为生的方式创造出一个新的平等社会。重要的是能力而不是文凭。没有人设计出新的制度;也没有人要求成为其中一员。新来的人只需进入这个逐渐发展的民主社会就可以成为其中一员。既是坚定的个人主义又是自然合作者的几代开拓者,独自决定他们个人的命运,他们还集体决定他们整体的命运。当边疆向他们挑战时,给他们以力量和支持的是他们的直觉判

85 断而不是老年人的智慧。在一定意义上说,他们把不同的文化包袱带到了边疆的最边缘,然而在冲突和决断的关键性时刻,他们毅然扔掉了这种文化包袱。突然之间,他们过去的文化便不重要了。通过这一行动,他们被转化了,除美国民主主义者这一身份外,他们失去了其他所有的身份。他们构成了一个单一的白人兄弟关系。在这一经历的另一面,他们又重新收回了不同的文化包袱,又变成了瑞典人或爱尔兰人、农民或教授。但是,当他们直接面对着国家的重大决定时,在涉及民主必须被更新否则它将衰退这些关键性问题上,他们都是美国人。

第四章 进或出

19世纪的人民当中包括了一些美国人并拒绝接纳其他的人。这些界线是如何划定的呢？进入到地方团体政治的圈子中来，首先要求能像完全自由的参与者那样行动，也就是能像对自己的工作和社会生活负责的公民那样行动。这很少是一个具有细微差别的问题。总的来说，证据是人人都可以看到的。那些行为像自主工作者和独立自主公民一样的人，确定了他们的要求并获得了自己应有的地位。因此，另一种表达包括与排斥的方式是：什么样的团体能够把自己表现为自主的公民，以及什么样的团体被终止了行动的自由？

答案稀稀拉拉地存在于整个19世纪的美国。没有任何所谓权威性的国家看门人能够决定谁属于人民和谁不属于人民。尽管宪法的措辞和联邦政府的行动涉及这一方面，但是，甚至是在内战之后，持续不断的权力分散使得所有关于包括和排斥的决定是不公平的和不确定的。同族友爱关系靠自身无法澄清这个问题。通过使白人的敌对行动具体化，这些敌对行动体现出了分歧的丰富多样性，却没有显示出白人之间是如何分类的。仅仅列举出这些友爱关系的敌人，并不能将属于地方团体民主中大体上人人平等的竞争范围之内的敌对行动与使团体内的人对抗团体之外的人的那种具有内在不平等的敌对行动区别开来。实际上，长长的要求权利者的队伍使得这些界线在整个19世纪都是不确定的。而这些权利主张与抵制这些主张之间的紧张状况，凭本身的力量成为民主政治生活中一个明确的组成部分。

在这个世纪，围绕进入权的一些紧张状态丧失了它们的影响力。尤其是在内战之前，其等级教会制度与19世纪民主价值观格格不入的罗马天主教激起了美国新教徒的强烈反对,而且在整个世纪都遭到了普遍的歧视与排斥。然而,即使在这种攻击最激烈的时候,爱尔兰人和德国天主教徒都在实践着通过参与而学会参与民主生活的原则——像独立自主的工人那样行动,通过各种各样的联谊会联合起来,并使他们自己进入到地方政治生活之中。天主教在整个大陆的扩展,助长了这种情况;把支配权和地方管理权置于它的控制之下同样也助长了这种情况。几乎没有例外,教会的等级制度与政党政治只有一步之遥的距离。换句话说,在权力分散化的美国民主政治内部,新教徒与天主教徒是以平等的身份相互斗争的。

在这一光谱的另一端,一些紧张状态只是由于外部力量最轻微的突然一击就消失了。似乎很清楚,美国印第安人从来没有参与的机会,取而代之的是,他们过着一种与白人民主政治截然相反的生活。美国18世纪的等级制度有时给那些为换取白人政府的保护而选择被保护身份的印第安人提供了少量的庇护。摧毁这些等级制度的民主政治消除了上级与下级之间相互义务的那种假定,并使绝望而又数量众多的印第安人自己保护自己。由于白人仅仅保留了收回他们过去的所有承诺的权利;印第安人的让予只是白人对其实际做法的模棱两可的说辞,一直是对美国隔离但平等原则巨大嘲弄的印第安人居留地,现在也变成了一个巨大的讽刺。由于民主主义者为了白人的自主工作夺取了他们所需要的土地,印第安人失去了对于他们来说必不可少的资源。

最终的转变涉及在19世纪美国发展的意义。当白人民主主义者理解了这一点时,发展能够使他们超越眼前的失败,看到未来的前景,以未来的进步来证明当前手段的正当性。然而,象征着允许白人超越生存限制的东西,的确使美国印第安人陷于死亡的绝境之中。需要印第安人的土地来实现他们自身发展的白种人,消灭了那些阻挡他们获得土地的印第安部落。在那些从现在看到未来前景的白种人的心目中,印第安人已经从所关注的焦点中消失。早在1825年,一位东部的绅士表示,"他们已经从地球表面上消失了","甚至连他们的名字也被从历史记录中抹掉。"[1] 注定要死亡的,行将死亡的,很快要死亡的,已经死亡的,模糊了这样一个独一无二的观点,即印第安人的灭绝不仅是不可避免的而且也是自然的。一位民主评论家总结说,像其他野生动物被文明的人类所灭绝一样,美国印第安人"实际上是无法驯服的,他们认为我们所称的自由是一种致命的束缚"。[2] 恰当地说,民主政府集聚的力量足以把印第安人的部落毁灭,但永远不足以保护他们的安全。为给前进开辟道路,就让死亡者来掩埋死亡者。

也许对于美国的印第安人和白人来说在一个民主政体中共事的基础在19世纪是不存在的。白人肯定没有兴趣探讨这种可能性。美国印第安人文化所经历过的极其多样和复杂的变化,很少影响到强加在他们身上的政策。就像密执安州的立法者在没有任何反常迹象的情况下就判定:印第安人永远不属于真正的公民,因为他们不属于"北美大家庭"的一员。[3]

19世纪,在紧张状态被消除和紧张状态突然爆发两个极端之间,存在着一系列不确定的地方团体平等与尚无简单解决办法的日常不平等之间的相互作用。其中最重要的不平等——对民主政治的意义具有显著影响的那些不平等——涉及挣工资的白人男子,非洲裔美国人和白人妇女。

在个人自治作为民主公民特点的地方,雇佣劳动者遭遇到许多不利条件。欧洲的长期传统或多或少把雇佣劳动者等同于奴仆,甚至拒绝承认他们独立自主的可能性——奴仆有主人,主人管理奴仆。英国17世纪的平均派,尽管在公民权的扩大方面是激进的,但仍然将"奴仆或雇佣劳动者"排斥在外,他们把这些人列入"乞丐"的范围之内。约翰·洛克在他的社会契约中没有为这些人留下位置,一个世纪后的亚当·斯密也不把他们看作是公共生活中有知觉能力的部分。塞扎·戴·贝卡里亚以相同的启蒙运动精神把为社会中的雇佣劳动者制定规则并执行这些规则的责任分配给雇主、法院、立法者和警察,他主张雇佣劳动者不具备决定自己前进方向的能力。

这些由上等阶层制定的规则属于一种更为不祥的传统:这种上流社会对于它的劳动阶层的劳动拥有一种权利。早在1350年英国的法令就命令那些还没有受到依附关系约束的人,不管工资多少必须接受他们的邻居提供工作。如果他们的工资不足以维持生活需要,雇工们只有指望地方政府履行基本的义务,增加额外救济。尽管到了16世纪有越来越多的人通过不断迁移以寻求更高的工资来摆脱这种无法忍受的状况——并像他们实际所做的那样打破其他的法律限制——无论他们走到哪里,他们无权选择自己工作这一原则一直紧紧地伴随着他们。作为上层等级的个人或地位而产生的对于下层等级劳动的权利,最后变成了社会对其公民的权利,欧洲政府在19世纪早期仍然全力实施这一权利。

像如此艰辛的生活状况一样,工资劳动力市场吸引了成千上万其选择余地为各种形式无报酬农村依附关系的人。雇佣劳动的吸引力之一是充分的个人自由空间——尽管是极为有限的空间——在那种环境里,地方上的大人物将不能密切监视着他们。城市甚至允许人们选择不当雇工。在市场不再单单将人们固定在他们的工作上的地方,强制劳动的提倡者转而依靠其他的原则。牧师们和神甫们热情地支持基督教徒参与这项事业。英国国会修订了济贫法以便于他们能够把各种年龄的穷人赶入劳动力市场。在机械时代,一些有特权的欧洲人把"像时钟一样运行的工人们那种平稳而有节奏的嗡嗡声当作一种极大的美学乐趣"。[4] 甚至弗里德里希·恩格斯也感到有责任警告激进的同伴,在共产主义社会,同志们仍然不得不在工厂辛苦工作。

美国人也分享了这些传统。尽管工作关系的广泛调整,然而主仆关系原则却牢牢存在于19世纪种种师徒契约、学徒和受雇佣工作背景之中。美国人和欧洲一样,将雇佣劳动者贬低为"为金钱而工作的"劳动。在19世纪初期,根据那些把工人停止工作当作是一种违反社会利益的犯罪阴谋的法律,工人的谈判组织依旧要被起诉。随着民主政治重要规则的确立——自主工作和自定权威——这些法律上没有资格的含义与民主准则的矛盾更加尖锐化。雇佣劳工不再仅仅代表依附性等级制度中的一种依附形式。在白人中间,似乎惟独雇佣劳工处于一种工作上服从上级,在法律上服从权威的状态。因此,他们的第一个要求就是打破传统,这一进程在1828—1842年之间全面展开。

雇佣劳工坚持他们的权利合乎新的民主政治精神。1828年之后,工人政党出现在东北部的城镇。许多工会纷纷在1834年至1836年间组织起来。各式各样的报纸声称充当这些工人的代言人,各种各样的改革运动宣称代表工人的最大利益。尽管个别的抗议来去匆匆,但是作为一个整体,无论工人在哪里集合,抗议的爆发都会改变社会的议事日程。经济上的苦难不是这种抗议的驱动力。事实上,工人在1837年之前的普遍繁荣年代里远比后来的艰苦年代里更为敢作敢为。激起这些人进行抗议的是,突然涌现的民主威胁着要将他们丢在后面。他们正在要求获得独立自主的必要手段。

独立自主需要机会。在城市里工人运动积极分子把明显的特权与权力不平等当作最大的障碍。打破商业资本主义的垄断。只酬劳从事生产的那些人。取消律师。工人运动很少拥护新的制度——仅仅是对现有工人运动的一种忠实描述——在那里,工人有适当的机会使他们自己获得自立。在内战之前,自由劳动的标准含义就是自我雇佣。当然,独立的农场主通常是自我雇佣、自主工作的标准样式,因此,廉价土地几乎是所有民主改革的主题。工人改革家乔治·亨利·艾文斯在19世纪40年代告诉工人们说:"为你自己获得一块农场而投票。"在纽约市德国移民区的工人移民也采用了这一口号。

民主对依附性传统的另一项抨击就是一个人要对自己的生活负责。一直作为一种选项的自立,到1840年便成为一项运动。按照其性质,自立战略拒绝根本性的对抗。激进主义取决于世界上某些可怕的事情出了毛病这样的前提。按照标准的欧洲人的观点,农村移民寻求更好生活的希望与工人们工业生活的现实之间形成悬殊的差别:工人们的家庭挤在有损健康的贫民窟,财富被雇主侵占,工资被压缩到不足以餬口的水平,身体被工厂的机器慢慢地吞噬。在一种希望被打破、无法容忍的环境中,逻辑上的解决办法就是彻底的改革。相反,在美国的民主环境下,工人们已经知道雇佣劳动的依附性使他们与生俱来就比其他白人的处境更糟:这里没有希望,只有问题。他们的任务不是去阐明其他方面无法解释的损失,而是进一步扩大那种似乎差一点就能实现的独立自主的范围。更好的选择似乎应该是集聚内部资源推动自主自制权的最终实现,而不是将一切事情都颠倒过来。

如果说自立运动不是激进的,那么它肯定也不是保守的。消除围绕在众多工人生活周围的那种暴力性的、破坏性的环境,需要特殊的勇气。酒馆中充斥着损害自己的健康、残酷无情地对待自己的家庭并相互殴打致残的醉汉。打斗使骨头被打断、眼睛被挖瞎、破坏了人们的生活。赌博耗光了原本已经处于生存边缘的工人们的资产。在这种环境中,购买房屋、加入一个教会、发誓戒酒都是意义深远的个人和文化倾向的宣示。到19世纪40年代,外国观察家们时常注意到,美国工人拥有的教会忠诚比欧洲工人多得多。即使在一个鼓吹个人选择自由的社会里,1830—1850年间烈性酒精饮料消费的惊人下降,使强烈要求自决有了证据:没有什么比饮酒成瘾更难摆脱了。在这种全面自我改进的环境下,华盛顿人——19世纪40年代早期在工人中间兴旺起来的绝对戒酒联盟——仅仅是冰山的一角。到1828年,靠"自律"而非"外部约束"已经推动了工人们戒酒的罗得岛州普罗维登斯市的经验,预示着自立运动是如何一个十年接着一个十年地集聚力量的。尤其是在充满节俭、节制导致成功而常醉、浪费导致失败此类告诫性故事的熟练工人和小雇主的不确定的生活领域中,为什么不相信个人能够在罪恶的工资与独立自主的幸福之间作出选择呢?[5]

至少宣告他们在社会中的独立自主与宣称在工作中的独立自主是同等重要的。工人们与魔鬼本身头对头站在一起:也就是雇佣劳动者是某些雇主的奴仆。为建立他们的民主信誉,他们按照民主的方式行事。旅行家们的描述经常把欧洲和美国雇佣劳动者的自我表达进行对比。根据詹姆斯·西尔克·白金汉在1840年的一篇典型的报告,与英格兰精疲力竭的工厂工人不同的是,新罕布什尔州多弗的工厂工人明显是劲头十足的、乐观的和勤劳的——对于他们的社会平等也是非常敏感的。游客们发现,在美国,作为自主对立面受到双重的谴责的个人服务简直糟透了:爱尔兰女仆人不仅摆架子而且罢工,女管家坐下来与她们的主人一起聊天,仆人辱骂他们的长官。弗朗西斯·格兰德在闲谈时说,"我亲自听到一个美国的仆人讲述他所服侍的绅士说,他非常喜欢他,但是总是在政治上反对他。他的主人知道这一点,但仍然雇佣他。"一位见多识广的理发师注意到,与英国形成鲜明对照的是,许多美国人不敢雇佣仆人,除非他或她恰好愿意讨好家里所有其他的仆人？美国工人从来不穿仆人式的制服被认为是一件很自然的事情:一份报纸嘲笑说,制服使他们看起来"像是第一流的牲口"。语言的变化反映了这些民主的感情:助手代替了仆人,老板代替了主人。[6]

一种更为复杂的、在工作上获得独立自主的方法就是用安全换取自主权。19世纪早期,民主个人主义重要的伴随物之一是拥有自己身体的新观念。它源于哲学、科学、刑罚等有关身体完整性的各种启蒙运动的主张。然而对于18世纪的普通公民来说,这些观念也许包含着人道主义,但很少是授权的结果:精英人物仍然垄断着治疗和伤害他们身体的权力。没有启蒙思想家反对向士兵头脑中灌输纪律,举个例子来说,杰斐逊把阉割看作是对鸡奸犯的一种适当的惩罚。从19世纪20年代开始对个人身体的控制权被民主化了。大众医学使美国人获得照料他们自己的能力。反对各种形式损害性惩罚的运动获得了支持。这些运动不是作为对痛苦或暴力的抗议,而是作为对任何外来者施加伤害权的拒绝。到这个世纪中期,在海军中废除鞭打刑罚达到了这一运动的顶峰。到那时,每个白人处置自己身体的权利是一项公认的民主原则。

创造一种权利并不使生命更安全。古老的危险仍然普遍存在于19世纪。中毒和传染病悄悄地潜入并肆意剥夺人们的生命:真的是今天还在这里,明天就消失了。由于几乎没有有用的诊断工具,生命总是突然神秘地结束了。在工作中,伤残是常见的。亨利·克鲁在后来的一次描述中也提出了这一点:似乎每个人都"失去某些东西,手指被切掉,脚趾被劈开,耳朵一半被咬掉,闪光的排钉使眼睛致盲。而且,如果他们没有失去什么,他们也会带着伤疤"。[7]发生了变化的是选择的地点,在生命允许的范围之内,民主政治注定将使每个白人男子有决定自己身体的处置权。

民主身份与使工人们对19世纪劳动法产生自己看法的个人身体所有权之间的密切联系,集中体现在马萨诸塞州首席法官莱缪尔·肖对法韦尔诉波士顿和伍斯特诉铁路案(1842)的著名判决中,这一判决几乎将工业事故中的全部责任推到了雇工身上。在某种意义上,法韦尔一案是一次令人感到寒心的、企业资本主义的胜利：雇主获得好处，工人承担风险。无疑，和美国最高法院的法官们一样，肖希望消除对商业企业的限制，并且清楚地认识到日益上升的工伤代价是这一事业中的一个重要因素。然而，之所以没有知名的劳工代言人或组织在19世纪发起一场反对法韦尔判决的运动，则是有原因的。

当然，回想起来，全面的社会保障与安全法看来比法韦尔判决要好得多。不管怎样，在19世纪40年代，法律与习惯设立了完全不同的标准。由政府为工人筹措赔偿资金，从来没有被考虑过。在法律上，无论任何情况，很少有人通过民事侵权案件来弥补损失。就像一位历史学家所提出，法院在一种"不负赔偿责任"的环境中运行。[8] 另外，在19世纪，凡是使美国成为一个基督教国家的东西，肯定不会是对上流阶层美德的一种允诺。没有人把对伤残者的同情当作美国人的突出品质。对于法韦尔判决最可供选择的办法是三年前巴恩斯诉波士顿与伍斯特铁路案中马萨诸塞法院的一项决定，在这一案件中一名受伤的工人获得了补偿。然而，巴恩斯案使用的是传统的马萨诸塞州父权制的习惯用语，而不是新的民主政治的语言。它将工人置于一种公司等级制度之中，并对工人的良好品质——他的忠诚、他的诚实、他的可靠——进行奖励。它没有确立任何雇佣劳工的权利。通过用法院的好意取代雇主的好意，巴恩斯案重申了对这种权威的信赖，而这种权威正是民主工人需要予以摆脱的。

用民主政治的措辞来说，法韦尔案是一种交易。一方面，职员为他们自己的安全负责。就像肖法官冷酷但非不合逻辑地宣布：风险管理的责任"将由那些最能防范风险的人承担"。这些职员经常组成小的秘密团体，在那里，大致的平等使人们相互监督，在工作场合也是如此。如果他们不这样做，也就没有人这样做。另一方面，法韦尔案认可了一种实实在在的工人自由的限度。在19世纪美国日益分散化的工作场所中，这些职员中的许多人在训练没有经验的新手，支配他们自己的工作时间，以及关照他们自己等方面或多或少是自行其是、不受干涉的。这是一种赌注很高的赌博，那些输了的人———次意外事故，严重受伤——就会陷于赤贫状态。没有人知道有多少工人愿意选择赌博，或其中有多少活着的人对此感到悔恨。但是，尽管这种交易是如此苛刻，它却使民主和资本主义在19世纪40年代变得具有意义。

追求独立自主的决定性战略面临着恶魔的另一个面孔：社会对其工人劳动的权利。作为对工人自治的断然拒绝，它把工人们贬低为民主分子。在这一新的管理体制中，在那些靠工资为生意味着强制性劳动的地方，这种工作就变成了工资奴役：一个自由人能够自己决定工作与否。此外，习惯法中的共谋原则继续引起人们对强制劳动的忧虑。尽管，劳工共同密谋的法律范围在19世纪早期相当的狭窄，但是纽约州的首席法官爱德华兹·萨维奇仍然极力运用这一原则对罢工工人，他在1835年裁定，这些罢工者通过"降低生产性劳动的数量"剥夺了"勤劳的"人工作的权利，因此伤害了社会——在强制性劳动背后，明显是那种古老的逻辑。[9] 结果证明，萨维奇的裁定已经是最后的挣扎。正是马萨诸塞州首席法官莱缪尔·肖再一次指出了一个新的方向。马萨诸塞州诉亨特案（1842）把社会在生产性劳动中的利害关系转移到雇主身上，作为一个有效的法律原则，雇主与雇工的合同代替了工人对社会的义务。如果仅仅从理论上讲，工人是作为自由谈判的当事人，而不是社会的苦役。

法韦尔案和亨特案都出现在1842年。那时土地改革、劳工自尊以及工人禁酒达到了高潮，为白人劳工赢得平等地位的运动也达到了它的极限。这些主题——自我界定、自立、工作自主以及工作行为——在这个世纪的大部分时间里居于支配地位。在限制工作时间运动的核心——在内战之前是每天十小时，之后是每天八小时——存在着一些理由，即更多的自由时间将能够使工人以成熟、有见识的公民身份来履行他们的职责。在整个世纪反复出现的对土地垄断的指责，不仅受农民的欢迎而且同样也受工人们的欢迎。通过"单一税"来恢复土地在社会进步中所增加的价值，亨利·乔治在19世纪80年代证明了土地改革是如何仍然把平均地权论者与工业化美国连结起来的。一方面，他对损害机会平等的控制土地方式的深入观察来自于作为西部空旷象征的加利福尼亚。另一方面，他的关键性例证则是来自大城市,而他的主要支持者就集中在这里。把土地改革放在工会纲领中心位置的劳工骑士团大统领特伦斯·鲍德利就是乔治的赞赏者。当乔治竞选纽约市长时,白人劳工成为他的主要支持者。

如果有什么区别的话,工资劳动者对工作自主的强烈愿望——包括愿意承担通常与最大的自主联系在一起的较高的个人风险——在这个世纪增强了。在修筑铁路、钢铁工业、采煤业中,非常危险的技术性工作属于美国最被向往的工作岗位。在这些工业中没有留下工人组织强烈要求的工作安全记录。相反,在每一次事例中,"一个技术工人要对自己的工作和安全负责",而大量死伤则是骇人听闻的。[10]

尽管缺乏系统的政府资料,但零散的证据表明,在美国的工作场所,工人自担风险的代价是极其沉重的。19世纪晚期,在新墨西哥州首府圣菲受到过某种伤害的铁路工人和列车工作人员每年达40%。尽管最不熟练的技术工人会有更多的事故,但是伊利诺伊中央铁路一项长达七年的研究得出的结论是,在最熟练的技术工人中,与工作有关的伤残高达1/20。比较研究使这种状况显得更加突出。在工业国家中,美国的铁路公司在列车上装备安全装置——如美国发明的威斯汀豪斯(西屋)制动器是最晚的。尽管美国的事故统计数字存在严重的少报现象,但1910年的一项研究仍然认为,每年美国的铁路死亡率、伤残率分别是英国的三倍、五倍,分别是德国的两倍半和五倍。在20世纪初期,一次对美国采煤业的部分检查显示,其死亡率三倍于比利时,将近是英国的三倍。

格外的努力和高度的风险并没有解决劳动者的公民身份问题。工资—收入关系没有发生破裂,开辟了通往自主工作、自定权威的工业时代的道路。劳动者获得的大多数权利一件一件地得自于不情愿的司法系统。用标准的19世纪的民主语言来说,白人劳动者仍然被看作比他们的同胞更具有依附性:弗雷德里克·格里姆凯把这些人称作"下等"阶层,把他们的雇主称作"上等"阶层。工人们如何利用公共场合——罢工、抗议、接受教育——受到特别的限制,这些限制一直是19世纪民主政治中二等公民的一个标志。许多公众领袖坚持认为穷人负有为社会劳动的义务,表明了一种相同的看法。从劳动者的视角来看,内战征兵就属于这种经过粗劣伪装的古老敌人,当它把工人赶入军队时,其作用就像旧时的征兵队一样。在1871年大火之后,芝加哥的商人们希望拒绝救济那些没有参加芝加哥重建的人。这个世纪后期的流浪罪法律认为游手好闲者是犯法的——这种法律是针对穷人的。

工资劳动似乎只是一种临时工作,是通往自我经营的一个小站这个阶段,从这种程度上说,这些伤残的分量不算重。但是几年过去后,劳动力大军中有很大比例的人是在为工资而工作,反过来,他们中大多数是靠挣工资为生的人。如果工资劳动者的地位不能上升。至少他们能移居别处。把身体的移动等同于工资劳动者的自由是一种常见的陈词滥调:离开糟糕的工作,寻找较好的工作。无论如何,通过不断奔忙以保持与歧视只差一步之遥的距离不能解决任何问题。

使工资劳动者的民主地位发生改变的就是去改变身份,然后通过地方政治团体重新进入到公共事务当中。这种地方政治团体确认其成员的独立自主性:现在不再是工资劳动者而是爱尔兰民主分子、或衣阿华农业保护者协会会员或内战退伍军人。通过隐藏他们自己作为工资劳动者的身份,他们的公民身份也就失去了它的不确定性。当然,有时候这些政治团体仅仅是门前挂着新标志的工会而已。然而,工资劳动者时常以工作中立条款来重新塑造他们自己的形象,在兄弟会关系网络为白人提供的多重身份中进行转换,并获得社会平等。换句话说,在工作领域中无法解决的民主问题,在政治领域找到了它的最合适的答案:改变民主的方法也就改变了民主的目标。

白人拒绝认同非洲裔美国人就属于这种无形的歧视。他们没有第二种社会身份。在1860年以前,黑色和奴隶身份限定了他们的位置,而白人毫无困难地认识到它是民主对立物。民主分子涌入公共空间;非洲裔美国人躲开了搜索奴隶的巡逻队并挤满了奴隶拍卖场。如果说自主工作是民主的特征,奴隶身份就被认为是它的对立面。在拥有自己的身体并自愿承担风险作为民主劳动的必然结果的地方,鞭打被当作是他们惩罚奴隶的方式。在达纳的《水手的两年》一书中,手里挥舞着鞭子的船长向他的白人船员咆哮着说,他要把他们变成"黑人奴隶"。这些都表明美国黑人地位的低下。甚至19世纪早期一直存在的、使北方黑人陷于非自愿奴役的制度,也在北方各州颁布逐步解放奴隶法律的冲击下陷于困境。随着自由的增加,他们也正处于摆脱奴隶身份的边缘。

奴隶制也是后启蒙运动中基本人权价值观的对立面,当民主在美国取得胜利时,基本人权观念已经被西欧中产阶级普遍接受。因此,南方的奴隶主面临着双重排斥的威胁。欧洲人指责他们无比野蛮,北方白人指责他们是仅有的少数拥有特权、违反民主的准则并以他人劳动为生的贵族,作为回答,南方白人的领导人转向内部去动员他们自己的力量。正如历史学家德鲁·福斯特所写的,"拥护奴隶制度之争(这种争论在1830年后发展起来)的意义……在于南北战争前南方社会本身"。[11] 围绕着那些可能反对奴隶制度的讨论,南方白人建立一道沉默的屏障,他们缩小了自己的公共事务范围并试图在全国也这样做。

尽管奴隶制与民主政治是矛盾的,但两者并非必然要发生冲突。当美国民主政治来临的时候,南方的奴隶制度变得更加坚固。扩张性的白人民主政治为黑人奴隶制的发展带来新的刺激。杰克逊派一方面捍卫民主,另一方面联合起来压制全国性的关于奴隶制的争论。甚至像对奴隶制感到厌恶的波士顿的乔治·班克罗夫特和纽约的威廉·莱格特这样重要的民主喉舌,也没有极力反对奴隶制。事实上,它的最显著的敌人集中在新英格兰地区,在那里,民主发展缺乏活力而反对奴隶制的要求最强烈——那种身戴枷锁的男人和悲痛欲绝的母亲们以及被追逐的逃亡者的场面——主要冲击着福音派基督教徒和启蒙运动者的感情,而不是民主人士的感情。奴隶制和民主制共处在一起数十年,北方与这种制度的复杂关系随处可见。一位观察家挖苦说,如果南方白人鞭打他们的奴隶,北方白人就卖给他们鞭子。此外,当民主在奴隶当中呈现出与众不同的特点时,提高社会主权的权力,重新解释手工劳动的地位以及对公共议事日程、白人之间的兄弟关系和人民的秘密集会进行限制等,也在南部达到顶峰。毕竟,正是在南部各州,1860—1861年退出联邦的集会提供了世界上最接近于对战争进行全民公决的例子。

只要奴隶制存在,它就会把所有非洲裔美国人包括内战前夕人数达50万之众的自由黑人在内,用一道墙围起来。他们的自由是由它与黑人奴隶制的距离来衡量的,而不是由与白人自由的接近程度来衡量的。南部州拒绝把白人所享有的大多数公民权利赋予自由黑人,而对他们施加许多与惩罚奴隶相同的法律惩罚。在南部和北部的一些州,自由黑人不可能成为合法的居民。没有一个北方州使自由黑人能够利用法律来保护自己免受白人暴行的伤害;除了他们的自我保护以外,仅仅在少数几个州,他们会受到一些保护,不会因被绑架而再次沦为奴隶。换句话说,非洲裔美国人的公民定义是从奴隶身份开始的。

尽管美国的民主政治肯定不会制造出白人种族主义——白人种族主义也不会产生出美国民主——但这两者却以变化无常的方式混合在一起。这种混合的一部分给社会成员身份的含义带来出一种新的感情内涵。在18世纪的等级制度中,只能在社会底层或接近于社会底层一个接一个寻找职位的自由黑人,看起来很少是对白人的一个普遍威胁。那时,最大危险是暴动。18世纪90年代,发生在圣多明戈的、摧毁了整个社会基本架构的奴隶起义就是这种暴动的缩影。然而,在19世纪早期的地方团体民主政治中,个体的黑人男子构成了一种直接的威胁,白人通过令人害怕的词——种族融合来表达对这种威胁的担忧。

在理论上,人们进入民主的兄弟关系状态的所有障碍物都倒塌了。在那里,奴隶与自由的区别就像白人与黑人的区别一样明显。这种融合使人产生一种即将堕落的印象。那种对于革命的一代人来说是不可思议的想法,即警告白人父亲们不要把他们的女儿嫁给黑人的种族主义陈腐思想,就是直接从这种民主土壤中产生的。根据同样的逻辑,在这个国家,没有什么能够阻止一个合格的公民担任公职。像在纽约市和西北地区老州这些具有极高的流动性和社会变化的地区,形形色色的人民通过并以地方政治团体为中心进行大规模的流动。种族主义者的漫画通过把那些参与指责绝望的白人男子并调戏易受伤害的白人妇女的黑人描绘成猿猴模样,把这些种族融合的荒诞不经描写得淋漓尽致。

这种强力混合的第二个作用就是使种族主义与国家建设融为一体。就像民主是美国的未来特色一样,民主的纯洁性也是如此。如果国家本身是白人的,那么,黑人不仅仅要被边缘化,而且还要被完全淘汰出真正的美国。在19世纪的语言中,黑人被排除在外是理所当然的。或许,他们的奴隶身份也是理所当然的。

在内战之前,这些精神负担使自由黑人在所有三个对民主参与至关重要的领域都丧失了希望:公民权,围绕公民权的行使而组织起来的能力,以及将他们的决定付诸实施的社会空间。在白人兄弟会民主获得胜利的时候,自由黑人逐渐失去了投票权:马里兰州在1834年,北卡罗来纳州在1835年,宾夕法尼亚州在1838年。新的西部州从一开始就拒绝给予非洲裔美国人以投票权。到内战爆发的时候,只有极少数自由黑人在五个新英格兰州这些一度不情愿的民主政体中有投票权。此外,在19世纪30年代初,一股制定限制性法律的浪潮在南部各州蔓延开来。这些法律禁止自由黑人的团体活动和公共集会。在北部,白人通过针对黑人的暴力行为产生了相同的结果。不加夸张地说,在30年代早期和中期,数百起北方黑人被殴打或杀死的事件使其余的自由黑人受到恐吓,并把他们从公共生活中驱逐出去。作为非洲裔美国人组织中心的教堂经常是最容易被攻击的目标。奥兰多·帕特森总结说,历史上没有一个社会比美国更不公正地对待受奴役人口中的那部分自由的人。

换句话说,几乎所有的北方黑人被赶入了颠倒了的民主政治的虚幻境界:在那里,种族主义替代了平等主义、激烈的竞争和无声的参与。尽管他们仍然在一起聚会,但他们的公共活动空间只限于密室之内,大街是属于白人的。在努力走出此种境界的过程中,非洲裔美国人被一种间接的策略所吸引,那就是要那些不必倾听他们意见的白人去倾听他们的意见,让那些不代表他们利益的官员去代表他们的利益。在这种背景下,要求得到某些东西的古老办法就是请愿,而且自由黑人一直在坚持不懈地使用这一办法。

在这种情况下,黑人如何才能赋予请愿以足够的尖锐性以弥补请愿中那种例行的依赖性语言:我们恳切地祈求,我们最诚恳地提出? 在1858年的一次向俄亥俄州政府的请愿中,非洲裔美国人的代表会议宁愿拒绝承认这样的州是民主的:"这个州对它的部分居民征税而不允许他们拥有自己的代表,把他们排除在礼仪性和职责性的公职之外,拒绝由陪审团对他们进行公正的审判,拒绝给予他们的青少年以平等的教育机会,通过不让他们参加州国民警卫队来贬损他们的爱国精神,在她的城市中允许对他们进行捕猎和迫害,允许把他们关入她的监狱,并从那里被抓去做没有希望的奴隶,"也不愿意客气地请求把"白人"这样的字眼从俄亥俄州宪法中删除。这些请愿活动中充满了紧张。请愿者的态度是谦恭有礼的,而不是卑躬屈膝的:"因此我们认为对我们这一方来说,采用过分谦逊的语调既没有必要,也不符合我们的性格。"在说理中避免使用那种奴颜婢膝的语言:"长官大人——我的理由——我不会因为给你写了这封信而说很抱歉。"[12]

然而在请愿代表着"从公民权的权利向奴隶的奴颜婢膝倒退"的文化中,他们的行动是一种自我拆台的活动。[13]按照定义本身的意义,民主政治的成员在政府执政过程中拥有直接的发言权和不受阻碍地接触政府官员的权利。白人拒绝给予非洲裔美国人这些特权,迫使他们使用传统的做法,正是这种做法的实行,再次确认了他们的被排斥状态。对于掌握着权力的白人民主主义分子来说,就是这种请愿活动正式确认了请愿者的地位低下。由于请愿可能扭曲和走形,自由黑人仍然停留在卑躬屈膝的状态。当他们以平等的身份讲话时,他们仍然总是被说成是"傲慢无礼"。

然而,他们几乎没有多少选择。非洲裔美国人的愤怒偶尔也会公开爆发。对"这块自由的共和之邦"嗤之以鼻的神秘而又标新立异的戴维·沃尔克在1829年的呼吁就是一个特别令人震惊的例子。另外,自由的黑人只能在朋友中间发泄他们的愤怒。就像罗伯特·珀维斯在一群废奴主义同伴中所做的那样,他谴责美国"卑劣、可鄙的"制度,它的"斑驳、堕落的民主,在大声谈论平等权利的同时却将占全国人口六分之一的人踩在脚下。"他们劝告广大听众,利用白人的感情来引起人们对黑人苦难的注意。沃尔克寻求唤起基督徒的良知。其他的非洲裔美国人试图把美国独立日的自由主题转变成为他们的奋斗目标。一位编辑宣布,当白人庆祝美国独立日的时候,对于黑人来说,这一天是"一年之中最凄凉的一天"。弗雷德里克·道格拉斯1852年在罗切斯特的一次混合集会上问白人,"对于美国的奴隶们来说,你们的7月4日是他们的什么呢?""这个7月4日是你们的,不是我的。你可以尽情欢乐,但我却应该感到悲哀。"尽管一些自由黑人宣布8月10日——英国解放奴隶的日子——为他们的独立日,但通常的抗议活动就是利用美国独立日的传统。比如说,通过选择7月5日为持不同意见日,纽黑文教会的黑人信徒们实际上最接近于白人的美国传统并为他们自己争取空间:"独立宣言宣布,人人生而自由且平等,难道它没有为我们也宣告这种自由和平等吗?"14

在一系列比白人历史上任何事件都更为意味深长的连续冲击中,奴隶制的垮台使所有非洲裔美国人的生活发生了革命性的变化。南北战争通过消除黑人奴隶制这一恶魔,重新确定了自由黑人的含义。宪法第十三条修正案使自主工作成为所有人的准则,第十四条修正案答应将公共权利给予所有男性居民。换句话说,通过这些修正案,一个非洲裔美国人不再是白人反奴隶制语言中所称的孩子/奴隶,而变成了一个成年人/公民。在战后的十年中,黑人种族特有的那些曾经使自由黑人几乎等同于奴隶的法律限制在北部各州逐渐消失了。甚至在下南部,各州政府重新确定了自由人民的基本权利,在后奴隶制时代的环境中,黑人与白人拥有同样的权利。尽管社会状况还不确定,在新时代——国家再生的感觉迅速传遍整个美国的19世纪60年代,还是出现了一些重要的机遇。充满激情的美国人相信,伟大的变革体现在迅速的、戏剧性的转变之中。民主本身能够经历这样的一个转变吗?

在南北战争之前黑人输掉了的那些至关重要的民主政治领域——投票,使用公共空间,组成团体——有了一些值得乐观的理由。不久被写进美国宪法的选举权法,提供了一幅激动人心的景象:那些不久前还是奴隶的人,现在投票决定官员们的上或下。按照民主政治的基本法则,男性非洲裔美国人大批进入公共生活中。他们像所期望的19世纪公民那样来回走动、进行谈论和投票。尤其是在那些早已具备了在分散的组织团体之间进行快速有效交流才能的人当中,文盲不是政治参与的障碍。组织起来意味着黑人政治团体的激增,通过隔离但平等的兄弟关系,自由的人能够为了他们自己的利益而行动。很显然,非洲裔美国人的领导人在南部重建中经历了那种相同的从政治到其他职业,再回到政治职业的可互换性转变。这种可互换性转变表现出自民主政治开始阶段以来白人兄弟会成员的特点。这些地方团体模式既不是白人种族主义的结束,也不是对黑人平等权的普遍承诺。白人也许看不起黑人,甚至认为他们是危险的,但仍然接受他们在构成美国人民的、松散的团体组合中的存在。19世纪民主政治的附加性质,仅仅招致了这样一个结果。

对这些前景造成破坏的是白人种族主义给南部全体黑人带来的特殊含义。当然,与北部各州寥寥几个黑人相比,在南部的部分地区,数百万获得自由的人民密集地聚集在一起,特别是在东部的南卡罗来纳和跨越下南部的所谓黑色地带,聚集了大量黑人。然而,关键的问题是观念而不是数字。只有美国黑人不能得到第二种身份。不像白人移民,他们能够像变色龙一样在众多地方团体中来回变换身份,使得他们把展现给其他美国人的脸弄得模糊不清。而在白人看来,无论黑人可以形成什么类型的教堂、兄弟会或行业联盟协会,黑人还是黑人。聚集在南部一些地区的非洲裔美国人最初是由于白人经济的需要使他们呆在这里,而他们自己贫穷的经济状况使他们仍然留在那里,他们——现在和永远的黑人——看起来就像是国中之国。

如果说白人使黑色显得更为鲜明,那么黑人也使白色显得更为鲜明。用与黑人奴隶制的距离来衡量一个社会的自由程度,白人歪曲了他们的自由。由于其身份与奴隶制之间无法分开的联系,非洲裔美国人值得同情,但他们不能成为真正的民主政治参与者。此外,就像从托马斯·杰斐逊到霍勒斯·格里利这些解释者所解释的,奴隶制的重要定义不在于奴隶们自己的命运,而在于它对白人的品格及白人社会的决定性影响。因此,如果回想起进行内战为的是奴隶制,许多白人仍然会把它理解为白人的一种经验——先是获得胜利和被打败的白人,最终白人同胞又重新联合起来。战后,一场主张种族间通婚的法律浪潮甚至在这些大多数倾向于扩大黑人公民权的北方州蔓延开来。

就像这些法律使人想到的,非洲裔美国人成为白人最危险的杂乱情绪的存放处:被当作他们情感的对象,也被当作他们情感的主题。出于幻想,白人把他们自己的行动当成是黑人的目的。当白人想像到解放奴隶所带来了各种强奸、抢劫、谋杀和不法行为的恐怖时,他们用白人自己的前科记录来想像假定的黑人对白人的报复:强奸、抢劫、谋杀和不法行为在奴隶制时代经常发生。[15]正是这种设想和否定的模式产生出黑人对白人称王称霸和黑人对白人妇女进行性攻击的假想,而实际上却是白人对黑人称王称霸并对黑人妇女进行性侵犯。至少在内战前的一个世纪里,南方的白人领导人就警告说,解放奴隶将会引发种族战争。毫无疑问,奴隶制本身就是真正的种族战争。在被白种人看来是和平的年代,非洲裔美国人则认为是"一场针对我们的长达两个多世纪的战争"。[16]只有在1861年以后,当白种人对白种人开战后,黑人才看到和平的前景。

就是在这种背景下,南部的白种人试图把非洲裔美国人从公共生活中赶出去。白人的治安维持会会员开始再一次攻击黑人领导人和他们的组织总部;黑人集体行动的风险再次急剧上升。这些都是先发制人的行动,暴力行为的支持者们提出:现在就动手打,否则就要被黑人踩在脚下。政治团体之间标准的隔离但平等的民主逻辑与种族反对种族所传达的可怕信息是完全不相称的。并非所有的南部白人都同意这些观点;也不是所有的被解放的人都失去了他们的民主权利。然而,无论威胁在什么地方出现,根深蒂固的虚构的依附性关系威胁着要把非洲裔美国人再一次置于这种依附关系之下。

南部黑人不得不越来越多地依靠他们自己的力量。到19世纪70年代初,要引起巨大的全国性的反应则有赖于暴力行为达到三K党暴乱的水平。到这个十年结束时,各地几乎没有已当选的官员仍然声称代表着黑人选民的利益。甚至在南部重建的高潮期,北方的共和党人就倾向于把非洲裔美国人看作是没有经验的地方政治团体的成员,非常需要监护,因此,他们不是真正成年的民主公民。现在,获得自由的人民倒退成了地位更低的请愿者。正是他们的这种恳求表明了他们的地位低下。1890年,一群由波士顿的上层人物亨利·卡伯特·洛奇领导的共和党人进行了这个世纪最后的立法努力,以保卫南部黑人的民主权利。这一法案被它的反对者们称为"暴力法案",他们的努力仅仅在引起公众对非洲裔美国人在南部公共生活中被边缘化的注意方面是成功的。

贯穿在争取集体自治斗争中的民主政治的第二条线——个人自主仍旧是一个有吸引力的选择。甚至在奴隶制时代,南部和北部的黑人中只有少量的黑人设法突破围在他们周围的种种限制,并努力取得经济的成功。实际上,19世纪新的劳动原则为反对奴隶制提供了与来自基督教道德准则和人道主义准则的理由具有同样说服力的民主的理由。不管别的方面怎么样,黑人奴隶肯定一直在劳动,无论其推理中包含了多少具有讽刺意义的循环论证,不断的劳动确实为奴隶的自由提供了强大的理由。林肯的观点就是这样的典型。尽管同样具有白人兄弟会对黑人的那种群体性的厌恶,但他仍然觉得拒绝把奴隶劳动的产品给予奴隶是极不公平的。如果南北战争之前的口号自由之邦仅仅是对白人的许诺,那么与之相伴的自由劳动所依据的价值观念既涉及黑人也涉及白人。

毫不奇怪,接着许多美国人把使自主劳动权普遍化的第十三条宪法修正案看作是一场完全成熟的、自动得到全国批准的公民权利革命。无可否认,非洲裔美国人极力颂扬这种权利。反对群体式劳动,只要可能无论在哪里也无论什么规模的农场和商店,他们都会努力经营,珍爱这种经营农场和商店自由的黑人家庭几乎牺牲了其他任何东西以保护他们在工作上的独立自主。不过,在19世纪的民主政治中,集体自治和个人自主紧密地融合在一起。在一个领域的失败,希望用另一个领域的胜利来补偿那简直是不可能的。对于每一个期望成功的白人已经是必不可少的信誉,成为商人和地主通过这种手段用来控制黑人工人的手段。黑人在公共事务中的声音变得越微弱,法律系统对这些工人的压制就越严厉。只要黑人和他们的白人支持者仍然是南部政治中竞争者,举个例子说,收获物抵押制就会保证非洲裔美国人获得他们所种植谷物中合理的一份;但是这种政治权力一旦下降,那么以收益分成的佃农受到的保护也就随之减少。

在废除奴隶制后的第一代人中,非洲裔美国人取得了惊人的进步:公民权扩大,选择的机会增加,教育、技术和财产的积累以十分稳定的速度增长。进入19世纪90年代后,南部的黑人选民保住了对许多地方和州职位的影响力。但他们在美国民主政治中的突出地位仍然是不稳定的。1896年最高法院对普莱西诉弗格森一案的模棱两可的判决中记录了这一状况。一方面,法院接受了公共设施的使用中白人与黑人隔离但平等的原则,这一原则源于19世纪地方团体民主的根本原则之一,这一准则实际上在南北战争后的南部完全符合一些非洲裔美国人的需要。在那些通常习惯让黑人使用最糟糕的公共设施的地方,例如——火车上的货车车厢——隔离但平等原则象征着对黑人要求得到体面待遇的一种妥协。另一方面,很明显,非洲裔美国人的权力越是衰弱,就越不会成为平等的隔离。

在民主政治的幻境中,他们如何才能避免完全不知所措?弗雷德里克·道格拉斯坚持他关于全面政治平等的承诺从来没有动摇过。为什么?"我们的回答是,由于……个人自由……以及其他所有的权利变成了纯粹的特权,约束了其他人的自由选择权,在这种情况下,我们被排除在普遍的政治自由之外。"在19世纪80和90年代,这对于年轻的领导人布克·T.华盛顿来说似乎极其简单。由于黑人没有选择自由,他决定转而通过南方白人来行动:"他们控制着政府并拥有财富。"[17]通过运用隔离但平等的原则,布克·T.华盛顿用他那著名的比喻来减缓白人对种族融合的恐惧:在经济上合二为一的手上,手指在社会性问题上是彼此分开的。他认识到,民主的个人自主这条线有很大的灵活性。头脑灵活的黑人已经用它来为他们的利益服务了。把政治放到一边,华盛顿设法通过自主工作来使尽可能多的黑人获得权利。通过向世人展示非洲裔美国人的辛勤劳动能够做成什么,他也揭穿了白人最新指控的虚伪性：即懒惰的自由民既没有自主工作的愿望,也没有自主工作的能力,因此,也就不能取得一个成年民主公民的资格。这是一个复杂的战略和一次冒险,通过退后一步——通过证明黑人值得获得自主公民的权利而不是仅仅主张他们同白人一样的权利——非洲裔美国人就能够拥有长期前进的资源。尽管华盛顿十分了解 19 世纪的民主政治,但他仍然陷入了一个古老而常见的陷阱:依附性的民主政治的局外人成为请愿者,而即使对于像华盛顿本人这样的一个工艺技术校长,情愿也会使他们继续成为民主政治的局外人。

一眼就可以看出来,白人妇女和黑人男子在 19 世纪民主政治中的地位似乎是相同的。对黑人男子实行种族隔离,对白人妇女则有活动范围的限制,这两个民主的陷阱都伪装成天命。将黑人从公共空间中赶出去的白人暴力,也使白人妇女处于走投无路的境地。就是说,使她们要么依赖于男人的怜悯,要么依赖于男人的保护。白人妇女和黑人男子都未能在白人控制的政治领域中找到使他们的民主权利成为经久不衰的重要问题的办法,因此,两者都陷入了请求得到白人男子恩惠的模式之中。

然而就像他们与白人男子的关系根本不同一样,在这些相似性的下面存在着根本性的差别。自由黑人和白人男子在公共场合相互接触,而在每一种情况下他们的不利地位都是从此开始的。非洲裔美国人最迫切的民主要求,作为一个群体被接受,而白人妇女的民主要求则是作为个体被接受。在公共生活中处于从属地位的男人,充分利用各种机会来追求个人自主。在私人生活中处于从属地位的妇女则公开寻求民主的出路。在这一过程中,有抱负的黑人男子充分利用他们的家庭资源来追求个人自主——尽管很少公开承认——而有抱负的白人妇女却在尽最大努力使他们自己脱离家庭生活——尽管经常议论它。自主工作——经常是一个黑人最有希望的前景则完全挡住了白人妇女的道路。尽管凯瑟琳·比彻与其他人一起试图赋予料理家务同自主工作一样的法律地位,而靠工资为生的妇女有时也以她们的独立宣言使雇主感到愤慨,但是 19 世纪几乎没有白人妇女能够逃脱那种依附关系的耻辱。毫不奇怪,尽管白人妇女废奴主义者做出了贡献,但是,当这两种事业相遇时却没有有效的联合。同样毫不奇怪的是,非洲裔美国妇女承受了双重的风险:一种不利条件是种族上的,另一种是性别上的不利条件。

在19世纪初期,家庭就是妇女生活的全部,男人对于妇女的劳动、财产、工资拥有古老的历史权利。在家庭内部一直处于经济边缘地位的妇女,比在家庭之外避免使家庭陷于极度贫困的男人,经历了多得多的困苦。如果说在这个世纪晚期的城市工业环境中,雇佣劳动有一种促进家庭分化的趋势,那么在商业化的农村地区寻求商机则有使家庭黏合更加牢固的趋势。在19世纪早期的各种经济环境中——商业和农业环境——在白人的生活格局中被看作是个人的东西只有通过直系亲属和亲戚关系网才能取得成功。一个白人男子对其虚幻的供养者——我的妻子、我的奴隶们——使用所有格,表明这个人的独立自主是何等完全地把其他人的依附性包括在内的。

占有权在白人男子的日常语言中被显示出来。"自由性爱主义",一句男人们用来咒骂各种改革的令人憎恶的秽语,不仅将妇女的性满足与混乱和淫荡联系在一起;它还用反喻来形容妇女的自由和她们的性行为,把爱情等同于性行为而不是感情或相互支持,甚至暗示通过交易和出售是更好的解决办法。礼貌用语"女士和儿童优先"同样显示出它所伴随的依附性,她们通常的地位低于真正的成年人,当她们被告知先行时的这种举止,可能还是一种提醒:"受到优先一定是最低级的"。男人拥有对妇女使用暴力的自由,最有力地表明了妇女的地位低下。甚至南北战争前的反对肉体惩罚运动也为殴打妻子寻找借口。直到19世纪后期为止,除了宾夕法尼亚州以外,一个妇女要求摆脱一个难以忍受的婚姻的普通请求,仍然是一个人对由男人组成的立法机关的离婚请求。像作家、废除主义者、以干脆的诺言"重新开始比赛"而使她面临着家庭破裂的莉迪亚·玛利亚·蔡尔德那样坚定的竞争参与者,也知道如何用"我好可怜呀,你太厉害了"这样的幼儿语言来使笨手笨脚的丈夫高兴。[18]在那里,没有别的办法,妇女们热情地投身于禁酒运动,完全是在勇敢地面对一个生死攸关的问题。

随着民主制度的到来,出现了一种十分明确的社交范围学说,这种理论把妇女的生活圈子限制在家庭和私人范围内。从某种意义上说,19 世纪的这些说法,提高了那些几个世纪以来一直属于妇女职责的工作尤其是照看儿童工作的社会价值。然而,随着美国人社会活动范围的扩大以及这些活动与白人男子的身份之间关系的巩固,民主的兄弟会组织围着他们自己的活动范围划出防护线,并试图明确地把它与妇女的活动范围分离开。也就是说,白人男子的民主以其独特的方式强调了私人生活的分离。

一个接着一个的欧洲人在美国对这些活动范围问题上的夸大其词进行了批评。访问者们认为,美国妇女在管理家务方面拥有很大的权力,但在家庭之外较少被认可。那些在自己的国家其阶级地位可以使她们参加公共事务讨论的欧洲妇女,对于她们在美国被排斥在外深感愤怒:哈里特·马蒂诺抱怨说,在这里,妇女就像是生活在一个充满琐事的温室里。美国的男人是极为殷勤礼貌的,温文尔雅的查尔斯·莱尔报告说:"在美国,妇女单独旅行遇到令人不愉快的举止或听到猥亵、讨厌的话的风险比我访问过的任何国家都低。"[19]当然,礼貌是克制性的虚礼。而平等主义民主政治的关键性差别就在于里与外之分。男人们煞费苦心的礼貌举止常常提醒妇女们,她们是外面的。恰当地说,白人男子之间使用的社交虚礼越少,白人男女之间关系中的社交细节就越多。通常的论点认为,妇女太温柔了无法适应公共生活的艰难与混乱:她们需要男人的帮助来使她们免受这种严酷与艰辛。当像马蒂诺和弗朗西斯·特罗洛普这样具有不同界线意识的妇女闯入被地方政治团体成员们认为是他们的空间时,男人们就用烟草唾液溅污她们的裙子。对于白人妇女和黑人是一样的,要了解一个人在白人男人世界中的位置是要付出代价的。

那种被一些白人男子看作是一条清晰的、不可逾越的分界线,其他人并没有协同努力去维护它,大胆的白人妇女团体则跨过了这条界线,模糊了社会与私人、男人与女人之间的那些分界线。首先,在 19 世纪第一个十年为白人男子的民主政治扫清道路的传统的权力平衡同样也授予妇女以权力,尤其是在传统习惯已经赋予了她们稳固的权力基础的那些方面更是如此。如果男人继续控制民主政治和经济机会,那么,妇女就得经常对其子女的养育和健康负责。从这一点上讲,对于妇女来说,分享关于个人拥有他们自己的身体并以他们自己选择的方式处置自己的身体这一新观念,尽管复杂但却是捷径。民主政治提高了妇女们对了解她们自己的生理机能并控制生育的渴望。在妇女们的传统信仰中,生育仍然是个"死亡地带"这一事实,使这些走向自主的行动越发重要。当新的美好未来发出召唤的时候,白人妇女的识字率——民主理想的一个重要指标——很快上升,至少在城市里足以赶得上白人男子的识字率。

此外,白人中产阶级的女孩子现在也被培养成为民主分子。众多的游客表示,对美国的女孩与男孩同样具有坚定与自信的品格感到意外吃惊。一位苏格兰人注意到:"按我们对词汇的理解,在美国只有小男人和小女人,而没有小孩子"。[20]一位英国人惊讶地描述了一个少女唱诗班的女孩子们是如何通过多数票来决定她们的事务的。尽管,把未婚妇女开朗、沉着的品格与已婚妇女受到的限制进行对比同样是陈腐无聊的,但是在早年得到的经验是永远抹不掉的。

在19世纪30年代,当仍然在建设着他们的民主政治制度的白人男子将黑人从公共生活中驱逐出去的时候,白人妇女开始探索进入这种民主制度的可能性。起初是在从新英格兰通过纽约横跨旧西北各州的这一地区兴起,后来普遍出现在北部的城镇,到19世纪后期已经遍及整个国家的白人妇女团体,通过动员来支持她们自己选择的问题而改变了讨论公共问题的议事日程。尽管当劳动妇女组织她们自己的罢工斗争时,也曾有些机会,但主导这一长达世纪之久的妇女运动进程的是中产阶级妇女。妇女的活动范围在空间意义上被概念化——在室内——小于活动意义上的范围:养育孩子、管理家务等等。这种理解为中产阶级妇女进入公共生活开辟了道路。在家庭、道德和慈善等家庭事务的名义下,她们抨击卖淫和奴隶制,提倡促进教育和改善公共卫生,照管病人和老人,尤其是组织起来支持戒酒运动。无论是在感情上还是在价值观上,基督教新教教义是她们的一个近乎共同的标准。白人妇女一般在室内从事她们的公共生活:会客厅、出版社、教堂的附属机构。然而,在1873—1874年的冬天,当数千名妇女涌上俄亥俄州的大街重新发起戒酒运动的时候,她们对户外活动提出新的权利要求,她们的继任者从来没有放弃这一要求。

从一开始,白人妇女就参与了对民主公共生活的方式与内容的塑造。她们的存在促使公共讨论更高雅、得体。在一种微妙的曲解中,她们把一些男人们用于控制自身行为的客气与礼貌转变成控制男人行为的一种手段。到19世纪70年代的时候,即使当妇女们变得更加具有耐性的时候,她们仍竭尽全力以求避免暴力。只是由于她们的坚持,才把一系列涉及健康和道德的问题置于公众眼前。当一些男人把基督教新教政治运动当作完全是私人事务而退出这些活动时,妇女们填补了其留下的空间,吸收了一些其他的男人加入到她们中来,并使这一运行得到复兴:一位历史学家称这一过程为基督教新教运动的女性化过程。在20世纪早期被标上社会管家标签的那些运动,几十年之前就已经成为妇女们的一项既定的战略行动。为了促进她们的事业,她们很早就学会了组成社团,这种组织赋予她们一种不受性别妨碍的合法地位。在这个世纪末,她们越来越依赖于她们自己的社团组织:如全国妇女争取选举权联盟和妇女基督教戒酒联合会这样的基础牢固的独立组织。

在其普遍性与特殊性相结合的过程中,19世纪的民主政治为众多性质不同的团体明确规定了平等的公权。而由伊丽莎白·卡迪·斯坦顿领导的有抱负的妇女,明确希望她们的社团也能获得这种权利。在1848年西方第一届有组织妇女解放运动的开幕式上,她在塞内卡福尔斯响亮地宣布:所有的男人和女人都是生而平等的。与此同时,她,同她身边的白人男子一样,不希望每一个人都融入一个共同的公民统一体。妇女就是妇女,在某种程度上应该组成一个与现存的兄弟会相似的妇女联谊会。即使有些运动跨越了性别分界线,但许多人却不会如此。像白人的兄弟会一样,妇女联谊会也应该有众多自己的分支组织。爱尔兰劳动妇女应同其他爱尔兰劳动妇女联合起来,而不是同斯坦顿联合起来。不管怎样,在作出决定的关键时刻,所有的这些组织,无论是下层社会的和中产阶级的、男人的和女人的,在创建一个无所不包的、一个真正民主的人民的过程中应该具有平等的权利。

没有妇女的选举权,这种幻想就没有任何意义。当斯坦顿在1848年首先宣布选举权这一权利要求的时候,这还是一个大胆的要求,它在内战中是作为一种当然的权利出现的,与悬而未决的黑人选举权和公民身份的普遍化一起成为一种合理的期望。投票权是民主政治的护身符。它带来了自尊:投票使公民身份得到确认,它预示着权力:报纸,政客们,甚至丈夫们都会密切关注有投票资格的妇女。苏珊·B.安东尼宣布:"没有选举权的阶层永远不会与有选举权的阶层拥有同等的机会,"这句话使弗雷德里克·道格拉斯代表自由民利益所表达的那些相同的观点更为简洁。[21]

对于那些感到自己是平等的妇女来说,她们已经拥有这一权利。伊丽莎白·琼斯在1852年宣布:"一个共和国中的每一个公民(而一名妇女就是一名公民)都拥有天赋的投票权。这一天赋权利不是人类的法律所能够取消的。"[22]但是在所谓的1870年的新起点,当安东尼·弗吉尼亚·迈纳和其他几个人遵照19世纪"只做莫问"的民主格言,直接带着这些情绪来投票的时候,她们失败了两次,一次在投票站,另一次在最高法院审理迈纳诉哈珀塞特一案之前(1874)。因此,她们仍然是不得不请求给予她们权利的民主政治的局外人。请求意味着请愿,而请愿则再一次确认了她们的身份是局外人。

事实上,请愿给妇女带来双重危险。她们不仅重新展示了妇女社会地位的低下,而且,还公开重申了她们个人地位的低下。妇女们在家庭中学会了依从的习惯,进入公共生活为她们提供了通过一种自建的集体自主来超越这些限制的机会,实质上,请愿使妇女继续呆在家里。妇女们很容易把约翰·昆西·亚当斯为妇女们请愿辩护的家庭文本当作"一种祈祷——一种向上天万能的神所做的哀求"。[23]接下来,就是常见的在接受低下地位时局促不安的故事。一些请愿则不如其他的请愿谦逊。1853年斯坦顿在对纽约州议会尖锐的批评中写到:"作为我们的侠义骑士,……我们只想问,在你们的休闲时候,你们会充分地考虑这个正在使你们的法规汇编蒙羞的不公正的法律吗?"²⁴也许最不丧失体面的方式就是通过行动或作证而进行的请愿活动——比如,支持戒酒运动的妇女们在她们的19世纪末期的反对者面前举行对抗性祈祷集会的权利。不过,即使充分自信的鞠躬也不是一种民主的姿态。

这场被比喻为回家之旅的运动提醒某些改革者,她们的斗争最终将在那里赢得胜利。斯坦顿称之为一场追求自主权的战略运动:扩大妇女们的家庭财产权并增加她们的就业机会,重新协商婚姻协议并放宽离婚的法律限制,取消对社会行为的特殊限制并使独立自主的生活安排合法化。这一战略要把所有妇女们在公共生活中聚集起来的集体力量用于缓解她们个人在私人生活中的不利地位。在19世纪的前半期,在她们的推动下,已婚妇女的问题成为社会讨论的话题;在后半世纪,已婚妇女财产权的一些法律版本在大多数州获得通过,赋予妇女支配工资的法律也在一些州获得通过。这些绝不是微不足道的成就:一个在法律上可以识别的妇女的出现,就标志着一个巨大的进步。

但是,这些改革者进入了一个缩小了的圈子中,局限性影响着局限性。在宪法第十四条修正案(1868)的选举权条款中插入"男性"一词,可能对它的通过是必要的,但却对妇女的选举权有着令人沮丧的后果。在这个世纪的大部分时间里,妇女的选举权只取得几次小的胜利。没有投票权,就没有平等。妇女可以使用她们在公共生活中获得的权力来纠正私人生活中的不利条件的前景,导致白人男子重复在种族关系中业已习以为常的模式,用他们自己的行为来揣度白人妇女的意图:她们高呼,给予妇女以公民权,而她们将使男人成为她们家庭中做苦工的人。男人们则正在想方设法固守自己的地位。在这个世纪的末期,由于工资劳动放松了对更多妇女家庭生活的限制,白人男子试图在别的方面限制白人妇女的选择:康斯托克法禁止节育资料知识的传播,新的立法加强了一夫一妻制婚姻的准则,而受性犯罪指控被私刑处死的黑人数量急剧上升。

白人劳工、非洲裔美国人和白人妇女在19世纪民主政治的边缘所施加的连续不断的压力,源于他们对民主政治可扩展性的假定。民主政治中地方政治团体及其普遍性语言的缓慢增加满足了这种期望。扩大民主制度的拥护者一再宣布,他们不要任何新的权利,只要求更多同样的权利。斯坦顿宣布,以独立宣言的一段话作为争取妇女权利背景的灵感是本能地产生的。非洲裔美国人的领袖亚历山大·克拉梅尔高呼,"我们是美国人。"作为同一国家的成员,黑人和白人的生活遵守的是同一个价值准则——用一个黑人编辑的语言来说,"这些价值准则是由杰斐逊起草、阿塔克和沃伦为之流血牺牲的永恒真理"——以及作为一个理所当然的结果,他们应该享受同样的民主。[25]

这些不是乌托邦式的希望,他们关于人民包括所有人的想像,是从他们身边各种可能的情况中合理地推断出来的。白人劳工通过军事性组织成为民主社会生活中正式的参与者;尤其是南部的黑人和西部的一些白人妇女也通过这些方式成为民主生活中正式的参与者。然而,限制与发展一样都是19世纪民主政治的固有本质。在民主政治普遍性的掩盖之下,存在着众多的排他性集团,它们的价值观决定了它们的边界,它们的行为保卫着它们的安全。民主政治的意义来自于这些日常生活中强烈的排外要求与来自于主张包容一切的崇高精神一样多,而结果——绝非是对普救论的颂扬——显示出了这一点。

白人兄弟会限定了自由运动的范围。白人劳工的巨大流动性——从一个地方到另一个地方,从一次机会到另一次机会,从一个团体到另一个团体——能够使他们比非洲裔美国人或白人妇女更成功地被吸收到白人兄弟会的活动中来。这就赋予雇佣工人对雇主的依附与黑人对白人的依附或妻子对丈夫的依附以完全不同的民主含义。白人兄弟会组织通过培养独有的民主记忆:大名鼎鼎的西部开拓者丹尼尔·布恩,众所周知的、出身贫困的亚伯拉罕·林肯,最能说明问题的白人同胞间的内战,更加突出了它的分离性。当首先是白人妇女然后是非洲裔美国人被撇在微不足道的位置时,这一引人注目的美国经验被改变成一种对白人英雄们展示白人男人勇气的公开赞美。19世纪末,北方佬和南方叛乱者在感情上的重新和好,或多或少表明了民主开放的界限。

排外性引起了排外性。当白人兄弟会组织把它自己与外来者分开的时候,外来者也使它们自己互相分离。黑人男子很少有支持妇女的权利、投票权或其他方面的暗示。战后,最有攻击性的妇女投票权的拥护者反过来把她们的白人中产阶级的美德与下层白人和黑人的丑恶进行对照。曾经对南部联盟的妇女"仅仅以种族和阶级地位而得意扬扬"表示鄙视的斯坦顿,在她生命的后期发表的笔记与南部妇女的观点是相同的。[26]当然,白人男子并不仅仅是这些斗争的旁观者。由于拥有较大的权力,社会争论的条件通常是由他们决定的。斯坦顿的循环论证可能是正确的。例如,她宣称白人男子有意决定选择黑人而不选择她们妇女。在这种环境中,被贬损的黑人继续白人男子所倡导的对话:妇女们说,再选择一次。

这些在民主政治边缘进行的长期斗争,也突出表明了19世纪民主政治的集体和个人这两条线是紧密地结合在一起的。每一次试图将它们区别对待,用在另一个方面之强来抵消此一方面之弱的尝试都失败了。完整的公民身份要求牢牢地掌握这两个方面的权利。试图用获得公共权力作为对她们个人依赖地位的补偿的白人妇女,同试图用个人的成就作为对他们在社会生活中不利条件的补偿的非洲裔美国人一样,是不成功的。甚至从边缘最大程度地进入公共生活的白人劳工,在依附关系的不利条件下还得艰难地走向20世纪,作为雇佣劳动力,这是一种政治能够使他们绕过但却不能克服的缺陷。对所有这三个集团来说,这些民主问题到19世纪末已经留下了深深的印记。要使这些根深蒂固的习惯被震得松动起来,给予它们新的定义并找出各种新的可能的解决办法,就需要进行另一场可以比得上这个世纪初期等级制度权力的瓦解和自主工作崛起那样的大规模的崩溃。

第二部分
转　　变
（19世纪90年代—20世纪20年代）

当第二次工业革命的伟大浪潮以其特有的资本集中、工厂生产的制度化、劳动力的跨国流动在19世纪末和20世纪初重新调整了大西洋两岸经济发展方向的时候,它也赋予城市以一种新的中心地位。集聚到城市,增加了中产阶级的拥挤感,而拥挤的感觉反过来又加剧了一种人类的差别感——不同的民族当中不同文化和才智以及包括他们的目无法纪和暴力倾向在内的癖性的差别。在美国,结果却是一种明显自相矛盾的论点:美国白人越是看到他们自己被束缚于一个单一的社会,这个社会就会产生越多的分歧。分散化的19世纪支持他们对人民的信任;但集中化的20世纪则摧毁了这种信任。

美国人通常是从他们的国土广阔开始来解释这些变化的。一位文化多元化主义的信徒在20世纪初宣布,即使面临着"像海浪一样周期性横扫整个国家的强制整合","辽阔的大陆却容许各种不同群体的自主发展和自动成长……在这个大陆的广大地区,民主政治不能不成功,而文化群体的生活方式继续保持着它们的完整性"。[1] 按照特纳的这种逻辑,美国开阔空间的消失就会消除其特殊的灵活性和宽容的根源。但是,一个严谨的美国人的解释却忽略了新的社会分裂和冲突在这些年里是如何广泛扩散到其他地方的。白领雇工的层次使整个欧洲的城市社会结构更趋复杂。在1870年到1920年之间,工人阶级的文化首先在那里出现——甚至也出现在英国,埃里克·霍布斯鲍姆认为,在那里阶级感情爆发得很早,却未能具体化。

在欧洲和美国,这个问题的核心就是在工作意义和权力来源方面发生的一系列相互关联的变革。与习惯上所称的工业化一起到来的等级制度,加剧了各种引起人们反感的差别,尤其是通过区分人们的工作并找出严格控制下属的办法,有时候通过管理体制,有时候超出了管理体制的范围:更多的差异需要估量,更多的规则需要发布和遵守。每个人都是其中一份子,每个人都有一个位置。在这些等级制度中,谁的规则决定谁的前途,表现了伴随着工业化而来的所有变革中最广泛的变革：阶级结构变革。

阶级是将人们的经济条件与社会权力联系起来的一种状态——权力就是在他们生活机遇的范围内并凭他们的资格进行相互影响或相互控制的能力。围绕这些问题进行的长期冲突导致了阶级的产生，阶级反过来又确定了人们生活中的机会与权力准则体系。程度较轻的分歧、不平等和怨恨，包括在罢工和暴乱期间的满腔怨气，也许一点也显示不出阶级关系来。此外，阶级关系中的关键组成部分是十分引人注目的，政府可以扮演一个关键的角色，也可不扮演这一角色。有时候掌握谋生手段和手艺非常重要，有时则非常不重要。有些冲突被集中起来，其他的则被扩散。永不变化的是这些关系的动态性质，也就是在以下两个方面的不断变化，即冲突表现它们自己的方式和那些其境况处在一条可上可下的阶级分界线之上使他们很容易受到突然变革影响的人民忠诚。失去家园的手艺人、佃农、劳工贵族，甚至中产阶级下层都是通常用来识别位于这种动摇不定、阶级交汇地带的那些群体的术语。使阶级区别于等级的正是阶级这一不断变化的特性。等级是一个箱子；阶级是压力。尽管两者在它们末端相互接触的地方是融合在一起的，但它们本质上描述了两种极为不同的状况：一方面是装箱和被装箱的不同，另一方面是推动和被推动的不同。

社会收益分配的主要受益者产生出为他们的好运气进行辩护的阶级思想。除此之外，即使当前的优胜者留给其他人的东西比另一类优胜者留下的多得多，但明显不平等的分配仍然算得上是抢劫了。换句话说，阶级思想解释了不平等的合理性：不仅解释了为什么一些人应该得到最大的一份，也解释了为什么其他人只应得到很少的一份。这些解释也在发生变化。比如，在整个19世纪，资本主义的优胜者强调个人的价值如何决定着收益：人们从制度中获得的就是他们应该得到的。在20世纪，越来越多的解释客观地对待这一过程：制度成功本身就证明与制度伴随而来的不平等是合理的。处于底层的那些人如何看待不平等则很少形成系统的表达。

没有人比卡尔·马克思对这一过程所提出评论更尖锐了，他完全否定了19世纪资产阶级对责任和领导权的要求并揭露了工业化的主要受益者是如何残忍地谋取私利的。按照马克思的说法，邪恶行为的根源是财产而不是道德基础，变成野蛮的伪君子的不是道德楷模，而是财产持有者，这些人不是保护社会免受暴力和骚乱的危害，而是制造暴力和骚乱。马克思提到了资产阶级在危机中的高声尖叫："只有盗贼还能拯救财产；只有无秩序……还能拯救秩序。"2

然而，如果从下向上读，这些简洁的颠倒很少有什么启发性。马克思宣称进步不是来自于有产阶级，而是来自于无产阶级。只有危险的阶级才是安全的，只有通过社会的分裂，才能造成社会的团结。不是和平防止了革命的发生，而是革命为和平指明了方向。这个方案不仅把无权误解为清白，而且错误地估计了革命的趋势。战争有时会引发国内革命，但工业化不会。马克思的部分问题在于想当然地认为机械化通过无情地减少熟练技术工人，使他们越来越贫困。尽管至少从轮子的发明开始的技术变革，从根本上重新确定了技术的优先地位，但是，其逻辑上的必然结果绝非一律都是降低人们身价的。在交通、制造、采矿等方面一个接着一个的机械化带来了复杂的结果，它提高了新技术的地位，而削弱了旧技术的地位，减轻了一些工人的负担而把负担堆积在其他工人身上。当然，许多使用钢铁机器、机器收割机或链锯的人不会为了一个预先存在的技术等级而放弃这些机器。

在美国，与工业化一起出现的是一个由三个阶级组成的冲突性的但非革命性体系：一个阶级控制着国家的制度和政策，一个控制着地方事务，还有一个地位低于前两者的阶级，这个阶级的工作报酬最低，环境最不稳定——用我提出的术语就是，一个全国性阶级，一个地方中产阶级和一个下层阶级。新的等级制度决定着全国性阶级和地方中产阶级内部的关系：反过来，这两个阶级——依靠等级制度去控制下层阶级。这种现代阶级体系保留了显著的美国特色。更重要的是，没有有闲的贵族扎下根来：所有三个阶级都在工作。同样重要的是，在20世纪这个越来越复杂的工作等级制度中，在美国总是备受珍视的技术工人，凭着额外的职责而获得额外的地位——首先，因为保持了重要机器的运转——因此，重新对中产阶级的领导权提出要求。与此同时，不仅惩罚了有色人种而且也惩罚了下层阶级中每一个人的种族特征，就是这样一个典型。20世纪的民主适应了这些差别。

第五章　使下层阶级沉沦

在19世纪的美国,双阶级体系和与之一起兴起的民主政治一样是与众不同的。三个特色使之显得与众不同:缺少一个贵族阶层,普遍接受体力劳动,尤其是白人男子自主工作的广泛基础。即使不是根据逻辑也是根据一致的意见,这两个阶级中最有特权的阶级通常叫做中产阶级,这两个阶级之间至关重要的分界线正好通过欧洲人们所称的工人阶级的那种等级。

因为,独立自主的农民和组成美国中产阶级主体的技术工人本身就是体力劳动者,所以,在几个城市中,除了上等资产阶级集团之外,长满老茧的手和沾满污迹的衣服并不是什么耻辱。甚至在那里,19世纪中期左右过分讲究的人也很少轻视所有的体力劳动,只有苦力劳动除外。在这个世纪后期,特别是在纽约市,一些本地出生的白领工人试图使他们自己远离蓝领工人。但是在新泽西的帕特森附近,从布法罗穿过新泽西,北到佛蒙特兰的拉特兰,西边沿着铁路线这一大片地区,以及在数千个其他的城镇和小城市,技术工人、职员和小商店老板继续生活在一起。他们有着相同的家庭所有制模式和相同的打理他们的后院、修补他们的房屋,并且在他们有能力的情况下雇佣家庭帮手的习惯。

白人男子对于扩展性的商业—农业经济中自主体力劳动的期待使欧洲式的阶级结构更加混乱。举个例子说,卡尔·马克思因认定无法分析美国的阶级结构而放弃了尝试,并使美国变得神秘起来,在那里阶级*

---

*　以下这一段译文转引自马克思:《路易·波拿巴的雾月十八日》,《马克思恩格斯选集》(1996年版),第一卷,第593页。——译者

在不断的运动中不断更新自己的组成部分,并且彼此互换着自己的组成部分;在那里,现代的生产资料不仅不和经常的人口过剩现象同时发生,反而弥补了头脑和人手方面的相对缺乏;最后,在那里,应该占有新世界的物质生产的那种狂热而有活力的运动,没有给予人们时间或机会来结束旧的幽灵世界。[1]

随着民主政治的到来,经济不平等并没有减少;相反,这些经济不平等在19世纪早期增加了,尤其是通过最大规模的财富集中而增加了。然而,社会中间阶层中自主工作的可能性也增加了。这些诱惑很难用价格来衡量。尽管在一个危险的世界里冒着难以得到报偿的风险将一个成年人的劳动生涯投入到清理新的农场可能没有经济意义,但是,南北战争前,成千上万的移民离开阿巴拉契亚山以东更有利可图的农业经济,来到了拥有巨大自主性的西部,去"白白地工作"。吸引这些人们的是机会而不是财富的再分配。按照乔治·西德尼·坎普那种圆通的说法,"财富的特性"——平等地向每一个人开放——"是一种特有的民主特性"。[2]

获得信贷的机会划分了美国的阶级。在这个与19世纪任何其他经济类型相比生产和交换的商品种类更多、距离更远、效率更高的世界上最发达的商业—农业资本主义制度中,信贷既是最小的参与者又是最大的参与者。关于它的中心性地位没有什么奥秘可言。能够使农民度过收获季节,使商人能够为商店备货,并使雇佣劳工度过困难时期的信贷确定了自主公民的条件。从1816年特许设立合众国第二银行到一个世纪后联邦储备制度的建立,信贷从来就没有离开过民主政治的中心。在任何民主精神急剧上升的地方,要求信贷自由化的呼声也就高涨。19世纪30年代,在佐治亚和密苏里这样的州,议会议员们试图批准信贷的平民化分配;在19世纪90年代初,平民化国库分库计划允诺,只要农民要求就贷款给他们。

从这种普遍需求中产生出一种全国范围规模的信贷文化,那就是到19世纪中叶确定6%为公平的利率,这一利率几乎是普遍适用的。至少在这个问题上,亚伯拉罕·林肯、威廉·菲茨林和刘易斯·塔潘的意见是一致的。

在 19 世纪结束时,有些州的法律仍然具体指定了这一利率。在一个有着各种各样利率的、杂乱的资本主义社会里,乍一看似乎不切实际的东西既不是反动的也非反常的。6% 的标准是一项宣称固定可靠的信贷在民主美国的不可或缺性的文化宣言。没有信贷他们还能做什么?在西部,19 世纪中期左右那里的一个农场劳动力的年工资大约是 200 美元,而一个中等农场的启动费就超过了 1000 美元。摆脱只依赖现金的第一步,就是要求最严格地控制其成年生活阶段的大部分开支。奥雷斯蒂斯·布朗森抓住了 19 世纪美国工作生活的本质法则:从来没有天生贫穷的人,作为一个简单劳动者,凭他的工资上升到了富裕阶层。[3] 即使作家霍雷肖·阿尔杰所描述的靠奋斗致富的英雄们也需要有人去资助他们。

获得信贷的资格,尽管与财产的拥有状况联系在一起,但两者绝非是可以互换的。在一个散乱的发展中国家,那些发放信贷的人本身也依赖于他们的债务人。在整个 19 世纪中叶,正在偿还债务的工作着的人,不仅是债权人花费很大的努力去吸引的人而且也是他们努力去拥有的宝贵财富。在一个所有的风险都很高的经济制度中,在他们自己开始立业时和在困难时期继续坚持下去的大量没有财产的白人男子,都得益于这种考虑。在这些获得信贷的资格之外,无形的东西——名声、外表、个人习惯和地方偏见——是非常重要的。

从 19 世纪 30 年代到这个世纪结束,由于人们在中产阶级和下层阶级两者之间的位置不断变换,中产阶级和下层阶级的规模大致是相等的。然而,阶级地位的易变性没有导致阶级本身的不稳定,实际上,阶级本身在这个世纪中期左右变得更加稳定。直到那时,大量的爱尔兰移民为不断扩大的劳工无产者的底层贴上了一种鲜明的种族印记,现在这些无产者的选择不可能是拥有一个农场而顶多是在一个农场做工。在 19 世纪 40 年代的经济萧条之后,短期的农业信贷仍然是可以获得的,但获得长期的农场抵押贷款变得越来越困难了。中产阶级渴望消费和炫耀,渴望加强警察保护和司法程序,这有助于巩固一种成熟的体面文化。

体面文化越是变得详尽复杂,它与不体面的下层阶级的距离就越明显。

反过来,不体面被披上了种族、性别和种族偏见的外衣,使得大多数的天主教徒、大多数依靠她们自己的白人妇女和几乎所有的非洲裔美国人、美国印第安人、东亚人和拉丁美洲人处于下层阶级状态。从杰克逊时代开始,技术工人和职员都产生了他们自己的包括自我修养俱乐部、互助协会在内的体面附加物,使兄弟会团体、戒酒团体和本土文化保护主义者组织被净化。即使在千钧一发的关键时刻——或许尤其是在那时——他们都宣誓忠于中产阶级的价值观标准。比如,处于阶级边缘的人们异常重视将受他们控制的妇女从劳动力市场上驱逐出来,并使她们继续呆在家里。

在中产阶级和下层阶级之间的边缘地带,挤满了为争取一个当时得到、不料又失去了的体面的立足点而奋斗的人们。每一次经济衰退,每一个破产的公司或拖欠着债务的商人都会打断个人信贷的关键链条,并把众多处于边缘地带的人们从中产阶级队伍中赶出去。尤其是体力劳动者要经常考虑到他们身体跨下来的可怕威胁。一棵大树的突然倒下,机器上松动的套筒,马踢,锯床事故,都能够立刻毁灭一个家庭的生活。或者还有搬运灰泥砖瓦的小工,加工自有木材的细木工人,那些开垦耕地,卖掉它,接着开垦更多土地的农民,只不过是把用生命创造劳动成果的岁月消耗掉。毫不奇怪的是,在19世纪的美国最可能获得成功的体力劳动者是那些能够通过家庭关系网络分散代价和风险的人。

对于是什么使沿着这条不稳定边缘地带的紧张状况保持在可以容忍的限度之内这一问题,无法用一个简单的解释给予解答。在分界点另一边的关键性的标志是技术工人和处于边缘的独立农民的经历。尽管在19世纪20年代到50年代之间一再发生经济衰退,但按照美国内战前的标准,技术工人普遍生活得很好。在1839—1842年的经济萧条期间,由于要求10小时工作日运动的不断成功和手工艺人在公共生活中显示出普遍的自信,对于技术工人来说内战前没有发生长时间的生活水平下降。尽管高级技术工人在劳动人口中的百分比减少了,但是,那些处在这一行列中的人的命运经过数十年都得到了改善。新机器对技术工人的范围与要求的扩大和缩小是一样地频繁,尤其是交通运输业——从修建桥梁到行驶火车——创造了一个全新的技术领域。19世纪的第三个二十五年是美国的繁荣时代。实际工资的急剧上涨不仅拉大了技术工人与非技术工人的差距,而且在许多行业中,使美国技术工人的收入处在一个远远高于他们欧洲同行的水平之上。他们当中大约有四分之一的人越过这条分界线,成为自营业者,大体上给他们在中产阶级中的亲密同伴——职员发薪金的记录也是在同一时期编制的。与此同时,逐渐繁荣的市场与战争有关的劳动力短缺结合在一起——使白人农民在这个世纪中期的信贷市场上获得相当大的影响力。换句话说,只要能够获得信贷并保持实际收入的上升趋势,这一不稳定的阶级体系就能继续起作用。

当这些经济供应的源泉枯竭时,在阶级边缘地带上也就出现了危机。即使在一个已经被沉浮兴衰困扰的资本主义制度中,1873年后美国经济处于萧条—繁荣—萧条时期的那些年月特别动荡,它们以不寻常的力量冲击着独立农民和技术工人。当谷物价格下滑和长期的通货紧缩增加了债务人的实际利率的时候,抵押付款变得更加难以偿还,农业信贷的可能性减少了,经营别人土地的费用变得越来越高。曾经被认为距成为业主只有一步之遥的佃农,现在却常常与普通劳工只有一步之遥。在法律上,19世纪后期的分成制农民变成了不再经营自己农场的工资劳动者,他们的收益通过延期的年度支付获得,与民主前时代最差的那种雇佣形式类似。当技术工人的实际工资停止增长或者开始下降的时候,曾经被扩大了的他们与非技术工人之间的差距变得缩小了。在服装和钢铁这样的主要工业中,技术变革对于传统工艺的冲击格外猛烈。此外,商业循环的周期性变化,增加了失业期耗尽工资劳动者积蓄的可能性。一个历史学家用一种明显的反喻说:在铁路行业,"即使对于那些被稳定地雇佣的人,工作也是不稳定的和不确定的。"4

就好像是一个巨大的山崩把越来越多的人推到两个阶级之间的边缘地带,接着威胁着把他们全部推入下层阶级。一位技术工人在1883年悲叹到,他和他的行业同伴们似乎一夜之间从体面阶层完全跌入到"下层阶级"。[5] 当然，马克思就曾经在《共产党宣言》中预言——"资产阶级的下层……逐渐沦为无产阶级"——在19世纪晚期的这些年代里，马克思主义在这个美国人的讲话中找到了一个位置。1890年，人口普查首次把职员、脑力劳动者那样的挣固定工资的人与体力劳动者那样的挣临时工资的人正式区别开来。在这个世纪接近尾声的时候，美国人和欧洲人同样都描述了工人太多和新耕地太少堵住了普通人的就业机会。

在这个世纪结束之前，由于这些压力，有两次机会似乎要形成一个新的阶级。其中，第一次发生在1883—1886年之间，看来好像是在美国的工人阶级——一个具有自我意识并且孤立的工资劳动者阶级——将要成为现实的时刻。在这样短的时间内，发生了一连串具有各种各样阶级性质的变相罢工：全面的联合抵制，两个种族的联合抗议，工人们自发地为支持其他地方工友进行的同情罢工。这些行动的高潮展现了特殊的同志情谊，比如1886年辛辛那提的五一大罢工，当时该市三分之一以上的工资劳动者参加了这一共同的抗议行动。到那时，新成员如此快速地涌入劳动骑士团——一个在与联合太平洋铁路这一公司巨头对抗的胜利中新近产生的全国性组织——以至于没有人能数得清它的人数：或许有300万成员，或许有400万成员。

第二次机会是从19世纪80年代末到90年代中期这一段时间。当时，南部和西部的农民联盟集合了数十万新成员进行抗议，这些抗议很快就发展成为政治行动，并在1890年到1892年之间创立了平民党。同时代的人称之为一场革命。这个党的1892年奥马哈纲领为民主复兴和经济公平描绘了这个世纪最为雄心勃勃、深得人心的大众化议事日程，其中包括组成一个由所有工人参加的工会，民主化的信贷，直接的人民决策，单一任期的总统，以及铁路、电报、电话事业的国家所有制。当他们的怒气越来越大的时候，一些白人农民造反者对南方黑人和城市工资劳动者作出欢迎的表示，由此预示着国家社会制度进行大规模变革的先兆。

劳工和农民的领导人都把他们批评的火力对准了美国的同一个特权小集团。如果说他们过高估计了他们的敌人之间合作的密切程度，但他们仍然抓住了19世纪晚期资本主义发展的主线并以表达相同的愤慨作为回应。劳动骑士团的章程和平民党奥马哈纲领的前言描绘出一个使国家陷入大灾难的越来越剧烈的阶级冲突。(1886年,甚至极为谨慎的美国劳工联合会的章程也是以提及"一年比一年激烈的资本家与工人之间的斗争"而开始的。)在两个阵营中,愤怒的道义代言人描述了美国人在有组织财富作用下的地位下降。劳工骑士团的乔治·麦克尼尔公开指出,最诚实的工人在"冷漠无情的垄断铁蹄的践踏下,使主权公民的那种男子汉气概被消磨的荡然无存"。平民党的威廉·佩弗也说:"他现在完全受那些实际上阴谋反对人民公权的集团的支配。"奥马哈纲领中有一句非常著名的话这样说:"我们相信,这样的时刻已经到来,那就是,不是铁路公司控制人民,就是人民控制铁路。"[6]

两大运动都利用了自然法关于公平价格及商品和服务内在价值的理论。资本家的巨额利润是一种对劳动人民的犯罪,劳动人民的汗水创造了这些巨额利润。奥马哈纲领宣布:"财富应该属于创造他的人。"或像麦克尼尔所说的:"财产应该在生产过程中进行分配。"佩弗夸张地问到:"难道生产者不应该第一个得到工钱吗?"毕竟,"金钱不能创造任何东西,劳动创造一切。"然而,债权人使工人处于受奴役状态,"这种危险的权力……正在很快地侵蚀着人民的自由。"劳动骑士团和农民联盟两者的主要分支机构把它们自己的分析逻辑应用于生产者、分配者和消费者合作社。[7]

这是一个带有激进含义的战斗纲领:所有诚实的工人并肩前进反对他们的资本主义敌人。然而这些运动过去之后很少留下痕迹。到1887年劳动骑士团就陷入了迅速的、不可逆转的衰落之中,没有任何基础广泛的组织来取代它。1896年平民党与民主党合并之后,其纲领中的激进主义也都在一大堆竞选辞令中消失了。在每一种情况下,一个看似不幸的事件标示了这个转折点:1886年芝加哥秣市广场发生的一起致命的炸弹爆炸,引发了对劳工激进分子的广泛镇压;1896年平民党接受温和的威廉·詹宁斯·布莱恩为该党的总统候选人,以及他的竞选运动以支持自由铸造银币的政策为核心,标志着农民好战性的终结。然而,真正要紧的是,19世纪晚期无论动乱在什么地方出现,都普遍失败了。工资劳动者和农民中间爆发的骚乱在进入新世纪之前都逐渐消失了。

一种解释就是中产阶级体面地位持续不断的吸引力。早在19世纪初期,自主工作和自定权威等新的民主准则,极大地提高了工匠和农民的自尊心和自豪感。甚至在他们的自主权已被严重削弱之后,他们中的许多人仍然从这些感觉中获得力量,认为他们自己是美国社会的核心。他们不是在怀旧,他们正在为维护珍贵的传统而斗争。劳动骑士团大统领特伦斯·鲍德利和他的平民党同行全面公开地表达他们的和平意向,反映出中产阶级对下层阶级分裂的担心。只有他们的敌人有暴力行为的危险,而他们从来不会。他们当中没有一个人赞同罢工的原则。的确,鲍德利抛弃各种选择进行罢工的劳动骑士团组织,加速了这个组织的瓦解。正派体面是至关重要的。就像鲍德利宣布的那样,"如果劳工骑士团的集会对于妇女来说是一个不体面的去处,那么对于男人来说那里也是一个坏的去处。"[8] 两大运动的领导人用洪亮的维多利亚时代福音会教徒的说教风格向全国发表演说,以强调他们的正派体面。

这两项伟大事业以同样的精神要求团结,而不要分裂。他们向他们的美国同胞们保证,他们的敌人是绝大多数致力于艰苦工作和正当报酬的人口中的一小撮离开正路的人。劳动骑士团不仅仅代表工资劳动者讲话,平民党也不仅仅代表农民,每一个组织都欢迎所有体面的公民参加到国家的复兴运动中来。两者都按照合作性组织、土地改革、国库分库、金银复本位这些简单、和平的办法,设想了全面的社会改革。纠正严重的错误将把全体美国人再一次团结在一起。如果他们总是以战斗的比喻来开始他们的争论,他们也就往往会以良药的比喻结束这些争论。他们有医治生病的国家肌体的有效办法。团结统一是自然的,就像两大运动的同情者爱德华·贝拉米在讲述有关19世纪晚期美国的《回顾》一书中表达了他的理性观点:"乍一看,你现在所在的时代没有什么比这样的事实更令人震惊:在同一种行业工作的人们,已经把每一个其他的人看作是应该被掐死和打倒的竞争对手和敌人,而不是像兄弟一样的有着共同目标的同志和工友。"[9]

在这些全民期待的背后是人民的看法,即美国的全体公民决定着共同的利益。在19世纪,没有人比平民党更热情地产生这些期待。毕竟,人民就等于是政府。要进行统治,他们只有使他们自己行动起来。最终,劳动骑士的举止表现不像是丧失了原有社会地位的工资劳动者,平民党党员的举止行为也不像是无产阶级化的农民;他们像美国兄弟会民主政治中争取支持的愤怒的地方政治团体成员一样,昂首阔步地进入公共场合。其中有些团体为他们的主张划定了一个阶级界线;但许多团体没有这样做;而更多的则是发出了一种混杂的、不明确的信息。谁能知道,一个以种族一致性为基础组建起来的社团将会成为通向激进主义的桥梁,还是成为激进主义的替代品?在这个特定忠诚易变、分散化的世界里,没有多少广泛的联系能够保持很长时间。甚至在边疆地区,大量的地方团体为足够的白人男子提供了足够的尊严——作为一个城镇或社区的居民,作为挪威人或西西里人,作为南部浸礼会教友或罗马天主教徒,作为共和党人或民主党人——才得以在几年当中延缓美国阶级制度所发生的根本性变革。

当这些根本性的转变发生时,它们并没有把技术工人和处于困境中的农民带入一个被扩大了的工人阶级。相反,它们把美国工资劳动者的最底层隔离在多人种、多种族、无技能的下层阶级之内。其他美国人从经济上、法律上、身体上、思想上将这一阶层与其他人分离开来,限制他们的权力,并把这一阶层当作一个剩余劳动力的蓄水池。持久的变革是耗费时间的:使现代下层阶级向下沉沦,花费了20世纪的第一个二十五年。

当19世纪90年代的经济萧条正要结束时,重要的经济转变出现了。随后的20多年里,在19世纪后期已经缩小了的熟练工人与非熟练工人之间实际工资的差别,到了1916年又扩大到一个创记录的水平,而且在经历了一段战时劳动力全面短缺之后,到1929年这种工资差距再一次扩大到达1916年水平。事实上,在战前美国普遍繁荣的年代里,非熟练工人实际工资的增长几乎是停滞。从一个非熟练职位升入到熟练职位的机会减少了。而失业率仍维持在高水平,超过10%的失业率并不罕见。尽管周期性的失业是各种工资劳动者命中注定的,但是,熟练工人更可能被从有机会重新返回的工作岗位上临时解雇,而非熟练工人则更可能被抛入求职者的行列中。战前,当童工的影响突然下降时这些工人的工资水平却没能上升,也许没有什么比这一事实更能突出说明他们经济上的不稳定性。不管一个行业又一个行业怎样变动,大体上由于童工们长期以来的回报率,成年人现在所做的工作基本上是童工们已经做过的工作。

对于南方的熟练工人而言,前景更为暗淡。在那里,工资率停留在相当低的水平,而非熟练工人的工资与熟练工人的工资却保持着相当大的差距。明确这一差别的是吉姆·克劳的地区性制度。这是大约到20世纪20年代才完成的一种精心设计的法律和管理结构。这种地区性制度把非洲裔美国人从摇篮到坟墓的差不多公共生活的每一个方面都放入一个被隔离的场所。隔离但平等的思想本身并不是罪犯。这种思想不但在美国的民主传统中有着深厚的基础,而且它有时候还为南方黑人要求得到体面的待遇服务。到世纪之交,无论如何,种族隔离场所丧失了与黑人竭力要求和白人作出响应的竞争性领域的所有联系,并且普遍成为强制和屈辱的场所。

20世纪,吉姆·克劳的制度,采用了严格控制的兵营式生活原则和从奴隶制中划出空间的原则,像一种劳动制度——也像奴隶制——那样运作。这种劳动制度是整个南部管理工人及其工资的一种方式。当然,自内战以来,许多原则已经发生变化,新的种族隔离制度所针对的就是这些差别。奴隶制时代白人控制劳动的目的是为了控制土地,奴隶制废除后,白人依靠的是相反的方法:用土地来控制劳动。然而,试图通过土地控制劳动产生出的结果,证明是19世纪后期一种更危险、更不合适的体制。当他们经常更换工作时,非洲裔美国人能够保持自己的选择权。通过关闭官方的救助黑人工人的渠道,等级制度使现成的最廉价的劳动力的供应达到最大化。

白人选举那些在白人法院和白人警察局工作的白人官员来强制执行各种劳动合同,而且他们硬把种族罪当作是必要的。曾经多少有点自主权的农民——南部佃户的合法权利下降到这样的地步:到1900年,佃户只不过是另一类工资劳动者,在法律上并不比分成制佃农的地位高多少。在这个世纪的第一个十年里,濒临墨西哥湾诸州粗暴的新服劳役法,使得白人雇主的一句话就足以把黑人劳工变成债务奴隶。在吉姆·克劳制度下,无业游民法不再是一个不重要的问题,它们给非洲裔美国男人套上了一个白人法官通过任意判决权可以随意收紧的、可以把黑人从大街上拉入到被用铁链拴在一起的囚犯队列中的环,白人雇主租用这些人进行劳动的费用远远低于雇佣自由人的费用。19世纪90年代以后,在下南部盛行的囚犯劳动完成了一个循环:把黑人撵出劳务市场,然后,重新把他们变作囚犯以降低工资水平。

服劳役和囚犯劳动的准奴隶制形式,充当了一种对可能前景的威胁性提示,告诫广大黑人甚至贫穷白人不要拼命反对各种加在下层阶级劳动之上的限制。在边远的西部,以大约相同的方式运作的白人法律制度,向东亚人发出了一种类似的信息。其中一些法律手段的覆盖范围很广泛。含有主人与仆人职责规定的古老的习惯法原则,使工资劳动者离开他们的工作场所的诱惑,以及经济行为的邪恶意图——当工业化进程湮没了它们原有含义时,这些差不多被抛弃了的信条——在世纪之交又戏剧性地被重新流行起来,现在则带有非常不同的目的,即阻止工人们通过罢工、组织纠察队和抵制等形式的共同努力进行自助。法院针对这些活动颁布的禁止令次数,在1900年到1920年之间增长超过了三倍,这些禁止令对于那些在失败后准备再次战斗的没有后备力量进行重新组织的工资劳动者,即对于下层阶级的劳工来说,有着特别巨大的毁灭性影响。一位头脑中不带有任何特殊意识形态的匈牙利移民在1907年对这种情况做了一个令人伤感的概括:"美国有法律,但它对穷人的好处是附带的。"[10]

越来越多被训练去控制下层阶级的穿着制服的警察,既从事合法的强制也从事非正式的暴力。而在工厂,正式的警察力量经常与雇主的私人保安难以区别地混杂在一起。在世纪之交急剧增加的那些孤立的采矿或伐木小镇,雇工们根本就逃不出公司保安的枪口。1910和1911年间,在一个传遍全美国的故事中,据说是美国钢铁公司所属煤矿之一的公司保安除了殴打工人,将工人从他们家赶出来并砸碎工人们的财产之外,还以每五天一个的速度杀死参加罢工的矿工。仅宾夕法尼亚州政府使所有这些行为合法化这样的事实,就表明了公司有使用暴力的权利。

显而易见的少数民族更是特别容易受到攻击和伤害。在新世纪到来之前,各种各样的白人邻居和竞争者时常武力攻击东亚人。1910年后,西南部的奇卡诺人,当他们的人口迅速上升和做苦工的人日益增多时,也面临着逐步上升的暴力侵害。尤其是非洲裔美国工人一天天地生活在一个不可预测和不受控制的暴力环境之中。南部暴民私刑杀人的事件在19世纪90年代急剧增加,而到20世纪20年代中期之前,私刑杀人事件仍然很多。在仅凭印象证据的基础上,在这些年当中,殴打和威胁似乎已经增加。黑人向北部迁移不得不考虑到旅程的两端遭受暴力威胁的可能性。全国有色人种协进会亚特兰大分部报告说,使受害的黑人悄悄地离开南部需要一条现代地下铁路。即使他们成功地离开南部,针对他们留在南部的家庭成员的威胁依然是一件普遍令人担心的事情。当他们向北迁移的时候,种族暴乱也追随着这些移民而来;第一次世界大战之后,在一个又一个城市,少数民族聚居区的边界牢牢地把他们围在其中。当下层阶级的黑人感到这个盖子限制了他们的机会时,不断发生暴力的前景把盖子的搭扣锁住。

伴随这些经济的、法律的、物质的分离性力量一起到来的,是一种用以解释为什么普通人的标准根本不能适用到这些沉沦中的下层阶级身上的差异思想。在19世纪90年代到第一次世界大战之间,所谓的发现了贫困,实质上就是对社会差距日益增多的认识,这种社会差距已是如此的巨大以至于美国中产阶级看不到弥合这些差距的希望。伴随着这种发展而提出的雄心勃勃的公共福利计划表达了这样一种观念,即人们之间的跨阶级联系已不再可能。因此,社区住房运动引人注意的吸引力,被芝加哥的简·亚当斯和霍尔·豪斯冒着亲密接近下层阶级危险当作典型。亚当斯变成了"圣·简",不是因为她展示出美国中产阶级可以设想他们自己的行为,而是由于她敢于挑战那种除了她的少数赞赏者外所有其他的人都无法理解的东西。

差异思想传播到下层阶级成员居住的每一个地方。无论是在田间还是在工厂,南部"穷白佬"或"穷白佬垃圾"的名声在1900年左右突然变得更糟,慈善家们形容他们的居住环境和健康问题——钩虫病、糙皮病、佝偻病——好像这些疾病在美国的日常生活中是不存在的,而只存在于一个外来的别的下层阶级潦倒落魄的世界。不过,差异思想却集中在城市,尤其是集中在10万人以上的中心城市。在那里到1900年居住着人口的20%左右,与此相对照的是在1850年左右只有5%。不是那种至少在大城市之外普遍存在的贫穷,而是中产阶级评论家们看作是一种贫穷的文化的那种事物吸引了大部分的注意力。

一个充满令人窒息的憋闷,使人难以忍受的贫困和颓废的道德观念的新概念——贫民窟,抓住了蕴含在这种思想意识深处的那种邪恶和异己的信息。狭小的房间,拥挤的街道使日常生活变得粗俗难耐。纯朴美德还有存在的可能性吗?按照标准的中产阶级的逻辑就是,贫民窟扼杀了隐私、体面这些美德。在污浊的空气、肮脏的食品和未经处理的污水等明显的危害之外,调查者又添加了骇人的病死率数字,似乎贫民窟本身就在孕育死亡。孩子们身材单薄瘦长的照片使人联想到生命的循环在无情地重复。贫民窟首先是作为一个概念获得了越来越多的地理特性,直到它开始具有一种专有的在字面上意味着一个独特世界的准确性为止。城市地理学家在地图上标出贫民窟的位置,警察局在贫民窟的边界上巡逻。

社会学家用无一技之长这个意味着在阶级鸿沟另一边的一种人一无所有的术语,扩大了这种思想意识上的差距。尽管技术级别在工作领域总是至关重要的,并对他们永恒的同伴——较高的技术感到满意,但是这些接近于技术级别底部的工资劳动者传统上对他们要做什么是知道的:他们是工人、普通的工人、或者更不稳定的临时工。这个在19世纪末出现但只是在1900年以后才被广泛采用的新名词,通过把他们说成是一种无足轻重的人、一种不值一提的人,剥夺了他们所有的尊严。的确,除了一种仨配角的滑稽短剧外,谁还能设想出一个人没有技能——没有任何技能?

典型的贫民窟居民——古怪的、发育不良的、没有技能的——是移民,而欧洲人移民美国的主要来源地的转变为新兴的意识形态提供了一个重要的成分。直到19世纪90年代,主要的移民流明显源自南欧和东欧,特别是以来自意大利、波兰、俄国和巴尔干地区为主。而且移民人数也达到创记录的数字。1900年以后,每年平均达100万左右。通行的观点认为,在早期来自北欧和西欧的移民当中,移民家庭为度过大西洋把所有财力集中起来并承受了巨大的风险,而他们也做好了进入美国生活的准备。现在,轮船把一群群顺服的南欧人和东欧人运过大西洋,仅仅是为了找活干。民主对于他们没有吸引力,他们与美国文化没有联系,也不倾向于变革。他们当中的许多人,特别是大多数自由自在的单身男子,也不打算长期待在美国:他们被称作候鸟。

差异意识,换句话说,引起了文化的兼容与不兼容、接受与不接受外来事物的新类型。与熟悉的、可同化的来自北欧和西欧的老移民相比,这些来自南欧和东欧的人完全是陌生的新移民。一个已经证明他们属于其中的一分子:因为他们适应这个社会,另一个证明他们不属于其中一分子:因此他们就跌到社会的底层。在世纪之交,许多新教牧师为失去与那些人的联系感到遗憾,牧师们对于这些人的姓名、家庭风俗,甚至宗教背景都一无所知。许多改革家把中产阶级与下层阶级之间最常见的地位转换描写为有人越过这条分界线的激动人心的时刻。看来,人道主义者的努力遇上了聋子的耳朵。看到一个阶层接着一个阶层向下沦落,好像他是在另一个星球,进步人士沃尔特·韦尔写到,使社会重新连结在一起,就要求"人口中的最低阶层上升到大多数人的水平"。[11]

直到第一次世界大战之前,用种族类型来解释新移民的低劣、下等是常见的。与那些属于"盎格鲁—撒克逊"和"北欧日耳曼族"的优秀的老移民相比,那种坏的新移民就是"地中海人"、"拉丁人"和"闪语族人",据称在科学上他们的名称远远低于生物学上与众不同的人的等级。广泛流传的遗传论者的思想宣称,南欧人和东欧人生来就是内在低劣的:弱者、愚蠢的人、懒惰的人、愚笨的人。对一个种族混杂的美国感到担心,在反映一个把下层阶级野蛮化趋势的同时,也具有特别的冲击力,因为它们确实没有解决办法:种族制造了永久性的贱民。

种族主义在肤色上体现得最为突出。不像诋毁欧洲移民的种族理论,种族与肤色的联系在美国文化中有着几百年的历史。不过19世纪末期,某种模棱两可的解释使这种联系被淡化了。特别是在19世纪80年代和90年代期间,白人中产阶级对于同化印第安人和提高他们的社会地位这一前景的乐观情绪达到高峰。无论这些态度多么的傲慢自大,但与早年蓄意残杀印第安人的行为准则相比,它们却是一个显著的进步。而且无论多么的缓慢,在北部各州,非洲裔美国人的权利在这个世纪后期也是每十年扩大一次。如果说黑人和白人在19世纪80年代和90年代组成了不同的劳工组织和农民组织,那么他们当中的对应团体仍然发现了在共同目标上进行合作的途径。

在世纪之交,一个又一个非白人团体由于科学上的断言和社会的反感而被孤立起来。美国在太平洋地区和加勒比地区的扩张,不仅助长了种族思想的流行,而且也使运用暴力反对名誉扫地的有色人种显得合理化。1900年以后,同化美国印第安人的乐观情绪消失了,而且中产阶级白人把印第安人描绘成永远的受扶养者——白人负担的另一种说法。19世纪后期,针对于东亚人的种族主义攻击一刻也没有缓解;和西南部的奇卡诺人一样,美国西海岸地区的日本人遭到了新的种族主义浪潮的猛烈冲击。

在南部,一种把非洲裔美国人污称为野兽的恶毒的新种族主义在19世纪90年代的兴起,为20世纪有计划地压制黑人铺平了道路。遵照把白人的行为当作黑人的意愿这种老习惯,非洲裔美国人由于怀有对抗白人行为的想法而遭到惩罚。当白人男子强奸黑人妇女的时候,他们说,黑人男子对白人妇女有强烈的不良企图——并为此把他们私刑处死。尽管老是在窃取黑人的东西,但白人都宣称黑人是天生的偷窃成性——为此把他们关进监狱。科学家们也做出了他们的一点贡献,他们宣布"具有黑人特性的"种族,在生物学上易患各种下贱的"性病",为此,非洲裔美国人一般不可能在白人控制的医疗机构得到治疗。

在第一次世界大战期间及其之后,这几种降低下层阶级社会地位的趋势汇合在一起达到了高潮。急欲消除下层阶级工人采取任何一致行动的可能性,成为这个日益加快的进程中最重要的方面。战争使一连串针对那些扬言要在工作场所采取行动的下层阶级工人的私刑暴力活动获得机会和自由。战时对"偷懒的人"的普遍敌视,为社会有权占有其最贫困成员劳动的那种古老的理由提供了新的力量。当相互配合的法院与地方武装开始摧毁世界产业工人组织时,中产阶级的政治家们把这个最蔑视中产阶级的价值观并对下层阶级最为开放的工会组织——世界产业工人组织(IWW)改称为"我不工作"绝非巧合。

罢工总是有着革命的可能性;在1917年布尔什维克革命中,这种可能性似乎成为了现实。改革家弗雷德里克·C.豪在这些新的恐惧之中宣布:"工会不仅只为反对雇主而罢工,工会是为反对社会而罢工。"[12]最大的恐怖就是彻底的罢工,也就是总罢工。战后发布次数迅速上升的工会禁止令,以特别严厉的手段打击罢工工人——通过纠察队、传单、抵制、以及类似的行动——把他们事业与更大范围的支持联系起来的尝试。

战争时期也带来了与军队有关的检验标准,这些检验标准声称对下层阶级青年的智力低下给出了科学的证明,并且暗示,整个下层阶级比这些青年还要差。这些方法在内战时被用来形成跨阶级的结合,而在第一次世界大战时则用来作为证明阶级之间巨大差别的正确性,这是一个多么鲜明的对比!在20世纪20年代初期,当白人正在把南方种族隔离墙上的最后几个洞堵上并围着北方城市中少数民族聚居区划出警戒线时,国会正在为欧洲移民和被种族主义者所排斥的亚洲人制定种族配额。这些政策汇集在1924年无所不包的移民法中。

在20世纪初,当围在这个下层阶级周围的边界不再牢固时,三个有时相互重叠的团体徘徊在这些边界附近:有技术的工资劳动者、社会党和一个移民小资产阶级。他们所做的选择对于新兴的下层阶级的性质及其最后的隔离有着直接的关系。

自19世纪后期以来,非熟练工人的潜在同盟者——熟练工人,在20世纪初为这种关系带来了各种各样的推动作用。一方面,他们长期的独立自主传统包括他们自己的体面与普通工人的那种危险、杂乱的生活之间值得自豪的差别——镀金时代的劳工改革家艾拉·斯图尔德宣称:"他们(这些普通工人)的行为和投票危害着共和国。"二十五年后,考虑到新来的移民,劳工政论家约翰·斯温顿把这种非熟练工人中的大多数称作"外来的挨饿者"。[13]在另一方面,从19世纪后期到20世纪初之间,各种技术之价值的快速变化使混乱在整个美国工业中扩散开来。在世纪之交前后,加入工会和参加罢工的工资劳动者的人数达到空前的水平。如何才能输导这些力量?

通常,忠诚取决于技术的再分配。在这一转变过程中,像制鞋工人、玻璃吹制工、雪茄烟制造者以及纺织品和钢铁制品行业的传统手艺人这样的群体消失了。即使在他们维持着工会的地方,这些工会一般也都成了空壳,仅仅作为美好过去的提示符号而已。主要的获胜者出自汽车和军火制造这样的现代工业——工具和模具的制造者、机械师和各种各样检修保养员——以及包括蒸汽锅炉装修和建筑用钢铁方面新行业在内的大型建筑工业,集中化的工厂和城市摩天大楼,使一些技术工人成为一种必不可少的精英:没有他们整个工作就要停止,在这些重要岗位上工作的人们拥有特权。在20世纪初期,美国工人在工作上实际拥有的影响比他们的德国同行大得多,而所挣的工资比他们英国同行的工资高得没法比。这些境况最好的劳工贵族——差不多每七个美国工资劳动者中有一个——其年收入比得上同行业的普通白领工人。

在20世纪的第一个二十五年里,由于邻里生活使工艺人的重要感越来越小,所以在工作场合发生的事情就越来越重要。在某些情况下,像在新泽西州的帕特森,一旦工作地点与居住地连为一体,体面的蓝领和白领社区也就解体了。在另一些情况下,如在底特律,靠近工作地点、聚集在一起的蓝领社区解体了,有技术的工资劳动者在那里再次证实了他们被暂时解雇的状况。城市大规模的变迁冲散了种族聚居区,例如,曾经给他们的技术工同胞带来荣誉的芝加哥的意大利人。随着更多的现代选择而来的是更多的默默无闻。成衣的标准化生产,大片房屋建筑的开发,大批量生产的耐用消费品的普及,意味着到20世纪20年代越来越多的高薪手工艺人凭着其切实但客观的回报将休闲时间用来享受一种普遍的中产阶级生活方式。

对于众多的技术工人而言,他们过去从他们居住的地方所获得的地位和声望,现在只能产生于他所工作的地方。概括说来,在19世纪末到20世纪20年代期间,技术工人把在小单位生产中受人尊敬的居住社区和下降的工资换作大规模生产中受人尊敬的工作地点与上升的工资。这种转换经常使技术工人更多地在谈判桌上提出要求,而绝不是更多地在街头造反。这些转换必定扩大技术工人与非熟练工人之间的鸿沟。

1901年到1925年间呈弧线形起伏的美国社会党的命运取决于技术工人。尽管投票支持该党暴躁的总统候选人尤金·德布斯,显示出该党在从纽约的艺术到俄克拉荷马州的农场等众多的职业中有数十万忠诚的支持者,但是技术工人才是该党的组织核心。这些技术工人变成什么——放弃或取得一些地方特性——社会党也就随之变成什么。其中包括他们的体面与外来下层阶级之间显著的差异意识。芝加哥的波兰裔社会党人感到同波兰裔非熟练工人一起从事共同的事业是完全不可能的。在社会党最坚固的中心密尔沃基,城市中黑人人口中被允许获得产业工人工作的百分比,远远小于临近的芝加哥,而密尔沃基社会主义的骨干力量——德国裔的技术工人坚持这些种族价值观。尽管一些社会党党员对美国的资本主义发动了大规模的攻击,但是社会主义者的激进与跨阶级的激进主义是十分不同的现象。像默里斯·希尔奎特和维克托·伯杰这样的意识形态上严肃的社会党人,对下层阶级特别的无情。正是意识形态上模糊的西部矿工联合会及其继任者——世界产业工人组织,当它们为革命招收新成员时很容易跨越阶级界线,而由于它们的离经叛道,社会党把它们开除了。

其他的社会党人几乎不支持对这些趋势进行抵抗。富有献身精神的政党活动家凯特·理查兹·奥黑尔宣布:贫民窟的大量人口是对人类与文明的最大威胁。在20世纪初最受欢迎的社会主义者的呼吁——《屠场》(1906)一书中,厄普顿·辛克莱对愚昧的、受感情驱使的"黑人和最低贱的外国人——希腊人、罗马尼亚人、西西里人和斯洛伐克人"进行了恶毒的攻击。在经验丰富的编辑J.A.韦兰的社会主义里,黑人和亚洲人应该被实行种族隔离;夏洛特·珀金斯·吉尔曼的社会主义乌托邦是由纯种的雅利安人组成的。在现实世界里,吉尔曼仍然对下层外国人的泛滥感到担心。她写到,人们都承认"这样一个常见的事实,即下等社会阶层的妇女生育[孩子]比上等阶级妇女容易得多"。很自然,当这个党在第一次世界大战后瓦解时,它的领导人也都普遍消失在中产阶级之中。[14]

社会主义和种族划分在密尔沃基的成功结合显示出,沿着阶级的分界线存在着第三类群体——一个由小商人、居民区的特定职业者和在移民社区活动中起关键作用的地方政客组成的社会阶层。对于陷于困境的个人来说,他们的帮助是至关重要的:提供小额信贷,发布工作信息,奔走在城市政府机构之中。他们控制着本地语言的新闻报刊,他们对社区事业发表意见,并为了社区利益的需要对市政府施加压力。简而言之,他们在强化民族的权利要求方面是必不可少的。在20世纪早期的几次罢工期间——比如,在新泽西的帕特森和贝永,以及在芝加哥的畜牧饲养场——来自这些社区领导人的帮助使下层阶级继续保持活跃的战斗力。在西南部,保护墨西哥人协会在他们的罢工中和在法院里都支持奇卡诺族工人。

然而,随着第一次世界大战的到来,这些压力汇合起来开始挤压这种支持。在这些年的人口混杂中,一些种族社区完全消失了,在他们后面留下了没有差异的下层阶级的住所。即使留下来的社区当中最坚固的,也只有非常有限的经济储备。特别是战时与他们母国的联系占用这些经济储备的一大部分。在社区的外面,总是有一种同化要求,典型地呈现出非此即彼的命题:或者走出居住社区去寻找美国中产阶级的机会,或者作为另一种可疑的外国人留在社区里面。

到20世纪20年代初,为了公共目的而鼓动民族意识或种族意识的社会代价已经急剧上升。美国各地的白人中产阶级领导人把诸如犹太复国主义和贾维主义那样的强烈的情绪表达,谴责为极端主义的、破坏性的、甚至是反美的。而且白领的机会也吸引着美国种族社会中的有进取心的成员。在20年代初,当另一轮罢工在贝永和芝加哥的牲畜饲养场发生时,移民中产阶级没有公开站出来支持他们。

美国的热情拥护者们把这一走向体面的趋势当作美国没有阶级的证

明。当族群领导人已经与中产阶级融为一体时,当工匠手工艺人的家庭在为住上更为体面的住宅和子女读更好学校而积蓄时,以及当早先的社会党人为他们欢呼喝彩的时候,在他们的下面,一个下层阶级正在沉沦。激进分子把这些趋势攻击为放弃了阶级立场,是那些放弃了战斗的叛徒的一种暴露。实际上,技术工人、社会党人和移民小资产阶级不具有改变美国发展方向的能力。他们本身活动在跨阶级的边缘,他们最显著的贡献就是从这种地带消失并完成对下层阶级的孤立。

这一过程最突出的方面是那种许多行业中的人们在推动下层阶级地位向下沉沦中的合作方式。要求全国一致并且抑制他们表达自己的战时爱国精神的那些运动、红色惊恐和种族化的20年代(Tribal Twenties)同时也是一种无组织的但却是全国性的严格控制下层阶级的普遍尝试。到1924年,这种松散的运动差不多都解体了。红色惊恐结束了,反对劳工工会的自由雇佣运动平息了,种族主义最丑陋的形式,如三K党和亨利·福特反犹太主义等也处于守势。在南部,非洲裔美国人被私刑处死的数量陡然下降。在北部,种族暴乱几乎停止了。这是胜利的安宁。在美国社会的底层,阶级的重新分层也在自然地发展。

在19世纪90年代到20世纪20年代之间的那些年当中,19世纪民主政治——竞选和选举热情的那种非凡的公开迸发——伟大橱窗中的灯光逐渐暗淡下来。在全国性的选举中,投票人数从1896年合格选民的80%左右下降到1924年的50%以下。这种突然的剧烈下降首先出现在南部。在南卡罗来纳州,19世纪80年代投票人数超过80%的期望是现实的,而在1900年只有10%的人参加投票。到1904年,11个前南部联盟州的投票水平下降到低于30%的水平。奥古斯塔市的一位编辑认为"看到投票站没有了嘈杂喧闹的人群是非常令人快意的"。[15]在别的地方,投票人也都逐渐消失了:比如在印第安纳州,合格选民中参加投票的人从1900年的将近92%下降到1920年的72%,在纽约州,则从接近88%下降到55%。尽管全国性选举中投票人数在20世纪20年代中期以后有所回升,但它们仍平均比19世纪的水平低大约 20 个百分点。

证据表明,当投票人数减少时,权力最小的人投票的可能性也最小。在最明显的例子里,下层阶级的成员干脆被拒绝给予参与的权利。当国家法律禁止亚洲移民成为公民的时候,这也就标志着把这个快速增长的少数人团体排除在西海岸地区的民主政治之外。甚至更为令人震惊的是,在世纪之交前后,按照 19 世纪 80 年代的一些临时性的先例,南部各州的立法机构剥夺了黑人男子的公民选举权。许多贫穷的白人同黑人一样也付不起人头税或回答不出关于州宪法的随意性提问,或拿不出南方这些限制性法律强加在他们身上的那种血统证明。纵然他们的白人同胞对这些规定睁一只眼闭一只眼并非正式地证明他们是合格的,他们也会丧失作为独立选民的身份。现在他们分享了其他人民的决定权。多数派通过对选举程序增加越来越多的排斥性规则来使民主政治反对民主本身的这种做法也扩展到南部各州之外。到 20 世纪 20 年代,在别的地方有 12 个州采用了文化测试这种制度,除了三个州以外其他的州都使它们控制选民登记的规定更加严格,美国大约有半数的县要求选民在投票前进行登记。

这些限制——尤其是剥夺南部黑人公民选举权——极为严重地违反了民主最基本的原则:选举人中的多数派无权把少数派排除在未来的选举之外。这种苛刻的手法使新的法律障碍与投票水平之间有着某些明确和直接的联系。比如,在休斯顿,由于剥夺公民选举权的程序使合格选民中参加登记选民人数从 1900 年的 76% 下降到 1904 年的 32%,结果使那些提出这些法律的地方领导人能够巩固对这个城市的控制。然而,这些联系又往往是难以捉摸的。例如,在田纳西州,无论是新的登记制度和人头税法,还是其选区新的不公正划分都未能阻止 1896 年的投票人数达到该州在 19 世纪的最高峰。怀俄明州和新罕布什尔州的人头税以及纽约州和俄勒冈州的文化测试对当地的投票人数都没有明显的影响。一些与限制性民主有关的措施在投票人数的全国性地下降趋势开始之前已经存在。其他的限制措施,如对个人登记的规定从 19 世纪后期到 20 世纪中期形成了一个长长的曲线,但在投票人数急剧下降发生时,这条曲线并未出现异常凸起。换句话说,排斥性的程序是促进选民人数减少的一个因素，但仅仅是其中的一个因素。

在19世纪90年代到20世纪20年代之间，导致最多的公民被剥夺权利的是下层阶级的沦落这一根本的变化，限制性的政治程序只是进一步推动了这一变化。两个相互关联的趋势对下层阶级的政治参与具有最大的全国性影响：封锁公共空间和使选民分散化。在19世纪治安管理松散的美国社会中，中产阶级对财产权的迷恋以及维护社会治安的各种地方法令都没有阻止白人兄弟会政治相当自由地使用可以利用的空间。为了众多的公共用途，擅自占地者的权利表达了一种同土地政策相同的政治哲学。在欧洲完全属于一种革命传统的民意的表达，成了19世纪美国民主传统的一部分。

正如民众使用公共空间的增多标志着民主在这个世纪早期的到来一样，对这些选择的新限制标志着民主的转变。甚至在这个世纪结束之前，更严厉的规则和更严格地执行这些规则使这种传统失去了弹性。19世纪80年代中期，随着阶级活动的日益活跃，出现了对以各种方式影响各种贫穷美国人的公共活动空间的重新划定。比如，穷困的佐治亚州农民丧失了进入他们传统上可以自由地进行放牧、打猎或社交等活动场所的权利。各地制定的流浪法成倍增加。尤其是在1886年秣市爆炸案之后，城市警察扩大了他们对穷人街头活动的监视，而更多的私人保安保卫着更多的公司资产。下层阶级的人们发现，要使用曾经对他们开放的空间，他们自己与法律发生冲突的机会越来越多。在这一过程中，允许公开发表政治声明的途径越来越少了。

1900年以后，这一进程开始加速，最值得注意的是，南部的等级制度禁止黑人进入公共场所。城市的法规宣布特定目的的示威游行是非法的，并取消了曾经给予城市政治以活力的投票游行。处于中产阶级边缘的群体，例如，行业工会，发现为保住他们体面的声誉，他们不得不放弃一系列的户外活动手段。反工会禁止令急剧上升对于公开表达意见有着其特有的抑制作用。由于对公开游行的控制越来越严格，在一个又一个城镇的兄弟会组织——伊利诺伊州利奇菲尔德的埃尔克斯，缅因州班戈的穆斯——在20世纪之初为他们自己建立了小城堡并在室内举行他们的活动。到20世纪20

年代,这些地方团体中的很大一部分通过他们为市民服务来确定它们自己的地位——同现代的联合道路(United Way)一样不公开地做慈善工作。残留下来的游行示威显示出与民主制度以前美国那种有组织、有秩序的游行队伍有着一种令人不安的相似性。

清理街头活动对于下层阶级那些把集体的、兄弟会式的力量作为确保他们在民主政治中地位的人们有抑制性作用。现在,这些已经公开被分散化了的人们又被新的选举规则进一步地分散化了。除了公开的排除性规定外,在剥夺下层阶级民众的公民权利方面没有什么比所谓的澳大利亚式的无记名选票更有效了。这是一种政府预先印制好的供每个人秘密使用的选票。投票曾经是一种展示忠诚的公开行动,现在变成了一种个人的不公开行为。当下层阶级的人们前去投票时,不再成群结队地前往投票站,也不再挥舞着所支持党派的选票,取而代之的是一个挨着一个地经受选举官员的刁难指责,或许反而发现这些官员也无法解释这些程序。新近出现的、技术上深奥难解的公民立法提案权和罢免选举不是对下层阶级公民的补偿。几个州在20世纪初期采用的初选,同样也不是对下层阶级公民的补偿。它们用单独的投票站来代替政党提名其候选人的公开集会。在19世纪,选举政治首先能够使下层阶级的白人避免陷于瓦解;在20世纪,选举政治成为这一瓦解过程的附加部分。

到20世纪20年代,几乎没有人大胆地发言支持过去那种集体性的、乱乱哄哄的民主政治。公共讨论把个人化的选民当作是理所当然的。政治上团结的社区,曾经是民主政治的一个理想,但现在看来,那种以难以渗透的侨民社区的形式出现的社区完全是不祥的。甚至仍对以社区为基础的民主政治抱有信心的少数人之一,杰出的哲学家约翰·杜威也对19世纪跨阶级政治中固有的游行与欢呼、旗帜与呐喊表示不屑。但是,民主如何自我表现对于民主的意义一直是至关重要的。那些对剥离19世纪选举政治的艳丽盛装感到高兴的人,很少承认多少穷人随着这种剥离而从选举活动中消失了。

第六章　新兴的等级制度

在 19 世纪中产阶级当中的高度紧张状态,同样也引发了再一次的阶级重组,这是美国社会中重组规模最大的一次。变化的轨迹,看起来与发生在社会底层的相应过程有着惊人的相似性:首先是 19 世纪晚期没有产生任何永久性重组的熙攘喧闹;然后是一种到 20 世纪 20 年代塑造了美国现代三大阶级体系的逐渐发展的、深刻的社会结构重组。既然如此,19 世纪 80 年代和 90 年代的喧闹声与暴怒就来自于表示把他们自己当作一个与众不同的上层阶级的富有的城市居民团体。

当然,总有一些美国人拥有贵族的权利。当上层人物在 19 世纪之初失去了很多权力的时候,他们并没有放弃他们的任何财富。到 19 世纪中期,每一个主要城市都有其豪华铺张的社交活动。而在整个南部,拥有奴隶的种植园主周身穿戴着高贵豪华的服饰。然而,富有、华丽的服饰并不构成一个阶级。尽管从波士顿到查尔斯顿的主要沿海中心城市中的富豪和出身高贵的人表现出城市特有的上层阶级的外表,但是,他们既没有相互间的联系也没有分别给欧洲旅客留下深刻印象。总的来说,他们是工作着的上层人物,托克维尔把他们生动地描写为"被赶出政界后,就在某些生产性工业部门找到容身之处"。[1]

当成功的实业家们试图通过宣布退休来表现出一种不再忙于挣钱获利的姿态时,他们经常只是转向更谨慎的挣钱途径而已。英国领事托马斯·格拉顿在讥笑那些表现出"最具有贵族气派还要降低身份去采用非常低贱的挣钱方式的人"时,发现了这种自相矛盾的现象。"他们获得的仅仅是典雅讲究——漂亮的房子、精美的家具、昂贵的服装——的原料:钱,简言之,以它的各种支出形式来表现……没有什么比听说北美城市中富裕阶级夸耀他们'时髦的社交活动'更为荒谬的了。"战前最接近于上层阶级的是在南卡罗来纳州社会与政府中处于领导地位的一群混合在一起的种植园主家庭,查尔斯·狄更斯揭露说:"他们是伪共和国中可怜的贵族。"然而,其他的种植园主——大约占南方白人的1%,稀稀落落分散在南部的农业州中——没有能与南卡罗来纳人的成功相比的那种运气。接着,内战又毁掉了他们所有的希望。[2]

在这种错误开端的背景下,在19世纪后期努力创造一个有钱的贵族,看上去是一个令人敬畏的艰巨事业。美国城市工业化增长的一些主要受益者,在城市里建造了专用的冬季住宅,而在新港和巴港这样的繁华胜地建有夏季住宅;他们使自己的教堂和俱乐部与其他阶层的人隔离开来;他们对包括私立预备学校到精英学院在内的一系列教育阶段进行大量投资。只要有可能,他们都会在公共生活中精心设计一种免受干扰的设备:带帘的马车、专用的舞厅、独立的戏剧院包厢,以及就1890年的麦迪逊广场花园来说,甚至有一个隔开的社交活动中心。这种远离民主美国的喧闹、辉煌,孤立感日益强烈的都市幻想吸引着全国的仿效者。在这个世纪后期,马萨诸塞州的乌斯特以拥有它自己的社交杂志而自豪;为数众多的小城市拥有他们自己的地方名流。安德鲁·卡内基在1886年写到:"在美国,直到最近,有闲阶级仍很少为人所知。""无论如何,我不能不指出这些变革的标志。"[3]一部怀念拥有奴隶的种植园主那种风雅生活的文学作品也在同一时期出版。

然而,作为上层阶级的方案,这些尝试失败了。在一个又一个城市被分裂开来的美国有钱人,从来没有形成关键性的多数。每一小群有钱人都有他们自己的社会名人录和他们自己的社会名流。没有人能够坚持不懈地致力于阶级的形成。即使最富裕但内部严重分裂的纽约市的有钱人,也不能满足这种要求。19世纪90年代初,戏院的很多包厢无人租用,处于强大压力之下的麦迪逊广场花园的业主不得不寻求除百万富翁之外更广泛、更可靠的顾客。这种承诺似乎也不那么打动人心。如果匹兹堡的富豪们依靠像报纸这样普通的传媒手段来支撑社交精英的精神,那么,崩溃还会远吗?美国19世纪最富有的资本家很少放弃过积累更多财富的渴望。就像一位失落的社交名人在曼哈顿抱怨说:"这里没有闲人,因此,当纽约的一个富人不做生意时,他就没有什么事情可做,而且他也没有与之一起无所事事的同伴。"4

公众的反应使这些有抱负的富豪进一步处于防御地位。自我意识逐渐增强但仍然坚持传统价值观标准的城市中产阶级,使自己与挥霍财富和不事生产的休闲离得很远。一些漫画讽刺了那些目中无人的社交名媛和她们自命不凡的丈夫。特别是外国人的嘲笑正在对这些脆弱的阶级结构造成伤害。英国评论家詹姆斯·布赖斯几乎掩饰不住他的鄙视:"美国的上层阶级(如果可以使用这样一个词语的话),在(任何重要的)方面都没有使它自己区别于整个国家特色的地方。"5 当处于困境中的富豪们于1897年封闭了沃尔多夫饭店以便使外面的人看不到他们的高级舞会的时候,他们也就逐渐陷入了自嘲的境地。比一般人们所认识到的更聪明的方式是,具有强烈的贵族欲望的美国富人移居海外,结婚后成为欧洲贵族阶层一员。

1899年,像观察瓶中昆虫一样对美国的富豪进行了仔细观察的索尔斯坦·凡勃伦的著作《有闲阶级论》,成为富豪们阶级梦想的安魂曲。某些阶级组织也消失了。在乔治·普尔曼和海蒂·普尔曼——他们的上层阶级观点包括在芝加哥之外掌管一块工业采邑——于1894年大罢工时丧失了对工人的控制之后,不再有其他的老板试图把当代封建制度运用于大城市。然而,当他们活动在矿山新镇或农村工厂的孤立环境中时,暴君依然还是暴君。

这个阶级的许多活动领域完全被充满活力的资本主义所覆盖。在19世纪的美国,保障特权总是很困难的。当新的有钱人像浪潮一样涌入富豪们新兴的郊区住宅和休假胜地时,他们把这些地方从阶级的产物改变成各种富人的公共设施。在20世纪初,当他们自己的成员变得越来越松散时,自封的社会精英在城市大商场里的行为越来越像富有的顾客。他们用钱购买名贵的商品而不是阶级地位。在新的世纪,这些拥有足够财富的人,从交响音乐会和戏院的最好位置显示出他们的优雅。那些拥有财富较少的人则购买次于最好的位置并看着那些坐在最好位置上的人。

19世纪后期夭折了的上层阶级,就如同一时代夭折了的工人阶级一样,成为中产阶级体面社会地位强大吸引下的牺牲品,这个中产阶级具有个人艰苦奋斗这样的价值观念并以兄弟般的包容为其吸引力核心。作为肯定已获得胜利的价值观念的一种方式,针对上层阶级虚荣的攻击,在上层阶级失败后变得更加强烈。一些拥有大量财富拒绝接受民主价值观的人被描绘的像是一个试图要毁灭每个人的民主价值观的恶毒的富豪统治。进入20世纪后,民主、共和两党的重要成员都发动了一连串精彩有力的运动反对这些衰败中的贵族。不管怎样,在19世纪80年代和90年代,富豪的代理人根据法令不能进行持久变革的地方,在1900—1925年之间,一个成功的人数众多的美国中产阶级设法逐渐地、更迂回曲折地改变美国整个的阶级动力结构。重要的创新就是一个新的全国性阶级的产生,由使19世纪的双阶级体系变成了一个完全不同的20世纪的三阶级体系。

新的全国性阶级的出现导致美国从一个商业—农业社会向城市—工业化社会的转变。这肯定不是一个关于旧的摇摇欲坠的农业经济的崩溃并被一个新的充满生机的工业经济所代替的故事。当工业在19世纪后期的美国开始繁荣的时候,也是世界上最先进的资本主义农业——美国农业繁荣发达的时候。美国的资本主义农业是这样一种经济体制,即到19世纪末仍然在机械化方面起带头作用,仍然以拥有土地的农民为广泛基础,并仍然保持着一个普遍受到赞扬的交通网。实际上,商业继续支配着19世纪晚期美国经济的各个方面,包括从美国的铁路网为钢铁工业提供的市场到它的银行体系的商业定位等。美国内地迅速发展的城市扮演了渠道的角色,农产品和工业产品通过这些城市进入地区市场、全国市场和国际市场。在19世纪90年代的经济不景气之后,生产大宗谷物的农业进入了它赢利的黄金时代。

新的企业建立在这种成功之上。当商业城市繁荣兴旺的时候,它们自身就产生了对建筑、服务和金融等方面的需求。商业网络的形成明确地把这个有着众多城市的国家联系在一起。这些城市仍然作为一个商业—农业经济活动中心,但逐渐使它的活动适应城市市场的需要。20世纪初,这些形形色色、蒸蒸日上的全国性行业在一种新的公司经济中成为现实,这种公司经济的分支机构深入在金融、农业本身、娱乐业、新闻、广告、政府办事处当中。

到20世纪20年代,共同的价值观念和相互交织的惯例,使那些正在对这一广泛的进程做出贡献的人们进入一个全国性的阶级:这种全国性不仅是指这个阶级超越了地方忠诚和边界,同时也是指这个阶级在美国社会中占据着主要的、战略性的位置。尽管新阶级的成员可能深切关心他们自己的地区根基,但是,他们不再受限于特定的地点。他们在成百个可供选择的位置当中承担那种能够被完成得很好的角色:社会评论家、会计师、物理化学家、电影明星、劳工经济学家,以及在一个理性化社会中只有作为相互联系的成套技术才有意义的角色。查尔斯·比尔德和鲁思·本尼迪克特、亨利·卢斯和哈罗德·罗斯、简·亚当斯和玛格丽特·桑格、赫伯特·胡佛和伯纳德·巴鲁克、沃尔特·李普曼和亨利·L.门肯、W.E.B.杜波依斯和诺曼·托马斯、小约翰·D.洛克菲勒和哈维·费尔斯通、马撒·格拉曼和尤金·奥尔尼·J.沃尔特·汤普森和塞西尔·B.德米尔,所有这些人都应归入这个相互依存的全国性格局之中,每一个人反过来为其他无数个把他们自己当作在某些类似舞台上参与者或至少是追求者的人树立了生活的榜样。

总的来说,新的全国性阶级的成员是生活在城市里的人,不仅由于他们的技能只适于城市生活,而且也由于他们认为城市理所当然地代表着美国的未来。就像乔赛亚·斯特朗的小册子《我们的国家》(1884)在其关于外来的、不道德的工业主义力量是把真正的新教徒从大陆另一边驱赶到西部以便进行最后决战的想像中所描述的那样,在19世纪的80年代和90年代,人们普遍认为城市和乡村都在争取作为美国未来的发展方向。到了20世纪20年代,随着长达一个世纪的美国最大规模的城市增长逐渐结束,这些新教徒似乎变得不是公平、正直而是保守、拘谨了,新阶级的代言人从一个非常不同的角度看到了这场文化冲突。评论家霍勒斯·卡伦直截了当地宣布:"偏执是……乡村的特性,而宽容则是城市的特性。"经济学家约翰·B.安德鲁斯在1922年断定:边疆只是"一种梦想"。[6]

尽管大量的财富和影响力集中在这个全国性阶级手中,但它绝不是对形成富豪统治阶级进行二次努力的同一批老显贵。19世纪后期的那些昔日贵族没有软化他们的地方特性:他们是芝加哥的零售商、费城的律师、波士顿的上层人物,在他们的城市里拥有以他们的名字命名的艺术博物馆和交响乐团。不是那些地方上的大人物,而是全国性新阶级的领导人,在1897年之后以公司合并高峰和与之相伴的代价高昂的金融调整为基础顺利获得了权力。不像19世纪80年代和90年代那种专注与休闲的奢侈社交,这个全国性阶级宣传它对老式工作观的承诺,恰恰是在它重新改造了这些价值观以适应他们相互连结的专业化体制的时候。

这个新阶级的成员不是出钱进入一种严格限制的休闲文化群落,而是将它接管。东北部的精英大学成为现代资本主义的预科大学。电话把高级休闲胜地与生产界联系起来。雄心勃勃的贵族精神继续由那些拥有固定的高级地位的人掌握着,这些人在20世纪40年代被人类学家W.劳埃德·沃纳和他的同事称之为"上上层阶级":是那些文雅过度、内向的地方望族,他们在眼界和感情上与全国性阶级截然不同。从新阶级的角度看,这些与世隔绝、思想狭隘的上层人物由汤姆和戴西·布坎南体现出来,他们是弗朗西斯·斯科特·菲茨杰拉德在他的名著《了不起的盖茨比》中杜撰的、生活在一个小的不发育的特权卵囊里面的两个人物。

在19世纪,中产阶级用品德的概念来证明自身的正当性;到了20世纪,这个全国性阶级则用知识的概念来为自身辩护。专家——以及在专家的背后,科学——肩负起实现一个专业化局部、系统化整体的新时代这一希望的重任,在那里,如果不准确掌握大量的知识就无法进行工作。同弗雷德里克·杰克逊·特纳一样出类拔萃的批评家索尔斯坦·凡勃伦、约翰·杜威、刘易斯·芒福德,以及约翰·多斯·帕索斯一致认为,具有实践才能、经常被解读为工程师的科学上的公正无私,拥有通向美好社会的钥匙。尽管过去在一个很长的时间里,专门知识可能体现为天才和经验的一种魔术般的混合——例如,广为人知的托马斯·爱迪生的形象——专门知识越来越需要数年的训练。领导地位越高,头脑就越需要更多的训练。伟大的工程师赫伯

第六章 新兴的等级制度 163

特·胡佛就是在这些期望之下进入白宫的。

就像这个全国性阶级解释的那样,这些价值观不仅仅是把19世纪的品质概念翻新为一种现代概念。19世纪的品质依据的是日常生活中的品质,这种品质是普通民众可以在他们自己和他们的邻居中看到的、任何明白事理的成年人都可以判断它的性质和后果的那些常见的品格。在20世纪产生出科学之超然的训练,从另一方面说,也使它的受益人与普通人区分开来,只有专家才有资格对其他的专家进行评价。在19世纪,科学同自然一样能够回答每一个人的问题,甚至一些科学家认为美国的科学研究特别民主。用全国性阶级的术语来说,在20世纪,科学研究几乎总是意味着一种专家的方法——或者比喻意义上的一种专家的思维方式——只有有数的几种可以用于多数人的利益。

普通民众被期望尽可能地关注并保持与不断变化的世界齐头并进。文化差距——社会学家威廉·奥格本特别有影响的系统表述,体现了全国性阶级成员是如何理解这一过程的。当科学、技术以及与之相伴的广泛的经济力量发生变化时,文化的挑战就是要适应现实,要理性地适应现实。但是,全国性阶级的政论家们认为民众的价值观念赶不上客观世界的这些变化。如果缺少了坚定的道德支柱,普通民众就会对现代生活感到困惑、忿忿不平,通常无法适应现代生活。强有力的国家领导人通过给予公民一种方向感,至少能使文化保持在追赶现实的轨道上。尽管如此,最好的结果也就是一个缩小了的差距,就像李普曼所指出的:"总是要有一定差距的。"[7]

当一个全国性阶级揭掉传统中产阶级的顶盖时,在它的后面留下了数量众多的其身份仍然以他们所在的地区为基础的人。在一个极为不同的全国性阶级的价值体系面前,地方中产阶级声称它自己是竞争者的声音当中真正的美国人民的声音。在19世纪,已被广泛认同的事实是,个人根深蒂固的对好坏品质进行奖惩的道德评判体系在唯一真正重要的环境中——地方生活中经常得到证明。在20世纪,与全国性阶级对工作中的效率和休闲中的活着也让别人活着的宽容态度进行大吹大擂宣传相比,这些传统的价值观往往会从那些感觉到正在失去对远方强大敌人的影响力的人们当中获得一种防御性的、多疑的品质。从美国地方中产阶级一直所处的地位看,它发现自己处在一个不同的位置上。

新的全国性阶级与重组后的地方中产阶级生活中的经济中心是不同的。但这绝不是富与穷的分界线。在美国的地方上有大量的钱可以挣,而在全国性阶级中有着大量的有身份的穷人。主要的区别在于全国性阶级的外向型联系与地方中产阶级的内聚型定位。只对那些掌握着其周边环境具体情况的人产生收益的不动产,在多数地方经济中居于中心地位:买卖土地、划分土地、耕种土地、抵押土地、在土地上搞建筑。现代美国对有形资产的偏爱使它从地方中产阶级经济中获得了最大的力量。在美国,对阶级身份一直非常重要的信贷来源绝大多数是地方的。在地方土地经济的周围,存在着形形色色的零售商、提供服务者、官员以及那些依靠精细编织、亲自操持的地方关系网生活的职业。这些网络不会从一个地方迁移到另一个地方,每一个网络都是按地方规范建立的。

大量拥有全国性市场的公司,如纽约州宾厄姆顿的恩迪科特·约翰逊鞋业公司,俄亥俄州哥伦布市的七叶树钢铁公司,以及印第安纳州曼西市的保尔玻璃公司,都属于这样的地方网络,因为它们使自己的事务深深地植入它们所在的城镇。相应地,恩迪科特·约翰逊公司的总裁是宾厄姆顿市房地产界的主要角色。那些通过这些等级使他们走上高层并且一般要保持高位直到他们死亡或退休的七叶树钢铁公司的经理们,支持哥伦布地区的慈善事业,加入它的商会并且使他们自己融入该地的政治生活之中。[8] 公司领导萨缪尔·P. 布什牢牢地控制着哥伦布市,并且在俄亥俄州制造业协会中升任为其他扎根本地的自由雇佣制企业老板们的领导人。

当七叶树钢铁公司的地方联系依赖于在哥伦布的基础时,美国钢铁工业的全国性联系广泛地扩大了它的利益。实际上,根本不是美国钢铁工业最大的工厂产生于某个城市;而是这个城市在这个工厂的基础上产生,并且拥有一个外来的名字——加里,这个名字与西北部的印第安人没有任何联系。同样作为外来强加的产物,加里的速成学校制度主要作为教育改革国家实验室,同样也与它所在印第安纳地区没有任何实质联系。在加里,美国钢铁公司没有任何不能随意随时予以抛弃的社会、文化或道德方面的义务。

当然,对于来自全国性阶级的代言人来说,宣称对效率和科学拥有独占权是纯粹的幻想。实际上,效率与科学是通用的先进做事方式的代名词,地方公司与全国性公司的性质是一样的。没有有说服力的证据来证明,全国性阶级的样板公司——通用汽车公司在20世纪30年代比地方性的履带式拖拉机公司更有效率,或杜邦公司在20世纪40年代比位于罗切斯特的静电复印机公司更科学。不过,地方性的企业不得不提出理由来证明它们是现代化的,而大公司的行为好像已经证明它们是现代化的。

在20世纪早期阶级形成的过渡时代,在这些阶级划分他们的领域时,任何公共问题都难以避免在这些阶级之间引起对抗与争夺。相应地,其中许多冲突涉及商业活动与商业价值观。通过削减价格进行竞争的全国性零售商业连锁代表着进步,还是地方商业的拥护者所称的代表着扼杀进步的竞争?在美国地方上,竞争仍然是并行的、使小型的垄断与市场运气进行竞争,而不是相互竞争。据说,堪萨斯州托皮卡的一位商人的行为准则是"他永远不会……试图以任何方式去谋取其他同行的利益"。[9]另一方面,在全国性的格局中,商业活动的确在驱逐并吞并它们的竞争者:可供选择的方式之一就是降低效率和提高价格。这些利益集团促使通过包裹邮递法以使市场全国化;而地方商业集团的反对曾使这一法律多年不能通过。

一种合法的商业资产是由什么组成的?越来越多无形的东西——从名声到远大的前程——在全国性阶级的圈子里成为财产。相反,为了地方中产阶级的利益,罗伯特·拉福莱特参议员要求,铁路运输费用应该以公司资产的"有形价值"为基础进行确定,而这种有形价值的估定是以商品内在的或真正价值的自然法前提为基础的。那种没有人能够看到或感觉到的财产是不存在的。同样地,威斯康星州沃沙拉县的地方银行家安德鲁·弗雷姆预言,如果全国性阶级的资金中的那种迅速增加的纸质证券获得像支撑美国货币的贵金属或政府债券一样的合法地位,那将导致巨大灾难。总的来说,当全国性阶级的利益集团需要的时候,它们会寻找机会为它们的主要公司制定规则:他们最喜爱的机构就是调控委员会。另一方面,地方中产阶级的利益集团赞同用特殊的法律规则来控制他们所称的"大企业"。从19世纪90年代的12个州到20世纪20年代扩展到40个州的反托拉斯法,就体现了他们的价值观念。尽管美国大多数著名专家同意全国性阶级的理由,但身为首席律师和最高法院法官的路易斯·D.布兰代斯则是一个雄辩的捍卫地方商业的完整性、反对公司掠夺者的人。

政治上,地方中产阶级在州一级的势力比在全国一级势力要大,在众议院的影响比在参议院要大,对全国的影响比对行政机构的影响大,对联邦行政系统比对联邦司法系统的影响大。它的基础是地方;人民的数量和地区的面积是它的力量所在。在县城派系控制着政治生活的南部大部分地区,根本就听不到全国性阶级的声音,如先是做编辑和后来做大使的沃尔特·海因斯·佩奇就发现,南部是一个狭隘的、压抑性的环境,没有改变这种情况的可能,只有离开它。多数城市的政治生活也都是以地方中产阶级为中心的。

消除这些差别需要时间。20世纪初,几种加强对权力的控制和使程序制度化的趋势——巩固政治领袖的权力,组织特殊利益集团,对市政府进行合理化改革——似乎既符合全国性阶级的意愿,也符合地方中产阶级的意愿。商人的地位下降了。就像林肯·斯蒂芬斯在他那给人以深刻印象的杂志连载报道《城市的耻辱》中所揭露的,商人中的许多人支持政治领袖;其他的人则发誓要用管理型的城市政府来取代政治机器。到20世纪20年代,这些结盟与冲突的意义或多或少已得到自我证明。城市政治使一批特殊的、限于本地的这些新的集权化力量形成三足鼎立之势:具有商业头脑的地方中产阶级领导人,政治领袖和城市政府官员。那时,斯蒂芬斯揭露出它们的罪恶而市政效率运动则从它们那里获得灵感的新兴全国性中产阶级,在很大程度上消失在其他活动之中。

只有那些以地方为中心的利益集团对一个关键的问题作出了明确且一贯肯定的回答,这个问题就是:值得为城市的管理权而战吗?即使在一个庞大的公司控制着城市经济的地方,就如在亚拉巴马州伯明翰的美国钢铁公司下属的田纳西煤铁公司所做的那样,当大批事业上春风得意的地方领导人竞争伯明翰市的政治职位,从事不动产并且通常把这个城市当作他们的独占区进行管理的时候,该公司的一个极小的全国性阶级集团谨慎地保护着公司的利益不受来自外部的伤害。当地方中产阶级的两大分支——大城市的老板和县城的实业巨头——这20世纪20年代联合起来控制"民主党的"地方主义政治时,出现的矛盾比许多评论家所想像的少得多。

全国性阶级和地方中产阶级编织了不同的社会组织网络。当全国性阶级支持美国律师协会、美国银行家协会,以及大量的一个又一个特殊领域的类似组织时,地方中产阶级的兄弟会,包括从慈善互助会和友爱互助会这种最受欢迎的老式共济会组织到那些体现为在芝加哥瑞典中产阶级和哈莱姆黑人中产阶级的新式共济会,也处于活跃时期。20世纪一种理想的地方中产阶级领导模式——轮流制,在这个世纪前20年中已经被700个以上的共济会地方分支机构所接受。成立于1915年的基瓦尼斯俱乐部,到30年代其成员已扩大到50万人以上。组建于1917年的狮子会则是又一个成功的例子。典型的地方中产阶级政治家沃伦·G.哈定从来不对创办共济会感到厌倦,这些组织在哈定任总统期间也得以兴旺发达。

大批的专业人员认为他们自己介于这两个阶级之间。医生们是认同专业医院和精英医学院新的实验医学,还是认同管理松散、在地方适用的大众医疗?学校的校长是属于从地方爬升起来的当地人,还是属于那种职业生涯从一个城市转到另一个城市的全国学校协会的会员?大学教师把他们自己看作是拥有地方学生并得到地方支持的学院或大学的教职员,还是看作在全国性专业领域中拥有同事的数学家和政治学家?总之,高等教育为每一个阶级提供了一种不同的流动途径:福德姆大学和德保罗大学适合于地方中产阶级,哥伦比亚大学和芝加哥大学则适合于全国性阶级。

当两大阶级为地位而战的时候,全国性阶级将城市据为己有,并口头上把地方中产阶级打发到边远乡镇。实际上,在任何城市,全国性阶级都不过是一个规模较小的少数群体,只有在几个大城市,全国性阶级的声音占据了主导地位。到20世纪20年代,好莱坞成为这样一个大城市。尤其是纽约市也是这样的大城市,正如威廉·泰勒所写的,这个城市现在"为全国性市场而不是为地方市场创造了一种商业文化"。[10]商业文化规定着从戏剧到建筑学再到摄影术的艺术标准。在《时代》、《美国信使报》和《纽约人》这些华而不实的新杂志上的聪明想法和轻率风格规定了从迪比克到波特兰的矫揉造作的标准。尽管《纽约时报》在任何市场上都不享有无数地方报纸在它们的地方市场上所享有的那种垄断,但是,它接近于成为各地全国性阶级的圈子里最受欢迎的报纸。这些代言人集体批评别人的价值观。他们赞扬他们独特的城市作风。他们对于健康城市社区的想像就是格林尼治村。在他们最喜爱的作者:辛克莱·刘易斯、舍伍德·安德森、托马斯·沃尔夫等人的笔下,城镇的生活状况很差。农村生活稍带有特定的户外厕所的气味和小说《烟草路》中描写的污秽、贫穷的乡村里的那种道德气息以及 H.L.门肯笔下来自田纳西州代顿的"类人猿暴徒"的气息。

当全国性阶级的代言人在他们自己的价值观外披上一层科学的外衣时,他们把地方美国看作是一种难以忍受的新教。1924 年使达尔文的进化论与田纳西州的法律陷入对抗的斯科普斯审判,引来了全国性阶级的愤怒抗议,部分原因是由于此案正好符合人们预想的一个长期遭受苦难的科学要永远受到反动宗教困扰那些看法。全国性阶级的代言人们坚持认为科学的真正价值就是思想自由。沃尔特·李普曼写到,守旧的道德家们"认为他们正在与拒绝相信古代权威的一代人打交道"。"他们实际上是在与无法相信古代的权威的一代人打交道。"在这种新文化最发人深省的一个主张当中,李普曼推荐了两个神。一个是为全国性阶级推荐的,另一个是为其他人推荐的。在远离现代"文明中心"的地方,让那种古老的、迫害人的、非理性的宗教自行其是吧。但是,在朴素的真理不再能够满足要求而神被迫成为一个实用主义者的城市里,受过教育的美国人应该被允许创造一种切合现代实际的宗教。[11]

当 19 世纪的中产阶级一分为二的时候,许多试着进行和解的公共服务机构做不出比一种空洞的外表更好的东西。在软化 19 世纪僵硬、抽象的法律范畴的过程中,例如,主要是回应全国性阶级的需要,法官使合同法向越来越多默认的经济协定开放,同时使他们受制于那种巩固地方中产阶级商业活动的"真诚"的道德原则。那些尽力宣传这种差距的大众媒体,传播着他们所消除的东西。像《星期六晚邮报》和1919年后《真实的故事》这样的发行范围很广的杂志,在用一种旧式道德的高潮关闭大门之前,向他们的读者提供了一种令人愉快的对个人空间的广阔新天地的展望。电影使这种方案得以更加完善:激动人心的生活和奇异的想法,这两者在传统的认识中是合为一体的。很快,无线广播节目也在探索这种相同的结合体。政治家们展示出了他们自己的结合:哈定那种地方阶级的和蔼可亲与全国性阶级的内阁领导人,卡尔文·柯立芝朴实的格言和支持大企业的政策,胡佛的传统个人主义与创造性的制度建设,没有人比20年代的三位社会知名人士——查尔斯·林德伯格、亨利·福特和托马斯·爱迪生更有效地将这些矛盾密切地结合起来,每个人都在昔日美德的外表下支持未来的技术,换而言之,产生出在对立阵营中能够被同时解释为肯定信息的信号,是20世纪20年代的一个特色。

在这种华丽的外表下,一场争夺文化控制权的残酷斗争在激烈进行。在这场斗争中,对体面社会标准的垄断已被打破的地方中产阶级,试图努力通过一项又一项行动来补偿它的损失。当全国性阶级的成员宣布宗教是最大的分离制造者的时候,他们也在帮助宗教成为这样的分离制造者。在这些过渡岁月中出现的新教教义的现代主义派和原教旨主义派,在阶级冲突使他们陷于激烈的争吵之前曾经设法共处。宗教信仰和意识形态是按照阶级界线来划分的。从1910年到20年代这一时期,广泛出现的反革命的法律,首先是地方中产阶级对一种威胁的事先反应,也是事后对一种信仰的声明。已经复苏的三K党把种族主义、本土文化保护主义、假道学和恐外症结为一体,并不表示任何内在的人生哲学;它只是提供了一个装满各种敌人的杂物袋,以供各种三K党地方支部中的地方中产阶级领导人从中选择他们的目标。当然,什么被选择则是至关重要的。每一个这样的运动都会在别人受损的情况下促进某种价值观念:阶级的愤怒创造出一套价值观念。

在阶级对抗的严峻考验中,没有发生变化的是地方中产阶级美国的实质上的权力分散化。美国地方中产阶级最大的全国性事业——禁酒,证实了这一命题。以全国的新教徒礼拜会为基础,在反酒馆联盟的鼓动和第一次世界大战前后对社会变革高度期望的鼓舞下,这场禁酒运动关闭了整个酒类行业,修正了美国宪法并利用国家法律来强制实施地方性的道德观念——按任何标准都是一系列显著的成就。然而,在它获得胜利的时候,这一运动只能回到它的发源地。它没有那种需要进行全国性管理的感觉,不喜欢全国性的管理,在新的全国性问题的讨论中也没有自己的声音。禁酒运动的瓦解既是由于全国性阶级的漫不经心,同样也是由于地方性阶级的抵抗。在这些年里,当三K党地方性组织对州和国家权力产生强烈欲望时,三K党骇人听闻的分裂、背叛、腐败和丑闻记录把地方性组织的动向描述得特别阴森恐怖。

就像禁酒运动的混乱状态所表明的,19世纪中产阶级的分裂产生了一系列关于最有效地影响公共政策的问题:是局限在地方上还是向全国扩展?是抵抗中央政府的权力还是借助中央政府的权力?强调传统还是强调创新?做出这些抉择是冒险的事情,尤其是对于那些他们自己的阶级地位像他们的事业一样被他们周围的变动搞得模糊不清的人来说更是如此。过渡时期三位领导人——塞缪尔·冈珀斯、布克·T.华盛顿和卡里·查普曼·卡特——的经历表明了这些特殊的挑战。

乍一看,他们构成了一个古怪的三人组:犹太人冈珀斯,生于1850年,当他于13岁那年从伦敦的经济公寓里迁居到纽约市的一个德裔工人居住区的时候,他已经是一个学徒了;非洲裔美国人华盛顿,生于1856年,生来就是一个奴隶,当他在南部重建中开始一种新生活时,他给自己取了这个名字;而属于白人中产阶级的卡特,生于1859年威斯康星的一个小镇,在衣阿华州的农村长大,在她30岁之前,她运用在教育中所学到的扎实的知识,使她自己成为有独到见解的人。即使所有这三个人都在对其追随者提倡自力更生,但每个人对自力更生的理解却是极不相同的。对于白人工资劳动者来说就是集体的力量,对于黑人来说是个人自给自足,对于妇女来说就是公权。无论是冈珀斯还是华盛顿都对妇女权利没有任何兴趣。卡特和冈珀斯很容易适应白人种族主义。华盛顿反对冈珀斯领导下的工会,而卡特则看不起使工会得以维系的工人文化。

然而作为领导者——卡特作为成功推动宪法第十九条修正案或称妇女选举权修正案的背后组织者,华盛顿作为非洲裔美国人自助自立的著名提倡者,冈珀斯作为美国劳联实际上的终身主席——他们采取了十分相似的领导方式和策略。首先,他们是典型的名人,专注于他们所领导的组织。当卡特的全美妇女投票权联合会在19世纪结束时从一个普遍性的女权运动转变为把活动重点牢牢集中在投票权问题上的时候,卡特明确促进了这一转变。当全美妇女投票权联合会的种族歧视在世纪之交日益强烈的时候,卡特也是如此。非洲裔美国人、亚洲裔美国人和拉丁裔美国人的父权制使这些文化成为妇女权利的顽强抵抗者。由于不鼓励在这些文化中招募新成员,更不用说在劳工妇女中招募新成员了,卡特在这两个群体中什么也没做。

华盛顿代表了散布于北部和南部的城市之中、主要通过教堂联系起来而且在19世纪90年代的经济萧条中扩大了他们的组织范围的一小群黑人中产阶级。日益壮大的黑人地方政治团体和成立于1910年的全国城市联盟都体现了它的活力,20世纪20年代初期马库斯·加里的环球黑人进步协会也是如此。如同W.E.B.杜波依斯所形容的费城的中产阶级黑人,正当他们想方设法帮助他们贫穷的黑人同胞时,他们自觉地脱离了下层非洲裔美国人。日渐增多的、从农村地区迁移到这些城市来的贫穷的黑人移民,大大增加了黑人贫困的规模,使黑人中产阶级的差异意识更加分明。华盛顿以一种乐观主义的和工作取向的纲领激发黑人中产阶级对成功的自豪和对自立自助的信仰。这个纲领,而不是其竞争对手的任何纲领,还考虑到了贫穷非洲裔美国人的日常生活状况。

在世纪之交前后,冈珀斯的劳工联合会中的工会,随同白人技术工人生活中的工作意识、男人意识和蓝领意识等倾向一起,达到兴盛的顶峰。劳联从19世纪90年代经济萧条时期的只有数十万人的骨干力量,到1904年其会员增加到200万人以上。当他把木工P.J.麦圭尔这样的社会主义空想家撒在一边而支持顽固的保守派时,冈珀斯使自己的态度变得狭隘起来。工厂中人种、性别和种族集团的混合使组织工会活动陷入分裂,而冈珀斯则把新世纪行业工会中常见的本土文化保护主义、种族主义和性别歧视结合在一起。而这其中没有一个是他率先提出来的。他的劳联只是顺应那些成员工会的立场:这些工会根据它们的内部章程把黑人排除在外,故意回避新移民,并且不理会劳工妇女。

所有这三个领导人都参与了推动比他们地位更低的下层阶级的进一步沉沦的进程。华盛顿1895年在亚特兰大的著名演讲标志着这一进程的开端。在此次演讲中,华盛顿把种族不平等当作一种他不得不面对的既定事实予以接受,而全美妇女投票权联合会和劳工联合会在稍后几年便发生了排他性转变。作为一种必然结果,他们都对大众政治过程产生怀疑。希望成为政治家而非政客的冈珀斯抱怨说,那些把劳联拖入党派选举和立法冲突的人是劳联的敌人;而他言过其实地断言劳联在大选中成功更突出了他的困苦与不安。华盛顿之所以出名是由于他愿意在黑人取得更大的经济收益之前置政治于不顾。在争取妇女选举权运动的岁月里,留给卡特的是对整个民主政治过程的一种超然的鄙视,她多次把这种民主政治过程说成是一种秘密交易和购买选票的肮脏的(男人的)勾当。总而言之,她宣布,美国之所以不光彩地成为第27个正式通过妇女投票权的国家,其原因就是:"政治"。12

为强调他们与下层阶级生活之间的距离,他们调整自己的诉求以符合传统的价值标准。干净利索地把美国分为体面的和不体面的两部分的卡特,提出了在公共生活中通过提升白人妇女的品质及朴素道德观的影响,而达到一种更为体面的境界。冈珀斯养成了一种同他的言辞一样出色的随时准备与其他商人打交道的商人角色。华盛顿同样提倡19世纪通行的价值观:获得机会的黑人将凭借良好的习惯和诚实劳动的力量而提高自己的社会地位。他们三个人使他们的事业呈现出诱人的前景:公民美德、经济回报、社会和谐。

他们都避开与身边激进分子的冲突,而获得温和派的名声:华盛顿避开与尼亚加拉运动和全国有色人种协进会中新贵的冲突,卡特避开了与艾丽斯·保罗背后那些好斗的主张扩大妇女选举权者的冲突;冈珀斯则避开与劳联内部和周边的那些充满罢工思想的扩张主义分子之间的冲突。把他们的愤怒对准更为明显的敌人——雇主、白人、男人——他们竭尽全力,至少运用某些价值观念,把这些敌人的敌人当作他们的敌人:冈珀斯是社会主义的坚定对手;华盛顿是一种民族融合最坚决的反对者;卡特是城市下等人的无情反对者。当曾经是和平主义者的卡特和冈珀斯走在了军事游行队伍的最前面时,在这种迁就通融的历史中最显著的转折点随同第一次世界大战一起到来了。

他们用一种相同的小心翼翼来表现他们自己:冈珀斯和华盛顿无可挑剔的衣着,华盛顿与卡特无可挑剔的演说。实际上,他们是非常有技巧的请愿者,是迂回政治中的专家,即他们试图把有能力的人吸引到他们的事业中来而又不必牺牲对支持者的尊重。每个人都集中精力克服对其事业有害的成见:华盛顿以对个人勤奋的热情提倡来抵消黑人偷懒的形象;卡特通过不断的有组织运动以抵消妇女易冲动的形象;冈珀斯赞美通过谈判订立合同以抵消那种投炸弹的激进分子形象。这种对于控制局势的热情成为他们的领导特色。一位反对者在1916年总结说,卡特以"强硬的手段将这次代表大会管理的井然有序"。[13] 冈珀斯担任劳联主席的时间越长,他对那些敢于对抗他的劳联成员人的压制就越多。华盛顿不分青红皂白地压制批评是有名的。

他们对于声誉和权力的敏感使他们对于自己的最富想像力的飞跃做好了心理上的准备——承认在20世纪初期流动性的阶级领域,一种新的拥有其自己的机构和代言人的全国性权威正在他们周围形成。尤其是,他们在新的全国性阶级出现时就发现了它,至少领会了它的某些复杂的含义,并计划利用新的全国性阶级的力量来推动他们自己的事业。这些见解绝非是强加在他们头上的。所有这三个人自然都是以分权的、地方性术语进行思考的。华盛顿在1881年用南部的基金开办了塔斯克基学院,并使他自己融入南部生活之中。他不得不再一次全面了解关于全国性权力的力量。当卡特第一次就任全美妇女投票权联合会主席时,这个来自中西部农村的人毫不困难地使她自己适应了联合会的逐州发展战略。在19世纪,冈珀斯领导的劳联最初只是一个工会联盟,其对成员工会的影响力还不如许多城市的工会总部大。

华盛顿是三个人当中第一个意识到一种新的至关重要的传播方式正在形成。全国性的新闻媒介制造出那种可以与全体公众进行对话的全国性人物。他认识到,充满激情的声明、众人注目的观点冲突、象征性的姿态的影响已超出其发生地的范围,是对整个国家讲的,并且这将使他像一种新的全国性人物一样获得响应。通过数量众多的黑人报纸网络,他把自己提高到全国性水平上,对各地的非洲裔美国人发表演讲,并且通过与声名显赫的白人——几乎都是新生全国性阶级的成员——进行有选择的、刻意安排的交往,寻求为自己在国家权力中弄到一个位置。随着他于1915年的去世,他在这个基础上所建立的那些东西也都消失了。

经验最少的卡特是最后出现在新的全国性舞台上的,当时,她回来就任全国妇女投票权联合会主席的第二个任期,并在1916年把联合会的工作重点从州转向总统和国会。能够理解国家与州/地方政治的现代变体是如何相互分离,又是如何相互依赖的,正是她的特有的洞察力。她认识到同时向这两个层次发动进攻,将会迷惑她的敌人并使他们不知所措。与此同时,她认为良好的全国性宣传——得到国家官员的支持,在几个州立法机构获得引起公众注意的成功——也许会给宪法第十九条修正案带来动力并加快它取得胜利的速度,恰好就是时局发展的路径。同时,她那战时强烈的爱国主义与国际复杂性的结合在全国性阶级的人们中间留下了正面的印象。

冈珀斯对全国性趋势的了解最为深刻,而在这些方面冒的风险也最大。在世纪之交巨型公司突然出现的时候,他所看到的不仅仅是更大的工商企业,他还尽力寻找与这种新型权力进行较量、使之中立化、与之进行合作的办法。他利用一切机会把更多的权力收归劳联总部。他把罕见的力量投入到推动整个工业行业国家合同法的制定当中,而且他还试图通过转而运用全国性战略使工会从地方灾难中摆脱出来:抵制、宣传、调解和任何能起作用的手段。这些问题——更准确地说,政府打算宣布这些手段为非法——最终使他进入全国政治中。然而,在此之前,随着劳联在他的领导下的发展和建立,冈珀斯一直冒着与新的公司权力和它们在全国公民联盟——一个声称正在为20世纪的工业社会寻求更高水平安宁的组织——内部的支持者进行勾结的危险。

这总是一个利用和被利用的问题。当华盛顿和西奥多·罗斯福在白宫共进晚餐的时候,谁更受益?当冈珀斯避免在战时举行罢工行动的时候,谁更受益?当卡特称赞了在最后时刻转而支持妇女选举权的威尔逊时,谁更受益?事实上,追求虚幻的全国性阶级的权力目标也许不会对于他们业绩有任何改善。只有在想像的公共关系领域中——其本身也是全国性阶级的产物——大型公司才有比它们的小同行更为开明的工会政策。与全国公民联盟中的工会破坏分子的友谊成为冈珀斯的一个十足的累赘。在第一次世界大战前的十年里,同业公会没有得到任何重要的行业合同,而劳工法也没有对组成全国性的工会带来任何有利条件。1924年,在支持罗伯特·拉福莱特总统竞选运动中进行了最后一次毫无希望的努力之后,冈珀斯的全国政策也陷入一团糟。尽管卡特离开时留下了某些具体的东西——宪法第十九条修正案,但是她的全国性阶级联盟似乎与成功是毫不相干的。同样的情况也适用于华盛顿的成就,当其成就产生在一种疯狂的对黑人进行种族歧视限制的背景下时,这种情况就会出现。

然而,冈珀斯、华盛顿和卡特三个既不是傻瓜也不是背叛自己的事业。如果说他们利用自己身边大变革的希望是不成熟的,那么他们有识别这些情况的应变能力。就像20世纪30年代产业工会联合会的建立、60年代黑人民权运动以及70年代的平等权利修正案运动所表明的,他们进行实验的实质——利用国家的力量去战胜隐蔽着的地方政治力量——成为边缘地区人民最常用的策略。甚至在华盛顿的有生之年里,他在全国有色人种协进会中的反对者也会因为他开创了他们所依赖的全国性名声而向他表示敬意。

他们三个人没有认识到其他关心他们事业的人是多么的少。那些对于他们来说非常重要的问题根本没有在全国性阶级中引起多少兴趣。尽管全国性的和地方性的工商企业在20世纪初期肯定有着根本的差别,但工会政策却不属于这种根本性差别之列。当然,全国性阶级中那些在法律面前通过为工会要求平等权而自称是工人之友的自由主义者,其实并不打算使工会得到平等权。他们当中没有人提出把那种使工会陷于瘫痪的禁制令也运用到资本家一方。那些不喜欢公司条款规定的工人被要求到别处寻求工作,但那些拒绝工会条件的经理们却不被要求为新的管理人员让位。公司可以雇佣"警卫",但工会却不能使用"暴徒"。完全合理的是,冈珀斯最想与这样的人交朋友,而他们的政府却尽可能地远离工会。

对于带有妇女选举权的这项法律,没有一个全国性阶级的领导人征求卡特的意见。尽管全美妇女投票权联合会曾含糊其辞地允诺提升公众的道德水平,但仍然在形式上是一个追求单一目标的组织,并因此或多或少把投票权当作它的一个最终目标,这对于该会来说至少是谨慎的或许是明智的。全国性阶级的男人为妇女完全从投票人的行列中消灭的前景而感到高兴。在非洲裔美国人权利的问题上,全国性阶级的领导人更喜欢谈及表面现象:拒绝接受私刑,对种族暴力表示不安,赞扬电影《宽容》作为对电影《国家的诞生》中极端的种族主义抵消。如果像白人的至理名言所说的那样,种族关系属于基本的人性和根深蒂固的地方习俗的问题,那么排外与种族隔离的根源这样的难题也就不在国家政策的管理范围之内。华盛顿同样有着非常充分的理由不指望得到全国性阶级所主导的帮助。

眼不见,心不想。由于在国家事务上是无足轻重的,这三个人所代表的人民把他们的注意力转到了地方上。在卡特本人退出妇女投票权运动之后,全国妇女投票权联合会的继任者——妇女投票者联盟,又重新回到州和地方政治之中,在那里,它所拥有的准确的知识和坚持不懈的工作更有可能博得尊敬。华盛顿的个人关系网络随着他的去世而瓦解,这个关系网络在北部的许多组成部分与其他的地方利益结合在一起以便对城市政治进行充分利用。同白人老板进行谈判,例如在芝加哥奥斯卡·德普里斯特与大比尔·汤普森之间的谈判,成为未来的浪潮。由于在国家事务上默默无言,行业工会的注意力转向内部。一些工会,尤其是在建筑行业,除了是一种地方性工会外,实际上从来都不是其他别的什么东西。其他的工会,如在煤炭和服装行业,可能是全国性的工会,实际上从与众多地方公司的谈判中获得力量。到20世纪20年代中期,在一些城镇,但不是在全国,工会仍然非常重要。

现代的三大阶级体系把等级制度置于在美国公共生活的中心。从根本上讲,等级制度与美国独创的民主制度是不相称的,在19世纪白人与那些被他们排斥在兄弟会之外的人们的交往中,等级制度在很大程度上被保留下来。现在,等级制度以更为复杂的形式去组织安排20世纪的社会生活。新的模式就是那种结构合理和集中管理的大商业公司。就像19世纪初自主工作的胜利逐渐削弱了18世纪等级制度的基础一样,自主工作的基础被逐渐削弱也为20世纪初新的等级制度扫清了道路。

工业行业中工资劳动者工作的制度化,在20世纪早期最为引人注目。在进入20世纪之前,美国那种分散化的工作文化已经适应了巨大的变化。只有少数几个人的小型企业仍然是常见的。19世纪晚期,即使在非常大的工厂里,对工作的管理权通常被许多自治团体所分享。在某些行业,例如纺织业和煤矿行业,工头在雇佣、解雇和大多数发生在雇员之间的事情上,像一个小独裁者。职位低下的劳工经纪人经常掌握着进入建筑行业工作的控制权。在别的地方,许多技术工人则掌管着他们自己的领地。加入了工会的制帽匠,使工头在他们的作坊里失去原有的作用,而制造雪茄烟的技术工人则阻止闯进来的老板干扰属于他们的事务。尽管铁路经营者们早在19世纪50年代就发布了很多套正式的工作规则,但是,技工中的掌权阶层仍继续掌管着他们自己的领地,包括雇佣和解雇的权力,这种权力总是被用来为家庭、朋友和本种族的成员服务。针对这些传统做法的这种特性,要求工厂工作规范化的压力在整个19世纪产生了较好的效果:反复灌输要遵守上下班时间、不要喝烈性酒、要提高精确性,并且要扩大角色的互换性。然而,在纽约州波基普西的工厂里面继续存在的东西,在镀金时代仍广泛地应用于美国工业中:"工作的节奏与技巧更接近于早期的手工生产,而不是20世纪的批量生产。"14

随着20世纪的到来,严格执行纪律的人开始用由管理者控制的体制而非工人控制的体制来使这些工作程序合理化。例如,在铁路的经营管理中,中央管理者们不仅摧毁了技工们的势力范围,而且他们还使所有的雇员都接受公司的例行工作鉴定。几年以后,当矿山实行机械化生产的时候,煤矿主们使用新的工作规则约束他们的雇员。使旧式的、随心所欲的经纪人服从这些管理取向型的生产程序是转型过程中的一个至关重要的因素。此外,在1900年以后,数量不断增加的大公司像协调一致的工厂一样运行而不仅仅是罩在众多不同工作单位之上的外壳。产品装配线就是推动工业劳动一体化的那些力量的一个符合逻辑的体现。早在19世纪初,来自欧洲的游客亲眼目睹了美国自主工作带来的惊人的拥挤奔忙景象;到了20世纪20年代,来自世界各地游客开始来研究美国在工厂生产制度化方面的创新。

公司也同样牢牢地吸引着它们的白领雇员。实际上在一些铁路公司,纪律程序在影响到技术工人之前已经影响到了中层管理者。在20世纪的头20年里,其他公司的等级管理体系的影响范围扩大到了先前分散的、从事自主推销工作的队伍身上。1909年,电报与电话结成一体,建立了一种快速、广泛的通讯网络。总部需要用它来管理一个分布很广的销售系统。在这种等级阶梯的下端,由于零售商品单一价格政策的广泛采用,使销售人员失去了与顾客讨价还价的余地,他们的工作所受到的控制越来越严格。在20世纪初,以电话接线员为中心的监督管理也变得更严格起来。在这些领域,如在普遍增加的办公室雇员等级中,几乎全部日常工作的女性化,使那些担任主管的男人坚定了一种信念,即他们实质上天生就有一种把规则强加在他们的职员头上的权利。

等级制度体系向四面八方扩展开来。有些直接把公司当作一种模式。例如,大农场的经营者希望从相同的正被运用于工业行业的合理化原则当中受益。与生产效率极为相似的学校教育制度,把农村地区联合成一个整体,把迅速扩大的初级中学和高级中学并入到一个包括从幼儿园到大学阶段在内的教育阶梯,使学生出勤的规则更加严格,并且承诺在这个教育生产线的最后生产出大量有责任感的公民。甚至曾经被看作是一伙社区流氓的犯罪团伙,在20世纪20年代也以一种系统化的、高效率组织的名义出现。

更重要的是,等级制度仍然是美国社会进行思考的一种方式。在第一次世界大战期间,随着等级制度把军队纪律广泛描述为一种社会理想以及它对下层阶级民众的强迫劳动迸发出强烈兴趣,这一思考方式的巨大吸引力变得更为明显。他们被告知,"要么工作,要么战斗。"尽管对于要创建的军队种类有着尖锐的争论——地方中产阶级赞同它所支配的国民警卫队,而全国性阶级则赞同最能反映出其价值观的正规部队——双方形成了一个赞美军事等级制度的大合唱。军队职业化本身就从几个方面强化了人们头脑中的等级倾向。每一种职业——许多是在20世纪初刚刚稳定下来的——都在尽力提高自身的社会地位。说也奇怪,低工资的大学教师的社会地位相当高,也许是由于他们似乎使古老的自主工作的梦想保持着活力。在职业内部,等级的敏感性也是很强烈的,通常把那些经过长期训练和更具有专业化知识的人提升到更普通的从业者之上。最后,预计美国人会把等级制度的价值观念内在化,以用于他们生活的各个方面。例如,新的美国人家庭经济学协会告诉家庭主妇们按照技术等级制度来划分她们自己工作的等级:从笨手笨脚的外行到高效率的内行,具有熟练管家水平的内行按照该协会的界定就达到了这一行业的顶点。

职业似乎不可避免地促进了社会等级制度本身的顺利运行。战后在教育系统内部兴盛起来的一个特殊行业——就业指导,试图引导学生进入与他们的技术和个性最适应的职业中就业。在一个公司企业中,追求每一个工人的生产效率最大化导致了人事管理这种新职业的产生。19世纪的老板们似乎对几种常见的经验法则感到满意:表扬勤劳的人,严厉斥责懒散的人,付出的最少,要求的最多,雇佣年轻的,解雇年老的。现在,专业人员从一套由三部分组成的程序安排中获得提高工作效率的希望:为每一项工作选择最合适的人,消除由人员调整造成的损失,并且把工作组织成一环扣一环的体系。

对于把人与工作相配或测定受雇的最佳期限,没有人有更为令人印象深刻的理由。从另一方面看,人员调整纠正了人与工作的错配。尽管经过弗雷德里克·W.泰勒和他的热情追随者的努力系统地提出了一套经久不变的规则,但工作模式的严格规定即通常所称科学管理,同样还是一个反复实验的问题。在主要工业发生变革的不稳定时代,科学管理仅仅是一种趋势,一种把规则运用于工作场合的发展趋势。然而,由于正好顺应了时代的需要,科学管理激起了所有美国资本家的希望。工人当然也理解它的实质含义:多干活,少休息。

管理工人需要激发他们的工作积极性;激发工人的积极性需要感化他们。就拿人员调整问题来说,在19世纪,对于单个白人辞职寻找别的工作的权利没有多少限制。他为什么更换工作那是他自己的事情。在那个时代,人员流动就是自主工作。在20世纪,当老板们试图控制越来越多的生产要素时,他们以新的心理学术语改写了个人选择的老问题。雇工的内心是至关重要的。他们在想什么?什么使他们想要去工作?什么促使他们坚持工作?这是威廉·霍华德·塔夫脱在这个世纪初期结束了在菲律宾的总督任期之后描写菲律宾人的一种国内版本:"从某种意义上说,我们必须要做的就是要改变[他们的]本性;就是去提供……一种在当前条件下还不存在的干工作的动机。"[15]有时,这些构想是令人恐惧的。工业心理学家的先驱胡戈·明斯特尔贝格建议把工作场所进行有序安排以便使工人们无法相互交谈。这种建议使人联想起来古老的奥本监狱制度。平时,能够激发积极性的事物为一种新的合作提供了可能。到1928年,甚至强硬的全国制造协会也把工资劳动者当作工厂中的"伙伴"来谈论。

等级制度使成功成为社会性的和看得见的。就像据推测他们在19世纪类似的竞争中所表现的那样,胜利者不仅仅战胜了不平等,他们还战胜了其他人——失败者——这些人在公司里仍然经常被看到。在工作中的影响力越重要,获胜者对新方案的好感就越强烈。杰出的工人在这些人当中是很突出的,他们更新自己的技术使自己变成了新工厂里必不可少的人。19世纪,在这些工人当中,工资最高的人往往拥有多种适合于各种工作的技术。美国人的一个传统就是,在机器设备上的投资保持在最低限度以便于根据变化了的市场情况随时停止生产和开始生产。在一个人力仍然是主要能源的经济中从事经济活动,雇主老板们最重视的是那些适应性强的、在一个技术简单的工厂中能够解决各种问题的能工巧匠。

在世纪之交,当电力集中化的潜力、公司合并日益巩固的暗示和机器价格的逐步上升等结合在一起引起资本密集型生产急速增长的时候,上述趋势也发生了快速变化。在1900年,电力只为美国工业提供了数量极小的一部分动力;到了1930年,则达到了80%。制造业迅速发展起来。美国工业劳动力的规模,在经历了从1870年到1890年之间持续的停滞不前之后,从1890年到1920年期间激增了50%。在1899年到1909年之间,对制造业的投资几乎增加了一倍,在随后的20年间又增加了一倍。这些投资对美国资本市场及为它们服务的金融机构的改造,超过了其他任何一种因素。就像铁路经营者们早就知道的,较高的固定成本加上急切的没有人情味的债主会造成停工、停业那样的灾难。在20世纪的大公司中,胜利不再属于那种随时进入和退出生产的灵活的资本家。现在,最优秀的工人使那些昂贵的机器保持运转。

这些工人贵族居于工人等级体系的顶端。研究人员调整和谈论合作者首先指的是他们。为了维持稳定的、系统化的生产,因此,他们的作用经常是最不系统地、最坦率地接受技术工人们自己关于需要做什么的解释。如果他们保持忠诚,理由也说得过去,其余的情况也将变得清清楚楚、有条不紊。到第一次世界大战时,以继续在公司工作的技术工人为对象的福利计划已经扩展到大约2000家公司,其中许多是新的资本密集型行业中的领头羊。就连在这些计划充满了一种旧时的家长主义味道的那些地方,它们也把现代手段——公司简报、娱乐计划、干净整洁的卫生间、购买股票——运用于现代目标:维护公司等级体系的稳定。它似乎是一个吸引人的战略。每年都有越来越多的证据表明,这些工人正在把他们自己归入公司等级体系之中。到20世纪20年代的中期,拥有100万会员以上的公司工会快速发展,其速度远远超过劳工联合会那种独立工会。

一些处于工资群体最下层的人也从等级体系中受益。非洲裔美国人在汽车工业这样的现代化新行业中比在劳工联合会居支配地位的如建筑、五金业或印刷业工会居支配地位的传统行业中的工作状况要好得多。即使在少数那几个由于19世纪的隔离但平等原则导致白人与黑人分开工作的场合,例如,就拿对黑人和白人实行对半安排的新奥尔良港区来说,在20世纪20年代雇主的理性化制度之下,黑人的机会实际上增多了。与传统工厂或在家中进行工作相比,现代工厂为女工提供了更称心的工作时间和工资,提供了更多的发展机会,而且所面临的危险和性骚扰也更少。在某些情况下,妇女通过工厂劳动首先获得了对自己工资的合法控制权。就雇主而言,他们也有着充分的理由欢迎那些普遍接受现行工资水平、以她们的家庭作为退路而且很少是工会成员的妇女到工厂工作。这些数量众多的更被她们的老板而不是被她们的工友所接受的黑人和白人女工,即使在三十年代大危机中仍然坚持对她们所属公司的忠诚。

当等级体系内部和等级体系之间的流动加剧了竞争并激励了人们的干劲的时候,这种流动用处于边缘地带的人们填满了阶级之间的中间地带。不过,20世纪的美国只有三个阶级:半全国性的阶级和半地方性的阶级、半中产阶级和半下层阶级,属于过渡状态而不是文化上的选择。当哥伦布市地方中产阶级的元老塞缪尔·布什之子普雷斯顿来到东部并成为来自康涅狄格州的美国参议员的时候,他进入了全国性阶级。尽管在这些清白的雇员中有一种普遍存在的、凭衣领的颜色区分阶级的冲动,但是,那些属于技术劳工贵族的家庭总的来说还保持着中产阶级的信条:他们的孩子在学校读书,他们的积蓄用来购买住宅和家具,而他们的女儿们变得体面可人,即使是工资低的白领工作也行。20世纪中期,对欧洲和美国的产业阶级制度进行的一次比较研究认为,"总体上,在发病率、成年人的死亡率、婴儿死亡、营养与物质条件等方面,[在美国的]上层工人阶级与非熟练的、临时工之间存在着重大的差别……种族上的少数民族成为较差一方的基本组成部分。"[16]

美国的现代民主制度在这种阶级架构的基础上成长起来。19世纪的兄弟会试图干净利索地把国家划分成为两部分,一部分是那些以平等的身份加入到管理过程中的人而另一部分就是那些完全被排除在管理过程之外的人。白人妇女和有色人种很少能够跨过这种门槛。相反,这种新式民主制度期望公民们来规定公共事务中不平等的含义。到了 20 世纪 20 年代,民主政治也体现出了等级体系划分。与此同时,这种等级制民主具有发展成为一种更为无所不包的制度的可能。在 20 世纪,新来者不必证明他们自己是与别人平等的人,他们只需要寻找适宜于他们的等级位置。由性别决定简单的排除方式不再起作用。虽然,种族和阶级能够与现代民主制度共存,但是它却对纯粹以种族为基础的排外行为产生了越来越强的抵制。当那些被等级制度排挤的人坚持要求改变传统的进与出原则——即白人平等主义时,那些对新的等级制度最热心的人恰恰指明了通往一种更为无所不包的不平等制度的方向。在这种根本性变革和对立的背景下,美国人开始重新设计他们的民主制度。

第七章　使人民分裂

在19世纪80年代,当阶级开始进入一个长达30年的转型过程之中时,美国政治生活的基础也发生了改变。民众的观念所发生的令人困惑、但却深刻的变化——历史学家所说的文化的重新定位,新的消费意识,精神危机——重新定义了公共讨论的术语。在党派归属成为个人身份认同的重要来源时,人们的党派归属在民主党、共和党和平民党之间的不断变动,为形成一个新的、一直持续到三十年代大危机时的共和党多数奠定了基础。总之,美国人政治生活的大规模变动,释放出巨大能量并为20世纪早期的进步运动开辟了道路。

进步派改革为评价政府确定了新的标准。与19世纪相比,政府开始对进步的社会公平承担广泛的责任。儿童拥有童年时代的权利;青少年不必为他们的过错而终生受惩罚;妇女应该得到保护以抵御劳动力市场上的无情压力。受伤的工人应该得到补偿;有病的人需要得到医治。出于对那些夸耀巨额财富及其所带来权势的人的愤慨,人们期望政府出面干预并确保经济公平。政府越来越多地被指望去对主要的经济冲突做出公断。由于这些经济冲突的实际存在,大公司对可以深切感受到的公平传统形成挑战,路易斯·D.布兰代斯宣布:"民主斗争就是小人物反对大人物的那种压倒性权势的斗争。"[1] 在财富分配中的严重不平等引发了公民社会是否还能运转的问题。贫穷不再被看作是一种要求进步的刺激因素,而变成了一个巨大的破坏者。进步派中最受喜爱的劳工领袖约翰·米切尔代表新的"工业自由"宣布:"如果一个人的家庭到了寅吃卯粮的地步,那么这个人就不是一个自由的人。"[2]

要使他们的社会充满活力就要对它进行改革,进步派宣布了一项民主复兴计划,也就是一场使美国一举成功的精神复兴运动,用简·亚当斯的话说,就是"对全世界曾经看到的民主管理体制进行最大胆的改革试验"。[3] 他们的目标就是政府和公民之间建立密切的、不间断的联系。一项改革战略要求采用新的直接民主的方法:人民在立法机构中的立法提案权,对于重要的法律或问题举行全民公决,以及拥有罢免公务员甚至撤销司法判决的手段。到第一次世界大战时,有 20 个州有了公民立法提案权。23 个州有了某种形式的全民公决。甚至更多有组织的、广受欢迎的初选。1913 年的第十七条修正案授权由选民而不是他们的立法机构来选举美国参议员。

按改革者一再重复的话说,如果人民不进行统治,利益集团就会进行统治。利益集团依靠遮遮掩掩而兴旺,人民则依靠广泛的信息而壮大力量。最能体现进步派精神的一个词就是公开:揭露政府的幕后交易,监督公司的决算表,参加针对城市公共事业举行的公开听证会,研究低工资对家庭生活的影响。克利夫兰市市长汤姆·约翰逊举行帐篷会议来教育它的市民。来自威斯康星州的罗伯特·拉福利特参议员在竞选运动中积累了大量关于他的支持者的统计资料。一旦民众了解了情况,它就会起作用:了解情况就会产生出解决办法。曾经是社会主义者的查尔斯·爱德华·拉塞尔宣布,"在美国,要纠正任何错误完全是一桩简单的事。""你只需把它展示在所有的人都能清楚地看得到的地方。"[4] 秉着不偏不倚的公正原则,了解情况的民众可以解决包括资本家与工人之间的劳资冲突在内的最激烈的冲突。

换句话说,这些改革者们通过不断的努力使 19 世纪社会自治的传统适应于 20 世纪的城市化社会。他们对待公民非常认真。要按照这些扩大了的改革日程行动,就需要了解情况,而进步派承担了使选民对行动做好准备的责任。他们用大量的文件资料取代一般的社会常识,接着他们又尽最大的努力在民众中对之进行宣传。他们仔细研究了如何把年轻人训练成现代社会中的公民这种根本性的问题,他们还对旧的社会教育模式进行改造以便为移民儿童和本地儿童提供同样的教育。此外,他们还十分了解他们的敌人。公司的财产扭曲了他们所珍视的管理制度,而抨击公司的权势对于他们改革是至关重要的。城市的政党组织从穷人隐身之处繁荣起来,只有后来学者的那种浪漫幻想才把它们比作那些真心奉献爱心的"甜美博爱社"的娼妓。在改革派的格局中，把别的被遗忘的选民集中在一起的地区政党的头头并不比把顺从的雇工们带往投票站的老板好多少。最后，改革派在一个极其广泛的、尤其被一个充满活力的社会党人扩大了的选举抉择的范围中争夺公众的支持。

换句话说，进步派喜欢质量而不是数量：更了解情况的、更警觉的、更不易上当受骗的公民。在改革派的心目中，一个典型的选民应该是这样的一个人，他把政治问题当作应从公共利益出发客观地予以解决的科学问题，然后，相应地投出他那张无记名的选票。所有加在19世纪投票人身上的那些附属物——有色码标记的选票、政党标志、集体投票——都违背了进步派所确定的良好公民资格的原则。在这些标准中，有一条线在某个地方通往社会底层，在那里，不充分的公民资格变成了没有资格，在那里，人们完全不能像民主的公民那样行使职责。

中产阶级的评论家们在很多年里把下层阶级的投票权看作是对民主的主要挑战。几乎所有19世纪的解决办法都把白人兄弟会当作是改善民主制度性能的已知的和现成的手段：压制天主教徒、禁酒、制定文官考试制度等。出于同样的考虑，当雅各布·里斯在《另一半人是怎样生活的》一书中说："在纽约，酒吧使政治的曲柄转动"时，他想当然地认为他的读者们会被激励着去对酒馆和贫民窟做点什么；他提醒他的读者们说："我们的政府理论"确定了多数裁定原则，而"不是现在注册的来自廉价公寓的我们投票人的有效多数"。[5] 不管怎样，1900年以后，完全消除不能胜任的投票者的前景至少是同样有吸引力的。有什么比让已经遭疏远且不被信任的一个或两个处于底层的社会阶层从选民中退出更有效的解决办法吗？

如果说大多数进步派不打算阻止穷人到投票站参加投票，他们也没有做多少有助于把穷人带到投票站来的事情。改革者们一再对那些已经理解了他们的立场和观点的人进行说教。其余的人只得通过与老板、贫民窟或移民文化决裂，并一个接着一个地加入到听众中来而做好自我准备。换句话说，进入到进步派的公民生活中来，就意味着将下层阶级甩在后面。无论它在逻辑上的优点是什么,这种对公民资格的理解,在总体上是灾难性的。关键之处不在于进步派受到了阶级束缚——谁不受阶级限制呢?——而是由于他们的说法容许下层阶级被排除在外。

到了最后,对于进步派来说最为重要的不是获得选票而是把事情做好。这些事情包括,引起对毫无反应的公民极大不满的优先权,对地方性政党的敌视,以及对解决广泛社会问题的现代管理办法的赞扬。控制着进步改革的集团或部门越是专业化,使普通公民对这些问题难以理解的语言也就越专业化。公众对问题了解的越少,改革者对现代管理办法的依赖就越强。源于促使政府对人们的需要更敏感这一愿望的改革,以使政府对人民的声音更麻木而告终。

进步派一再发现,提议改善下层阶级的生活而不乞求得到下层阶级的选票完全可以共存。改革者们首先提倡全城范围的无党派政治以防止谋取利益、长存不废的市政会的出现,并迫使政府倾听选民的呼声。实际上,这种方法仍然压制了少数派的声音,并使市政府免受公共讨论的影响。进步派进而开始改变原来的基本理论:如今,团结的政府由于它们的效率,明确地讲,常常是由于它们以较少的公众反对而完成更多任务的能力,而受到赞扬。如果全城范围内支持团结政府的选票对于市民来说包含了太多的选择而无法进行明智的选择,改革者们要求简化投票,也就是缩小选择的范围。进步派成熟的构想是以负责任的政府和获得授权的官员为特色的。

然而,如果数量只是在计算总数,那么进步年代就是一次事物本质的突然显露。宪法第十九条修正案批准妇女的选举权意味着选民数量突然倍增,这在美国民主史上显然是最大的一次选民数量的增加。就像安娜·霍华德·肖在1910年所说的,她可以谈论美国的民主状况,而美国还没有获得一次这样的机会:"我们从来没有尝试过普选权。"[6] 按理说,大批的新选民将使整个程序获得生机和活力。当然对于数百万现在拥有投票权的妇女来说,其后果是直接的和激动人心的。然而令人迷惑不解的是,妇女投票的变化是如此之小,这一伟大时刻在以另外的方式前进的民主转型过程中显得仍然如此孤单,好像是它从没有发生一样。

在这些转型年代的早期阶段,即19世纪90年代,投票权的拥护者在他们19世纪的运动事实上失败之后,正在再一次全面动员起来。1893年,拥有大约13000名成员的改组后的全美妇女投票权联合会——与之形成对照的是妇女基督教戒酒联合会及其分会拥有的成员超过200000人——远不能成为改革的领导核心。即使在坚持不懈地竭力鼓吹妇女投票权并大大扩展了全美妇女投票权联合会基础的新领导人的领导之下,在取得1910年到1914年之间使西部六个州外加堪萨斯州和伊利诺伊州通过妇女投票权的那场压倒性的胜利之前,妇女投票权运动未取得任何进展。接着在1915年随着在四个重要的州——纽约州、宾夕法尼亚州、马萨诸塞州和新泽西州——令人震惊的失败,这一运动又一次陷于停顿。在那些主张逐州争夺战略的人和那些坚持一种新行动方针的人之间的冲突,使这个组织面临着分裂的威胁。

在这个历时很长的运动期间,没有一项男人主导的进步派事业优先考虑妇女参政问题,甚至极少提到妇女投票权问题。就像1912年进步党给予妇女投票权以极大的关注所表明的那样,肯定有若干男人支持给予妇女投票权,但是他们没有提供持续的、组织上的支持。美国与其他地方妇女选举权运动之间的对比就是一个说明。这期间,在工人运动势头强劲的西欧和澳大利亚,妇女投票权似乎是加强工人运动力量的一种方式——群众对阶级——尤其是在那些工人自己也没有投票权的国家更是如此。在第一次世界大战前夕,在仍有40%的男子没有投票权的美国,妇女投票权运动与社会党结成了同盟。就像美国主张妇女选举权的活动分子里塔·蔡尔德·多尔所尖锐指出的,在整个西欧,正在争取的"不是妇女选举权,而是普选权"。[7] 在另一方面,获得公民权的美国白人男子几乎没有任何要打破他们自己对政治垄断的意愿。充其量,妇女投票权会像一项美好的事业一样赢得支持。

全美妇女投票权联合会以一种与反酒馆同盟类似的方式活动在进步改革的边缘,反酒馆同盟是支持戒酒运动的一支力量并且在许多方面也是妇女选举权组织的一个榜样。它们之间有一种天然的亲缘关系:要求妇女选举权就起源于19世纪中期的一个禁酒运动期间,这两项事业在这个世纪的大部分时期间保持着密切关系。在20世纪初期,全美妇女投票权联合会的领导人同她们在反酒馆同盟中的同行一样,最初把她们的希望放在了对许多州议会进行大量游说和关键性的选举上。在处于受挫状态的反酒馆同盟从逐州发展战略转向宪法修正案战略的三年之后,全美妇女投票权联合会也进行了同样的转变。在第十八条修正案确定了禁酒原则之后两年内,选举权修正案也成功了。两项事业都求助于相同由社会服务工作者和街坊文教馆工作人员组成的阵营。两个组织都借助于这些妇女的影响力,但却不让她们分享领导权。全美妇女选举权联合会的选举权运动官方报告,象征性地把反酒馆同盟的反对者当作它自己的主要敌人:一个酒类利益集团"无形帝国"和那些外来的、支撑着这些利益集团的嗜好饮酒的投票人。

最后,投票权运动充分展示了自身的缺点。全美妇女投票权联合会,不仅没有对白人男子创造的这个世界进行挑战,而且实质上完全承认了这种现实。当等级制度出现时,它的领导人以等级主义方式说话,用一种轻蔑的、把妇女的美德与黑人及移民男人的堕落行为相对照的口吻来贬低下层阶级。全美妇女投票权联合会有它自己的理由,在黑人男子和移民社区的男子中,声援妇女选举权运动的人极其罕见。而且,全美妇女投票权联合会对下层阶级中那些"肮脏的手和颓废的脸"的抨击也特别刻薄。[8] 此外,尽管常常提到了劳工妇女特别需要选举权,而且纽约的投票权运动领导人哈里特·斯坦顿·布拉奇尽了极大努力去寻求她们的支持,但是全美妇女投票权联合会几乎没有与妇女劳工建立任何联系。甚至,国际妇女服装工人联合会中激进的活动分子也没有对妇女劳工表现出任何兴趣来。最后,全美妇女投票权联合会本身对于在联邦政府一级强加黑人公民权的反感,限制了它的活动。当胜利来临时,全美妇女投票权联合会的总部总是把每一个刚刚取得胜利的州标在一副顶端写着"让这张地图变成白色"的巨大美国的地图上,这种事情不是偶然的。

全美妇女投票权联合会接受等级体制的一个重要后果,就是它所体现出来的与19世纪主张扩大的妇女参政权的人所持的那种理由的明显决裂。

根据过去的逻辑,男人和女人共有的人性将不可阻挡地导致普选权的实现,而普选权又认可了男女之间所共有的人性:使所有的人在民主政治生活中都是平等的。等级体制度打乱了19世纪的这种平衡关系状态。现在,投票行为没有抵消其他的不平等:在20世纪参加投票的妇女得到的仅仅是投票权而已。就此而言,美国的投票权运动类似于欧洲的投票权运动。英国工党或法国社会党对妇女选举权的支持并不意味着对更大范围的女权活动的支持。在美国最后一次投票权运动期间,美国男人可以提出同样的主张。换句话说,妇女从宪法第十九条修正案中得到的,只是一种低于独立自主投票权的贬了值的投票权(尽管它也就是这样),独立自主投票权就是一种不带有其他任何约束的法律权利。

投票权运动最沉重的教训是它的建树相当少。全美妇女投票权联合会领导人卡里·查普曼·卡特揭露说,怎么能够相信在有组织妇女运动中处于领先地位并动员起一波又一波的力量支持投票权运动的美国在使投票权合法化的国家中竟然落在了第27位?尽管如果她们不要求,没有人会给予妇女以投票权,但是她们如何要求选举权,或者她们要求多少选举权似乎没有多少区别。无论妇女们讲话文静与否,无论她们采用卡特领导的全美妇女投票权联合会的非暴力战术,还是采用了艾丽斯·保罗领导的国会同盟的目无法纪的战术,男人们大半是用一些陈词滥调作为回答,直到在1917年之后的那次胜利大进军中,官员们因为其他的原因才改变了他们的想法。

直接的原因是战争。人们广泛相信男人和妇女一起为战争而动员起来,使选举权运动获得了宝贵的支持。大后方——妇女们的前线——不像它在内战的传说中那样仅仅是后援;大后方对于进行战争是不可或缺的。当伍德罗·威尔逊在1918年就这一问题向参议院作证时,他明确地使用了这样的理由:"如果不是由于妇女们的贡献……这场战争将无法进行,现在,妇女的选举权对于这场大战的成功进行是极为重要的。"[9]通过接受在爱国等级制度中的附属地位,并通过宣传她们的贡献,主张妇女投票权的活动分子利用这一机会取得极大的收获。她们声称她们得到的不是平等而是一种权利。

第七章 使人民分裂

卡特在忠诚的美国人中间尤其显得出类拔萃。1916 年，在全美妇女投票权联合会展开宪法修正案运动的开始阶段，她把这个组织投入到全国备战活动之中。当战争来临时，她迅速使反对妇女参政的妇女服务全国联盟相形见绌——这个组织也支持战争，避免被人怀疑是社会主义者，并且为军队呐喊助威。当威尔逊很晚才认可了妇女投票权的时候，卡特则以答应给予战争以更大的支持作为回应。在某种程度上，所有这一切必定带来很深的伤害。在她作为全国妇女投票权联合会主席的第一次讲话中，卡特把军国主义列为妇女投票权运动的头号敌人。在宪法第十九条修正案通过后，她把自己的有生之年的全部精力献给了国际和平运动。然而在这一段关键的时间里，她接受了战争是男人们正在做的事情这一事实，她还促使他们向军妓付钱。

如果对于卡特来说借助战争走向胜利是一种痛苦的命运转折，那么妇女选举权运动最后出乎意料的结果就是运动的成功与美国是第二十七个批准授予妇女选举权的国家这一事实之间的联系。作为对妇女在战争中重要性的承认，给予妇女选举权是一项国际运动。到 1914 年为止，只有三个国家有男女平等的选举权。接着这个大门被打开。1915 年增加了两个国家，1917 年增加了三个国家，1918 年又有 11 个国家有了男女平等的选举权，1919 年又增加了四个国家。就像威尔逊在 1918 年末所说，世界上坚决主张妇女选举权的"呼声似乎越来越强烈了"。他承认这种普遍的呼声导致他"改变态度"。"我们是唯一拒绝汲取这一教训的国家吗？"[10]当威尔逊这样说的时候，妇女投票权作为一种战时措施看起来即将在法国取得胜利。到了 1920 年，比利时和爱尔兰也加入了这一行列，在这些国家已经包括了所有新教徒占主导地位的国家。也就是说，最大的问题是，在妇女选举权运动呈现出一种普遍发展的态势面前，这个宣称要让世界对民主更安全的国家是否会成为唯一拒绝妇女投票权的堡垒。甚至那时，美国参议院和南部州议会中的保守派，仍对妇女选举权提出质疑。正如卡特所承认的，这是一种不光彩的胜利。很自然，妇女选举权在美国各地并没有使巨大的民主能量喷涌而出。

在妇女如何影响公共政策问题上,选举权的获得也标志着一个根本性的转变。在进步年代,包括简·亚当斯、弗罗伦斯·凯利、朱莉娅·莱恩罗普、艾丽斯·汉密尔顿、莉莲·沃尔德和玛格丽特·德赖尔·罗宾斯等在内的一批杰出妇女,对公共事务的影响达到了顶峰,她们的影响远远高于20世纪末之前的任何一批其他的妇女。她们成功的关键在于学会如何从那种相信性别之间有着根本差别并期望在公共生活中表明这些差别的旧的间接政治中获取最大程度的力量。在世纪之交,由于城市工业的混乱和阶级的无序,男人和妇女一起为社会公平制定了改革日程。而正是这些主张改革的妇女使改革日程得以具体化,正是她们用十分传统也十分直接的语言对之进行解释以获得公众的广泛认同。

她们把积极倡导构建社会公平当作关系到家庭幸福和公共道德的问题,这长久以来就是那些具有公共意识的妇女的特征。工厂安全和公共卫生问题,保障基本生活的工资和体面的住宅问题,妓女与禁酒问题,童工与青少年法庭问题,所有这些问题恰好适合于作为妇女们保护弱者、养育下一代、保持家庭的内聚力并对家庭负责的理由。与此同时,她们把自己当作纯粹不带偏见的见证人:除了公共利益,她们没有其他任何野心。越来越多的大量事实和把这些事实转变成在20世纪初期代表着科学精确性的研究、统计和图表,进一步印证了这种公正的形象。通过以这种方式来表达她们的诉求,妇女们更为有效地引起男人们对这些问题的注意。

进步妇女以此为基础进行了大量的创造性的、跨阶级的探索:建立城市游乐场和日间托儿站,促进工人工会的形成,向农村的穷人传播健康及福利知识,并且宣传外来移民带到美国来的技术与见识。在一个选择自由倍增的不稳定时代,她们最大限度地利用了她们的机会。尤其是,她们擅长交流。亚当斯特别以她的范围极广的社会交往而著名:同富人谈论贫穷的影响,同下层阶级谈论中产阶级的价值观,同土生土长的人谈论外来移民的文化,同城镇居民谈论城市居民的需要。只有亚当斯对一个处于战争状态的国家谈论和平时,她们才发出这样的信息。

犹如卡特所理解的,那些反对战争的妇女正在侵入男人们的领地。不过,改革进程的实质就是查明这些领地的界线,而且,总是冒着激起愤怒的风险。不冒险,什么也做不成。这些最坚持不懈的冒险事业之一就包括对劳工妇女的帮助。中产阶级妇女开办的街坊文教馆和社区活动中心成为她们的集会之地。如果她们能够开始依靠自己组织起来,玛格里特·德赖尔·罗宾斯的妇女工会联盟就会支持她们。在一些州,改革家们说服州议会议员,根据妇女自身特点——她们的身体限制,她们的家庭责任,甚至她们敏锐的感觉特别需要给予保护——为妇女确定最低工资标准、工时及其他工作条件。在20世纪初,当妇女涌入新的工作领域时,职业的性别化——深厚等级意识的一个方面——随同她们进入工作中,而对妇女的保护性法律就是利用了适合于任何性别的有酬工作中的这些日益复杂的差别。与此同时,性别是极具限制性的。在白领和蓝领工作中,性别把妇女隔离在工资最低和机会最少的工作中:例如,在服装生产中,或在办公室的日常文书中,"轻活儿"只需要很少的"机械方面的技术"。[11]即使结果证明是成功的改革,也有其风险。

进步妇女为政治家们提供了一笔极好的交易,官员仍然掌握着所有的选择权。他们可以倾听这些妇女告诉他们那些关于社会不公正的问题,他们也可以对她们不予理会。通过一种历史学家们所称的"法定的父权统治",他们确定了妇女生活的合法边界。比如,他们所颁布的保护妇女的法律,他们也能取消它。当主张改革的妇女失败时,她们通常会坚持不懈但她们很少催逼掌权的男人们:间接政治中的关系是十分规范的。这些妇女并不拥护全部的进步改革。她们谨慎地使用她们的资源。没有公民权,她们从直接民主中什么也得不到,但却从与议员的谨慎谈判中得到很多收获。投票权仅仅是次要的目标,而在她们的一些社团中——比如,妇女俱乐部总联合会——投票权简直一点也不重要。简言之,这些主张改革的妇女建立了完美的联盟。她们不竞争公职,她们提供大量的知识,而且她们还为公共事业罩上一层独特的美德光泽。因此,在那些利益一致的方面,妇女和男人们使一个十分有效的政治程序合法化:妇女教育公众,男人提出法律,妇女提出理由,男人们认为功劳应归自己。

1920年之后,妇女的投票权打破了这种安排。现在,性别差异既不是没有偏见的,甚至也不必定是公正的。每个人都在竞争,每个人都在碰运气。主张改革的妇女丧失了她们对较高的社会正义知识所拥有的权利。劳工妇女丧失了要求在劳动力市场得到特殊保护的权利。乔治·萨瑟兰法官在一个使妇女最低工资法失效的阿特金斯诉儿童医院(1923)一案中冷酷地说,"这并不能显示出工资高的妇女比低工资的妇女能更谨慎地恪守她们的道德规范。"人们以不同的方式表示,让等级制度来把她们进行分类。在政治上,主张改革的妇女在把力量从旧环境中转移到新的环境时不怎么走运。例如,间接政治并不使她们在党派动员或立法交易方面技术更纯熟。事实上,在未来的数十年里,当妇女进入这些控制着政治的机构时,这些机构仍然完全是男人独占的领域——男人的俱乐部,政治家们所称的那种重要的中心机构如美国参议院和民主党及共和党的全国委员会就是如此。

因此在20世纪20年代,当女选民联盟的分支机构试图对议会玩弄传统妇女的那种提倡高尚事业的把戏时,她们输了;而当合众国儿童局试图玩弄男人们在华盛顿官场钩心斗角的那种游戏时,他们也输了。古老的规则不再适用,而新的规则尚未开始起作用。一旦在现存的等级制度内部被同化,几乎所有的政治上活跃的妇女会发现,她们在政治中所占的位置太低,而不会有多少影响力。

社会思想家霍勒斯·卡伦认识到,从1914年到1924年这十年是"美国曾经经历过的最重要的十年之一"。[12]当然,这期间发生了大战,过去被认为是必然的事像朽木一样被世界大战击得粉碎。但是,卡伦对国内事务的考虑远远超过了对那些国际事务的考虑,而在此,他也正好抓住了时机。巩固了新阶级、设计出现代等级制度、使等级划分制度化、重新确定妇女权力并且重新构建选民队伍的最后一波变革,正好在这一时期一起涌现,为20世纪美国的民主政治确定了行动方向。

最能显示出这十年之重要性的是人民的消失,人民是美国独创的民主文化中通过普选来做出广泛政策决定的19世纪自治的最后体现。当许多美国人看到他们的社会在世纪末经历这一次危险的转变时,改革家们通过再次强调人民的能力来对之进行校正。通过把他规划中的前景与19世纪80年代混乱中的国家相对照,爱德华·贝拉米在其幻想小说《回顾》(1886)中,让他所描写的未来人——利特先生求助于重新得到活力的人民:"种族团结和人的手足之情,对于你仅仅是优美的词句,而对于我们的思想和感受而言,就是像实实在在的和重要的兄弟关系一样的关系。"[13]在世纪之交前后,社会福音或基督教社会主义的许多说法都持一种类似的人民正在康复、和好的幻想,就像使威廉·詹宁斯·布赖恩与威廉·麦金莱陷于相互斗争的——以更激烈的方式进行的——1896年金银本位之战中,双方也是这样做的。

1896年之后,特别是在下层阶级的沦落和通过标准化的无记名投票而导致选民进一步分化中,出现了一些人民分裂的信号。然而,一种基本的信赖仍然被坚定地保持着。那些主张直接民主的新规定——诸如公民立法提案权、全民公决以及民众初选——的人证明了他们的改革作为一种让人民决定的方式的正当性。改革派人士热情洋溢地讲到人民的力量。沃尔特·韦尔在1912年宣布:人民的力量"突破各种反对、漠视法律术语……","没有任何公开的反对能够阻挡人民的力量,人民的力量不能被贿赂,它也不能被扼杀。"[14]就像韦尔所暗示的,对人民的信任,对不可抗拒的文明进步的信任,是相辅相成的亲密同伴。

正是基于这种精神,两年后美国人把欧洲大规模战争的惨状归咎于一小撮迫使其公民参加战争的领导人。评论家哈罗德·斯特恩斯回忆说:"当时看起来我们自己完全不可能卷入战争。美国人一句古老的格言说:独裁专制的国家导致战争的发生,民主国家使和平得以维护。普通百姓从来不希望战争。弗雷德里克·格里姆凯认为,民主国家将抛弃军事追求,因为战争是能够用于损害公众自由的最有效的工具。"因此,美国的评论家们在20世纪之初认为,民主越是在欧洲扩展,战争的前景就变得更加遥远。不幸的是,看起来变革来得不够快。由于全面战争是一种现实,只有欧洲全面实现民主化,才能消除"日益扩散的军国主义这一顽症,并确保一个解除了武装

的世界"。¹⁵

然而,却完全提不出相应的证据。根据各种流传的说法,战争——无情的、毁灭性的战争——也许在除了沙皇俄国以外的任何地方都有一个为多数人所接受的正当理由。接着在 1917 年,随着其本身爱国主义的膨胀,美国也加入到战争中来。战争结束后,似乎是根据公众的自私而根本不是根据不偏不倚的公正原则来设计的凡尔赛和约,使那些古老的、关于民主的影响能够确保一个体面、和平的世界秩序的假定成为笑柄。而且,第一次世界大战就是在期望现代医学能够使健康的青年人享有一个长寿的、有意义的人生这种背景之下发生的。这场死亡人数达到新的顶点的战争——仅仅在 1916 年陷于僵局的索姆河会战中就死了 125 万人——也提出了诸如年轻人被残酷屠杀这种毫无意义的战争伤亡的新问题。民主没有阻止任何这样的情况发生。

这场发生在人民当中的危机和对公共舆论的态度——行动中的人民——逐渐勾画出人民消亡的轮廓。在战前,甚至像哈佛大学校长 A. 劳伦斯·洛厄尔这样保守的评论家们也承认美国民主的真正定义就是"由公共舆论控制政治事务"。为消除对人民所具有的能力的怀疑,洛厄尔希望增加一种新型的官员,一种常设的、高薪的、对公共政策中的技术问题进行管理的专家型文职官员。他总结说:"全体人民可以花费在公共事务上的总工作量要有一个限度。"人民应该确定政府行动的总方针;支撑着政府运转的专家应该处理复杂的政策执行问题。至于这些领域是如何相互联系的,洛厄尔没有给予解释。他让它们一起运转,每一个层面都承担着责任,而且每一个层面都警惕地盯着另一个层面。¹⁶

当战争靠宣传彻底击败了人民并且把他们置于沙文主义情绪之中的时候,洛厄尔的分工与平衡的幻想也就破灭了。人民在理论上失去了一致性并且堕落成目光短浅、易上当受骗的群氓。用伦道夫·伯恩的话来说,从前改革家们曾对"盲从的民众"进行特别尖刻的谴责。醒悟了的弗雷德里克·豪写到,"我们在别人指导下去思考,我们相信那些别人要求我们去相信的事情。"¹⁷在这些突然出现的愤世嫉俗者当中,那位最大限度地从愤怒中挖掘出意义的人——他不仅抛弃了堕落的人民而且还勾画出一个有说服力的现代选择——就是沃尔特·李普曼。

作为一个从洛厄尔的哈佛大学脱颖而出的早熟的政论家,李普曼在战前发出的评论与洛厄尔相同:普通公民在现代社会体验到的"混乱",社会生活中情绪的力量,以及"科学的头脑"对于一个有效的民主政府的重要性。[18] 而且李普曼甚至超过洛厄尔,对于讨论分歧,做出决定,并且在重大问题上超越个人和集团私利的公众表示了巨大的信任。在战争年代,他支持作为健康、公正的民主国家出色代言人的伍德罗·威尔逊。而当宣布1920年的大选是对国际联盟的"一次严肃的全民公决"的总统,向主权的人民做出了最后的诉求时,李普曼改变了自己的观点。两年后,他在最有影响的有关美国民主的著作之一《舆论》一书中驳斥了人民这一概念。他在《有名无实的公众》(1925)和《道德绪论》(1929)作了进一步的补充。

似乎他就是一位在古老遗迹中挖掘寻觅的考古学家,他对民主不为人所知的历史中一个又一个"神秘的概念"进行了考查。"人民被看作是一个人;他们的意愿被看作是一种意志。""幼稚的民主理论就是……众人的意见不知怎么的变成了一个被称作人民的法人意见,而且这个集体人还像国王一样管理着人类事务。但是实际情况并非如此。"无数个人在无数个具体环境中做出无数的决定:直到一个有进取心的政治家因为这事而挑起对抗之前根本不存在。居于旧理论核心的是认真、理智的公民。据信:只要有人教给他们更多的事实,只要他们产生更多的兴趣,只要他们听更多的演讲,读更多的报告,他们会逐渐受到管理公众事物的锻炼。整个这种假定都是错误的。"在所有特定的人当中发现偏见,给了[旧式民主主义者]一次沉重的打击,使他们再也无法从这一打击中恢复过来。"乔治·班克罗夫特所说的公众那种杰出的判断力原来不过如此。增加了的是人类的缺点而不是人类的智慧。[19]

李普曼承认,在与世隔绝的农村小镇,一种处理简单的问题并且有着明确解决办法的民主政治也许仍然在运行,但是在现代美国这种范围广阔且易变的环境中,选民变成了受人操纵的傀儡:"只有被蒙蔽的、充满希望的民主公民的数量超过了实验室中已知的被蒙蔽的老鼠和猴子的数量,每一个公民在行为主义者的圈套中十分容易像被野鸭囮子所迷惑一样,而被道貌岸然的人或政治纲领所迷惑。"因此,"一个核心集团"——一个富有野心且常常不讲道德原则的男人们自封的小集团——控制着那些作为管理程序基础的机构。改革家们则以"各种建议如公民立法提案权、全民公决和直接初选"这样的"荒谬言行"作为回应,所有这些建议都是以多数人有特别的价值这一错误的想法为前提条件的。"政治中多数人原则的理由……[仅仅在于]为以数量为基础的那种力量在文明社会中找到一位置的迫切需要。"投票表决实际上可以理解为是一种安全阀,一种消除暴力、维护社会秩序的方法。[20]

和洛厄尔一样,李普曼也赞成由终身制的、经过严格培训的专家们来管理复杂的现代政府。但是,在那里,洛厄尔设想用这些专家来补充选举制民主,李普曼则设想用他们来替代选举制民主。由于合理的决定必然是"相对少数的人所关心的事",这批高素质的官员——李普曼所说的专家——一定不要被公众的要求所困扰。不管怎样,普通公民很少关心管理过程。美国的"民主假象"隐藏着这样一个中心思想:"人们不是为了自身的利益而渴望民主政治,他们渴望民主是为了结果的缘故。"事实上整个民主政治机器已经被吹捧的太离谱了。"人类对其他各种事情,对秩序,对它的权利,对成功,对景色和声音,以及对不被讨厌等都感兴趣。"[21]

李普曼提出的这些主题在战后对民主制度的热烈讨论中占据了主导地位。作为对其昔日学生的认可,洛厄尔于1923年改变了自己的观点。他承认民主政治中对于重要问题的传统的、整体性公共舆论的萎缩标志着一个时代的结束。曾经是乡村美国捍卫者的利伯蒂·海德·贝利,现在也说起了全国性阶级理想破灭的那种矫揉造作的语言:"只有在有卓越智慧的人把改革强加给民众的情况下,改革才会发生。"贝利作为新的专家领导层的代言人认为,"担任各种政府官员给我们带来的声誉,并不比为左邻右舍服务的家庭医生更多。"40年后,当小V.O.基撰写他那一代人中最权威的公共舆论著作时,他所能做的仅仅是把李普曼对19世纪那些"神秘概念"的解释变换一下措辞而已:"过去,公共舆论似乎被描述成一种从普通平民中散发出来的并以这种或那种方式笼罩着政府机构使之遵从公众意愿的神秘的虚幻之物。"[22]

对于这种新的主流观点的最重要的不同意见来自约翰·杜威,他早在李普曼攻击人民之前的四分之一世纪里就已经成为著名改革家。在他自己错误地把热心寄托于世界大战的民主潜力的刺激之下,杜威在20世纪20年代又回到了他所爱好的对关键性社区的研究,并且像李普曼呼吁在全国范围内使民主理性化一样,杜威发出了鼓励地方性民主的紧急呼吁。杜威说:"地方是终极的普遍存在,而且是现存最接近于绝对的事物。"[23]在社会生活中,个人不仅被限定,而且也被管理:他们一直是参与者,而且他们的行为具有某些意义。出于对许多冲击着地方生活的强大力量的敏感,杜威用现代科学技术探索了传统的以行动为目的的社区民主的途径。像李普曼一样,他也重视专家的知识;与李普曼不同的是,他拒绝专家政府。杜威坚决主张利用专家们的知识,但永远不要让他们统治。在民主制度中,决定是由相互作用、相互影响的公民们做出的。

然而,由于如此同意李普曼的论点,杜威砍掉了以不同的态度对待现代民主制度的基础。他不情愿地承认,强大的经济和社会力量实际上已经使旧的社区失去了作用,并且使民众处于不成熟的和无组织的状态。人民的政府不再存在,"只有太多的民众和太多的公众对我们现有应对策略的关心。"他用一种颇有点大惊小怪的言辞哀叹消费者生活中华丽而俗气的消遣,担心人民易受宣传的蛊惑,而且对人民思想和行为规范化表示惋惜。像李普曼一样,他也贬损选举式民主——不是民主政治各种含义中最鼓舞人心的——而同意给予其一席之地,主要是由于它的"某种类型"是"不可避免的"。但他并没有别的方法来实施他的民主梦想。他既茫然又满怀希望地期待着"一种尚不存在的知识和洞察力"。[24]

眼下,杜威因此正好成为异口同声宣布发生危机的声音中的另一种声音。好像这几乎不需要指明,他在1927年指出"民主政治今天已经名誉扫地"。年轻的自由主义记者弗雷德里克·刘易斯·艾伦承认:"在很大程度上,我们的民主制度已经起不了什么作用。"李普曼解释说,他写第二本关于公共舆论的书,是为了说明为什么不再对民主制度抱有幻想。政治评论家 T. V. 史密斯想知道的是,美国人会对于民主体制的失败做出什么样的反应。它会为这么深的悲观、失望进行辩解吗?亨利·L. 门肯判定,最好的奚落就是他把普通美国人称为"愚民大众"。[25]

随同民主制度的危机一起发生的是公民身份的危机。这场危机在整个进步年代逐渐积累起来,并且削弱了对人民的支持。在人民的全盛时代,公民资格是投票权中的固有部分。一位镀金时代的参议员宣称:"选民手中的选票是其主权的象征",并用选票来证明他的公民资格。[26]这里不需要专门准备,只需要行动。在 20 世纪初期,进步分子在很大程度上提高了赌注。现在,投票取代了不言自明的行动成为一种被精确计算的程序的结果。改革家们心中的理想公民是靠一种进行科学消化的事实消化系统而存在。通过从成倍增加的问题中吸收越来越多的信息,通常是他,偶尔是她,将会把民主和维护公共利益的政策带入现代社会。

在 19 世纪的民主政治中没有这种新式公民的对应物。无论他们被从集体角度还是个人角度视为公民,19 世纪的民主主义者凭的是品质,而不是凭专门知识,凭的是基本的价值观念,而不是积累起来的知识,凭的是天生的智慧,而不是科学的推理。因此,包括像李普曼和杜威这些从前的进步派在内的各种评论家们指出,19 世纪民主失败的关键——一定要是一个理性上有资格的个人的那种公民,最后反而成为一个感情上困惑的民众之一——是对当前改革要求的鼓吹而不是对 19 世纪传统的鼓吹。通过把他们自己遭到挫败的希望强加给更遥远的过去,20 世纪的改革家们以与 19 世纪民主不相干的原因而宣布 19 世纪的民主是一次失败。

同是这些评论家,他们为自己制造了第二个问题,一个与第一个问题密切相关的问题。他们为现代公民确定的那种需要技能的社会职责,需要事先的预备性训练。预备性训练涉及一系列适用于各种美国人的标准。共同的标准意味着把相同的品质要求强加在那些它们未曾存在过的地方。19 世纪的人民是各种差别的主要掩盖物。在种种将民主政治团体分割开来的对抗面前,投票把美国社会中的对抗行为固定在适当的位置。公民行为本身是中立的。许多身穿各种服装、用各种语言说着各种事情的人作为选民——作为人民——联合在一起而无需以任何其他方式结合起来。在这一方面保持一致,并不要求在其他方面也保持一致:白人之间文化上的差异根本未对人民构成威胁。与其说是李普曼的"神秘概念",不如说是19世纪的人民非常成功地适应了美国那种尖锐的多样性现实。

在20世纪的最初几年,下层阶级的沦落和与之相伴随的感情上的疏远过程,就已经使这一体制受到损害。使其疏远更显突出的下层阶级心目中的中产阶级形象也突出了它的愚昧无知,而选举很难调和这些分歧,甚至在做出决定的时刻也是如此。20世纪初期的评论家们不像在19世纪情况下那样,按所有成员总的、逐渐增加的影响来衡量选民的力量,而是用按选民多数的才智来衡量选民的力量。换句话说,由于兄弟会中的中产阶级意识的削弱,下层阶级的男人们失去了"人民"这个用来作为掩盖和弥补差异的缓冲器。这不再是一个选举如何影响文化差异的问题,而是一个文化差异如何影响选举的问题。这些日益被隔离起来的下层阶级成员还有投票的资格吗?20世纪初期的那种环境非常便于证明把有色人种排除在选民之外的合理性。

在这种假想的架构内部,中产阶级美国人面临着他们自己的创造物所带来的巨大挑战。即使当人民之间旧的纽带正在失去作用的时候,他们也强调更紧密的团结。使20世纪初期一些评论家着迷的种族的绝对数量不是问题的关键。种族多样性已经被旁观者看在眼里,就像一位社会工作者用她在1913年描述一个刚刚离船登岸的外来移民对已站在她面前的那些人的反应所表明的:"美国本地人感到是外国的东西,似乎在新来的移民看来显然是美国的:气派的招牌与广告,人头攒动,五彩缤纷的商店橱窗……她自己的那些身穿美国服装的同胞……她把这全都算作是'美国'。"[27]在19世纪末,当像爱德华·贝拉米这样冲动的分类者寻找更伟大的"公益精神"时,他所设想的无非就是一种自然出现的公民义务。而到了20世纪初,甚至对公民整体性的一般描述似乎也需要复杂的说明图表。

当公民资格含义的扩展超出了投票行为的范围时,它也引起了中产阶级对社会无秩序状态的各种担心。公民资格并非自然地出现,它必须在引导下才能出现。没有人会知道什么是公民资格,除非有人来教他——教给他公民的习惯,教给他公民的语言。在中产阶级的圈子里,移民们使用诸如学校、报刊、戏院这样的公共机场来保护他们的母语,这不再仅仅是一个被鄙视的对象而是一个需要予以解决的问题。19世纪90年代坚持传统民主自然统一性的雄辩理论家弗雷德里克·杰克逊·特纳,曾暗示对1900年之后移民多样性的担心。一串新的关键词出现了:归化入美国籍的人、民族同化、美国化,这些词意味着行为、态度、身份以及有赖于谨慎的政策与措施的价值观的复杂结合。

其历史可以追溯到民主政治初现时代的美国化这个词,在整个19世纪是指帮助新来的移民学习在美国生活的基本知识并找到他们的生活道路。本地人和新来者都期望更有经验的移民同胞来承担大量的这样的工作。甚至当自然发展意识在20世纪初消失的时候,对于更有组织的选择的第一个姿态是相当温和的,一些中产阶级团体指望广泛宣传有关经济机会的信息使外来移民分散到全国各地,也就是说,把他们分散到多数人当中直到看不见踪影的程度。赫尔堂*和其他公共机构指望通过对话、交流使移民倾向于他们的中产阶级模式——日常白领工作的迅速增加使其显得非常实际的那种模式。甚至伊斯雷尔·赞格威尔更为大胆的民族熔炉的比喻——完全是一个20世纪的表示新事物的产物,而不是19世纪民族多样性统一的幻想——把一个无所不包的人民生动地描写为这种同质性的中产阶级混合物的满意成果。

更为强制性的美国化在1910年前后获得支持。教育家埃尔伍德·丘伯利警告说,如果任由他们自由发展,移民聚居区将会保存着"他们自己的风俗、习惯和宗教仪式。我们的任务是瓦解这些[团体]……把这些人同化、合并成为我们美利坚民族的一部分。"现在,种族集团掌管他们自身同化过程

---

* 简·亚当斯1889年在美国芝加哥创立的贫民区街道社会福利团体。——译者

的前景,使人联想到颠覆和破坏。此种事业的一位捍卫者对一群有鉴赏力的工商业界听众宣布:"使美国美国化是美国人的义务和责任。"[28]一些公司把美国化的训练课程作为雇佣的一个条件。最近强制性的公共行为——向国旗敬礼,宣誓效忠——把军事纪律灌输到这一过程中来,而且战争时期给了这些仪式以极大的便利:社会行为准则意味着文化的行为准则,忠诚意味着一致性,有进行动员的必要就是意味着有强制实行的权利。战后,具有种族特征的移民限制就把许多这种价值观念植入法律之中。

批评家伦道伦·伯恩和霍勒斯·卡伦针对这些本土保护主义运动在文化上难以忍受的那一面发表了最令人钦佩的不同意见。两个人都鄙视那些主张美国化的人所持的狭隘的盎格鲁—撒克逊主义观念;两人都对种族多元化的效果感到高兴。伯恩把美国比作"一个文化联盟",这个联盟在欧洲战时屠杀期间提出了导致独特的"跨民族主义"产生的"国家智力战场"这种和平选择。就像卡伦对美国的生动描写,这些多文化间的"共同和平相处",给"人类谐和"带来力量。他们两人都主张以英语作为通用语言,并在公立学校开辟出一块相互交往和成长的活动场所;然后,让移民自然地使他们的文化适应美国的环境——伯恩称这个过程为"适应新环境的过程"。卡伦意识到如此种类繁多的职业团体、宗教团体和社会团体适应了美国的传统,使他的观点显示出一种人民仍然很重要的样子:"民主意味着[自愿]关系的增加;它存在于越来越多的、个人可以靠它赋予其生活以目的、重要性、色彩和方向的联盟的形成、冲突、整合、瓦解和改组之中。"[29]

然而,两种缄默却标出了这些多元论者未曾达到的限度。在他们的文化交响乐队中没有有色人种,而且在他们的公民生活中没有政治。为使他们所能够保护的东西不成为一种陷入危险境地的传统,他们为之创造了另一个世界,这是一个不需要管理或任何集体决策的白人多样性世界。不管其愿意还是不愿意,伯恩和卡伦也属于一个新的时代。像它的前身一样,现代民主制度也是从其前一个制度的没落中产生的:崩溃,然后是分裂,最后是重新构建。在19世纪早期,为表示各个刚从等级制度权威下解救出来的公民为何应该重新联合起来,白人男子设计出了民主的人民。20世纪初,为管理现在这些因人民的瓦解而四处消散的公民,他们创造了新的等级制度。进行统治的权力属于这些等级制度。

自觉地体现出其任务的新公民资格与等级制度是完全协调的。现在,每一样事情都有等级差别和等级:受教育的水平、罪行的严重性、技术等级。根据公民的政治资格——做出决定的资格、执行、投票、观看的资格——把公民划分为类别也就很自然地出现了。被判定为最没有能力的人,事实上也就是那些根本不可能参与政治的人。其中某些——最近被授予公民权的选民或正在活跃着的人们——通过公开看得见的例子和宽松的入口受到同化的19世纪的民众,会马上成为选民。人民使他们自己获得新生。比如,只有在20世纪,选民队伍中最年轻的成员与他们的前辈相比更可能不去投票。好像是为了划一条正式区分新民主与旧民主的界线,1925年美国国会拒绝给予任何没有成为美国公民的人以投票权。

首先,阶级影响参与。尽管19世纪的民主肯定没有消除阶级,但它却抵消了它们的许多影响,并且在此过程中,它还允许公共生活中出现不和谐的声音,出现竞争者的竞争,出现多类型的混合。政治活动至少反对某些来自上面的限制:下层阶级的白人男子走上街头制造小的政治麻烦不需要得到许可。在新的世纪,这种灵活性消失了。如果说在19世纪种族和性别划出了最难以逾越的隔离线,那么在20世纪,阶级的划分使这些隔离线被固定下来。现代等级制度强化了这些阶级的划分,而选举政治反映了这种后果。一位研究20世纪政治的权威曾称:大概除瑞士以外,"阶级对美国投票参与行为的扭曲幅度……远远越过其他任何西欧国家"。[30]现在,政治在一个完全不同的环境中发挥作用。在19世纪初期,白人男子中迅猛增加的投票人数强化了人民统治的印象;在20世纪初期,投票人数的下降则强化了人民被统治的印象。

第三部分
现代民主

(20世纪20年代—20世纪90年代)

当工业化四处扩张的时候,民主也是如此。设想一个对民主更安全的世界不仅仅是威尔逊一个人的幻想。直到第一次世界大战时,民主看起来完全是进步的宠儿。而且当越来越多的国家加入民主行列的时候,美国人仍然认为他们自己是和平的缔造者,他们天生就理解民主实际上如何运作以及民主真正意味着什么。他们相信,他们的民主制度是衡量所有其他民主制度的标准。然而,欧洲的福利国家提倡者却设定了一种不同的标准,在那里,拥有最全面的社会保障和公益服务计划的国家带头走在前面,而美国则落在这些国家的后面。

事实上,世界上的民主国家并没有排成一个有着领先者和后来者的队列。欧洲没有赶上美国,美国现在也没有落在后面。实现民主的时间和背景,再加上一种基本的事实即在20世纪之初美国已经有了一段民主的历史而欧洲国家没有此种经历,使大西洋两岸的民主版本具有不同的特征。它们尤其是在国家统一、种族和政府角色以及多数人和个人的相对重要性问题上是有分歧的。

在19世纪,民主政治对美国的国家建设进程是如此至关重要,以至于在修辞学上美国和民主政治这两个词成为不可分离的、几乎是可以相互换用的词。这种以国家为特色的联系从来没有破裂过:在整个20世纪,许许多多的美国人继续认为民主就是他们的那种民主。因此,当民主迅速套上了阶级枷锁的时候,要表明民主与美国的社会分裂有牵连几乎是不可能的:因为民主导致团结。在美国,民主就是团结这种强大的理性力量,使民主就是分裂的证据成为一种反常,一种无疑会被忽略了的反常现象。

另一方面,在欧洲,国家与民主有着不同的来源。即使在那些两者同时来临的地方,如在挪威、芬兰、捷克斯洛伐克以及想像上的德国,只有年代表是一致的:它们并不相互界定对方的意义。欧洲的民主交织在阶级的组合中,而不是民族的组合中,而且它是在冲突中兴起的。对于欧洲的反动分子和革命者来说相同的是,一个以阶级为基础的民主政治体现了那种他们发誓要予以弥合的分歧:民族的完整性意味着取消民主。相反,由于民主体现了美国的一致性,因此,它对在20世纪不断给世界各地民主政府造成破坏的各种独裁主义运动产生了强大的抵抗力。除了少数处于边缘的人之外,法西斯主义和共产主义完全不在美国人考虑的范围之内。它们在其他国家的流行似乎完全是难以置信的,是某种不可思议的、严重的文化堕落的证据。

然而,从另一个角度看,通过帝国主义输出其种族主义的欧洲白人,维持了白种人在美国所没有的另一种国内团结的可能性。没有可信的证据表明在刚果的比利时人或在印度的英国人对有色人种的偏见不如美国南部白人对有色人种的偏见彻底或严重。然而,排斥其中一个种族而接受另一个种族,对于公众——全体公民——在这些环境下如何被充分理解有着复杂的影响。的确,一个接着一个的欧洲民主国家几乎控制了他们所有最恶劣的种族和民族偏见。如果说美国人的日耳曼至上理论的失败,部分是由于它们在一个多文化社会中十分荒谬的,那么,类似的德国人认为斯拉夫是下等人的信念,部分是由于作为欧洲众多文化分离国家的一种奢侈品而得以幸存的。与种族关系决定着美国的民主一样明显的是,欧洲国家如何处理这一客观性原则的主要例外——本国的犹太公民——决定着它们的民主。后来,日本人的民主也遵循了欧洲人的民主模式,把输出对其他亚洲人的偏见作为提高国内种族团结的一种方式。

19世纪初,同时承担过多工作致使一样工作也没干好的美国白人,想当然地认为他们不依靠国家也能创建一种民主制度。在这个世纪后期,集聚到城市中来的欧洲人则认为需要靠国家来建立他们的民主制度。这些针锋相对的观点,源于他们对个人独立自主的截然相反的追求。美国人走向土地寻求他们的个人独立,而欧洲人则离开了土地寻求他们的独立自主。习惯上的特权依然充斥着欧洲乡村,贫困又无情地使欧洲乡村陷于经济困苦之中。逃出乡村的路通往乡镇和城市,一位法国评论家指出,19世纪城镇中的居民与乡村里的人相比就像是"两种不同的人"。[1] 换句话说,当民主来到美国时,迁移的自由和独立自主是同农业结合在一起;当民主来到欧洲的时候,它们是与城市生活结合在一起的。

不像逐渐获得公民权并很容易把公民权当作一种自然权利的美国白人,欧洲人却是以战争战利品的方式赢得了他们的投票权。通常,公民权属于一个目标混合体的一部分。一位历史学家曾经以瑞典为例说,同时获得了投票权和组织工会的权利的"工人就变成了一个自由的国民——公民"。[2]在瑞典、芬兰、比利时以及奥地利,工人在1896年到1913年间举行总罢工试图扩大公民权利。欧洲各界人士已经摆脱了这样的一些争论,即以明确的社会坐标确定投票权——按阶级、集团、公共政策——并想当然地认为投票权会被用于制定社会规划。一切取决于对政府的控制,政府被赋予了对有关安全、秩序和正义的各种相互冲突的期望。在对政府的怀疑中成长起来的美国民主对政府所抱的希望少得多。不但20世纪初期美国的决策者很少认真地考虑政府倡议的规划,而且他们在诸如养老金、公共卫生以及失业救济等方面所提的建议通常也是从欧洲借鉴过来的。

在冲突中获得投票权有着很大的价值:欧洲人行使了这种权利。当美国人不经常投票的时候,他们注意到他们最古老的民主传统之一迁移到了大西洋对岸的欧洲。詹姆斯·布赖斯在1889年还能准确地宣布,"多数票在美国有一种在欧洲所没有的神圣性。"[3]到了20世纪20年代,多数有资格的公民实际上不再在众多的美国选举中参加投票了;到了20世纪中期,欧洲的投票率通常比美国的投票率高三分之一。当美国的专家正在忙于解释他们的制度如何在较低参与水平上良好地运行的时候,一些欧洲国家已规定对不参加投票的行为予以法律处罚。

当多数人在欧洲上升到重要地位的时候,个人却取代了多数人在美国民主制度中的核心地位。一直在美国的体制中有着重要意义的个人,现在成了中心。最初,这意味着增加个人的选择,或者是增加个人在消费市场、工作方面的选择,或是增加个人在生活方式方面的选择。然而,选择逐渐开始淹没在广泛的权利概念之中。不像许多欧洲人继续把他们的权利看作是以集体为基础的,几乎所有的美国人把他们的权利看作是个人与生俱来的,一个接着一个地到来,以至无穷。实际上,美国的个人似乎是离开其社区而生活的。对于美国社会历史中失败的指责——例如,种族主义的影响,或医疗服务的分配——冷战中的爱国主义者经常用美国个人自由的胜利予以反击。在某些阶层,这种论调很有市场。美国的个人主义在20世纪后期引起了全世界的羡慕,全球一系列国家的评论家们认为个人主义几乎要迅速蔓延到他们自己的文化中。

美国的个人主义具有的世界范围的吸引力,表明了20世纪中期以后民主国家是如何结合在一起的。现在大政府也在美国开始兴盛起来。像其他地方一样,美国中央政府把全部精力集中在经济问题和军事政策方面,把大多数的文化与种族问题留给地区性或地方性机构来处理。当强烈的宗族主义价值观在诸如新教基要主义者和法裔加拿大人、锡克教信徒和巴斯克人等各种民族中间的复兴对中央集权制民主的统治形成挑战的时候,这种制度安排——早在第二次世界大战前就支撑着美国民主的公共政策等那种制度安排的一种变体——于20世纪60年代到90年代之间在各地被打破。在20世纪80年代和90年代之间,当种族主义在美国陷于划分阶级的俗套时,它正迅速扩展到整个欧洲。到20世纪80年代,社会福利的议事日程在欧洲正处于萎缩之中,而在美国长期以来最受欢迎的所谓靠市场来解决社会问题的方法,却正在受到赞同和支持。就这方面而言,美国在20世纪90年代采取措施,使公共卫生政策与类似的民主国家的公共卫生政策保持一致。

没有消失的差别是美国的投票人数远低于欧洲。在20世纪结束时,美国对世界历史最伟大的一项贡献——包容性的人民民主观念已很难从其发源地的业绩中得到任何慰藉。

第八章 个人

正是在人民瓦解的年代里,一种新的个人主义兴旺起来。这两种情况是同时进行的:在从19世纪向20世纪的过渡中,削弱了民主政治的社会部分的那些事物正好强化了民主政治的个人部分。从1914年到1924年间这一过度过程的最后阶段,当公众的力量正在从民主政治的集体一面快速流失的时候,它们也在以同样快的速度注入到民主政治的个人一边。或多或少已经从美国政治生活中消失了的表现,再次出现在人民的个人生活之中。

两个根本性的变革推动了新的个人主义。其中的一项根本性变革使19世纪的单一角色发生破裂并将其碎片散布于现代生活的众多活动之中。作为一个完整个体的人变成了"一部由一个人承担着众多角色的戏剧"。沃尔特·李普曼宣布:"现代人不再能够把他自己当作是一个单独的个人。"[1] 据说,现代人拥有许多"职位",不仅有在社会上的而且有在家庭里面的,或者是悠闲的职位,或者是独有的职位。约翰·杜威——李普曼以前的对手——重复了李普曼的看法。这种偏离中心角色的最复杂的影响是,一个单一的、固定的行为标准消失了。在19世纪,无论中产阶级美国人走到哪里,同样的道德准则总是紧紧地跟随着他们。如果一个男人在商业交易中欺骗了他的搭档或在一个偏僻的小巷中欺骗了他的妻子,它就会传递出一个关于整个这个人的一贯品质的信息。一个人就是他自己:没有什么理由。如果一名妇女经受不住因循守旧的圣洁的压力,她也就无处藏身了。现在,这些岩石一样牢固的价值观念破碎了:自由主义编辑弗雷达·柯奇伟在20世纪20年代中期曾高兴地指出:"正确和错误"最终随同别的专制君主一道去了流亡之所的一个杳无人烟的、有名无实的所在。[2]

然而,问题的实质,不在于相关性而在于分裂,不在于个人价值观的紊乱而在于决定这些价值观的环境的增加。根本的分界线把工作与休闲分开。现在,闲暇时间有其自己的逻辑:就像把工作中的价值标准强加给在外玩乐的夜生活就是自我拆台一样,把休闲的价值标准带到工作场合也是不可接受的。工作中的价值标准也碎裂了。在专业决定着社会地位的全国性阶级的圈子里,每一个行业或职业团体都声称拥有其自身的需要与经验,并因此要有其自己的行为准则。林肯·史蒂芬在1930年前后总结到:价值观念"随行业不同而不同"。而且一种道德标准的实践者进入并适应了一种行业……往往容易因此在道德上和技术上不适合于其他的行业。或者像政治家T.V.史密斯更为概括性地提出的,"如果道德标准不存在于现行的工作中,那么,对于大多数人来说道德标准也就不存在于任何地方。"[3] 只有职业集团内部的这些人才能理解它的那些足以进行相互评判的规则。根据这一逻辑,针对外来者挑战的最好防御就是内部人当中有这样一种共识:挑战者是错误的。

伴随着新个人主义的第二项根本的变革,开启了一种广泛的内在活力并使之合法化。在19世纪,中产阶级美国人把品格看作是建筑物。它可以有奇异的密室和隐藏的角落,但它却是一个受限制的整体。在这种格局中,危险的内部力量一旦被释放出来,可能永远不会被再次控制住。在20世纪,这些冲动通过个人发现他们是谁而被重新解释为无穷的力量来源:个性只有通过探索和发展才能兴旺发达。肉体的人——也就是19世纪品质的载体——现在只不过是一个外表而已。

独立自主,这个19世纪男人主导下的民主个人主义中的重要词汇,面向外部的世界并且通常在经济术语中表达出来。个人走在了前面;他们证明了自己的价值。从先验论者到笃信宗教的人,这些明显例外的人几乎总是使他们自己远离民主的文化。尽管财富在20世纪很明显是极为重要的,但它却不能够衡量民主个人主义,在它的意义通过无数的发现展现出来的地方,谁来决定什么事物需要被衡量？成就取决于一个人对于它是如何感觉的。现代的个人以与19世纪完全不同的方式,毕生追求她的真正自我,或许还有他与其他人的真正关系。换句话说,在19世纪民主的自主决定中相当具体的理由,大规模地且不可预测地发展成为一种完全不同的精神事业:满足。

自主工作和民主的独立自主在19世纪初期一起到来,并相互从对方获取支持。在这种背景下,工作不仅仅是在预示着未来有报酬的生活中的一种美德。控制一个人的工作就是它自身的报酬。它并不导致民主的个人主义,但它体现了这种民主的个人主义。公正社会的激进观点寻求的是去掉压在工作之上的那些负担——老板的苛刻、人为的低收益、对机会的限制——的办法,而不是寻求取代艰苦的工作。在20世纪初,工作等级的增加使越来越多的人有一种被纳入到在由别人控制的别人的体制中的感觉。就像自主工作与旧的个人主义崛起密切地联系在一起一样,等级意识与新个人主义的崛起密切地联系在一起。如果说有些人对他们的工作感到自豪,那么没有多少人把个人的成就与结构安排上没有人情味的工作领域联系起来。爱德华·贝拉米的小说《回顾》在进入20世纪很长时间以后还继续受到欢迎的原因之一是,它事先预料到了这种变化。早期的乌托邦答应给予人们在工作中的自由。而贝拉米的乌托邦则给予人们以免于工作的希望——实质上就是如何把最少的时间用于生命中最令人怀疑的活动。在19世纪的梦想中,西部是一个任何个人都可以把艰苦工作转变成经济成功的地方。在20世纪的梦想中,西部成了一个阳光明媚、迷人而舒适的天堂。

换句话说,在最好的情况下,实现一个人最完美的人性就需要对工作的某种逃避。到了20世纪20年代,以前作为富裕中产阶级特权的年度休假,已经成为一种全国性的准则。在19世纪,工作之外的时间往往是一种进行自我提高、自我更新和履行重要社会义务的机会,所有对假期的使用都显示出明显的特点并预示着在工作之上取得更大成功。20世纪完全使个人的时间获得自由,并且在这一过程中使之与日常生活中的责任与义务产生不和谐,尤其在工作中更是如此。按照19世纪的标准,时间同曾经干过的工作一样是不自主的:回避日常的责任只会浪费时间。有身份的人可以从工作中抽取时间,使他们自己舒展到极限——19世纪末的时尚:莽骑兵大丈夫气概就是一个适当的例子——但最终是有一个限度的。意味着新自我持续不断产生的满足,渴望用不工作的时间来突破任何阻挠新自我诞生的限制。

民主政治中的个人与集体成分,一前一后走过19世纪之后,在20世纪初期便分开了。当每一种成分开始在其自己的环境中运作时,通过对明确的权利和责任的估算,多数民主和个人民主并不必定发生相互冲突。它们只是相互分离,在大约半个世纪的时间里走上完全不同的道路。

关于个人有权一个接着一个地满足他们自己需要这种20世纪的主张,几乎没有先例可循。19世纪的民主把个人置于一定的范围之内——家庭、社会、普通法——并承诺团体和个人通过相互支持可以相互得益于对方。当欧洲游客亚当·格罗斯基把美国民主政治的核心描写成"极度的个人独立与一个井井有条的社会与政治组织的联合"时,他揭示了他的东道主那种和谐而非紧张的感觉。甚至,那些也许有理由不同意的批评家们也认同了这一观点。伊丽莎白·坎迪·斯坦顿在1860年宣布:"真正的个人权利与社会权利永远不会相互冲突或相互抵触。"夏洛特·帕金斯·吉尔曼在40年以后夸口说:"社会组织的发展产生了相应程度的个性化……那种世界上曾经看到的最完美的个性化。"[4] 在19世纪的文化中,诸如充满幻想的发明家或孤独的废奴主义者这样明显例外的人物,实际上并没有脱离与社会的联系,只是他们沿着前进的道路远远地走在了社会的前面。当美国人最终大体上跟上并理解他们而且共同确认了他们所持的真理:以一场交通运输革命证明富尔顿的荒唐行为是真理,以内战证明废奴主义者所说的奴隶制是内战——的时候,他们获得了赞誉。

尽管有一种进步的倾向把公民看作是可分离的、理性的人,每一个人都具有听、学习和判断的能力,民主的理论却通过第一次世界大战使个人与社会连在一起。然而到了20年代,新个人主义冲破了束缚并从根本上改变了公共讨论的性质。一方面,通过重新把若干改革问题严格地界定为个人事务,它缩小了战后议事日程中的社会目标。另一方面,通过把曾被认为完全是个人事务的问题重新界定为公共问题,它扩大了战后议事日程中的个人目标。

心理学作为一种护身符在各种公共事务中的出现,标志着新时代的到来。没有什么比流行的行为主义理论或流行的弗洛伊德学说更能使人们的思想显得荒唐可笑。行为主义理论设想人们会无意识地对他们周围的刺激物做出反应,弗洛伊德的学说认为人们受制于他们天生的、无意识的冲动。在这些力量面前,19世纪的品格可能会意味着什么呢?现在,人的个性就是一个战场。在那里,每一个人都在把她自己的资源用于为满足而进行的战斗中。旧时坚定的改革分子适应了现在的时代,例如,玛丽·里奇蒙的书《什么是社会工作》(1922)的出版,标志着在这种进步堡垒内部发生的从规定的社会目标向提供心理服务的转变。现在个人确定了战场的范围。

第一次世界大战后,公共卫生措施的命运也显示了这种从森林到树木,从社会到组成社会的个人的转变。在19世纪90年代到第一次世界大战期间,医学实践和医学教育专业标准的系统化,医院从社区慈善事业到合理化的健康服务的提供者的转变,消除广泛的致死性疾病的运动,现代牙科学的出现,通过公立学校教育使人们养成卫生习惯,提供健康服务的诊所的广泛发展,以及在身体和精神的预防性保健方面的实验等,联合起来导致卫生职业与其他美国人之间的联系发生巨大变化。公共卫生是一个大有前途的领域,具有在救生保健方面训练国民并在人民需要它们时向人民提供帮助的强烈愿望。如果公共卫生在中产阶级的迫切要求下把它的生活方式强加给世界,这也表明了一种强有力的、增加美国穷人生存机会的改革冲动。当然,这是进步主义对下层阶级——黑人、移民以及土生白人等——沦落的最好反应之一。就像降低婴儿死亡率运动的一位领导人约瑟芬·贝克所宣布的那样:"健康婴儿诊所应该像公立学校一样是公费的。"[5]

但美国对它的约瑟芬·贝克们却是不友好的。在20世纪20年代初,当那些被交给谋求赢利的私人医师治疗的人们使充满服务思想的改革者陷于困境的时候,公共卫生事业的领域缩小了。主要的医学学校忽略了这个领域,而作为公共卫生事业从前的支持者,美国医学协会差不多在彻底改变对公共卫生运动最初的亲密同伴——禁酒的看法时,也放弃对公共卫生运动的支持。留下来的是剩余的教育资料,即很少进入穷人手中而且肯定对那些阅读另一种文字或干脆不认识任何文字的人没有任何用途的健康资料的无偿发放。遍及整个欧洲的公共卫生事业的主要内容——社会保险,在美国从来没有成为现实。相反,美国的每一家人、每一个人都要自己照料自己,而他们获得的卫生保健反映了他们在特权等级制度中的位置。尽管在医学方面居于领先地位,然而,在工业化国家当中,美国在产妇和婴儿的死亡率方面却落在了最后。在许多方面,美国黑人根本就没有享受现代医疗的机会和权利。身心疲惫的弗洛伦斯·凯利在1923年总结到:"在合众国,没有通向公正与仁慈的捷径。"[6]

当先前的公共问题逐渐进入私人领域的时候,以前属于私人的事情也突然进入到公众视线之中。从第一次世界大战前后开始,实际上,构成私人事务的东西成了连续不断的公共谈判的主题。把窥淫癖提升为全国性娱乐的电影,给了人们一种印象,即他们可以在暗处安全地窥视令人神魂颠倒的人们的那些各种不可告人的风流韵事。报道男女演员生活的杂志急剧增加。在许多情况下,个人幻想与公众幻想之间的界线已变得模糊不清。当旧的康斯托克法这样的淫秽物品的官方监控者开始退却时,公共讨论取代了它们的位置。与19世纪的情况不同的是,地方性的价值观不再是问题的决定性因素。现在,地方性差异和全国性标准之间相互作用、相互影响。如果电影在波士顿被禁演,反而会推动其全国销售额的增加。如果它能在纽约上演,为什么不能在皮奥利亚上演?

公共讨论中参考要点的多样性,把战前的美国人弄得无所适从:帕布罗·毕加索和诺曼·罗克韦尔,社会学的芝加哥学派和联邦调查局,有恋母情结的戏剧与合唱队的队列,全国有色人种协进会和三K党,美国退伍军人协会和美国公民自由协会,白天的好莱坞和晚上的哈莱姆。在20世纪20年代扩大了的公共议事日程上,几乎没有什么计划产生出政治结果来。私人生活和个人的选择不易于政治化。甚至在公共政策中有着巨大潜力的新主题,通常也仅仅是用来进行讨论的素材,是信念的选择而不是行动的根源。例如,弗朗兹·博厄斯的相对主义人类学驳倒了吉姆·克劳法背后的假定,却未在白人中间引起一场改变此项法律的运动。如果按照沃尔特·李普曼所说:"政府最重要的问题就是如何使我们对政治领域的个人看法发挥作用",那么社会运动也就会完全失去了价值。[7]

其中绝大多数在1914年到1924年间扩展到全国的那些变革的突然中断,使新个人主义扮演了一个代际冲突的角色。现代生活方式体现在青年人的装饰中,用吉尔曼·奥斯特兰德那种巧妙的术语来说就是,现代生活方式的提倡者赞成"线形管理"(filiarchy)的价值观念。他们追逐青年人的时尚,说着青年人的俚语并且跟着青年人的音乐节奏跳舞。那种陈旧的偏执和压抑性的力量被用于反对青年人统治。在罗林·柯尔比著名的漫画中,一个枯瘦、干瘪、陈旧的禁酒令几乎要摧毁所有的快乐。用李普曼的话说,"恶毒的老太婆"使美德在青年人中留下了一个坏名声。以儿童为中心的新教育制度的提倡者,主张有必要从最低的年级开始保护学生免受旧权威的压抑性影响。在这种氛围中,精神病院将久病的老年人送入社会上监护最差的疯人院。挑选出来的病人是那种年轻的、大概还有治愈希望的病人。

许多年长的成年人在一下子转入新个人主义的问题上畏缩不前。在一个极端,美国著名的墨索里尼的崇拜者——里查德·沃什伯恩·蔡尔德,对于年轻人新的"不惜任何代价追求自由和不负责任的哲学"[8]感到震惊。在另一个极端,真诚献身于辛勤劳动美德而非创造性休闲潜能的进步人士,对富于表现的个人主义几乎没有任何同情。甚至像弗雷德里克·豪和简·亚当斯这样典型的改革家也参与了对电影的审查制度。萨缪尔·冈珀斯或布克·T.华盛顿会从这些新的价值观念中得到何种可能的利益呢?尽管冈珀斯在70岁娶了一个年轻的姑娘,而华盛顿卷入了与一位白人妇女的丑闻之中,但两个人完全知道如何从躲在常见的故作正经的沉默之墙背后获取最大程度的利益。

新个人主义在代际之间带来的深刻分歧,在妇女对呼唤性自由——妇女享受性快乐的权利和控制生育的权利——的反应中特别清晰地显示出来。战前公共生活中的知名妇女对这两项目标都没有热情。实现她们的事业,就要求有坚持不懈的自我约束,这是一种对感情的严格控制,她们后来将这种感情控制转变成一种重要政治策略。她们为她们的事业和她们自己披上的是科学的外衣,而不是情感的外衣:除富于表情的东西以外的其他任何真实、公正的东西。尽管像安娜·霍华德·肖和夏洛特·帕金斯·吉尔曼这样的妇女事业领导人雄辩地阐述了个人的重要性,但是她们的观点却是一种19世纪的强调经济独立和社会责任的观点。她们把19世纪民主中关于个人自决的衡量标准当作是她们自己的标准。卡里·查普曼·卡特记得曾经发誓:当她年老时,她的日常开支绝不依赖于任何男人。社会改革家伊迪丝·艾博特在1905年写到,"有自尊心的美国中产阶级妇女,不再愿意被她的男性亲属供养。"此外,她们个人还象征性地对社会发挥作用,这两种事业一起成功。用吉尔曼的话说,期望"每一个人都对更为高贵的、顺应社会演变趋势的生活方式做出贡献"。用朱莉亚·莱思罗普的话说,很显然,妇女的责任就是"延续种族的生存"。⁹

  这些妇女只提出了处于强制下的性问题。严格地说,她们相信这是男人的问题。最直言不讳的吉尔曼指责男人的那种"病态的纵欲无度"是对人类的一种诅咒,而由有着童话般名字的社会改革运动斗士普林斯·莫罗领导的男女改革家们,在抨击卖淫问题和最近被发现的性病问题时,采纳了这种普遍流行的观点。在1908年全美妇女投票权联合会年度会议上的一次针对这些主题的特别会议,要求使妇女获得投票权以便于她们能够对男人施加他们不会自我施加的那种控制。如果妇女的性本能主要在于维持人类繁衍不断的话,那么只有被强迫的情况下她们才会从事卖淫。出于对妓女作为被动的受害者甚至是被绑架目标的假定,战前主要的反卖淫法——1910年的曼法案——对于为不道德的目的而在州与州之间贩卖妇女予以惩罚。这就是所谓的白奴法案。许多老改革家如简·亚当斯和贝尔·莫斯科维茨都为这项运动做出了贡献。

  大约在战争时期,世界发生了转变。新女性和不受传统约束的年轻女子,为在电影和戏剧、文字、与艺术作品、摄影与广告以及在整个公共生活中的表演,带来一种新的感情开放和性兴趣。后来的研究证实了在1915到1930年间长大、成熟起来的中产阶级妇女当中性试验的突然兴起。由欧洲人艾伦·基和哈夫洛克·埃利斯撰写的,在这个世纪早些时候被禁止的关于性方面的作品,现在碰上了一群现成的美国读者。同这些新价值观念的到来一样令人震惊的是,到20世纪20年代中期它们已经被社会所接受。为节育而斗争的坚强斗士看出了这一转变。玛格丽特·桑格在被指控淫秽下流而坐牢期间开始了这一转变,不料却在20年代成为一个广受尊敬的、计划生育的创始人。在她的激进阶段和名声好的阶段,桑格都坚持同样的目标:妇女应该得到美满的性生活,而不仅仅是一种被严格控制的性生活,此外,她们还应该掌握对性生活的主导权。到了20年代,这些观点不再被看作是一种革命的疯话,而是社会的主流理想。与桑格的节育运动同时进行的另一种努力增加妇女对其生殖活动控制权的运动,则在寻求减轻妇女在生育中的痛苦。

早期妇女运动的老战士们不赞成上述这些运动。一位妇女投票权运动的领导人回忆说,埃伦·基的"名字是十分令人讨厌的"。[10]比战时和平主义在20年代对亚当斯威望的损害有过之而无不及的是,由于其对公民品质的训练及其沉着的运动节奏,赫尔堂远远地站在了代沟的另一边,她实质上从来没有从那一边评论过桑格、伊莎多拉·邓肯或阿米莉亚·埃尔哈特等人的爱好。这些新女权主义者认识到,自治不是一种自我否定的惩罚而是一种实现自我抱负的追求:在克里斯特尔·伊斯特曼的声明中,这是一种"以各不相同的方式发挥她们的各种才能的"权利。[11]换句话说,性欲望的表达属于一种大战略,是一种除每个妇女的分离幻想的理由之外具有广泛意义的战略。她不是一个家庭的主妇或一个道德准则的恪守者或一个种族之母;她是一个与众不同的人。由于其日益扩大的公共影响力、日益深化的情感层次以及其主动性,新个人主义就是意味着这种战略。

看到这种分歧,甚至像亚当斯这样宽宏大量的人,也对她所看到的诸如年轻女子愿意为了自己的私利而牺牲她们的社会良知这样的事情,而感到愤懑不已。到了这一冲突呈现出制度化形态的程度,它使少数几个华盛顿的官员与许多在一个反对小小的全国妇女政党的年代里继续逆流而上推动法定改革计划的州首府的官员们陷于对抗,这个妇女政党的标志就是平等权修正案,这一修正案对于隐藏在努力通过立法对妇女进行特殊保护背后的前提构成挑战。毋庸置疑,进步运动的老战士们对阶级差异的敏感远远超过全国妇女党,这个政党赞成职业等级制度的优点并且拒绝承认穷人的隐身之处发生了多少社会变革。然而,平等权修正案单纯禁止性别歧视,却有着另外的、产生于对现代个人追求之中的目标:让这个社会更开放并且让每位妇女去做她们喜欢的事情。在具有钢铁般意志的艾丽斯·保罗的领导下,没有人会把全国妇女党误认为是野生动物的保护组织:它为妇女的需求与新个人主义之间的相互联系提供了一种严肃的、持久的考察。导致它失败的也不是由于其较小的规模和贫乏的业绩。全国妇女党是一个天气变化风向标,是合乎时宜的价值观的一个支持者,按照新个人主义的精神,它的合法性既不依赖于组织也不依赖于政治。

通过使它自己迂回曲折地穿过现代社会中的主要压力、裂痕和冲突,新个人主义有助于对所有这些现象进行界定。它的阶级根源是最为重要的。就像多数主义民主的衰落是下层阶级沉沦的结果一样,个人主义的上升是最初建立在其理性和权威基础之上的全国性阶级出现的结果。20年代新价值观的捍卫者们认为这些价值观是按照等级发挥作用的。按照他们对新自由的同情程度,甚至他们使用这种新自由的能力,美国人被划分成等级。就像诸如范·威克·布鲁克斯和舍伍德·安德森这样的新自由主义的先驱所描写的大众文化,它是敏感的人所面临的最后陷阱:跳过这个陷阱或者死于其中。有一段时间,一种逃避现实的制造社会等级的氛围与个人满足的价值观混合在一起。想要表现这些价值观的艺术家们和想要实现价值观的电影明星们感到不得不流亡到欧洲,逃到城市里的放荡不羁的文化界人士聚居处或好莱坞的隐身所。

当全国性阶级的代言人轻视处于等级制度下层的人民的感受性时,他们也正在轻视其他人民的工作。他们本阶级之外的工作,似乎都堕落到介于令人生厌和极度令人生厌之间的某个位置的地步。T.V.史密斯总结说,如果他们能够以其他某种方式获得收入,只有很少的人还会继续从事工作,

"而就家庭主妇而言……这个比例肯定是极小的。"[12]对于那些没有在任何现代工厂中工作过的人们来说,现代工厂就是令人生厌的、非人性工作的代表。这种观点在弗里茨·兰的电影《大都会》和查里·卓别林电影的《摩登时代》被认为是不道德的。

回顾几十年前的威廉·默里斯和同业公会运动,全国的批评界创造了一种概念来体现有价值体力劳动的真正需要。那是19世纪民主政治中的自主工作的一种现代变体——现在,对于现代而言,就是令人满意的工作——即那种能够通过其在原料、工具和产品之间密切的、以个人为中介的联系而使精神得到满足的工作。与产品装配线相比,这一概念对下述这种幻想——例如对索尔斯坦·凡勃伦所设想的技艺本能——造成的更大的歪曲。多少年来,在全国性阶级屡次攻击雇佣工人缺乏技能时,这种性质的指责被一再重复。这是一个很容易被谴责却难以被明确的问题,也是一个批评家们很少试图从工人的角度来考虑的问题。有时,工厂机器的绝对等级似乎是它的最大罪恶。

麻木的人是乏味工作的结果。全国性阶级的批评家们把他们对下贱工作的描述植入无意义的文化之中。在埃尔默·赖斯的戏剧《计算器》(1923)中的零先生是一个普通的白领职员,在死后的生活中仍然是零先生。在肯尼思·费林的诗作中,白领的生活看上去几乎是一样的:

> 为他的死去而恸哭,就如为他的活着而恸哭
> 哐啷!嘭!走入办公室
> 回家睡觉,劈啪!结了婚
> 嘭!有了孩子、带着火呼地离开了。
> 啊哈!他活着。啊哈!他死了。[13]

推销员的生活并不更好。辛克莱·刘易斯的小说《巴比特》(1922)为难以用语言形容的生活提供了一个代名词。四分之一世纪之后,在剧本《推销员之死》(1949)中,阿瑟·米勒对中产阶级志向的讽刺,威利·洛曼的破坏性个人

主义,使他们所爱的每一个人都感到痛苦。

对于地方上的美国人而言,要认识到正在为他们做的事情是什么,并不需要特别的智慧。同样清楚的是,他们卷入了真正的冲突:中产阶级的价值观与全国性阶级的价值观是明显不同的。然而,几乎没有中产阶级美国人喜欢克制他们自己对所有新式快乐的享受:摩登,几乎在美国各地都有一种充满快乐和希望的光环。他们的快乐就是管理上的一个难题。甚至当中产阶级美国人追求他们自己的满足之梦时,他们继续根据他们在家庭、朋友、教堂和工作地点——古老品质的要素——这样的按等级划分地位的环境中的声誉而塑造他们的生活,他们可以引进他们所希望的东西而又不失去在这些个人生活圈子内部的控制吗?

通常的答案在于不断调整、局部调节的妥协。新个人主义的一个有用的标志——化妆品为我们提供了一个相关的例子。在 19 世纪的准则——坏女人在她们的脸上涂脂抹粉,而好女人则使她们的脸变得消瘦憔悴——与个人实践和表现的现代标准之间,地方阶级的家庭进行了大量的标准调整:它们将决定一个女孩什么时候可以第一次试用化妆品,一个良家妇女可以用多少化妆品,使用多少化妆品会使她成为一个荡妇。这些在主观性的汪洋中——从家庭到家庭,从社区到社区,从此时到彼时——翻来覆去的规则,与已经在那些地方存在并定期地作为控制的提醒物被明确有力地表达出来的规则相比并不重要。

新个人主义为下层阶级的人们提供了现代民主的最好保证,他们取得了任何可以从现代民主中获得的东西。总的来说,与地方上——无论是在小城镇还是在城市社区——受约束的取舍相比,在电影、零售连锁店或印刷媒介中举国一致地倡导的休闲活动对下层阶级施加的限制少得多。汽车和收音机扩大了下层阶级生活的活动范围。贫穷的家庭并不拒绝农村电气化。如果全国性阶级把工厂的工作想像为个人主义的丧失,那么,无数工资劳动者的决定却不是这样的。由于在现代工厂工作,比什实收获更令人兴奋,比煤矿更安全,比原木加工造成的身体伤残更少,对于下层阶级中每一个能够得到这种工作的人来说,现代工厂是很好的工作场所。

尽管受到社会等级和贫穷的严格限制,美国黑人也从新个人主义中获取了他们能够获取的东西。然而,作为普遍的渴望,个人主义在黑人中产阶级中间几乎没有取得多少进展。一个在家庭中受到尊敬的妻子,仍然保持着成功的美国黑人家庭的品行规范,而集体权利仍然是最重要的黑人组织坚持不懈的民族要求。在20世纪就像在19世纪一样,黑人有着令人信服的理由把对黑人公开压制看作是黑人问题的关键并把黑人的一致反应作为走向公正的必不可少的第一步。马库斯·贾维从布克·T.华盛顿对自助、自立的叙述中获得他的关于黑人自尊心的灵感这一事实,表明了集体与个人是如何密切地交织在一起的。然而在贾维主义*的民族自决或全国有色人种协进会的法律平等中,个人继续在美国黑人社区内部寻找他们的价值。

另一方面,对于那些其所面临的直接和最大的障碍就是她们个人缺乏能力的妇女来说,新个人主义是富有诱惑力的。仅仅在新个人主义扩展到的领域里——在性行为和生育、外表与娱乐、世界的恶与善等方面的选择——达到一个独立自主的人的境界,就是革命性的一步。它为妇女运动所面临的长期性问题提供了大量的、有吸引力的答案:什么能够使一个妇女完全真正地独立自主?尽管世纪之初,在开放新的工作领域方面有了重大进展,但支付她自己的账单是不够的。无论她属于哪个社会阶层,在工作上她都属于第二等级。选举权也是不充分的。当像简·亚当斯和弗洛伦斯·凯利这样优秀的请愿者失去了她们的权威时,与战前相比,政治更变成了男人的游戏。每个人最终会独立地界定并追求新个人主义,才使新个人主义变得如此激进。在工作和政治中,老板是男人,然而满足应该是她的,而不是他的。

在这个世纪之初,男人们已经开始意识到了危险。有着很强洞察力的弗朗西斯·斯奎尔·波特注意到,在妇女权利每一次取得进展之后,当权的男人们就会以"一种模糊的感觉"来激励他们自己,这种感觉就是"当好男人睡着时,……[妇女]才被容许这么快取得成功"。[14]1910年的白奴法案所表达

---

* 由贾维提倡的、主张黑人与白人分离和在非洲建立由黑人统治的国家。——译者

的关心不仅是针对不受欢迎的荡妇,而且也是针对不受欢迎的自由自在的妇女,针对不受欢迎的离了婚的女子和单身工人,针对不受欢迎的追求时髦生活的妇女。在妇女独自开辟新路的地方,男人们随后就提出劝告。女人们已经变得迷恋于性感了吗?她们正在诱使她们的儿子们陷入恋母情结吗?男性专家警告说,没有什么比妇女的自然冲动更值得怀疑的了。利用这样的一堆忠告,一本由美国儿童局散发的极受欢迎的指导手册——《婴儿护理》一书提供了一种逐步纠正天然母性的方法。

当性自由日益扩展时,男人们似乎总是能够超前一步或两步。全国性阶级对维多利亚式假道学的基本精神——例如,成功的反禁酒运动,或贫民窟的生活对妇女并没有特别的危险这种开明的观点——为男人的权利注入了新的活力,实际上是以损害妇女利益包括更大的对妇女进行连续打击的自由为代价的。在现代这个时代,妻子们知道,如果她们想要得到她们丈夫的爱,那么性娱乐是永远不会结束的。新的价值观随同庞大的化妆品工业包括使用化妆品的美容店一起到来。现代妇女也无法摆脱使自己保持永远年轻这一戒律的影响。通过确定20世纪女性苗条的标准以及维持苗条的节食标准,那些等于是通常被诱惑和被嘲笑对象的东西在20年代开始流行起来。当年龄较大的妇女试图表现的像年轻人一样时,生活的经历却暗中损害了她们的外貌,服装的样式使她们的年龄暴露无遗,而新的舞蹈肯定会使她们的关节咔吧咔吧作响。如果她们使自己的举止与年龄相称,她们也不会有更好的运气。塑造好莱坞偶像的男人们,戏弄、嘲笑那些表现出性兴趣的年龄较大的妇女,而把采取性主动的年轻的女子塑造成勾引男子的荡妇。似乎妇女们的每一个动作都会引起一个对抗性行动。1921年,当平等权修正案被揭开面纱的时候,美国第一小姐也被正式加冕。

这就是像霸权一样的新个人主义,随着数百万普通美国人接受、认同分散的消费者的价值观,他们也就参与了对他们自己的征服——或至少是参与推动了他们自己的被边缘化。作为一种对所有人都一样的活动,保护消费者权益提供了一种新的对公民权利和义务的理解。这就是把人民集聚到一个社会之中而不对他们或他们的社会阶层提出任何特别的要求。在不影响差异与不平等的情况下,新个人主义适应了新的文化习俗并且变得平等起来。实际上,新个人主义差不多拒绝把所提问题的合理性当作社会问题,而作为新时代最大特点的那些大众的通讯手段通常迎合了使现存的等级制度在这一过程中合法化的那种趋势。广告展示出工人和办公室工作人员微笑着站在一排排整洁的机器旁边的良好形象。在电影、收音机和日常种族俚语贬损美国黑人的人格时,他们显得似乎恰好适合于他们所占据的位置。在印第安民族之外,人们最熟悉的印第安人就是已死了的印第安人。

从某种程度上说,新的保护消费者权益运动也不是新的。尽管家庭生活电气化以及价钱不贵的汽车与铺砌的道路相结合,赋予20世纪20年代以独特的品质,但是,现代保护消费者权益运动的模式却是从19世纪晚期开始形成的。使战争年代成为一个分界线的是,消费者的范围作为一个高度个人化领域被重新界定以应对人类需求范围的无限扩大。在20世纪初,甚至广告商也把消费者当作是社会人,他们的产品就展示了这些人的社会价值观。当进步分子使用这个术语时,消费者促进了经济和社会政策的制定:在路易斯·布兰代斯那里,消费者要求降低关税和铁路运费;在弗洛伦斯·凯利那里,消费者为了社会公正而使用联合抵制这一手段。从不太精确的意义上讲,这些消费者就是人民,他们使自己适应市场,并像美国革命前那些爱国的茶叶抵制者那样服务于整个社会。

在第一次世界大战前后,广告商有意识地把他们的注意力从寻找信息的谨慎的购买者转向寻求实现自己愿望的没有得到满足的购买者。到了20世纪20年代,这些新的、主张内在满足的价值观渗透到一种从少数中心地区不断发布权威信息的全国性文化之中。霸权突然成了一种貌似有理的权力。不是鼓励消费者去相信理性的选择,而是鼓励他们相信不受限制地选择,不是鼓励他们相信产品的好与坏,而是鼓励他们相信产品的巨大数量,个人通过这些选而又选的产品来精心地安排他们自己的生活。创造自我的消费行为使做出决定的理由掌握在购买者手中,而不由产品来决定。人民使用产品并没有达到产品改变人民的程度。的确,感到不安的约瑟夫·

伍德·克鲁奇抱怨说,"如果一个人正在以每小时25英里前进,他就不会感到以每小时50英里的速度运动时他们所感受到的那种双倍的快乐。"[15]为什么感受不到?谁知道?这个方案有着巨大的被操纵可能性。

与此同时,新个人主义是20世纪民主政治中一个无法预言的因素。如果说产品改变了人民,人民同样也必定要改变产品。消费品是人们生产它们的必然结果,在市场上自由自在的妇女们把按标准化生产出来的服装、化妆品以及她们的装饰品组合起来形成个人的表现。只要不断变化的样式适合于表现,她们就会做出反应。然而,世界上没有任何广告运动能够迫使妇女们再穿战前那些鼓起褶皱的服装。无论在美国黑人美容业中一个相当模糊、实质上已被根除的完美典型的来源是什么,黑人妇女却使它服务于美国黑人的目标——或许是一种奢华且又引起痛苦的美容术,但却是完全属于她们自己的东西。只有白人把它视为非白人的。所有当中最为引人注目的是,一旦这些行业创造出使夜间的城市变得灯火辉煌这样的奇迹,顾客们就会掌握主动权,发挥想像力在真正新世界的光辉与贪婪中活动,创造和再现他们自己的街区文化,再现他们自己对商业企业的意图,在小街的放荡不羁的文化界人士聚居区中创建他们自己的社区。夜生活,确实是人民的选择。

新个人主义的破坏性起初似乎完全是无害的,比如,在新个人主义小心翼翼地转向与全国性政府结盟时就是无害的。谁会料到这些传统的对手制造出许多其他的事情?自美国革命以来,自由的公民把遥远的政府看作是天然的掠夺者,并提出权利法案作为抵御这些掠夺者的手段。即使在19世纪威胁意识减弱的时候——人民自己的政府怎么会伤害自己的公民?——过大的权力仍然是个人自由的最主要的敌人,而政治权力分散依然是每个白人男子抵御这一敌人的最好手段。

在20世纪的20年代和30年代,独裁主义大大地增加了这些风险。在意大利和德国,以及在许多小的国家,独裁者以强力压制民主人士并利用政府来扼杀自由。不仅士兵走正步和民众敬礼的场面违背了美国传统的个人主义,而且伴随着而来的现象直接打击了新个人主义对快乐和个人选择的敏感性:官员封闭戏院,民众焚烧书籍,冲锋队员捣毁住宅。如果从最广泛的意义上说,阿道夫·希特勒和约瑟夫·斯大林通过统治全体人民证明了个人的枝节问题是可以被牺牲的,那么从最狭隘的意义上说,他们的政府似乎没有为那种孤立的持不同政见者留下继续生存的空间:用瑟·凯斯特勒的那个可怕的比喻来说就是:正午的黑暗。极权政府压制每一个公民个性的现代噩梦,取代了暴君剥夺人民自由的那种传统噩梦。极权政府是个人满足的最明显的对立面:人民精神生活的毁灭。

与此同时,美国白人正在国内积累大量的官方压迫的证据。在20世纪民主形成——以及布尔什维克革命的年代里——在第一次世界大战期间及其之后,美国联邦政府和州政府都在残酷地打击各种离经叛道者。这些镇压行为使某些进步人士十分震惊,他们后来把新政期间侵犯个人权利的政府当作那个披着改革外衣的老狼而加以反对。许多自由主义者和保守派分子都体会到禁酒就是拙劣的政府与自由公民之间的一场竞争,而第二次世界大战中的官僚作风就是庞大的官僚机构对个人自由的侵犯。

19世纪的根本办法就是一种主张权力分散化、使州和地方政府对抗全国政权的联邦主义。然而,对于新的全国性阶级而言,这一战略不再起作用。根据定义,他们的全国性问题就需要全国性的解决办法。现代的个人权益捍卫者不再转而离开华盛顿,而是在华盛顿找到一个更具同情心的权力中心———一种平衡——而且他们发现,他们这一问题的答案就是联邦法院。尽管有南方重建时期的先例,认为最不友好的政府中最不受欢迎的机构是民主权利堡垒的想法,仍会使过去白人兄弟会中的人感到困惑。而且由于同样的原因,它也非常适合于全国性阶级的需要。它许诺统一,它尊重权力等级制度,并且它还认定最训练有素的人应该在不受公众压力影响的情况下解决问题。把法院作为对由选举产生的政府的一个制约因素,恰好是伴随着对多数主义对民主权利威胁的日益强烈的关心而出现。这个在19世纪的自相矛盾的说法,在20世纪变成了全国性阶级的信条。

没有人为了民主个人的利益急于把司法政策革命化。在20世纪的20年代和30年代,法院至多是做出十分谨慎的反应而已。然而在各种联合中,温和派与保守派相互合作,首先是为了抗议联邦行政机构滥用战时紧急权力,其次,是通过把权利法案纳入宪法第十四条修正案,以探索把权利法案延伸到州和地方事务中的办法,宪法第十四条修正案能够令人信服地防止所有对个人生活及其自由进行的随意攻击和侵犯。现有的、最能证明小奥利弗·温德尔·霍姆斯法官伟大的证据,就是在他 80 多岁时还能够对这些现代这些需求做出反应。战后不久,他还在以 19 世纪的标准假定进行工作:多数派拥有这样一种"天然的权利",即他们有权压制那些让他们感到厌恶的见解。[16]后来,在年轻有为的法律学教授弗利克斯·弗兰克·福特及勒尼德·汉德法官的激励下——两人都是新的全国性阶级的典型代表——他对此进行了重新思考。结果就是他在吉特洛诉纽约州一案中(1925)的关键性声明把宪法第一修正案所规定的权利引入第十四条宪法修正案之中,并因此把联邦法院置于个人和各级侵害人民权利的政府之间。两年后,保守的最高法院的第一个判决就是以霍姆斯原则为基础的。

然而,却没有多少事情发生。在帕尔科诉康涅狄格州一案(1937)中,本杰明·卡多索法官制定了在另一个十年里未受到挑战的开明原则:根据宪法第十四条修正案,联邦法院将捍卫权利法案中的那些对于"一个有序的自由体制"至关重要的保证。一年后,在对美国诉卡罗琳产品案的另外一个例行判决的补充说明中,另一个温和派法官哈伦·菲斯克·斯通建议,今后权利法案和少数派的政治权利应该受到最高法院的特别关注。然而,毕竟大多数补充说明仍然被遗忘了。只有个人民主逐渐增加的重要性能够把这一补充说明传播到主流社会之中。

从一开始,法官们所做的贡献——那些赋予这些零零碎碎的判例以一种颠覆性潜力的东西——就是法院制定法律的普遍性。无论它们最初的阶级倾向是什么,关于公民权利的这些宪法规定的直截了当性、无所不包的涵盖性使以下两种可能一直就存在着,即要求公共政策遵守统一的法律,要求公共政策在一个原本按照等级分配利益的社会制度中真正平等地保护所有个人权利。如果说普遍福利这个词曾经具有无所不包的涵盖性的话,显然,其在美国最有希望的前景取决于那些以每个公民不可侵犯的权利为基础的原则,也就是说,取决于对公平和公正的假定。这种公平与公正不是从社会的集体意识中获得它们的力量,而是从20世纪民主充满生机的一面——它对个人满足的追求中获得力量。

第九章 政府

现代个人对政府越来越多的依赖,标志着一场具有重大影响的转变:政府取代人民成为民主的最后保障。根据隐藏在19世纪民主背后的假定,不仅人民一起通过选举决定基本的问题;而且多种形式的民主决策同时为个人取得成就提供了一个宽松的、令人愉快的环境。从政府取得的、回到个人生活中的利益——首先是土地——对个人的机会有着重大的影响,但是,政府运作本身却没有这种影响。如果政府小而灵活,把这些政府当作是人民的代理是不无道理的。而如果说人民本身是政府,那么,配得上这一名称的政府是不存在的。

实际上,自内战时期就开始的政府扩大并没有严重影响这种可塑性的感觉。在全国这一层次上,某些留给州和地方政府自行处理的活动现在被合法化了。例如,战时法律就诸如储备金持有和货币发行这样的问题为全国性银行的新等级制定了规则。但是,就像从新教复古主义运动到小学教育等众多19世纪的社会机构所表明的,规范化与公共政策的集权化和官僚化没有必然的联系。因此,就在1891年的时候,平民党的威廉·佩弗仍然能够援引政府等待其公民的命令这种标准的概念。他认为,政府——甚至一个拥有重要的运输和交流手段的政府——也不是"某个不相关的实体";"事实上,它现在只是人民的代理人……然后,让人民通过他们的代理人——政府,修筑像铁路这样的他们自己所需要的东西。"[1]

在人民逐渐消失的同时,政府日渐壮大起来。同样是20世纪初期那些把公民看作是他们监护下的个人和向公民们鼓吹进行一个人接着一个人的那种秘密投票方式的改革家们,也拥护政府权力的大规模扩展。比如,与内战时期的银行法令不同,1913年的联邦储备法创建了一个其总部时常在纽约和华盛顿两地之间迁来迁去的、制定全国金融政策的机构。乘着第一次世界大战期间在各地蔓延开来的集权化的势头，各级政府以实质上更大的预算来使新的权力中心制度化，以便把公共政策越来越多的方面囊括进来——就全国而言，有农业与林业、交通运输业、矿山与制造业、国内零售与对外贸易以及更多的新领域。在现代政府巩固的同时，它也填补了正在解体的人民退出历史舞台后留下的空间，接着进一步去创建它自己的帝国。

新政府不仅适应了社会中以政府为中心发展起来的等级制度，而且它还设计出了一种它自己的等级体系。进步政治的一个重要部分是对在政府等级体系中寻求自己最佳位置的雄心勃勃的集团进行分类。到了20世纪民主中的某些事物取代了19世纪发挥作用的人民意识——古老的决定政策的民意——这种地步，院外活动集团和压力集团的激增在20世纪20年代以一种可以认知的现代方式在整个政府管理过程中得以形成。

进步年代的推动作用把利益集团按照全国政治与地方政治区分开来：例如，全国有色人种协进会把自己视为全国性政治力量，而被起错名的全国城市联盟则坚守地方同盟。假想的民族身份——意大利人、波兰人、瑞典人等等，都是美国生活的产物——得以迅速的普及，部分是由于在人民消失的时候这些集团已经存在，部分是由于这种激情是由世界大战导致的。而在对凡尔赛条约的激情过去之后，它们便在美国各地扩散开来，甚至进入到下层阶级的生活中。像反酒馆联盟和全国制造商协会这样的组织为显而易见的地方选民服务，这些选民就是那些在他们固执地坚信联邦政府将会做什么的时候，仍然觉得与全国性事务格格不入的那些人。一些集团对于特别的问题给予强烈的关注，以至于它们把对部分公共政策的权利要求当作它们自己的财产。美国农业局联合会和其他更为专业化的农业联合会，坚持不懈地加强在农业政策方面的这种印象。其他的集团只是存在于想像中——宪法第十九条修正案通过后，妇女集团就是这样的例子。

没有组织起来的人们则沦落到这些等级体系的低层：没有自己的集团，也就没有发言权。在现代政府的盘根错节中，分散的、无组织的公民，充其量就像是政治漫画中烦恼、糊涂的约翰·Q.帕布利克(Public),足够的诚实却导致了彻底的失败。任何抑制、约束社团的东西都会对权力造成损害。例如,1924年的一项法律通过使美国印第安人成为美国公民来鼓励他们放弃他们的部落并解散。与此同时,政府官员却坚决地阻止聋子之间使用手势语——一种特殊的联系、交流方式——表面上看来是出于对那种能使他们融合到人们当中来的那种正常的口头交流方式的支持。

造成一种明显自相矛盾的选票——在19世纪集体民主中的一张选票远比在20世纪个人民主中一张选票重要——单独看起来好像是无足轻重。一些现代学者严肃地提出,一个人的选票的最终价值,在于其在一次差距极小的选举中起重要作用的可能性——如此微乎其微的一种完全变成为十足幻想的可能性。许多人必定会感到根本就没有投票的积极性。从20世纪20年代开始,选民大略可分为三个三分之一:三分之一的选民经常参加投票;三分之一的选民有时投票;三分之一的人从来不投票。在1946年那场至关重要的选举中参加投票的那个三分之一,在保守派积聚了足够的多数去推翻杜鲁门总统的否决并由此重新制定公共政策的时候,构成了忠于杜鲁门的核心。在肯尼迪战胜尼克松的1960年总统选举中,63%的人投票,也许包括了自1920年以来间或参加投票选民的最高比例。

据广泛流传的说法,不参加投票的那三分之一的人往往是穷人、最年轻和最年长的成年群体,以及较难预知的妇女。在20世纪中期,这些因素的共同作用对投票人数有着一种非常一致的影响。在1900年到1988年之间所有的总统选举中,参加投票的人数比例平均为59.2%。其中1928年到1940年和1944年到1960年间相应的百分比分别为59.4%和59.6%。年度与年度之间的某些变化并不能动摇这种稳定的长远发展趋势。

那些推动集权化与等级制度发展的运动,迅速把政党卷入到这些进程中来。投票率远远低于19世纪,反映出政党没有被削弱,只是它们适应了一种格局,即在这种格局里较低的投票人数是合情合理的。直到20世纪中期之后,在那些还在参与选举的人仍然保持着十分强烈的政党忠诚。政党组织得到加强。在世纪之交前后,选举程序中所发生的变化——澳大利亚式选票*,直接初选等等——获得主要政党的认可,与它们没有不和谐之处,而且也没有损害政党中央总部新的权力集中。由州一级控制的决定总统候选人的选举消除了紧要关头的不利因素,例如,地方对党的候选人的挑战。

在20世纪,美国的民主从劳动密集型转变为资本密集型。大政府包含着更有价值的东西。如果说在分散化的19世纪,巨大的财富耗尽其自身以追求少数几个目标的话,那么在集中化的20世纪,它在寻找其目标上的困难越来越少。政府活动的范围越宽、活动规模越大,金钱能够买到的东西就越多。而从19世纪70年代格兰特总统时期的腐败到20世纪20年代的哈定丑闻,再到第二次世界大战后杜鲁门时代的钱权交易,通过直接或间接的贿赂获得好处的数量成指数增长。主要的政党都在重新调整方向以适应资本密集型的制度。不再像19世纪后期最著名的竞选总管马修·奎伊和马克·汉纳所做的那样,随意选定少数几个工商富豪筹款,而作为20世纪初期转型年代产物的专职的全国竞选委员会,则有计划、有步骤地在全国范围内筹集经费。尽管共和党人在现代资金筹集工作中走在了前面,然而,特别是在通用汽车公司的约翰·J.拉斯科布的推动下,民主党人差不多在1928年追了上来。

竞选与资金筹措一起发生了变化。在19世纪,使这样一个分散化的政治过程充满活力需要年复一年的非凡努力。由于如此依赖于无数分散选民的主动行为,谁的钱也不会带来长远影响。碰巧走运——恰好收买了印第安选民团体,扭转了一次选举——这种情况很少发生。许多敏锐的评论家注意到了在把经济权力转换为政治权力时的这些严格限制;亚历山大·麦凯用了19世纪的一个特别形象化的比喻来形容民主的政治家与成功的商人在"中立的立场"上进行的竞赛。[2]

取代了成千上万的个人协调、斤斤计较的谈判以及义务劳动,20世纪

---

* 澳大利亚式选票,选票上开列全部候选人姓名,在投票处分发,由投票人秘密圈选。此方式始于澳大利亚,故名。——译者

的政治逐渐开始依赖于战略投资。在关键性信息起到了取代了一伙重要的地方领导人之作用的政治选举中，一种广告宣传式竞选，首先在第一次世界大战前后出现，紧接着在后来以每十年为一个台阶变得越来越普遍。隐含在新的竞选运动中的一个假定就是，现在可以史无前例地收买选票。19世纪同18世纪一样，贿赂的最大危险在于以20为计数单位来收买官员，而在20世纪则是以数百万计来收买选民。新政以两种方式使这些新问题更加明确。首先，反对者们指责说，自由的民主党人通过公共救济计划，尤其是通过工程振兴局付钱给投票人以便使他们自己长期执政。第二，富兰克林·罗斯福的广播演说的惊人成功，使人联想到一个奉承、巴结选民并使选民在自己起居室安逸享受中思想被操纵的政党形象。在20世纪中期电视开始出现的时代，共和党人甚至比民主党人更快地认识到资本密集型竞选运动在这种新式传播媒介中的巨大潜力。

公民对这些集权化政党的忠诚与选民对19世纪权力分散化政党的忠诚相比是截然不同的。首先，现代政党更加独立。它们不再蔓延于美国社会之中与它们所遇到的任何志愿组织发生相互作用：20世纪的政党通常在这里，而其他组织、地方政治团体和俱乐部则在那里。由于同样的原因，它们不常作为公民个人身份的主要来源而发挥作用，就像在19世纪那样，政党归属与教堂、种族渊源、工作以及公职融合在一起成为一种综合性的人生价值。

在20世纪，导致这种较狭隘而肤浅的政党忠诚的原因之一是由于它们更加个人化、分散化的特点。与19世纪的社会政治不同，新的广告宣传型竞选运动倾向于影响一个又一个的民众：没有集团联系，没有集体的支持。分裂主要影响大多数需要鼓励才会加入到政治过程中来的人。就如莫里斯·杜佛格数年前曾经指出的，下层阶级总是比富裕的阶级更需要一个动员型的政党。总的来说，美国20世纪的政党仅仅使它们的运作方式适应了处于社会最底层的三分之一选民的消失这种情况。

用非常宽泛的话来说，联邦政府机构在20世纪20年代具备了现代政府机构的形态：一个办事员阶层，在那里，政府官员与私人利益集团商讨他们所共同关心的一个又一个经济领域的问题，以及一个高级管理阶层，在那里，相互对抗、竞争的政策领域通过反复研讨才能彻底解决他们之间的分歧。随后一个接着一个出现的是，普通公民无权进入这些办公室，他们与他们的政府也没有什么法定的联系，日益复杂的安全措施把他们挡在这些机构之外。公民扮演了旅游者的角色。早在20世纪30年代，联邦调查局由于向参观的人流提供了最好的电影，因而受到特别的喜爱。

带着对简明、实用的政府机构的热情，赫伯特·胡佛是20世纪20年代美国第一次整合联邦管理制度的精神之父，这种制度鼓励那些与华盛顿大批特殊机构相互勾结的工商集团来推动经济部门的系统化。胡佛的新时代所塑造的那些模式，由罗斯福新政加以扩展并完善。试图低估两届政府在政治、思想倾向及领导才能方面的差别，将是荒唐可笑的：数百万美国人明白这一点。但它们两者都不是民众积极参与管理的政府。尽管有着一个和蔼可亲的总统及其开明政府的形象，新政的决定甚至比以前更经常地在华盛顿的密室中作出。显然，20世纪30年代也没有重要民主研究成果出现。经常被作为新政对政府管理最重要的评论而引用的瑟曼·阿诺德的《美国资本主义的传说》(1937)一书，以嘲弄的口吻抛弃了那种人民统治的思想。

在20世纪30年代大量增加的政府专门机构的数量，在第二次世界大战期间又急剧增长了。全面协调已不再可能。政策本身在政府官员、国会专门委员会和强有力的公民之间分裂成众多排他性的对话。直到20世纪40年代，十分常见的是，同一群官员和公民秘密地起草法律，然后，秘密地实施这些法律，仅仅在颁布这项法律时公众才能对这一过程扫视一眼。设计出来的法律只有极少数人能够理解。在19世纪，民主政治使公共政策与一种普遍性的准则进行对照，土地政策或公司政策就是一种理想的典范。为不同的集团制定不同的法律必然使人联想到腐败。20世纪中期的典型则正好相反，一套特殊的政策是为适应无数的团体需要中的每一个要求而安排的：例如，棉花政策、小麦政策、乳品业政策等等都是如此。按照定义，在这种体制中，一致性就意味着不公平。

当国家行政机构力图使国内事务免受民众影响时,基本的外交政策问题与民众的距离就更远了。在20世纪初期,公众的意见使公众压力在国家卷入国际事务上具有一种决定性影响——尤其是那种限制性影响。1916年伍德罗·威尔逊再次当选总统,很大程度上是由于他的中立政策反映了民众的情绪。许多人说,四年后,他在国际联盟问题上的失败是那种民意——醒悟的、谨慎的、自私的民意——决定美国历史中重要转折点的时刻之一。在20世纪20年代和30年代,许多试图使美国远离未来战争的尝试——通过条约宣布战争非法,通过裁减军备,通过严格实施美国的中立法——所有这些都被理解为公众态度决定着外交政策总方向的标志。

然而,直到1938年,随着战争已经在亚洲爆发并且开始在欧洲构成威胁,民众参与与秘密决策之间那种长期以来的相互影响失效了。这一年的关键性事件就是所谓的把对外国宣战提交给公众进行投票的勒德洛修正案在国会的彻底失败。这一修正案凭的是一项在1914年首先开始讨论并且曾经与威廉·詹宁斯·布赖恩以及罗伯特·拉福莱特有着密切关系的计划。在1936年之前,即在一场新的孤立主义运动获得公众热烈支持之前,这一修正案一直很少被公众讨论关注。一项民意测验显示差不多有四分之三的成年人赞同这一修正案。反对勒德洛修正案的力量主要集中在行政部门,它们成功地对议员进行游说阻止国会通过这一修正案,并且还在一年之内着手建立了一个通往战争的秘密的国际事务决策模式。行政部门偷偷摸摸的手法在1941年12月之后只是变得更加复杂。

当然,富兰克林·罗斯福之前有很多先例:林肯和威尔逊在战争面前也曾暂时中止了民主的规则。然而,此次战时中止对外事务方面的民主规则却变成了永久性的。1945年后,冷战在大量的愤怒与指责中逐渐形成,但却只有零星、简短的有关冷战政策的公开讨论。当美国用一组全球性条约使美国承担的国际义务发生革命性变革的时候,公共讨论在这一过程中几乎没有发挥任何作用。相应地,在这一时期负责制定国家安全政策的那些非经选举而上任的官员中的骨干成员,由于对任何在制定政策的过程中易受公众情绪影响的人的一种不信任,而对政治活动家们表示蔑视。他们的重要文件——国家安全委员会68号文件——解释了怎样以非民主的手段确保美国的安全。当这些变革开始运作时,政府部门垄断了那些对于理解国际事务而言是至关重要的信息,由它们决定支持还是推翻外国政府以及部署军队以应对国际挑战。生产热核武器的决定——换句话说,那些具有毁灭地球上生命的潜在可能性的决定——是国家机密。

在20世纪中期,朝鲜战争使美国的冷战政策及实施冷战政策的政府机构得以制度化。按照国会从来没有正式批准过的杜鲁门的命令介入朝鲜战争,完成了小阿瑟·施莱辛格所称的"总统职权对最重要的国家决定——做出开战决定——的夺取"。[3] 在政府的公开—秘密决策关节点之间的沟通渠道,纵横交叉于德怀特·艾森豪威尔总统所称的,也是后来大家所称的军事—工业综合体之中。对于一般公民而言,这些权力中心变成了一个遥不可及的、难以介入的特殊阶层。就像政治学家及政府顾问萨缪尔·亨廷顿所指出的"等级制度、强制、遮遮掩掩以及欺骗蒙蔽"成为一个大国"难以摆脱的特性"。[4] 相应地,大国这个关键性术语只是表示政府能够在国际事务中做什么,而从来不表示它如何去处理国际事务。作为回报,现代政府提供为人民安全保障。安全是一个十分难以表述的目标,它引发出一种对安全本身及获得安全保障手段更为强烈的要求。这一问题的广泛性使民众的无助感及依赖感更加强烈。维护民主成为政府的责任——如果需要的话,要使民主免受政府自身带来的伤害。在林肯时代,人们期望政府代表人民的愿望;而现在,则认为政府应该关心人民的需要。

随着现代政府的逐步发展,解释现代政府含义的这一任务主要由全国性阶级的人来承担。这些代言人对于大规模的经营管理感到欣慰,并且向公众传播实现大规模经营管理的办法。在20世纪20年代,公益政策的真正价值变成对经济的平稳持续运行及全面发展承担广泛的责任。胡佛就是这个阶级的鼓吹者,他不断地鼓吹生产和分配制度合理化的重要性以及获得来自金融家、专家及雇员可靠支持的必要性。机敏的美国人学会了一种新的术语:国民收入、联邦预算、协调销售、全国贸易联盟。由于胡佛和他的同事似乎是根据科学效率的根本原则进行工作的,所以他们的经济预测具有一种新的说服力。经济预测,取代了纯粹的不断涌现的华丽文辞,变成了经济繁荣的明确承诺。

为全力以赴解决他们认为是重要的问题——经济政策——全国性阶级的领导人开始着手从联邦议事日程中剔除那些他们认为令人分散注意力的问题:道德和文化政策。在第一次世界大战前,对美国社会更具有整体意识的美国人运用美国日益增长的实力去影响广泛的社会问题。例如,在许多南部州,20世纪初期的新法律规定,公共场合禁止出现各种形式的粗暴、喧闹的不良举止——如:酗酒、咒骂、打斗等等。对于全国性禁令的认同情绪随着政府的膨胀而日益强烈。而直到20世纪20年代,在全国性阶级看来,道德与文化问题属于个人私事。这个阶级的代言人宣称,正像个人问题侵入公共政策领域会使好政体瓦解一样,公共政策侵入这些领域是对个人权利的侵犯。

只有在最近成为一场有关白奴和不良欲望的全国性大讨论的核心问题时,卖淫才被归入政治贿赂、有组织犯罪以及传染性疾病之下的一个分支。"乡村生活"的衰落——战前总统委员会的一支挽歌,不再在全国范围内引起共鸣;现在,农民面临着农产品销售问题。全国性报纸、杂志痛斥三K党的文化,并强烈谴责对民主党总统职位追求者——艾尔·史密斯的天主教信仰的攻击。一位移民运动的老战士在1930年认识到,"在这一时期还提及宗教问题已经过时了,不是吗?"5 为了与这些问题中最具破坏性的问题——宪法第十八条修正案作斗争,公司领导人建立起反对禁酒修正案的联盟。这个联盟后来得到了来自城市中的专家、商人以及类似的妇女组织网络的支持。曾经是禁酒运动支持者的美国医学会陷入了尴尬之中,当1933年的宪法第二十一条修正案废除了第十八条修正案的时候,全国性阶级的代言人到处高喊谢天谢地。

当全国性阶级的领导人确定了合法政策的边界时,他们就使公共生活中的每样事情都由至关重要的经济计划来决定。三十年代的经济大危机只是使这些经济优先权更加分明。举例来说,如果传统的道德与文化准则在制定政策过程中没有适当位置的话,那么它们在选择政策制定者时也不会有适当的位置。使下一代华盛顿权威人士——信仰新教、犹太教和天主教的新政支持者的史无前例的混合体——与众不同的是他们的职业训练,他们对公共问题的经济构想,以及他们大方地承认政府对全国性管理的责任。

但是,管理者们并没有把繁荣带回来。在一个尚未复苏的经济萧条中,以所有的东西作为经济复苏的赌注,他们也就冒着失去一切的危险——包括他们进行管理的权利。全国性阶级管理的替代品总是存在的,那就是以19世纪的反垄断、土地及货币改革传统为基础,表达了地方美国人的价值观,并且活跃在国家政策边缘的讲究实际的经济学。在1934年和1935年,即大危机开始五年后,这些带有通俗易懂的解决办法的经济构想迅速受到广泛的欢迎;特别是主张对富人征收固定税、宅地属于大家的休伊·朗的分享财富方案;许诺可以重新启动整个经济的汤森的发放养老金计划;查尔斯·库格林神甫的医治通货膨胀的灵丹妙药,以及厄普顿·辛克莱在加利福尼亚的消除贫穷运动。

经济政策之争的关键取决于美国地方中产阶级,因为他们的代表统治着联邦以下几乎所有的地方,他们的选票决定着各个级别的选举结果。全国性阶级在管理上的长时间的失败,无疑使大众经济学在中产阶层有着相当大的影响。然而,当共和党与民主党的政治家们都提出了证明这些大众经济学的充分理由时,地方上的美国人对于高风险的政治一点也不感兴趣。相反他们寻求得到两种保证。第一,他们想要得到十分稳定的经济帮助来源——为了不同的目的,以不同的形式对他们当中不同的团体提供经济帮助,而且还是坚持不懈的帮助——以使那些靠其自身不再继续运转的地方经济得以继续维持。第二,也是同样重要的是,他们坚持维持对地方生活的控制。如何把这两个方面结合起来,绝不是不证自明的。没有国家的帮助几乎没有什么可以幸存下来,但是带有国家规则的国家帮助也许会摧毁许多地方领导人试图去挽救的东西。在那些对联邦政府中精力充沛的、不同种族的新政支持者深表怀疑的地方中产阶级的重要成员——一些共和党人,一些民主党人——当中,这种怀疑情绪尤其强烈。

在 20 世纪 30 年代中期产生的一个简单却又极其重要的制度安排——30 年代的妥协中,全国性阶级和地方阶级的领导人相互支持,并重新确认了权力的范围。联邦政府增加它对地方美国的经济援助;地方上的政治家们则保持对现存的全国性政党的忠诚。全国性阶级的成员将制定广泛的经济政策;地方中产阶级的成员将制定包括众多决定如何分配联邦款项在内的他们本地区的规则。

包括一个被扩大和巩固了的社会保障法和一个用去三分之一联邦预算的工程振兴局在内的 1935 年的主要法律,提供了一种新的满足地方美国人需要的象征与实质。1934—1935 年冬天,在地方领导人对全国性救济计划进行了一次短暂的、争取逐步加以控制的尝试之后,后来的救济管理者很少能够对地方权威形成挑战。工程振兴局独自在不打乱地方规范的情况下,把大量恢复经济活力的资金注入到美国各地。由于其对当地的多用途规划有着巨大而模糊的影响力,田纳西河流域管理局最初看起来像是一个闯进来的炸弹。然而,直到 30 年代后期,田纳西河流域管理局不是小心翼翼地满足平民百姓的愿望,而是——用菲利普·塞尔兹尼克的话说——满足了那些"民众的上层"——地方精英的愿望。后来的一些评论家们认为,这个问题的核心是罗斯福政府与城市的政党领导核心之间的一笔交易。实际上,相同的处理问题的基本方式也运用于资助农场,救济蓝领工人,运用于南部、西部以及北部,运用于县、镇、小城市以及主要的都市地区。

这些安排构成了美国历史上主要的政治妥协之一。在短时期内,凭着朗—汤森大众经济学支持罗斯福政府继续领导经济发展的巨大声望,这些安排转变成罗斯福在 1936 年再次胜利地当选总统。但是,这种在 20 世纪大部分时间里作为政治和执政准则的妥协,很快成为两党的共同准则:共和党和民主党都不得不考虑全国性政策与地方规则之间这种紧张状况。在 20 世纪 30 年代和 40 年代,当全国各地城市政府使现代型的服务——外部支持使它们能够提供这种服务——变得官僚化时,无论哪个政党执政,在把国家资源用于地方目的方面都有一种根深蒂固的既得利益。在这个世纪中期前后,在政治领导人当中,对妥协路线最热心的人就是共和党的艾森豪威尔了。

由于许多地方中产阶级领导人在州一级有效地发挥作用,而全国性阶级领导人逐渐只从华盛顿的角度进行思考,这种妥协有时看起来是拥护宪法的联邦主义在起作用。阶级领导人一再从联邦政府的角度来确定他们的势力范围。例如,在1938年,当罗斯福对马里兰州、南卡罗莱纳州和佐治亚州的民主党对手发动全国攻击的时候,他的对手们把他们的州政党变成无需全民投票就能击败总统候选人的固若金汤的堡垒。这些州政党中每一个政党的兴旺发达都取决于来自华盛顿的帮助,但这一点根本就不重要。州政治是地方中产阶级的地盘;这些全国性阶级的新政提倡者是入侵者。艾森豪威尔与俄亥俄州参议员罗伯特·塔夫脱争夺1952年共和党提名的斗争,在许多州的艾森豪威尔的全国性阶级的支持者与依赖于地方中产阶级支持的塔夫脱的后援组织之间划出了一条特别明显的界线。然而,在这位将军赢得总统选举后,他要么让这些最初的艾森豪威尔派共和党人随他一起到华盛顿,要么抛弃他们而选择忠于塔夫脱的人,因为只有支持塔夫脱的共和党人拥有使州政治运作的地方中产阶级团体。的确,他们的州领导权是这种妥协所必不可少的。

新旧政策都是在妥协中舒适地安顿下来。农场组织促使农业政策更适合于地方利益。田纳西河流域管理局从长远看来作为一个南部的白人机构安顿下来,因为它的全国性技术团队在"伙伴原则"的指导下在扶轮社和商业会所接待地方领导人。具有巨大冲突可能性的战时征兵,显然没有引起多少异议:全国性的标准和地方性的解释。联邦调查局全力以赴抓捕孤立的匪徒并识别可能的颠覆分子,而不是打击那些棘手、牢固地与地方中产阶级生活联系在一起的有组织犯罪。

从一种角度来看,这种妥协使全国性阶级和地方中产阶级联合起来反对美国社会中由多种族组成的缺乏技能的下层阶级。通过加强地方权力,然后任其自行发展,这种妥协有助于阻止加利福尼亚的移民工人、西南部的佃农以及各地其他处于社会边缘的劳工爆发抗议。在城市和乡村一样,种族差异在联邦救济金的分配中仍然是至关重要的。在一些情况下,联邦救济使城市的政党组织机构得以起死回生。在南部棉花地带的收获季节,当农场主需要大量廉价劳动力的时候,工程振兴局也就停止了运转。

在这种妥协中,一个常见的华盛顿官员与地方支持者的古老联盟,重申了它对印第安事务的支配地位,并使满腔热情的新政拥护者约翰·科利尔的希望破灭。有一段时间,凭借1934年的《印第安人重组法案》,科利尔通过捍卫印第安人文化完整性及部落自治的原则,把20世纪最清新的微风带入联邦政策中的这块阴湿的领域。毫无疑问,他仍然是一个白人家长主义者。不过,他的价值观与亨利·华莱士这样的自由主义截然不同,华莱士——在某种程度上,刚刚走出科研大楼——在1934年发表了这骇人听闻的说法:"[美国下一个边疆的]印第安人、野兽和疾病就代表着偏见、恐惧、贪婪和怀疑的力量;"文明就像它消除旧的危险那样消除新的危险。[6] 直到20世纪30年代末,科利尔的光芒暗淡下来,而华盛顿的政策逐渐走上了它的老路。在20世纪40年代初,通过在二战进行期间把日裔美国人关入集中营,这种最引人注目地在西海岸地区使用影响到有色人种利益的国家权力,加强了白人的种族价值观。尽管一些全国性阶级的代言人对正在发生的事情深感遗憾,但是没有一个掌权的人站起来指责这件事。

在20世纪30年代和40年代,有组织的劳工对这种妥协构成了最直接的挑战。有着来自1935年全国劳工关系法的至关重要的支持,工会尤其是产业工会联合会中的新式工会能打乱地方权力分配,要求获得他们在全国范围内的独立地位,并使政治分化成激进和保守两个阵营吗?比如,工会会授权给黑人吗?它们会组成劳工党去管理地方政府吗?

根据对这种假定可能性的估计,工会的行为举止确实非常温和。几乎没有继承任何政治团体的上层建筑、激进的传统或行业影响的工会,在30年代末仍然在为生存而斗争。工会领导人自己的主要个人背景——他们的宗教信仰,他们的家庭,他们的工作经历——几乎总是家长主义的和等级化的;只要有可能,他们就会沿着同样的路线使他们自己的工会官僚制度化。把不同种类的技术工人纳入到一个单一行业工会中的代价,通常是这些技术工人之间等级制度的僵化,尤其是通过让每一个阶层的技术工人负责本阶级行会的跟踪制度更是如此。出于选择或者需要,工会适应了其周围的那些权力。只有在极少的情况下——例如,沃尔特·鲁瑟战后对汽车工业进行指责时——工会官员才会要求得到对公司管理的发言权。

在其最初易受攻击和伤害的岁月里,产业工会联合会把自己置于联邦政府的卵翼之下,而且通常还尽量避免政治对抗。构想出像产联政治行动委员会中把保障劳工利益的条件强加给民主党领导人的西德尼·希尔曼那样的既忠诚又服从命令的忠诚党员的形象,肯定需要极其丰富的想像力。当新工会主义者中最有冲劲的约翰·L.刘易斯寻求在全国政治中获得一个权力职位时,他发现他只能够获得一个次要的地位,或者干脆什么也得不到。

然而,有组织的劳工却打乱了在地方事务中的座位安排次序。把投票人混合到新联盟中的工会,试图挑战安坐在地方和州一级位置上的政治家。如果仅仅是在法庭上,那么吸引全国支持的能力,将会发挥决定性作用。在美国地方保守派的圈子里,对新政最为仇恨的莫过于它的劳工政策。当1948年美国南部民主党人与民主党及哈里·杜鲁门决裂时,一种中产阶级的反工会主义一直与支持种族隔离一起被当作对叛乱的鼓励。换句话说,甚至在妥协最有效时,妥协仍然是阶级愤怒的焦点。美国南部民主党暴动在共和党中的对应物,就是中部美国中产阶级铿锵有力的发言人——伊利诺伊州的埃弗雷特·德克森与全国性阶级的公司权势集团衣着光鲜的捍卫者纽约州的托马斯·E.杜威之间激烈的争吵。充其量,妥协仅仅使这些冲突维持在紧张状态。

在凭着这些地方激情进入敌方领地方面,没有人比威斯康星州参议员约瑟夫·麦卡锡走得更远,他对全国性阶级的价值观念、忠诚以及动机的猛烈攻击,吸引了数千万的赞赏者,尤其是在一个穿越美国中心区域的乡镇和小城市地带和在以邻里关系为基础的城市白人中产阶级中间有着众多的追随者。对华盛顿权势集团的成员进行威胁或在报刊上发表尖锐的批评,使他成为一个真正代表地方势力的英雄。尽管麦卡锡在1954年由于攻击军队、极力显示地方美国的爱国主义犯下了严重的错误,但是他的搜查共产党运动以及众多其他与之类似的运动已经发出了它们的重要信息,重申了妥协是一种双向交易。国家政策有赖于地方力量的支持;地方力量要求国家权力保持克制。

当政府对公民幸福所承担的责任被大幅度扩展时,全国性阶级的解释者们改变了他们对民主政治的理解以适应这些新的职责。民主政治的含义基本上已经从程序转向结果。在19世纪民主决定着政府的发展方向;在20世纪政府则决定着民主的发展方向。现在关键的问题是什么源于政府,而不是什么进入了政府。19世纪的民主政治全神贯注于事情如何被解决以及由谁来解决。它意味着公众出来参加投票。把原木小屋的神话变成白宫民主神话的是它所认同的活动:普通白人男子什么样的竞争都参加。在20世纪,值得考虑的是谁何时得到什么,而不是谁什么时候做了什么。公众投票的意义在于公众得到什么回报;从一贫如洗到巨富的意义在于多少人变富了。民主的健康状况就是一个记录问题,记录图表勾画出了其重要迹象的轮廓。

显然,最为常见的衡量标准就是经济。凡是民主政府可以提供东西,人们都期望政府来付账。因此,在大萧条期间,由于独裁专制政权到处出现,历史学家卡尔·贝克尔对民主制度能否继续生存表示担忧,"在某种意义上,经济的奢华是对贫穷工人的背叛。"[7] 运用经济标准肯定不是新近出现的。在1886年,安德鲁·卡内基用生产统计来界定美国"成功的民主"。经济状况构成了改革派人士沃尔特·韦尔提出的"新民主"的基础。然而,只是到了20世纪20年代,美国经济能够为每一个人带来富裕这一信念才成为公众的一个信条。甚至长时间的萧条也被想像为繁荣中的匮乏,只是一个分配正常盈余的问题。除了许诺繁荣兴旺之外,总统几乎没有别的选择。正如亨利·华莱士所说,"经济民主"决定了现代政府的议事日程:"一百年前的政治民主已经充分地注意到了那个时代分散化的经济力量。但是它无法胜任平衡高度集中的经济力量这一任务。"他相信,"理想的民主当然会为每一个体格健壮的公民安排一份工作。"[8]

那些感到不得不证明他们最喜爱的民主措施之有效性的拥护者,以未经证实的许诺充斥于广播宣传之中:最低工资将会在降低犯罪率方面得到回报;禁酒将会提高生产率。许多这样的断言完全缺乏可信性。在20世纪20年代,谁会相信像一位国家养老金的真诚拥护者所信誓旦旦保证的那样,慷慨的国家养老金将会给美国带来"难以估量"的经济收益?漂亮的称号更为安全:戴维·利连撒尔把田纳西河流域管理局的每一项工程都称作"人民的红利"。[9] 利连撒尔用公司作比喻是沿用了美国一个古老的传统。但是,当乔治·班克罗夫特在1826年把政府与公司联系起来时,他这样做是为了强调政府有限的、契约性的权力;而当共和党独立派在镀金时代沿用这一说法时,他们意欲使干练、传统的领导层更加突出。只有20世纪的说法集中在付出问题上。

对新式民主的评估涉及的不单单是公民做得如何,而且还有与其他公民相比他们生活怎样,也就是说,在那里他们是按照收益的等级分类的。作为一种旧观念的现代说法,身份成为表达对等级安排那种充满感情偏见的最受喜爱的方式。每隔十年,税额在各州之间的分配使公共政策中越来越多的重大斗争更加明显。新的正规政府预算制度在心理上和管理上对任何一种与其余的人有关的受益情况提供了一种解释方式。美国妇女局的玛丽·安德森想知道,国会议员如何能够拨出150万美元用于动物结核病的救治,却拒绝批准用于维护工作妇女利益的区区75000美元?在过去,本来就不公平而且经常被争论的税收,挨个被认定为可以忍受或不可忍受的。现在,政治领导人把它们合并成复杂的、无所不包的税收政治,且许诺说:这些众多特别的不平等合在一起将会相互抵消,并产生出一种普遍的公平。如果说19世纪的民主是美国处理事务的方式,那么20世纪民主公开的那一面就是美国所面临事务的状况,即其相应收益的全景写照。

直到20世纪中期,一群消费商品和服务的人民是填满这幅图画的最普遍的办法。消费主义不仅简洁地把个人满足与社会分摊这种重要的现代主题结合起来;而且它似乎还要消除以个人消费与社会分摊为中心的众多冲突。在显示经济不平等的同时,消费市场把注意力分散到个人差异中的无数次要方面,并且成功地展现出一种使每一个人的状况都能得到改善的总前景。罗伯特·塔夫脱与《财富》和《美丽家园》这样严肃的杂志一起赞赏这些传统品质。第二次世界大战一结束,他们就宣布每个公民都拥有足够的住房对于一个"健康、稳定的民主"是绝对必要的。在或许是他漫长生活中最受欢迎的时刻,副总统理查德·尼克松于1959年带着人们的喝彩回到美国。这一年,在与苏联总理尼基塔·赫鲁晓夫进行的所谓厨房辩论中,他在莫斯科贸易博览会上把美国的耐用消费品作为民主的真正定义。在这个世纪中期前后,对美国文化的基础进行探索的历史学家戴维·波特突然发现这种文化的代表性制度同他的答案和广告活动一样的丰富。几年后,文化评论家丹尼尔·布尔斯廷把消费活动的共同经历描述为现代美国特别民主的"社会"根源。

这种强调结果的民主随着其领导人水平的高低而或盛或衰。从某种程度上说,强调这一点只是沃尔特·李普曼关于少数专家指导众多无资格群众这种主张的延伸。学术专家查尔斯·梅里亚姆不遗余力地提倡李普曼式政府。通常惯于怀疑的卡尔·贝克断定,"我没有资格说什么样特别的标准最适合于[取得经济公正]","这应该由专家"来决定。在与人合著了著名的对中部城镇研究之后,罗伯特·林德总结说,普通公民缺乏了解他们所生活的这个世界的途径。B.F.斯金纳的著作《第二个沃尔登》(1948)中的第二个我回应说:"人民不可能对专家进行评价","而被选定的专家永远不能按照他们认为最好方式去行事"。[10]按照理查德·霍夫施塔特的说法,那些对专家们关于在饮水中加氟的建议进行争论的普通公民,应归入多疑症的行列。

一种日益增强的、认为只有政府才能保护它的公民免遭临头大祸的意识,增加了新的、对坚决果断的领导人的迫切需要。就像全国性阶级的批评家们所看到的,现代世界的挑战没有留下任何推诿、拖延的余地。思想家约瑟夫·塔斯曼提议,美国人处于虚弱时的那种可笑的"安全要求"应该被放弃了。[11]总统首先一定要抓住时机并采取行动。无论他作为最高行政长官有什么样的缺点,杜鲁门因有能力做出重大决定且从不犹豫不决,因而拥有一批名副其实的狂热拥护者。无论作为总统候选人他是多么受欢迎,艾德莱·

史蒂文森不断受到爱凝视、爱沉思之名的困扰。事后看来,像威廉·麦金莱这样的密切倾听民众意见的总统似乎是没有决断能力的。到1950年的时候,一个强力总统的定义包括不受民众意见分歧的影响。学者马克斯·勒纳在他那冗长的、对美国历史的全面考察中得出结论说,历史证实了当代智慧的有效性。"在危机时刻",美国人总是有能力给予他们的领导人"应对危机的必要权力",50年代,一本通俗读物的标题就具备这样的智慧:《你和你的领袖们》。[12]

带着这些在头脑中深思熟虑的意见,评论家们在领导人与拥护者之间标出了一个确定他们的民主定义的轴线。这一轴线是以这样的一个主题为起点的:即民主政治缺少——用V.O.基所赞成说法——其"统治阶级"简直无法运作。如果说按照19世纪的价值观由人民为自己决定什么是最好的,那么在20世纪只得由领导人来为人民决定什么是最好的。柏拉图的《理想国》及其哲学王在1950年前后风行一时也就不令人感到意外了。甚至,民意——基的研究主题——在领导人赋予其某种明确的形式之前也是没有意义的。有影响的知名思想家约瑟夫·熊彼特认为,公众唯一合适的角色就是投票选出好的领导人,并使差的领导人落选。

在轴线的另一端,普通公民组成了民主政治的薄弱环节。在某种程度上,充满了高度复杂、相互作用而且只有专家才能理解、只有政治家才能驾驭的那种力量的全国性阶级的社会模式,为无能力的平民百姓提供了保障。对于结果他们知道什么?历史学家托马斯·贝利的结论则是:他们几乎什么也不知道。他们能区别公共事业振兴署(WPA)和公共工程管理局(PWA)吗?他们怎样才能从公共政策中产生出人们渴望的结果?他们能够使国民生产总值增长或制止苏联的侵略吗?非要在重要问题上打动他们,就必须把抽象的东西变得个性化,把复杂的东西压缩成简单的符号。最为尖刻的批评家把他们当作广告商的目标家庭中的成年成员:"莫伦先生和莫伦太太,以及小莫伦们。"[13]

现代民主使这些公民失去作用。他们只是它的接受者,而非它的创造者。在利连撒尔的眼里,田纳西河流域管理局的水坝构成了"前进中的民主"并题上了铭文:"为美国人民而建。"[14]选民被看作是本质上消极的消费者,麻木地等待着接受信息,然后,在几乎没有什么价值的选择之间作出抉择。就像两位著名的政治家在1956年所说的,"政党同制造商一样……都是使产品被消费者接受。"[15]一年后,安东尼·唐斯在其很有影响的著作《民主的经济理论》一书中总结到:理性的消费—投票者应该充分了解不要浪费他们的资源,试图去控制其周围的问题。通过成本效益分析,评论家们把民众政治的意义等同于充满琐碎物品的商店。当选民选择了与剃须刀或冰箱或滚移式折叠床相对应的东西时,存货中似乎没有任何类似于自由或尊严的东西。

　　总的说来,全国性阶级的批评家们为此而感谢他们的幸运之星。如果说在强有力的领导人做出重大决定的时候,他们的民主运作得最好,那么,当闭目塞听、变化无常的民众做出这些决定时,民主的运作将完全陷于最糟糕的状态。随着独裁政府从民主曾经存在过的地方兴起,早在20世纪30年代,一种由这些国家的公民对他们自己受到的压迫负责的权威性解释就出现了。甚至像埃利诺·罗斯福也指出独裁专制的根源就在民众的心灵中:普遍的"不满和不安全感"给了独裁者"控制人民的力量"。[16]更糟的是,辛克莱·刘易斯的《这里不可能发生那种事》(1935)一书设想了一种法西斯主义无处不在、平民化的可能性,他所虚构的休伊·朗和本土文化保护主义的执行者杰拉尔德·温罗普的变体——布兹·温德里普提出过这种可能性。在阿奇博尔德·麦克利什的警世戏剧《城市的陷落》(1937)中,民众的恐慌使抵抗能力丧失殆尽。这些人就是那些在奥森·韦尔斯的哄骗下相信火星人入侵地球的人吗? 在弗兰克·卡普拉广受欢迎的电影《遭遇无名氏》中,每一个散布出来的谣言都会使普通公民转变成一个挥舞大棒的暴民。

　　到了这个世纪中期前后,民众内心的看法甚至变得更为冷酷。如果说在30年代各地人民似乎容易受到法西斯军事政变的伤害,那么,现在他们当中相当大的一部分人似乎准备欢迎法西斯的政变。埃里奇·弗罗姆广受赞誉的社会心理学著作《逃离自由》(1941)和西奥多·阿多诺的被广泛讨论的独裁个性的概念,为专家们解释为什么无数普通民众实际上欣然接受独裁专制提供了灵感。阿瑟·施莱辛格关于冷战时期自由主义的开山之作《重要的中心》(1949)提出这样的观点:"大多数人倾向于逃避选择、逃避焦虑、逃避自由。"[17]在这个世纪的中期前后,评论家们正在把随意提到的普通公民的精神状态当作是洗脑。这个词起源于极权主义监狱中的心理摧残。然而,十分自然,这种多数人统治引起了悲观的联想。有关美国社会的学习读本把乍一看如此特别民主的"无限的人民主权"与"专制统治"联系在一起。[18]

由于公民的消极,强硬的领导有其多种解释。有些人发现越是依赖于其社会的客观方面就越是安全。一些评论家把民主的传统敌人——利益集团——转而看作是一个健康社会保持平衡的源泉。后来的哥伦比亚大学校长戴威·杜鲁门以美国通过有组织的利益集团之间的竞争进行非正式统治这一理由,首先提出了这些解释。对于经济学家约翰·肯尼思·加尔布雷思来说,社会中主要的竞争性集团——工商业集团、劳工集团,以及政府——在一个"对抗性力量"的自我纠正体制中相互作用。政治学家罗伯特·达尔把他的所谓众多竞争性集团的竞技场称之为一种"多头政治":政府不是由一个少数派统治的,而是由众多少数派统治的。广受欢迎的肯尼思主义以同样的精神描述了现在只需要一次财政推动,然后再维持平衡的经济增长。似乎是要使这些世纪中期的方案具体化,一位杰出的城市设计者在1960年宣布:"自由是作为一种平衡的条件而存在的……维持这种平衡是政府的主要功能。"[19]

平衡的近亲——稳定,成为美国民主对整个世界最足以夸耀的方面。在第二次世界大战之后,由于世界人口中如此高比例的人为设计可行的政府制度而努力奋斗,因此美国最宝贵的特性似乎是其制度的连续性:美国宪法的长效性,官职的和平移交,坚持文职人员对军队的持续控制,新闻自由的顽强生命力。像西摩·马丁·李普塞特与加布里埃尔·阿尔蒙德这样的比较政治学的实践者在探索美国民主对其他国家的贡献时,他们几乎总是在美国稳定的原因中找到它。连续性使人想到的是协议与交易,而不是众多美国人将之与现代世界的血腥激情联系在一起的有计划有步骤的政治安排。回想起来,美国零零碎碎、修修补补的改革经历,看上去恰好是正确的。在30年代令许多新政派人士痛感不彻底的那些变革,在这个世纪中期被认为是讲究实际的。

作为一部鼓吹精英统治论的文献,在20世纪初期被当作尖刻攻击之目标的美国宪法,尤其被认为是民主的真正保障。对美国开国一代人兴趣的大规模复兴,其所关注的焦点不在于他们是得人心的革命者而在于他们是隐蔽起来的、稳定的宪法缔造者——最后的权衡者。使宪法经久不衰本身就是民主的一项优点。一位广受欢迎的历史学家把伴随宪法而来的那些妥协称之为"美利坚合众国的代价"。回过头来看,1860—1861年危机显然是一个重要的例外。被19世纪的北方人和南方人都称赞为民主解决的唯一机会的那一时刻,现在被列为民主的一次无与伦比的失败。

投票选举对这些构想几乎没有什么贡献。例如,由卡尔·贝克尔和哈罗德·拉斯韦尔撰写的关于民主的重要著作从来没有提及选举。达尔的著作提及选举却是为了贬损选举。也没有人对不投票者感到惋惜。芝加哥大学一位系主任莫顿·格罗津斯在直言不讳的总结中提出,"公民的政治参与并不是民主的特征。"广受钦佩的社会思想家戴维·里斯曼认为不参加投票者是能力最低的公民,他们通过把自己从中剔除而有助于维护民主制度的健康运行。许多其他的人也同意这一观点。政治学家海因茨·尤劳(Heinz Eulau)从一个稍微不同的角度,把投票者的冷漠等同于他们最大的快乐,把不投票行为解释为"快乐的政治活动"。李普塞特充分利用了这种思想,把低投票率称为制度稳定的一种反映,关切的理由突然增加反而是麻烦即将到来的信号。[20]

到了20世纪中期,似乎每个人都相信滴入式政治是可行的。无论受人喜欢的民主机制是什么样的,没有多少人有享用这些机制的机会。政治学家E.E.沙特施奈德用一种特别宽宏大量的心情估计,大约有10%的美国人与那些实际上制定公共政策并由此确定公共利益的集团有某些联系。然而,在沙特施奈德对其专业最重要的贡献中——他对一场改革政党运动的领导,他以使他们更"负责"的名义,赞成使民众发挥作用的那些传统手段进一步集中化。他的团队向往那些能把事情做好的政党。其他的人则因为它们没有做某些事情,因为通过拖延做出决定并作为中间人安排妥协以避免使政府出现狂热和极端,而赞扬这些政党。曾经是表达人民看法之手段的政党,现在则成了削弱民众意见冲击力的缓冲器。政治领导人的责任不是去对人民的意见做出反应,而是制造出他们已经做了的假象。在基的构想中,"必须广泛传播民意……影响政府行动的方向这一信念。"或者用菲利普·康弗斯更为不满的说法:"由于数量所带来的合法性,因此,在民主制度中具有某种适度连续重要性"的是"数量意识"。[21]

20世纪中期这些价值观的最雄辩的代言人是理查德·霍夫施塔特,他是哥伦比亚大学的历史学家和批评学家,拥有大批有欣赏力的全国性阶级的拥护者。霍夫施塔特把最主要的精力用于对狭隘的宗派心态及其对"各种权威、精英和专家的蔑视"的研究、探索,这种宗派心态是建立在民主制度和19世纪平等主义思想感情之上的并且在20世纪继续主要从中西部和南部获得支持。当美国"向城市化迈进"时,这种本质属于乡村的"反理智主义"越来越具有这个国家的狂热极端的特征。霍夫施塔特与他之前的李普曼、卡伦一样,注意到了在美国培养宽容精神的城市。然而,霍夫施塔特的城市,不是塔尔萨或萨克拉门托,它是一个抽象的都市,是支持民主政治的文化相对主义的反传统思想——一种极为深奥且非常现代的思想——的那些相互作用且自动消失的集团的一个巨大的麦迪逊式角斗场。[22]

他开始相信,多元主义和实用主义这种健康结合的历史前身,是美国那些经常进行讨价还价、相互交易的政党。对于19世纪脆弱的地方主义以及继续保留他那个时代民主稳健的动因而言,政党是至关重要的解决办法。在霍夫施塔特的方案中,一个政治"偏执狂"的真正定义就是这样一个人:"他不把社会冲突看作是某些需要以职业政治家的方式进行调解和妥协的事情。"给美国的反理智传统带来一种特有的偏执狂特征的麦卡锡主义,引起了霍夫施塔特最严厉的文化批评:这是一种威胁到美国人生活各个方面的暴民精神。为防止激情政治的出现,他提出了"礼让"的观念,在公共生活中,这种礼让能够使公民寻找自己的生活道路及追求自己的真理的权利得到维护。实际上,民主是一种个人的事情。似乎自由是一个永恒的真理而不是一个现代创新,霍夫施塔特和他的同事宣布:"自由,如果是有意义的话,最终应当是由个人来行使的。"[23]

就像霍夫施塔特的呼吁所表明的,与宽容精神联系在一起的价值观念对这些20世纪中期的政论家们来说是极为重要的。他同意从前的合作者李普塞特的观点,即这种民主需要很高的教养。在更像是"现代社会中极端分子和偏狭运动基础的下层阶级里,这种教养是罕见的"。[24]高度重视社会的平稳运行也是一种民主。如果下层阶级美国人本身就受到这种制度带来的极端主义和偏执后果的伤害,那么他们只有依靠这种制度去救助他们自己。

这种和解精神最为突出的例子就是承认南部的政治是民主的——这也许不是美国民主最有吸引力的方面,但却是"合众国代价"的一部分。由于彻底排除了黑人投票者、地方公职约定俗成地自我永久化,以及使人联想起詹姆斯·门罗总统时期这些问题的投票人数,南部选举完全达不到选举民主制度的最低要求。然而,那些在1952年因艾森豪威尔在麦卡锡主义面前逆来顺受而高喊耻辱的全国性阶级的代言人,对艾森豪威尔的民主党对手艾德莱·史蒂文森在南部种族主义面前逆来顺受几乎什么也没有说。在下一轮确定美国民主的定义时,就面临这种矛盾。

第十章 内部的冲突

当美国民主发展的两条主线——个人和多数人——在1920年左右分离的时候,它们好像要沿着完全不同的路线走过这个世纪。然而,到了20世纪60年代,它们的命运又一次被密切地联系在一起。这一次,它们不再像在19世纪那样把力量联合起来,而是开始相互斗争:民主同其自身处于作战状态。

在20世纪后期,由于每一半各有其特殊的发展路线,民主的这两半以它们在19世纪所没有的方式相互攻击。一种权利普遍化的幻想成为现代个人主义的驱动力。在19世纪,那些谈及权利普遍化的人,所指的是一种白人男子所特有的公民权利:使白人男子具有完全合格的公民资格的那些东西,也会使其他人具有完全合格的公民资格。然而,在20世纪,权利与对个人满足的迫切要求联系在一起,就像引发这种要求的想像力一样,这个过程是无止境的。当对满足的追求继续发展时,权利也会成倍增加。

就现代的多数主义原则而言,其主要关注的是结果和利益分配。甚至在一个有着越来越多的利益可以分配的膨胀性发展的制度中,它们的分配也会出现给某些人多而另一些人少的问题,以及完全陷入欲望得不到满足的境地。权利普遍化的日程越是复杂——那样在理论上人人都可以得到一切,这些分配物似乎也就越少而且有偏差。没有人曾经得到过一切;值得一提的是许多人什么也没有得到。从其他方面看,在利益分配上竞争越是激烈,任何被授予的权利也就会变得更为难以承受。

民主内部斗争的第一个主要的受害者是20世纪30年代的妥协:全国性阶级管理经济,地方中产阶级控制地方生活。只要这一安排运作起来,它就能使美国的民主看起来像是一种自续永存的制度。在20世纪最后25年中,当这种假象被剥去后,民主的两个组成部分都受到越来越详细的审查。无需多久就发现了那些推定的权利受到普遍认可的是何等之少,以及坚持使一连串权利普遍化需要承担的压力是何等之大。争夺权利会不可避免地陷入竞争性政治之中。任何寻求用政治办法解决复杂社会问题的人不久就会认识到虚弱的选举制民主在解决各类分配问题方面——权衡权利与规则,分配成本与收益,纠正旧的不平衡并避免新的不平衡——是何等的拙劣。然而,采取补救措施、恢复民主中多数派一方的地位在美国社会中所引起的阶级与权力问题是如此的根深蒂固以至于这些问题似乎全都是难以解决的。限制无处不在。

长期的经济增长提高了人们对个人满足的预期。20世纪的前70年尽管发生了经济大萧条,但在美国的历史上仍然是最为繁荣兴旺的一个时期。在第二次世界大战后的四分之一世纪里,随着工人实际收入成倍增加以及美国人所理解的贫困起点的迅速提高,人们的期望也急剧升高。一位激进的学者写到,"1960年纽约市被用作确定福利救济给付的维持最低生活预算,明确规定了家庭生活的一系列物质条件,这些物质条件……在30年代,会被认为是相当奢华的。"[1] 广泛地分配逐渐增加的收入,反过来,给一个史无前例的商品和服务消费提供了动力。这种消费是美国战后岁月社会繁荣的象征,也是一件令全世界羡慕的事情。

从全国性阶级的视角来看,美国的消费阶层正在不可阻挡地变得类同起来。没有什么能比20世纪中期常见的、干净清秀微笑着的男人和女人,白人和黑人,年轻人和老年人,以普通的面孔、穿着普通的衣服一起在一个大的消费市场购物的情景,更好地体现这一判断。评论家们变得越来越喜欢使用像"美国人的性格"和"美国的思想倾向"这类概括性的术语。自以为对正在发生的事情完全了解的社会批评家们,正全力以赴探讨新的一致性意味着什么。

按照一种与社会学家路易斯·沃恩的名字联系在一起的分析方法,在那些不同的人之间的障碍被消除、人们之间的相互接受逐渐扩大的大城市,成为宽容精神的典型。随着城市影响的四处扩展,这种宽容精神也扩展到全国各地。性禁忌正在消失。战后一场反对排犹主义的联合行动似乎要取得成功。种族歧视大概会成为下一个目标。随着一批又一批南方人进入到全国性阶级的圈子中来并撰写有关南部的文章,他们使南部特有的品质听起来像是对以往岁月的回应,并且进一步助长了那种假想,即南部这个差异的古老堡垒也处于被同化的边缘。大多数说话与举止的地方特色似乎只是古怪、罕见而已。知识分子认为,只有对国家的忠诚才是正常的忠诚。如果忠诚向每一个方向扩展,那么它将会是表面上的忠诚。在20世纪中期前后,一部受到热情赞扬的世界摄影图片汇编——《人类的家庭》体现了一种模糊但却重要的全国性阶级的观念。

第二种不怎么乐观的分析文化统一意义的方法,强调了人民被均质化过程中的缺点。在大众传媒的信息冲击中变得麻木并被骗人广告所欺骗的普通公民,与其说是现代社会生活的促成因素还不如说是它的结果。一项有影响的选民研究得出结论说,绝大多数选民缺乏基本的用概念进行思考的能力。另一位专家更为直言不讳地认定绝大多数公民"没有有意义的[政治]信仰"——在公共事务中缺乏政治信仰,明显就等同于在缺少技术的情况下进行工作。[2]

其实,结果并不一定是坏的。从第二次世界大战中崭露头角的全国性阶级的领导人有着很强的自信,认为他们完全能够改变这个世界。战前,一般的看法是,在一个较长的时期内,政府的政策只有在与公众的价值观念相吻合的地方才能成功:禁酒的失败就是证明。现在,人民的价值观念就像他们的行为一样是可塑的:同样是易受影响的,且经常是模糊不清的。在组织理论家赫伯特·西蒙设计的政府机构中,在那种其他方面非理性的下属被规划成为一项理性事业的组成部分的地方,行为和信仰便融合为一体。社会群体也同样可以被管理。这是一个让恰当的人来负责管理的事例。

全国性阶级中处境良好的成员,以管理整个国家的心态扩大了他们所理解的个人权利的影响力和范围。尤其都具有巨大发展潜力的两条改革路线,指明了走向20世纪后期的新道路。首先,个人权利的含义从自由权转变为要求权,从一个人与他人在一个共同的环境中分享权利到把他们中的每一个人都确定为真正的人。在第二次世界大战期间,被广泛宣传的四大自由——言论自由、信仰自由,免于恐惧的自由和免于匮乏的自由——为个人权利提供了参照标准。权利和自由同样取决于其所在的环境,即取决于支撑着权利与自由的环境。限制权利与自由会使整个环境变差。战后,权利要求逐渐转向内部。它们与个人的财产——个人积累和保卫的权力是类似的:限制个人的权利就是对这个人的侵犯。传统意义上的权利逐渐转瞬即失。环境可以是不太自由的或较为自由的。另一方面,作为个人特性的那些权利,几乎用不着增加。成为不完整的人会意味着什么呢? 一般说来,这些权利要么是全部拥有,要么就根本没有。

战后第二种趋势把权利从某种需要去发现的东西转变为某种需要去创造的东西。人们发现,有些权利——如果不去发现,就可能被掩盖或被不公平地拒绝。创造则是无限的。尽管朗·富勒在《耶鲁法学月刊》(1936—1937)上颠倒权利与补偿之间关系的文章,谈到的只是一个被限定的合同法主体,但这篇文章却成为这一转变的前兆。传统上,发现一种权利就会导致提出补偿要求。富勒认为,使一项补偿合法就会创造一种权利,而且,就如莫顿·霍维茨曾经指出的,他的观点变成了一种新的正统观念。个人健康期望的提高显示出这一主张在20世纪中期前后的广泛适用性。就像医生们自己描绘的前景,改进了的外科技术和大批特效药的出现在总体上带来了产生奇迹的希望。尽管健康还没有被公众知晓——这种想法在19世纪将是难以理解的——但是可以说科学进步正在创造出一个健康权来。从此,创造权利与获得权利开始齐头并进:拥有洁净空气的权利(1970年清洁空气法),拥有健康的工作场所的权利(1970年职业安全与卫生法)等等。

最高法院对《权利法案》的积极运用,促进了这一发展趋势。雨果·布莱克法官在亚当森诉弗吉尼亚州一案中(1947)的不同意见,即主张第十四条宪法修正案赋予了联邦法院在各级管辖权限中捍卫整个《权利法案》的权力,在60年代成为基本法,而受法院保护的权利也相应增加。随着权利范围的扩大,它们表现出三个相互联系的特征。第一,过去曾经仅仅以集体的方式来理解的事物,现在被分散化了。例如,被征税却没有代表这一不折不扣的涉及集团利益的问题,在18世纪的白人男子曾对之提出抱怨,20世纪的自由黑人和白人妇女曾对之提出抗议,在20世纪60年代中期被用来支持每个人的平等代表权———一人一票原则。

第二,新的权利援引自宪法,最值得注意的是一种有弹性的隐私权。就像威廉·道格拉斯法官所描述的,"不受干扰的权利"涵盖了各种有助于每一个[社会]成员取得最大个人成就的情况,这一权利被包括在一长串维护个人尊严权的详细名单之中。[3] 在马普诉俄亥俄州案(1961)中,最高法院只是对或多或少是起源于宪法第四条修正案的禁止非法搜查和扣押的隐私权负责;但是,四年后在格里斯沃尔德诉康涅狄格州一案中,道格拉斯把从权利法案散发出来的精神看作是一个支持其对隐私权进行更为宽泛理解的整体。

第三,随着个人权利的范围向外延伸,个人权力的范围却在收缩。各类全国性阶级的评论家们继续讨论了在20世纪30年代和40年代就已经广为流行的主题,强调孤独的个人在现代世界客观力量面前的那种无依无靠性。过去个人隐私曾经意味着离开公共生活并使自己与其管理当局分隔。现在,个人隐私却要求介入公共生活并寻求得到其管理当局的保护。此时,目标汇合在一起:较弱势的个人要求更多的权利,导致一个更强势的政府坚持自己在为弱势的个人争得更多权利方面的权利。

即使在战后繁荣的岁月里,强项中的弱势也成为经济的特征。繁荣富足在美国地方上有着特别复杂的影响,在那里,连锁商店、密集的广告、分散的购物中心以及面对面竞争的共同作用,逐渐削弱了作为美国地方经济两大支柱之一的传统零售企业。出于对地方自治范围的敏感,使地方商人操纵物价行为合法化的1936年鲁滨逊—帕特曼法,就是30年代最初妥协的一个组成部分,而战后零售业价格垄断的瓦解勾勒出这一妥协衰落的决定性要素。随着最主要的商业主顾的萎缩,地方银行发现它们自己越来越依赖于那些总部设在大都市的金融网络。信用卡的全国性市场刚刚开始出现。到了地方银行家们不再守护个人信用的大门这种程度时,个人信用作为阶级地位最关键的决定性因素之一也脱离了地方的控制。尽管地方经济的第二个主要支柱——房地产业直到20世纪80年代后期存贷款合作社解体才在全国范围内垮下来，但许多乡镇、小城市和大都市附近地区的经济早在20年之前就已经摇摇欲坠了。

地方生活的完整性也濒于瓦解，至少按照地方中产阶级中重要领导的理解是如此。20世纪40年代和50年代带来了一场州和联邦行政官员介入地方事务的高潮，这些地方事务往往超出了地方律师的驾驭能力和地方政府控制能力。地方美国似乎以微妙的方式在文化上越来越孤立了。收音机曾经是宣传那些支持地方文化的价值观的强大喉舌。那些常年演出的流行肥皂剧的剧名——《帕金斯太太》、《威克与萨德》、《真正的小人物比尔》——与中产阶级的理想产生了共鸣。尽管偶尔有像《把他留给海狸》这样的传统孤岛，但电视，比如，通过其编造没完没了的关于性饥渴和破碎婚姻故事的肥皂剧，对传统价值提供的支持少得多。地方美国生活方式的坚定捍卫者《星期六晚邮报》，实际上停止了出版。在20世纪30年代和40年代，一些社会学家发现，地方美国社会中的公民常常把他们自己小集团中的精英当作地方上最有威望的人。到了60年代和70年代，全国性人物对公众的注意力有着决定性的影响以至于使这些地方上的公民不再能经常支持地方精英。1975年，美国众多《社会名人录》的发行者把所有的名人录压缩、合并成一个单一的、综合性的《社会名人录》。这一名人录抛开了地方社会之间的真正差异，首先证明了这些出版物的合理性。

对于从外向里观察的专家来说，地方美国似乎比其他任何事情都更为混乱。一方面，民意测验显示了他们对联邦政府的认可。这个全国性政府掌管着全球事务，维持着经济的健康发展，并监督着其收益——依照全国阶级的标准就是自由——的公平分配。另一方面，还是依照这些全国性阶级的标准，地方美国人在文化问题上是不可救药的保守分子。分析家们断定，地方美国人的价值观不存在一致性。也许是他们的文化理解能力滞后；或者像某些专家总结的那样，也许他们是十足的"精神分裂症患者"。没有人想要听从在众多的人面前"作出非理性的选择"的玛丽·道格拉斯和艾伦·怀尔达夫斯基(Wildavsky)的主意。他们的古怪行为应该表明：公认的理性决策模式应该被修正。[4]

正常状态在地方美国意味着对遥远的事务漠不关心和对日常事务进行社区管理。对于选择———些是个人选择，一些是集体选择——的控制意识是极为重要的。尽管物质的追求在地方美国通常是适度的，但个人尤其是男人的进取心却是一个值得高度赞扬的品质。正确与错误泾渭分明：堕落不是玩笑而是罪恶。无论他们参加教堂礼拜多么不规律，地方中产阶级中的大多数人都认为自己是由他们的上帝塑造的而不是由革命力量的作用塑造的。他们把自己的世界按照种族和民族进行分类，按百分比来计算血统——这么多的德国血统，这么多的爱尔兰血统——好像每一个血统来源国都有一个与众不同的种属血库。血统决定一切。孩子们带有他们父母的道德印记和体质印记：甚至非常小的孩子就已分享了这些利益，承担着这些负担。任何白人与黑人、黄种人或印第安红种人的混合都是很严重的事情。在20世纪60年代后期，当国会废弃了旧的以种族为基础的移民配额时。"感谢上帝我是波兰人"或"瑞典人"或"意大利人"的苞芽开始萌发，以表明他们在地方美国的一系列完全不同的优先权。

按照地方中产阶级的观点，20世纪60年代，地方美国遭到敌人的两次入侵。一次是一批经常与在首席大法官厄尔·沃伦领导下最高法院联系在一起的但也不是完全限于最高法院的全国性指令。谁控制着地方的学校？法院命令废除学校中的种族隔离并禁止学校的祷告仪式；国会为特殊族群规定了一套特殊的课程。新的教科书宣扬科学的道理并把世界上的各种民族融合在一起成为一个人类。谁的价值观在社区中占主导地位？对于出售色情作品和节育知识传播的限制放松了。1968年最高法院甚至还推翻了一项关于对公开酗酒进行惩罚的法令。谁拥有优先权，是守法的公民还是罪犯？一系列的法院判决，最著名的是米兰达诉亚利桑那州一案的判决(1966)，扩大了这些嫌疑犯的权利；其他判决则将死刑搁置。认为死刑判决除了导致例行的对边缘人的处决之外不会产生任何效果的人道主义观点，同时包含了深受他们欢迎的地方美国人的观点：死刑判决被认为是对中产阶级价值观的象征性肯定。在1968年的一项全国性的民意测验中,有70%的人把最高法院看作是犯罪行为的一个主要根源。

全国性法规的涌现也对联邦政治的重塑发挥了作用。以贝克诉卡尔案(1962)为开端,最高法院的一系列判决要求各州在它们的议会立法选区的议员名额分配中实行使一个人所投的票与另一个人所投的票有同等价值的一人一票原则,而国会也把这一原则奉为国家正义的手段。各种各样试图剔除有缺陷的投票者的地方测试消失了。1965年的投票权法案授权联邦机构负责登记选民,而除了一项象征性的居住资格要求外,其余的限制都被法院废除。作为林登·约翰逊总统向贫困开战的组成部分,经济机会局做出了绕过已有的地方权势、直接与美国的穷人团体打交道的姿态。寻求政府补助的新措施使全国福利救济人员名册中的人数从1965年不到800万人暴涨到1969年的1100万人。从总体上看,约翰逊伟大社会的大多数计划是基于这种假定:除了模仿联邦政府,重复其目标,补充其计划并仿效其税收哲学之外,地方政府没有更高的志趣。

20世纪60年代那种吸食大麻、颂唱神秘的咒语、谈情说爱的嬉皮士带着第二支入侵者的队伍进入地方美国。对于那些正试图向他们的孩子灌输传统的正确与错误行为准则的父母而言,这些流氓无赖给地方美国的年轻人带来各种最具破坏性的信息:如果觉得好,就去做。把佩花嬉皮士与新的摇滚场景联系在一起并使他们充满极其天真——放松、自由、幸福——的特殊魅力的大众传媒,只是使地方控制的问题更加严重。当遇到挑战时,这些绝大多数来自全国性阶级的放荡青年,带来了他们的律师,支付保证金,并公开怒视苛刻严厉的地方法官。尽管地方美国最终接受了伍德斯托克摇滚族的音乐、语言、服装和发型,但它却从来没有降低对失去权威的担心,尤其担心失去对年轻人的权威。在20世纪末,嬉皮士在地方美国仍是一个惹是生非的词。至少其所表现出来的力量与其实际产生的力量总是一样多。焚烧国旗者与逃避兵役者、女权主义者与同性恋者对争取黑人权力的暴乱分子及争取印第安人权力的好斗分子提供了支持,另类者的所有群体似乎要紧接在嬉皮士之后,在20世纪60年代末和70年代初兴盛起来。

当中产阶级愤怒的浪潮漫过了不牢靠的地方底线喷涌而出时,原来的妥协安排也就瓦解了。在较早时期不满愤怒情绪爆发——比如麦卡锡主义——的掩盖下,隐藏着一种民众信念的安全网,这种信念就是联邦政府总体来说是为公众利益服务的。普通公民不能指望他们的政府去做正确的事情,这是真的吗? 在1958年,四个成年人中只有一个人得出这一结论。政府真的只代表少数人利益吗? 1958年有不到五分之一的成年人是这样认为的。接着60年代出现了巨大的变化。到了1972年,对于上述两个问题有三分之二的成年人给予肯定的回答。在60年代初期,联邦的每一种机构——国会、行政机关、联邦司法机构——以及各相关的全国性阶级的机构——新闻媒介、大公司、高等教育、重要专家——的声誉开始了同样漫长而又难以忍受的下跌过程。妥协建立在这种尊敬的基础上:没有信任,也就没有交易。

当妥协瓦解时,对其含义最为警觉的政治领袖是理查德·尼克松。为博得处于困境中的地方中产阶级的欢心而把他们称之为"被遗忘的美国人"的尼克松,从1969年他上任总统那一刻起就利用他的总统权力去捍卫地方中产阶级的价值观:更严格地执行法律,停止为消除学校的种族隔离而用校车接送外区学童,进一步严格限制色情活动,支持在学校的祷告权。尼克松以个人信念的坚定语调,谴责全国性阶级的权势集团是没有勇气的和不负责任的,并发誓要把文化保守派任命为最高法院法官。他的政府摧毁了有争议的经济机会局的主要内部架构,取而代之的是提高了联邦政府发给州或地方的固定拨款及通过现有从联邦到地方这一渠道分配的岁入分享。他的顾问们甚至以一种富有想像力的突发奇想探索了保障最低收入的可能性。与此同时,总统对有时被他变成个人势力范围的总体经济政策的控制,一点也没有受到损害。尼克松在1972年以压倒性的胜利战胜了全国性阶级的自由主义拥护者麦戈文再次当选总统,给人留下的印象是修复原有的妥协取得了胜利。

但是碎片已不再能吻合如初。最明显的、直接的问题就是缺乏维持妥协继续进行的资金,尤其在大城市更是如此。即使包括其庞大的战争机器,在20世纪70年代把国民生产总值转化成税收的百分比方面,美国落在了西方工业化国家中的最后。随着加强政府干预的努力进一步降低,对公共政策的观点开始变得两极分化。在20世纪50年代,对一个又一个问题进行的民意测验结果接近于一种钟形曲线:两端低、中部突出。社会学家们几乎一致认为这种模式是正常的。在70年代对类似问题进行的民意测验结果所显示的民意曲线呈波纹状:中部经常比两端高。尽管许多阶层不愿承认这一点,但这已成为新的标准:妥协的余地越小,对它的兴趣就越小。萦绕在对约翰·肯尼迪总统怀念之上的公共意志和活力的独特光环,实际上是有某些基础的。在他去世时,某种全国性的联系正在消失。

主要的政党显示出了这些秘密进行的转变所产生的影响。在20世纪中期前后,共和党人和民主党人同样都充分利用了一位专家所称的"拼凑的民意模式",在这种模式中,有部分成员相互重叠的集团使它们的利益交织在一起以形成相当稳定的联合体。就像社会学家们所描述的结果——一种可靠的令人厌倦的"中庸的政治文化"——它所引发的竞争足以确定取舍并维持对政党的忠诚,但不足以使以这种政治文化为基础的社会瓦解。[5] 使这种谨慎的精英统治制度保持运作的,是南部的反常政治。在南部,那些以另外的方式加入了共和党并将它作为一个保守主义堡垒的白人仍然留在民主党内——南部白人权力的传统机构——并且在其中抗衡民主党内活跃的自由派。

在美国政治两极分化的同时,两党之间的竞争也扩展到整个南部。南部的竞争性政治为在全国范围内形成一个保守的多数党开辟了道路,并进一步促使政治两极分化。由于很少有共同的中间立场,利益集团很少相互重叠,而是经常一个接着一个用他们的支持换取利益。这些作用力使多数党受到严重削弱。在20世纪60年代之前,在现代美国政治中,多数党通过作为中间人来安排重要的妥协而获取它们的主要力量。60年代以后,主要政党用陈述这些问题来取代解决这些问题。当钟形曲线坍陷和利益集团分裂时,它们也就破裂了。当全国性阶级的机构逐渐名声扫地时,政党的全国性领导人的声誉也是如此。在每一批新的投票者队伍中只有极少的人认为政党是重要的。到了 70 年代后期,国会中由政党决定的表决下降了 50%,而自富兰克林·罗斯福时期以来,在总统选举年里的分裂票增长了一倍多。争当总统的人尽其所能使他们自己远离华盛顿的权势集团。过去,局外人的标签意味着蛊惑民心的政客;现在,它却给候选人带来竞争的优势。

在 20 世纪的大部分时间里,中产阶级美国人期望那些拥有与他们自己完全不同的技术和洞察力的人们去领导国家。尽管听到那些领导人以人们熟悉的哈里·杜鲁门和德怀特·艾森豪威尔都曾使用过的直截了当的"我能辨别好坏"这一习语来表白他们自己,是令人高兴的,但是,地方美国人从根本上还是依赖另一个阶级的成员以他们自己的方式去保护美国的利益。相反,到了 20 世纪 70 年代,越来越多的地方中产阶级的领导人开始宣布只有他们才能够使美国免受那些危险的、从远处来的全国性领导人的伤害。在地方中产阶级的代言人继续以所有真正的美国人都共同拥有的传统价值观念、他们感到自豪的爱国主义以及他们的判断力这样的文化完整性的语言来交谈时,他们也对这种美国精神战胜现有权威的可能性表示了越来越大的怀疑。即使为了维护对地方的控制,他们当中越来越多的成员认为,他们将不得不由他们自己来制定全国性的规则。

对 20 世纪后期的民主有着重大影响的两大运动——扩大美国黑人的权利和授权给白人妇女——给人的印象是已经到了妥协崩溃的边缘并且显示了少数关键性岁月的影响是多么重大。由小马丁·路德·金领导的、起源于 1955 年和 1956 年蒙哥马利市的拒乘公共汽车运动并且在 1964 年的民权法案和 1965 年的选举权利法达到顶峰的黑人民权运动这一时期,证明是把公共政策的主要变革建立在白人温和倾向的钟形曲线基础之上的最后一次机会。呼吁全国团结、用全国性阶级的价值观来羞辱地方中产阶级白人,仰仗全国性阶级的机构在政府、媒体和教育中的被动员起来的力量——所有这些对于民权运动的成功都是至关重要的——十年后看起来却像是历史的古董。

从 20 世纪早期开始,大多数重要的美国黑人领袖把他们打破种族主义束缚的希望寄托在全国性阶级的干预上。全国有色人种协进会的办事处是这一战略的指挥部,这一战略包括游说国会,培养行政领导并通过联邦司法系统挑战种族歧视。到了20世纪中期,这种办法带来了意想不到的结果。尽管杜鲁门总统的民权委员会在1947年提出了一个广泛的改革日程表而且公共讨论不再包含粗野的种族主义语言,但是,南部的种族隔离依然坚固。即使在北部,那些规定了没有种族差异的雇佣准则的新法律,被认为是要表示一种理想而不是工作问题上的现实。1954年和1955年要求"以极其谨慎的速度"废除学校种族隔离的布朗诉托皮卡市教育局案的裁决,是这种战略的最大胜利。然而,联邦住房管理局仍然对种族混杂的社区进行投资,许多全国性阶级的机构直接受黑人成员,而且在20世纪50年代,华盛顿的政党领导人没有把废除种族隔离的速度当作是最关心的事。

把一切可以利用的资源运用到一个成功的运动中来是金和他的同伴们的特征。美国黑人总是被迫从制度外部和白人男子生存空间中的请愿开始寻求公共权利。如何有尊严地去请愿,如何在不失自尊的情况下表示尊重,是迂回政治中永远存在的挑战,尤其是对于以前的奴隶和奴隶们的后代来说更是如此。金的团队——以及1960年之后在整个南部挑战种族隔离的年轻黑人——把这种潜在的耻辱转化成一套高超的策略。

通过联合抵制、示威、游行抗议、守夜、静坐示威,他们把请愿活动转变成抗议政治;而通过把他们的公共信息与实际行使他们的权利结合起来,他们把用证据进行抗议的艺术提高到一个新的水平。他们不再像19世纪后期主张节制的人那样孤立地站在一边并祷告,而是把他们的敌人吸收到正义的场景中来。这种场景后来被大众传媒转变成摆在全国观众面前的给人印象极为深刻、形象的请愿场面。民权运动象征性地与19世纪民主活动分子的公理融合在一起;通过接触这种制度而进入这种制度之中。静坐抗议尤其显示出美国黑人不是简单地发表一个宣言;他们已经开始坚持,在抗议请愿之上,金和他的同盟者又增加了和平抗议这一条:这是一条坚定的非暴力原则。但是,几乎总是被白人的挑衅行为所围困的和平抗议也会闪现出一种危险的信息,使人可以粗略地看到如果美国黑人放弃自律的话,将会发生什么。因此,最后的曲解是:和平被看作是暴力的暗示。

使民主运作起来意味着使美国的三阶级体制运作起来:民主与阶级一起发挥作用。布朗案的裁决,以白人的方式提出了废除种族隔离的问题。白人的全国性阶级命令白人的地方阶级改变它的生活方式,而通过所谓的"大规模的抵抗",白人地方势力畏缩了。这是一场对法律的争论。黑人将无法赢得这场争论。白人首先念念不忘的是"极其谨慎的速度"对白人的影响。从根本上说,美国黑人难以仅仅依靠全国性阶级的力量:这是20世纪被一再重复的教训。他们需要各个阶级的支持。

通过动员起美国黑人的广泛支持,民权运动自动地把下层阶级的成员算作是这一过程的参与者,并且当他们这样做的时候,他们把白人的法律问题转变成了一个黑人的权利问题。相当大一部分全国性阶级的听众和读者听到和认识到了这一点。由于全国性阶级的美国人把他们自己的特权确定为权利,而且由于至少在理论上他们使这些权利普及化,因此,他们几乎毫无困难地把围绕种族隔离产生的冲突理解为一部道德剧。在这一点上,金就是一位必不可少的导师。它继续使那些仍然把权利看作是某种应得的东西而非假定的东西的部分地方中产阶级改变信仰。金的南方基督教领导人大会以十分体面的地位、坚定的自我控制、集体团结来争取这些阶级的支持,它的支持者使他们的事业展现出这些特点。这些特点就是白人中产阶级处于全盛时期的价值观。民权运动每天都公开举行礼拜。地方美国的工商领导人现在特别愿意同这些坚持非暴力的非洲裔美国人达成交易,以期使稳定顺畅的种族关系保持到未来。

简言之,金和他的同盟者运用全国性阶级的力量和影响来提出下层阶级的权利,也就是受种族歧视的黑人的权利。似乎历史兜了一个大圈子,使19世纪民主中的激进主义更加突出的那些东西——白人取得在公共空间中的主导地位——也使20世纪后期民主中最重要改革得以明确——通过无所不包的1964年民权法案和1965年的选举权利法案向美国黑人开放公共空间。时机的掌握是至关重要的。金和他的伙伴们乘着全国性阶级扩大议事日程的高潮之机,在地方中产阶级的士气大幅度衰落之前实现了他们的立法目标。换句话说,在白人之间阶级冲突的关键阶段,黑人的权利被写入了公共政策之中。

就在民权法案刚刚通过后不久,这种妥协便被推翻了,而种族问题促进了这一妥协的崩溃。一贯担心种族关系变化太快的大多数白人不是把这些新法律看作是公正来得太迟了而是看作是公正得过分了,而且还在进一步的改革要求面前,坚持停止了所有的改革。1965 年以后,金自己也认识到以他为领导核心的进一步改革的可能性正在消失殆尽。黑人的态度,同白人的态度一样,也两极分化了。砸破种族隔离的壁垒也就打开了任何改革都无法平息的无尽的愤怒与不满的源泉。在赞同政府有义务结束种族歧视的顶峰时期,在一项全国性的民意测验中,有十分之七的美国人认为白人可能愿意看到黑人再次被奴役。激进的黑人埃尔德黑奇·克利弗写到,面对一个白人,他看到自己同其他的牲畜一起被估价。

当钟形曲线在城市暴力和全国性的愤怒中塌陷变形的时候,那种认为改变种族关系应有一个方向和目标的信念也随之丧失了。白人完全把民权改革理解为一项对民主个人主义的声明:黑人也能参与美国社会的利益竞争。那些为美国黑人保留某些职位,或甚至给予他们以雇佣优先权的政策,遭到白人的强烈反对——在 20 世纪 70 年代的一次又一次民意测验中,反对采取积极行动的比例达到 8∶1 或 9∶1。在全国性阶级的理论家对于精英管理准则和美国黑人的自尊感到担心的时候,在工作场所,尤其是在经济不景气的时候,白人和黑人都像地方美国人一样专注于"得到我的"。20 世纪 60 年代中期的那些改革很容易被理解为普遍性权利,这是由于战后长期的经济发展使它们被包含在每个人众多的期望之中。20 世纪 70 年代的经济停滞重新把种族关系界定为分配问题,这是一个非常不同的问题。任何试图在一个严密的不平等制度中的一个地方去纠正不公正,都会在这个制度的其他地方引发公正问题,这些问题在一个两极分化的民众中只会引起痛苦和仇恨。

在美国黑人看来,在一个两极化的社会里几乎看不到什么指望。如果说在 20 世纪 60 年代后期"黑人权力"的豪言壮语是个人满足语言中的一个变种,而在城市暴乱蔓延期间的掠夺、抢劫是大众消费主义的一个变种的话,那么在一个较长的时期里两者都没有使个人的机会增加。少数民族聚居的政治活动也没有增加美国黑人分享社会公共财富的份额。聚集在大都市的"有色人种部落"或密西西比穷县里的贫穷黑人在20世纪70年代和80年代所得到的公共财富份额常常成比例地低于他们以前所得到的。旧的改革日程没有给这些顽固性的问题带来任何解决的希望。

如果说民权运动在分界线的这一边完成了最后大部分改革,那么追求平等权修正案的妇女运动代表了分界线另一边最初的主要成果。从外表上看,这两者除了它们的时机选择外,几乎一切方面都是一样的。和美国黑人一样,主张改革的白人妇女以追求她们个人目标的名义要求得到集体的权利。这些妇女通过模仿民权运动的理由和策略,也以令人不能容忍的被歧视的例子声情并茂地描述她们所面临的问题,同样也追求同一种普遍价值观中的不言自明的真理——平等、机会、公正——并且为了推动平等权利修正案而发起她们自己的全国性游行示威。

准确地说,这种概括掩盖了这两种运动之间的深刻差别。公开场合中的妇女问题是她们在非公共场合中不利状况的一种延伸:低工资与有限的选择,性骚扰与羞辱人的言辞,那些分配奖金和决定晋升的人对妇女完全视而不见。例如,一位著名的政治学家以思考家庭内部关系的传统方式,在1964年得出的结论认为"妻子往往是把她们丈夫的选票增加一倍"。[6] 如果说美国黑人为了扩大他们个人的机会不得不改变公众的价值观的话,那么妇女为了扩大她们的公共参与机会就必须改变个人的价值观念。首先打破家庭的束缚,然后再改变整个社会。意识到这种结果的贝蒂·弗里丹的《女性的奥秘》(1963)一书,通过使妇女的社会问题个人化:听从你的内在本性并遵照这一本性行事——在妇女中激起了一种新的意识。就大多数人而言,要使这些个人的问题适合妇女运动的需要,尚需数年的时间。测验表明,亲密关系的可能性越大,白人对美国黑人权利的抵制也就变得越强烈。白人宁可与黑人一起工作而不愿意与之在同一所学校读书,宁可与黑人同校读书而不愿与之共居一个社区,宁可与之共居一个社区而不愿与之结婚。

而在男人的生活中,妇女的每一项新的权利当然会影响亲密关系。

机遇与模仿都不能对这两种运动的时机选择作出说明。与其说女权运动的拥护者模仿了黑人领导人,倒不如说金模仿了甘地。要真正展开这些运动,每一项运动至少等到部分阻止其发展的社会关系的崩溃。遵照像美国民主一样古老的一种模式,重要的变革从来不会顺利地从旧的习俗转变为新习俗。对美国黑人民权而言,20世纪公共政策中将黑人权利的处置权留给各地地方中产阶级白人的这一根本性妥协,是最关键的障碍。在这一点上,实质性的安排就是这种妥协陷于困境的最初证明:公共政策中白人的制度安排衰弱到足以被利用,但还不足以引起白人普遍担心。在另一方面对于妇女而言,先决条件是家庭权威的重大改组:是对爸爸—妈妈—迪克—简和斯伯特这种家庭模式长期挑战中的第一轮挑战,也是妇女对于把性与怀孕分开以及对于主要通过新的生育控制手段其次是通过堕胎来控制生育的期望的突然增强。白人妇女摆脱家庭的束缚恰巧比美国黑人摆脱阶级的限制晚了数年。

数量是两大运动之间的第二个主要区别。美国黑人是社会中的少数,白人妇女是社会中的多数。作为各地社会中的多数——在各个州和城市、在各个阶级中——十分自然地把多数主义政治看作是一个同盟者,看作是一种把人口统计的基本事实写入法律的方式。几乎在有组织妇女运动出现的同时,平等权利修正案思想就又重新活跃起来。1971年的民意测验表明,这种思想得到了虽然模糊但却是广泛的支持。1972年,经过稍加修改的艾丽斯·保罗最初的平等权修正案版本在国会获得通过,而且在一系列的全国性支持和媒体的关注下,迅速在半数以上的州议会获得批准。

妇女们总体上的分散性掩盖了两大运动最后一个重要区别。金和他的同伴们从一个歧视黑人的法律基础上仅仅通过把握住整个美国阶级相互作用的复杂性就取得了成功。相反,妇女运动及其平等权利修正案运动起源全国性阶级,使用的是全国性阶级的语言,而且基本上依靠的是全国性阶级的支持。只有这些价值观才能使公众的性别歧视成为不合理的:在那里,特殊才能和优点决定职业,性别在逻辑上与职业是无关的。另一方面,按照美国地方中产阶级的价值观,性别差异与种族和民族差异一样是生活中的客观事实,是由生物学原因、《圣经》和历史悠久的风俗习惯造成的。女人的美貌和男人的力量一样都是取决于这种差别。

平等权利修正案的拥护者凭着她们的全国性声望,理所当然地转向那些在志向远大的知名妇女当中已成为准则的策略:依靠阶级优势去弥补性别上的劣势。如果其他情况都一样的,男人通常让妇女扮演二流的角色。为抵消这种歧视并取得初步的平等,具有公众意识的妇女更喜欢把男人低看一个或两个等级。例如,在全国性阶级的男人们把他们的注意力转向别处很久以后,全国性阶级的妇女在她们的城市和郊区的政治中还很活跃,依靠地方阶级的官员、专家和工商人士,去实现那些经常由公益服务或城市改良做掩护的、由这些妇女们所设定的目标。

这些全国性资源几乎足以赢得平等权修正案的胜利。然而,这项试图自上而下顺利达到目标的运动在1973年陷入了困境,在四个州的议会表决中对这一修正案的赞成票未达到必要四分之三多数。突然,在各个他们最感到舒服的教堂和俱乐部发表演讲并在平等权利修正案留下真空的地方组织州际网络的那些活跃的地方中产阶级的代言人,既有男人的代言人也有妇女的代言人,使这项事业与人们对一种闯进来的——入侵性的——全国性力量的担忧纠缠在一起。他们关于羞涩少女在男女不分的卫生间受到羞辱,年轻的妇女在搏斗中受到惊吓,头发花白的母亲陷于贫困而她们的女儿被迫去堕胎的那些想像,通过一种广泛流行于美国城镇、街区且被标准化了的道德语言进行传播。如果说平等权利修正案的支持者们非常希望使她们的运动与传统家庭被削弱之间的联系最小化,那么它的地方中产阶级的反对者们却不让她们成功。事实上,在这种两极分化的环境中出现的一种作风犀利勇猛的新女权主义,正好赶上让地方美国人去利用它,把对于平等权修正案的争论转变成对用"女权主义问题取代妇女问题"的争论。[7]持中间立场的人非常多——钟形曲线非常高——不再存在修改美国宪法的问题,而平等权利修正案的希望也在一种慷慨激昂、虔诚的豪言壮语中消失了。

然而，没有什么能够使扩大个人权利的要求停止下来。在一个似乎是从自身获取能量的过程中，越来越多的美国人继续坚持要求他们自己的权利。在20世纪70年代初，一些小的男同性恋团体和女同性恋团体，利用一种普遍的性选择权来争取他们的生活免遭暴力和歧视的权利。在一个以综合性的1990年残疾法案为顶点的改革过程中，1973年的康复法案首次确定了认定身体残疾的联邦标准。全国性阶级的成员支持各种受抚养者的权利。例如在1975年和1976年，最高法院裁绝不得对精神病患者实行强制性的关押和治疗。在20世纪80年代，儿童的权利也迅速扩大。1985年，随着一种显然是荒唐的权利说明的四处蔓延，一位法律专家描绘了子女因恶劣的家庭教育而起诉父母的情景；1992年，对于一个同情全国性阶级的拥护者来说，法院开始批准孩子们脱离他们的父母。

这些问题中最有争议的是堕胎的权利，这一权利是在罗诉韦德案（1973）中被确立并且随后就陷入了日益激烈的争论之中。直到20世纪60年代末在法律和政策中并不显眼的堕胎权，卷入了美国两极分化的态度旋涡之中，并成为妇女对她们自己生活控制权的主要标志。在妇女当中，把这种控制看成一种私事是非常合情理的：她们的所受限制产生于私人生活之中；她们的自主权必须在这里得到保证。然而，不清楚这种权利在法律上根据是什么。它属于防止公司监督和电子档案管理的范围？它必须依赖于道格拉斯法官对权利法案那种难以理解的发挥和引用吗？

在追求权利的势头上涨的情况下，可以暂缓给予明确的回答。在20世纪80年代，权利概念的扩展速度远远超出了法律所能容许的范围。就像评论家小E.J.迪翁所指出的，从20世纪60年代起各行各业人士之中就一直流行那个著名的惯用语："如果觉得好，那就去做。"只占世界人口5%的美国人消费了世界致瘾性药物的50%。在美国情绪最激昂的评论家们看来，当需要发生变化时，权利也会随之发生变化。一个学者宣布，民主的实质不仅仅是"一人一票"，而且还是"一个人，一种像他所企望的那样去生活的平等有效的权利"。一位法学理论家认为权利就是人格所具有的超越其所构成的有限想像与社会生活经历的……无限性。把诸如此类的重要主张转变成一张详细的清单,有很大的随意性。好像同一个人可以毫无困难地在其他时候开列一张完全不同的清单。有色人种全国协进会的伊莱斯·琼斯在一次接受记者采访时的谈话中说,"现在我正谈论的是基本的人权问题,这种基本的人权包括享有安全环境的权利,健康保健权,合法地参加选举的权利,工作的权利,接受某些重要的培训和教育的权利。"[8]

具有这种信念的个人主义不仅对迟延批准这些权利感到恼火,而且它还倾向于把这种迟延看作是拒绝批准,看作是故意阻止个人权利实现的障碍。在这种背景下,家庭的意义被液化了,包括无论什么样的生活安排应使个人满意,并且作一种必然的结果,当这些报偿不复存在时,家庭就应分解。对于健康保健的态度就反映了这些价值观。通过允诺治愈来抬高其权威的医疗行业,吸引了以要求治疗作为回报的病人。治疗失当法在这种期望的基础上发展起来。积极为艾滋病患者的事业而奋斗的活动分子也是这样发展起来的。他们攻击官方医学的懒怠迟钝并坚持要求直接获得任何可以影响这种疾病的药物。事实上,一位非传统医学的拥护者用一种发人深省的把麦迪逊派的规则与杰斐逊派的雄辩相结合的说法宣布,在治疗中任何对个人选择的干预,"都是对我们法定的生命权、自由权和追求幸福权的直接侵犯。"[9] 到了 20 世纪 80 年代末,有超过十分之七的成年美国人认为健康保健应该是一项由宪法所保障的权利;十分之四的人认为健康保健已经成为一项宪法所保障的权利。要接受被广为宣传的为了 21 世纪进行个人自我塑造的幻想,并不需要过分曲解这些价值观。当科学掌握了人类的脱氧核糖核酸(DNA)和大脑的功能时,个人就能按照他们自己设计的日程,通过基因和化学干预来制造和重新制造他们自己。

随着对一经要求就须实现的个人权利追求的日益增强,一种坦率的对民主限制的反感出现了。在传统上,被理解为公民抵御专制政府之保障的个人权利,正逐渐被理解为个人抵御不友好多数之害的保障。相应地,阿列克西·德·托克维尔在 19 世纪初对于使优秀的个人受到抑制的社会压力的担心,到了 20 世纪中期之后再度引起人们的关注。现在,大众流行价值观所阻挠的正是个人的满足。在保守派中,艾恩·兰德的著作,尤其是《本源》(1943)一书,唤起了一种在20世纪90年代还非常活跃的自我证实的超人崇拜。在自由派当中,20世纪90年代还在流行的、由心理学家亚伯拉罕·马斯洛提出的人格发展的精英等级体系,描述了人口中极其微小的一部分人达到金字塔的顶点并作为"自我实现的"个人处于自由自在的状态。托马斯·戴伊和哈蒙·齐格勒认为,在民主的实质就是"个人尊严"的那种地方,对个人自由、容忍多样性或表达自由作出承诺的是精英而非民众,相反,"民众"则表现出"反民主的倾向"。[10]

在个人永恒权利的捍卫者看来,最危险的民众就是选举中的多数派。像罗纳德·德沃金和艾拉·格拉泽这样的自由派认为,多数裁定原则是一种"迷信"而"民主实际上可以理解为……对个人权利的保护"。通过把"粗野的多数裁定原则"与"历史上有名的专制暴政"联系在一起,他们集中精力研究了"抑制……多数主义损害的方式"。在一篇致力于用任命法官取代选举的法官并把选民的托付转变成定期对他们的保留作出是与否之裁决的文章中,美国公民自由协会的报告十分严肃地——尽管严肃的让人困惑——宣布了一项"投票权上的历史性突破"。民意测验为这种反多数主义的倾向提供了依据:在诸如死刑、嫌疑犯的权利、毫不遮掩的同性恋偏好以及在公立学校的宗教仪式问题上,稳定的多数派反对个人主义者的主张。如果一次选举影响了其中任何一个问题的公共政策,这次选举就会被轻蔑地贴上"平民表决"的标签。[11]

甚至在20世纪70年代以前,为个人权利而斗争的领导人也注意到政府中最不易受影响的领域。在整个20世纪70年代,这些安全的地方包括司法和行政机构,它们那种技术性的、有时是神秘的程序挡住了公众对它们的干扰。西奥多·洛伊以这种态度,勾画出一种典型的、由监督人不偏不倚地做出公正裁决的"司法上的民主"。然而在20世纪80年代,尤其是当环境主义在人权问题中越来越突出的时候,联邦行政机构本身也变得大众化了,而惟有司法系统还依然固守着。在权利的拥护者看来,使法官相信在其他方面被遗忘了的19世纪的法令能够用于防止当代多数人优先的发生,是一件令人骄傲的事情。1986年死亡权的支持者们承认,到法院找一个朋友比依赖"变化无常的"州议会要明智得多。总有一天,法院要被看作是这些权利的创造者。1991年美国公民自由协会的新任主席纳丁·斯特罗森,不顾最高法院传统是何等的脆弱,其历史是何等的简短,要求最高法院履行其传统的作为诸如个人"隐私权、自由权和自主权等宪法权利的唯一保护者的历史职责"。[12]

从一个方面看,个人主义民主的追求以反对多数主义民主的方式出现了。从另一个方面看,是它的反面:多数主义的民主被用于反对个人主义民主。正像全国性阶级中绝对权利的拥护者故意回避选民一样,他们的敌人——有着更广泛民众基础的地方中产阶级,则期望由选民对这些权利作出裁决:让选民来决定。尽管鼓励这种对抗在全国性阶级中引起了共鸣,包括1972年在尼克松周围的一次令人难忘的团结,但是,持平民主义者将进行报复以及真正的美国人将捍卫他们的权利这种观点的是地方中产阶级。随着20世纪60年代末、70年代初两极政治的出现,这些新的有活力的公民,像鄙视他们的年轻抗议者一样,把他们自己当作是美国精神的保护人。通过诉诸于地方美国的宗教敏感性:精锐的敌人在道德上是空虚的——放纵的——不道德的外来者——激进的——但非常邪恶,他们被最有效地动员起来。现在,要么战斗要么死亡:"我们别无退路……对于这些尚待团结在一起的人来说,这一时刻已经到来。"[13]

这场战斗中包括为争夺对美国民主关键词的控制权而进行的斗争。白人工人与全国有色人种协进会为争夺"平等"的使用权而展开较量,保守派与全国公民自由协会为争夺"自由"的使用权而进行斗争。有鉴于个人主义在现代美国社会的中心地位,他们首先为捍卫对美国语言的所有权而斗争。例如,合法堕胎的支持者提倡独立自主的成年人为了他们自己的利益而行使的那些权利;合法堕胎的反对者则宣传上级为了管理下级而授权的那些权利:上帝的法则是管理人类的,男人的决定是管理女人的。然而,双方都把它限定为一场围绕个人权利而进行的斗争。谁的选择有资格取得合法流产的权利,谁的生命有资格获得生存的权利?相互向对方说着同样的话,并没有缩小他们之间的巨大分歧。

随着主张多数主义原则的新成员一年一年地增多:南方白人、白人劳工、商人以及一个由新教徒和犹太教徒组成的奇特的不同教派大联合,地方美国的多数主义原则越来越成为有效的策略。通过他们自己独特的资金筹集手段——直接写信恳求,地方中产阶级的激进分子拥有了大量的资金,而且他们的组织网络也学会了如何运用已有的政治势力通常所控制的各种政治策略:例如,立法提案权和政治行动委员会(PACs)。地方多数主义在一系列有争议的文化问题上通过把新个人主义的某些方面判定为犯法并对其他的方面进行限制,而对立法产生影响。后来随着罗纳德·里根在1980年当选为总统,地方多数主义似乎已经夺取了华盛顿本身。

在里根好莱坞生涯的光泽之中或其继任者乔治·布什的常青藤名牌大学毕业生的高雅之中,肯定没有什么东西能反映出地方阶级的生活方式来。然而,两届政府却从地方阶级的愤怒中获得力量和支持。对于那些期望无需政治竞争就可以坚持他们对个人权利的看法的人来说,紧接着就是一个警世性故事。把自由派从行政机构中清除并把保守派安插到司法机构中,居于优势地位的共和党人消除了反多数主义的自由主义者希望在那里实现其目标的大多数秘密职位。警察权力的灵活性越大,对犯罪的惩罚就越严厉;对于言论自由的保护越弱,其结果是对实现种族平等的监督就越少。在最残酷的竞争领域,法院和立法机构同样都对堕胎权进行限制。

当中产阶级白人要求恢复对地方生活的控制权时,20世纪30年代旧妥协的要素显然在实际中正发挥作用。然而,执政的共和党人没有做任何努力去整合这些要素,他们只是对两极分化进行了充分的利用。甚至更为严重的是,他们还对那些正在削弱地方基础的力量采取放任自由的态度。在"商业管理及健康与安全"方面,全国性法律逐渐取代了州和地方的法律。[14]通过放松对银行业务的限制,里根的共和党政府吸引了世界各地的投机性投资者把美国的地方不动产市场当作赌城蒙特卡洛之夜。20世纪80年代末,当存贷款合作社在全国范围内瓦解之后,依赖于地方信用的地方建筑商受到的损失最大,而全国性住宅建筑公司——森特克斯公司,托尔·布拉泽斯公司,赖兰公司——取代了这些地方建筑商。甚至殡仪馆这种典型的社区工作也被吸纳进全国性连锁企业。因此,正当地方中产阶级的文化政治取得成功之际,它的经济支柱也正在被进一步地削弱。无论20世纪90年代存在什么样的公共政策选择,使带有明显地方经济结构的旧妥协再次出现,不属于这种公共政策的选择之一。

然而,在民主的斗争中,多数主义正在赢得胜利:个人权利不再以处于消失危险中的民众政治为基础。强制普救论的顽固拥护者所称的强烈的对抗性反应,用政策术语来说就是对立利益集团的竞争压力。当拒绝宽恕同性恋的军队领导人迫使军队中的男女同性恋者保持缄默时,他们几乎没有进一步努力去阐发出一种合理的理由;他们的政策只是表明政治的平衡点以及权利上的平衡点在什么地方。多数主义政治遵循一种分配模式。它负责分配权利。

谁的多数?当选举权对20世纪更多的公民来说越来越容易获得的时候,他们当中只有较小比例的人参加投票。有些人对妇女进行指责,这些新获得投票权的妇女选民在1920年后的一段时间里有太多的人不到投票站投票。但是到了20世纪中期,她们参加投票的人数与男人的投票人数基本拉平。从任何简单的意义上说,竞争不是问题的关键。哈里·杜鲁门在1948年那次激动人心的四人参加的总统竞选中轻松地超过了托马斯·杜威,当时参加投票的选民为51%。四年后,在德怀特·艾森豪威尔与艾德莱·史蒂文森的那次结局已经预定了的竞选中,有64%的选民参加了投票。

接着,从20世纪60年代一开始,参加投票的各种障碍被清除,并且甚至有一些激进的批评家认定美国终于具备了选举民主制的资格。1965年的选举权利法使投票站点向黑人开放。在这一过程中,这一法案宣布文化水平测验、教育水平测验及品德测验为非法。一条宪法修正案禁止征收人头税。更多的结构性障碍在20世纪70年代被清除,包括居住时间要超过30天以上的规定。随着共和党扩展到南部各地和民主党扩展到新英格兰,两党的范围才真正遍及全国。然而,在1960年后的20年当中,当这些阻碍投票的因素一个接着一个消失的时候,投票率在每一次总统选举中都要下降一点,直到1988年投票率恰好跌至50%的水平,比19世纪民主的最后一次迸发——1896年总统选举低了30个百分点。在20世纪80年代,其他20个居于前列的民主国家在全国性选举中的平均投票率比美国的投票率高25%。

一项又一项研究重复着一个相同的解释:原因是由于冷漠及其近亲——无能为力。几乎没有什么决定可以去做的公民,很少相信选举投票是重要的。冷漠和无能为力与公民被雾化有着密切关系,这种相互联系不仅在各种基层政党组织的衰弱中被显示出来,而且也在民主个人主义价值观的力量中被显示出来。同样一种文化特性在使个人获得自主追求个人满足之自由的同时,也抑制了个人对政治权力的追求。甚至集体民主的过程也被理解为数百万个孤立的行为:极大退步中的一人一票。尽管美国人在民意测验中可以被按照集团分类,但是他们却被想像为一个接着一个地到投票站投票。专栏作家安娜·昆德告诉她的读者:你来到投票站,"在选举日这一天把窗帘拉上,在你的个人民主中你是孤独的。"15孤独,也就是说这个投票者是孤立无援的。

政治家和广告商几乎是一样的,都是在无数的个体中发挥作用。然而,在理论上,他们在散发的是信息而不是商品,并且按照现在的公民概念,有关一系列难以解决的政策问题的信息对于负责任的投票是至关重要的。通过大众传媒来散发信息要花费大量的金钱。因此,当1971年的一项法律规定了联邦选举中候选人的个人捐款及总开支的最高限额时,最高法院在巴克利诉瓦莱奥案(1976)中禁止对竞选总开支加以限制,因为这种限制抑制了信息的自由流动。随着竞选费用尤其是用于电视宣传费用的上升,捐款也在上升。现在,通过个人渠道得到的捐款比通过政治委员会——在1974年大约有600个政治行动委员会,1991年则超过了4000个——得到的捐款要少。从政治行动委员会得到数目惊人的捐款——早在1980年就有10亿美元用于竞选——召唤后来的权力经纪人充当候选人和这些激增的政治团体之间的中间人,尤其是去帮助现任参选者用掉最大的一笔钱。与此同时,那些公开从政治中寻求好处的商人构成政治行动委员会中增长速度极快的一部分。结果出现的是一个离选民极其遥远的大笔金钱的世界,现在比大海中的原子还多的选民,等待着金钱所能买到的最为昂贵的信息。

也许每一样事情实质上都是正确的:政府做它需要去做的事情;政党运转得也非常好;政治行动委员会使政治游戏保持在公开状态;而普通公民接受结果。许多政论家和政治学家也主张这一点。或许民主制度在其被需要的时候才起作用:冷漠消失了;分散的选民团结起来;政府做出反应。因此,约翰逊总统的倒台似乎是由于越南战争,而尼克松辞职似乎是由于水门丑闻。

然而,对这两个事件的讨论都把人民的分裂与人民的自治混为一谈,把使政府丧失合法性与民主管理政府相混淆。尽管反战运动短时期内改变了美国的政治,但是,就像已体现的那样,它的民主主要发生在街头,而它的能量对于多数主义者的民主程序几乎没有什么影响。毕竟,在和平运动高峰之后,战争又拖延了五年多。同反战运动一样,水门事件与各种政府经常遇到的合法性危机类似。同在美国一样,这些挑战在世界众多其他国家也大体上包含着相同的要素:游行示威,抵制法律,含有敌意的新闻报道,政府机构之间的冲突,腐败指控,一连串的缺点,要求辞职。然而无论在通常意义上多么广受欢迎,这种过程与政治民主没有必然的联系。1974 年,尼克松丧失了"天命",辞去总统职务,并且被一位提拔上来的老练的政治家所取代。而民主自决并未出现问题。

结果既不是选民对政府官员更信赖,也不是官员对选民更信赖。在经过水门事件及揭露其相关内幕的最初冲击之后,政府那些不光明的、非法的行为逐渐变得似乎是正常的了。针对罗纳德·里根政府与伊朗秘密合作并违反法律向尼加拉瓜游击队提供武器这种头等新闻,民意测验显示,多数人认为总统对于他在这一事件中的作用撒了谎,而更多的人认为作为总统,他正在履行他的职责。20 世纪 80 年代新的政治活动——税收起义取得成功,首先因为他们没有对政府应该做什么提出质疑,而是对于政府究竟能否以金钱相托提出质疑。1992 年,一个陪审团拒绝宣判一位曾对国会撒谎的前中央情报局官员有罪,这是由于陪审团相信,撒谎是华盛顿官员们的工作方式。

愤世嫉俗产生出一种补偿性的浪漫主义精神。最起码的变化是指望领导人——肯尼迪、里根或罗斯·佩罗特——去超越一般的政治并把政府带向一个新的方向。另外的选择设想了以同样简单的方式出现的同样戏剧性的变革。取代了对单一领导人的依赖,一些人寄希望于精英集团。例如,他们宣布,学术上倾向于鼓吹共产主义社会的人不是"多数主义者",他们描述了一种创造美好社会的柏拉图式的社会管理方式,"这一美好社会的道德标准表现出其所有成员的最基本的人类需要。"[16]几位评论家要求主要的政治家通过法令把20世纪80年代和90年代引起社会分裂的文化问题从国家的议事日程中去掉,并且回归到——在某种程度上以旧妥协的精神——他们所称的国家的真正使命上:经济管理和社会福利。相反,其他人则从来都没有丧失这种希望,即公正合法的政府和最高法院能够使扩大普遍权利的鼎盛时代重新出现:用历史学家巴里·卡尔的话说就是,"希望把我们当中一些人的全国性规则运用到我们所有人身上。"[17]

然而,多数主义民主中的根本限制位于其领导层之下很远的地方。已经与印度的等级偏见处于同一个水平上的美国选民的偏见,在两极分化的20世纪60年代到90年代之间变得更为明显。在美国的分配政治中,大多数最贫困的人根本就不参与这种政治。作为一个政策问题,地方中产阶级的多数人坚持对这些穷人进行监督和管理。作为一个理所当然的结果,由全国性阶级的政论家们来决定什么权利对于这些穷人是最好的。

这些美国人是谁?他们中的大多数属于美国多种族的、多民族的、没有技术的下层阶级,在几个统计线交叉的地方显示出了他们的大致轮廓。在1990年左右,大概有4000万美国人有资格领取食品券。在美国大约有30%的儿童处于饥饿之中或处在饥饿的边缘。大约有7000万美国人或者只有明显不足的健康保险或者干脆一点儿也没有。最近的研究表明,大约有3500万成年人是文盲,以及两倍于此数字的人看不懂简单的税收表格或消费信贷表格。把长期未充分就业的人和那些正在寻找工作和已经停止寻找工作的失业者加起来,总数大约达到潜在劳动人口的25%左右。谋杀案是欧洲的四倍以及婴儿死亡率在23个工业化国家中位列第20位,并不意味着对中产阶级和全国性阶级来说生活的风险极大,只是对于下层美国人来说生活才是如此骇人听闻的。美国印第安人、拉美裔人和美国黑人在所有这些类别中占了极大的比例。例如,在这些陷于长期贫困的人中,一半以上是黑人。

民主的内部冲突在这里豁然清晰了。尽管在使个人权利普及化与重申社会对个人权利的权威之间的斗争吸引了几乎所有的关注,但它却掩盖了这样一个事实,即在这些问题上相互竞争的全国性阶级和地方中产阶级一个世纪以来一直相互勾结,拒绝给予下层阶级在这些问题上或在任何其他社会讨论中以发言权。他们联合起来回避民主的程序。然而与他们的担心相反,复兴多数主义原则并不一定要重新分配社会资源。左派的梦想和右派的恶梦,即下层阶级一旦被激活将会强行要求重新制定一个激进的政治日程表并强行要求一种激进的财富重新分配方案,仍将只是一种与美国人的经验没有任何明确联系的意识形态的臆想。它也并不意味着被操纵的竞争,在那里,由其他人决定下层阶级政治活动的条件以产生出这样的结果,即其他人所决定的东西是公正的。民主问题向来就是参与问题:没有特别的规则,没有温室般的有利环境,没有被强制指定的结果。打开民主之门,任其发展就行了。

结　　论

　　从20世纪60年代就已被热烈讨论的诸多问题——美国分裂的社会，其正在逐渐消失的选民，其分散化的公民——继续在当代民主问题的讨论中占据首要地位。这些问题看起来大体上是按这样的顺序排列的：首先是两极分化，其次是参与，然后是个人主义。对于每一个论题而言，标准的解决办法一直集中在改变那些被包含于民主之中的东西：美国人对公共事务的态度，他们进行动员以便产生一种影响的方式，甚至他们用于日常生活的参照标准。然而，当问题与解决办法在这些年越积越多的时候，它们所具有的深刻寓意起到了提问的作用：美国的民主有前途吗？

　　对于20世纪60年代后期两极分化政治的最初反应是，在担心的同时，也提出了十分简单的解决方案。一种突然而又极端的脱离常规行为，需要同样迅速地回到安全的中间道路上来。诸如萨缪尔·卢贝尔（Samuel Lubell，1970）和戴维·布罗德（David Broder，1972）这样的政论家们，以这样的态度要求用一种全国范围的自助活动，即一种共同的意志努力，使这个分裂的国家再一次团结起来。* 那些似乎是难以捉摸的东西在两种情况下是讲得通的：第一，绝大多数美国人本质上仍然是稳健的；第二，他们常常是听话的。这些评论家们假定，如果其他一切都是相同的话，对于明智的领导人来说，通过利用人们天生的体面欲望引导他们恢复原有品质，应该比极端分子所做的那种无视人们的这些追求体面的欲望并引导他们走上邪路更容易些。

---

　　* 在这里就像在前言中一样：引用著作的要点只标明作者和出版日期。关于引文的全称，参见"特别致谢与参考书目"中的前言与结论部分。第279—283页（为原英文版书页码。——译者）。

这种非常有吸引力的争论在最近几十年中一直未失去它的吸引力。无论当前环境多么严酷,也无论迫不得已的变革多么众多,一些评论家们仍然指望真正的领导人发动正确的运动以使这个国家的状况转好。因此,那位相信是煽动家们诱使美国人在文化价值观上陷于人为的两极对立的詹姆斯·戴维森·亨特(James Davison Hunter, 1991),希望有责任感的领导人发出的温和信息使公众恢复到中间派状态;认为最近围绕文化问题而进行的斗争掩盖了极其重要的严重社会问题与经济问题的小 E.J.迪翁(E. J. Dionne Jr., 1991),则希望有眼光的领导人教导公民如何区分政治中的真与假。

在这些解释中,一个重要的潜台词就是美国的自由主义者作为全国性领导人是受到怀疑的和反对的。首先,20世纪60年代和70年代的激进主义者谴责自由主义者就是另一个试图安抚被压迫阶级的保守派。而20世纪80年代和90年代的保守主义者则严厉指责自由主义者是另一种以多数人的利益为代价来满足偏激集团需要的激进主义者。仍然相信大多数美国人生性温和的这些政论家们,在为自由主义信念进行的辩护中面临着相当大的困难。如果自由主义者是多数派的天然领导人,他们必定通过一种几乎是有悖常情的公众盲目与拙劣判断的混合使他们自己承受一场又一场的政治灾难。坚持主张美国人天性温和的人也极为灰心丧气。难道自由主义者没有从这些错误中汲取任何教训吗?他们还是可教育的人吗?在一个政论家作为指导者的特别鲜明的例子中,托马斯·艾德索尔与玛丽·艾德索尔夫妇两人系统地梳理了自由主义者自1964年以来犯过的每一项错误,以期这些经验教训将最终被了解。

紧接在对政治两极分化的最初反应之后,又出现了一连串的事情。这一次是关于公众的参与问题,尤其是那些缺席选民的参与问题。一些政治学家按照英国政党的方式,把最近这些忧虑的呼声纳入到一场长期的使美国主要政党承担起责任的运动之中,并以此弥补美国态度冷漠、能力不足的选民比例很高这种状况。像詹姆斯·麦格雷戈·伯恩斯(James MacGregor Burns, 1990)和詹姆斯·森德奎斯特(赖克利[Reichley]主编,1987)这样的知名人物还坚持认为,强大的政党有能力把人民的惰性转变成对高效政府的一种授权。另一方面,其他的批评家们则主张,政党与其去解决普通公民的能力不足问题,还不如去克服他们的弱点,不是作为他们的替代者去行动而是作为他们的中介去行动。沃尔特·迪安·伯纳姆以此种语调称,政党是"迄今为止靠西方人的智慧发明出来的唯一一种能够有效地产生出代表众多无权的个人以对抗[特权]少数的集体性力量的机制"。[1] 尽管精明的改革者现在要求政党复兴几乎是理所当然的,但是,他们那些激烈的补救办法——取消初选,阻止投分裂票,对竞选基金实行完全控制——使人想到一位密切注意着人工呼吸机的医生。

替代性的对策是鼓励穷人的参与并阻止富人的参与。在一次由西德尼·维巴和诺曼·尼(Sidney Verba & Norman Nie, 1972)确定的并由伯纳姆强调的纠正投票中阶级偏见的努力中,改革者们对那些看起来好像是限制了下层阶级参与的规则进行了抨击。最近一项与弗朗西斯·福克斯·皮文和理查德·克劳沃德(Frances Fox Piven & Richard Cloward, 1989)联系在一起,主张简化的、半自动的选民登记的建议,成为这些运动当中最受欢迎的,而把选民登记与更新驾驶执照联系起来的所谓1993年汽车选民法案,就是对此做出的反应。在社会的另一端,批评家们把富豪当作影响民众参与数量的一个敌人。这里,许多要求减少巨额财富在大众交流、政治运动及政府游说中的影响的建议,也时常出现在重要民主改革的概要中。

另一种完全不同的对策,即把真正的民众参与等同于一种对制度进行彻底的社会主义改造,在最近几年逐渐减少了。世界上发生的事情一向不利于传统的激进主义,而它的继承者们则避免提及大规模动乱的可能性。激进的思想家约翰·德赖齐克警告说,"任何彻底的社会革命的结果,几乎总是一个具有更大影响范围的强大政府的出现。"至少暂时而言,某些社会主义者的代言人已经陷于沉默。例如,迈克尔·帕伦蒂在一连串筹划了他的五版列宁主义者论美国民主主义的读本之后,自苏联帝国崩溃以来,他就不再提这件事了。另一位激进的思想家约翰·邓恩一直对他们现在所认为的"太复杂、太不透明、太不稳定因而不能被人类所理解"的政治过程持一种巴思式的悲观主义态度,他认为……"在当代政治中,我们没有真正理解我们正在做什么,而且我们并不理解正在被做的事情是符合我们的利益,或为了我们的利益,还是不利于我们的利益。"² 甚至许多仍然拥护全面的激进变革的人,诸如艾伦·吉尔伯特(Alan Gilbert,1990)和威廉·格雷德(William Greider,1992),依然把这些激进变革打扮成改革的样子。似乎是为避免留下任何意图革命的污点,吉尔伯特把他的马克思主义计划隐藏在一堆自由主义者的建议之中。

第三种反应需要有15年的时间才能实现,这就是所发生的事件与对这些事情做出的受人尊重的学术反应之间的一种并非罕见的落差。它的焦点——现代社会中分散化的个人——最远已经渗透到美国文化之中,而且在20世纪90年代的仍然充满活力的选择当中,有关这一问题的评论文章设想了那种最深刻的变革。尽管民主与个人之间的关系在整个20世纪一直是有争议的,但是直到20世纪中期之后为止,几乎没有人对个人居于中心位置的权利提出质疑。尽管如此,甚至那时,孤立的个人作为民主的核心从来就不缺乏雄辩的捍卫者。罗伯特·诺齐克(Robert Nozick,1974)把一项获得奖励的研究建立在这种主张之上,即"在集团层次上没有新的权利'出现',身处集团中的那种个人就不能创造新的权利"。³ 诺贝尔奖获得者肯尼思·阿罗关于个人选择在逻辑上的不可驾驭性的著名原理,预先假定了大批谨慎的参与者,每个参与者都从一个复杂的选择菜单中挑选出一个孤立的选择。亚当·塞利格曼(Adam Seligman,1992)以社会是追逐私利的个人的一种团体这一定义,开始了他的关于民主生活的重要著作,而罗伯特·达尔(Robert Dahl,1989)以一个对个人首要性的承诺来结束他的重要著作。20世纪后期两个普遍与民主联系在一起的关键词——精英管理和市场——分别赞美了孤独的事业成功者和孤独的决策者。

然而,直到20世纪80年代,一个重要的评论家团体继续对这种立场进行抨击。有时候他们的注意力落在美国人的生活对个人的影响之上,例如,克里斯托弗·拉希(Christopher Lasch)在《自恋的文化》(1978)中所详细叙述的;有时候,他们的注意力落在个人对美国生活的影响上,例如,罗伯特·贝拉(Robert Bellah)和他的同事们在《心灵的习性》(1985)中所详细讨论的。不管这些影响改变了哪一种方式,这些批评家们都会发现,它们正在侵蚀价值观并阻碍生活的正常发展。思想家 C.B.麦克弗森为现代文化所取的非常乏味的名字:"占有欲强的个人主义",有助于解释这一用语普及的原因。

如果一个一个地检验、衡量的话,这些著作中的大多数主题都是十分熟悉的。例如,抱怨放纵自己的个人花钱太多而自制太少,听起来就像回到了 20 世纪初。悲叹一致性的丧失也是如此。有关个人孤立无助与焦虑的内容丰富的文学作品,盛行于第二次世界大战前后。20 世纪后期对没有精神支柱或行动指针的个人的大量描述似乎仅仅是对失范和随俗等旧概念的更新。

然而,假定是这样的话,整体仍然超过了其各个组成部分之和。将这些对个人主义的当代批评放在一起,就会迫使我们去重新思考现代美国文化背后的假定以及美国文化中民主的前提条件。这些评论家们不是在一个由独立的人组成的世界里构思民主理论——一人一票,把一个人的权利扩大到他们要将侵犯到另一个人权利的那个点上,等等——而是坚持从某种集体性的事物着手:一种共同性,一种传统,一项共同的需要,来构思民主理论。约翰·邓恩(John Dunn, 1990)提醒我们,那些赞美孤立个人的人们忽略了维系这种个人生存的环境需要集体的努力,这种环境需要"其所有成年受益者的技术与创造力"来支撑。本杰明·巴伯(Benjamin Barber, 1984)也以同样的态度宣布,正确的理解是,"个人的自由是一种以人类互助论的一种罕见而又脆弱的形式为基础的社会观念,这种人类互助论准予那些在其他方面一无所有的个人获得地位和生存空间。"布鲁斯·阿克曼(Bruce Ackerman, 1980)主张,为了使"个人组成的社会"得以生存,就必须把"个人的权利与社会变化进程联系在一起"。[4]

围绕约翰·罗尔斯(John Rawls)的不朽之作《正义论》(1971)所展开的争论表明了这一起始点的重要性。尽管罗尔斯理论中的主要原则明显是社会主义的——三个主要原则确定了一个分享权利的基础和一对阻止利益与特权不平等分配的手段——这些原则的起源,就像罗尔斯所分析的那样,存在于由创造了公正社会的个性化的、自我保护的人们所组成的一个想像的世界中。他的批评者们用一种对于其他主题来说肯定是过于严厉的谴责,对这个起源点展开了攻击。迈克尔·桑德尔(Michael Sandel, 1982)指责说,一群"陌生人"创造不出任何有价值的东西来。只有通过一个已有社会中的政治,我们才能"知道我们在孤立的情况不可能知道的一种共同利益"。思想家理查德·罗蒂(Richard Rorty, 1979)提出了一个相同的理由:认知的过程源于社会,源于"对我们同辈人的认可所带给我们的自信"。罗尔斯理论信奉者的想像物使亚伦·埃兹拉(Yaron Ezrahi, 1990)所谴责的20世纪后期民主中的"激进的异质性个人主义"得到滋润。对于巴伯来说,它包含了靠"孤独的人"支撑的"浅陋的民主"的所有无可救药的缺点。[5]

这些思想家是以一方得益一方受损的零和方式来进行推理的:当社会获得权力时,它就会再次夺回曾经被个人夺去的领地。另一方面,查尔斯·泰勒(Charles Taylor, 1992)提出了一种使两者都得到加强的办法。泰勒宣称,西方世界最美好的理想——个人满足,退化成孤立个人的彻底的自我放纵。只有通过参照能够使个人形成系列的价值观并通过这些价值观去理解他们的目标的历史与文化上的人类共同记录,满足才会是有意义的。在特定的关联中,当现代社会的富裕程度衡量着个人的发展程度时,内容丰富的个人发展也美化着现代社会。

这些以一种文化改善意识为起点的批评家们以呼吁社会的复兴来结束他们的争论。他们设想了一种共同的民主生活,这是一种对旧的、隐藏着生育压迫,隐藏着以财产为基础的不平等以及对信息进行无声控制等私人障碍的清除,也是一种对新的、公民可以在那里集会辩论、决策并再次集会的公共空间的开放。这是一种包括社区集会、电子投票、地方的首创精神以及全民公决在内的忙碌、自信的民主。它对先决条件的平等——权利清单、消除收入差别、雇佣配额——的重视远远低于对相互平等的重视。相互平等把所有这些一起生活、一起工作或在其他方面一起解决问题的人引入到参与者的队伍中来。最主要的罪恶就是被排斥在外。一旦所有的公民有机会聚集在一起,这一过程本身就等同于最高统治者:这种民主就是人民创造的那种民主。

本杰明·巴伯、约翰·德赖齐克、菲利普·格林(Philip Green, 1985)、米基·考斯(Mickey Kaus, 1992)、卡罗尔·佩特曼(Carde Pateman, 1989)和迈克尔·沃尔泽(Michael Walzer, 1983)在这一事业中的贡献已经给人留下特别深刻的印象。然而,由于缺少一种特别的手段来宣传这项事业,他们的设想没有获得任何像致力于个人权利的美国公民自由协会那样的地位和声望。由于这种综合性的解释为我们提供了我们对民主需要什么以及民主需要何种努力的完美说明,这种设想应受到善待。

这种给人印象深刻的分析所缺少的——就这一问题而言,即在最近的民主争论中所有三个主题所缺少的——是历史意识,这是一种特定的人在一个特定的时间段内所拥有的一种特定经验的意识。尽管没有人一定要让历史去预测未来,但是我们需要用历史去理解我们处在什么位置以及我们实际上有多少选择的余地。就我们所熟悉的情况而言,历史做出了三项重要的贡献。第一,它提出了这些问题:它确定了这些问题的根源,它确定了这些问题的时间长短,而且在这一过程中,它在朝着揭示这些问题在当代文化中的位置有多么肤浅或多么牢固这一方向上走了很长的一段路。第二,它揭示了每个社会为自身的重建所确定的条件。这也就是说,在什么样的情况下发生过重大的社会变革?第三,历史详细列举了变革的各种可能性。在现在已被意识到的、与一个特定的人的经历和期望有着牢固联系的条件中,哪一个被深深地嵌入价值观中和人们的共同记忆中?这样的一个清单会揭露某些其他被忽略的变革原因吗?

最近一些文章要求我们注意到一个简单的历史年代表是如何改变这种前景的。例如,与其他人相比,小 E.J.迪翁、托马斯·埃德索尔和玛丽·埃德索尔夫妇、威廉·格雷德以及约翰·戴维森·亨特等关于在20世纪60年代或在80年代的少数情况下一场无与伦比的危机打击了美国民主这种主张,掩盖了他们想要解决的那些问题的严重性及其持久性。尽管政治在20世纪60年代和70年代期间出现了两极分化,但是根本性的分歧可以追溯到20世纪初期的美国重建。就像妥协的失败为了后来设定了限制一样的,试图控制这些分歧,尤其是通过20世纪30年代的妥协及其变种来控制这些分歧,早在60年代之前就决定了公共政策的轮廓。同样地,民众的政治参与,尤其是通过投票来衡量的民众政治参与在1960年之后开始下降,但是在20世纪的这种背景下,这种下降或多或少只是40年前就已经开始的大幅下降中的相对较小的一部分。在当今投票中的阶级模式,也是按照同样的时间表发展变化的。

紧随其后的是一种试图把这种历史的理解与最新一批民主批评家的文化分析结合起来的尝试。我把这些人集体地称为民主主义者。然而,为了更为清晰的缘故,我们必须首先暂停一小会儿。民主仅仅是众多社会目标中的一个目标。这其中有个人自由与人类正义的理想,对管理效率与经济生产能力的规划,国际维和与全球环境主义的幻想,以及其他众多社会追求,追求这些目标与追求一种充满活力的民主可能是完全不相称的。但是,美国民主的历史并没有肯定这些抉择;它只在一个问题上具有权威性。我把这种历史用于一项事业,不是因为这一目标拥有阻碍所有其他目标的权利,而且由于它有着明确的要求获得他们自己理所当然的生存空间的权利。按照设计,紧随其后的是民主主义者的辩护状。把民主的理由与它的那些对手进行对比,属于另一本书的内容。

就像我的快速年代表所表明的,我们从一开始就能够确定这些批评家们所面临的问题完全可以追溯到比罗纳德·里根、理查德·尼克松和约翰·肯尼迪更远的卡尔文·柯立芝、伍德罗·威尔逊和西奥多·罗斯福的时代。它们产生于发生在19世纪90年代到20世纪20年代之间的社会变革之中。这一社会变革给现代民主带来了两个巨大的限制——集权化和等级制度。尽管有能力提供一个广泛的选举基础,但集权化和等级制度仍然坚持民主参与的双重授权——民众进入管理过程的权利和一个灵敏的管理制度。因此,民主主义者议事日程中的关键性第一步,就是对这些主要限制的无情攻击。只要有可能,民主主义者就恳请:摧毁等级制度并摆脱权力中心的控制。

当然,有这样一些人,他们说我们必须集中力量去抗衡别处的权力集中,也有另一些人,他们说我们必须积累力量以应付大规模的人类需要。一位主张国家权力集中的主要拥护者宣布,"政治制度的最终检验标准是运作";在这样大范围之上进行运作,加上别的,就不可避免地要依赖于"等级制度、专制的权力、保密以及欺骗"。[6]民主主义者回答说:密切注意你付出了什么以及你得到了什么。比如说,把对集权国家的那些常见的辩护当作是一种起平衡作用的力量。一种论点认为,只有大政府才能管理大事务。民主主义者回应说,实际上,官员和私人利益之间相互交织、相互勾结的历史在20世纪经常被重复,以至于整个管理这个概念——中立的政府为了公共利益指导私人公司的行动——也处于彻底失败的状态。例如,禁止使用滴滴涕有时是有效的,禁止使用某些麻醉剂的教育运动有时也是有效的;但是管理却不起作用。

或许要考虑这样一种论点,由于其三权分立,大政府便对其自身进行监督。1973年的战争权力决议和1980年的情报监督法案对于行政部门动员和发动它所选择的战争的能力,产生了更大的影响吗?甚至,最初得到某些承诺的权力集中也达到了灾难性的地步。如果社会公共机构像个人一样,直到死后才能被适当地评价,那么田纳西河流域管理局简直就是一种可悲的失败。

作为一种选择,大规模的权力联合受到支持以便通过政府－企业的合作使美国能够在全球竞争力的比赛中保持良好状态。民主主义者们反驳说,实际上,竞争力完全取决于彻底的权力下放。在机构系统化方面曾经是世界先驱的美国公司制度,现在仍然是自我保护、自我毁灭的商业实践中的现实例证,这种制度在个人基本公民权利的细节方面陷入一团糟,被自上而下的命令搞得不知所措,并且使改革陷入困境。公司帝国的摇摇欲坠——通用汽车公司,国际商用机器公司,西尔斯公司,罗巴克公司——只是讲述了一种表面现象。在全美国各种各样的环境中,在工作人员的等级是按相互关系而不是按等级关系排列的地方,他们的生产能力就会提高。在技术的推广与改造取代了技术被重新分割和重复的地方——也就是说,在迈克尔·皮奥里和查尔斯·萨贝尔所称的"有弹性的专业化"中,在更大的责任落在工人们身上的地方——工业通常是繁荣的。同样的方法也适用于政府官僚机构。对于民主主义者来说,计算机主机的那种权力下放,即用小的、可调节的工作站网络来代替中心机构,提供了一个成功模式的比喻。就像习惯上的团体智慧所展示的那样,即使复杂工作的详细分工也不需要转变成招人厌恶的、由分散的工人构成的等级制度。在任何个人完全依赖于合作面前,谦逊是一种更为自然的反应。

人权保障机构的集权也许更有吸引力的。如果没有国家的严格实施,谁来保护人权法案? 民主主义者们回应说,我们也同样有理由问谁会违反人权法案,因为中央政府的那些随心所欲地运作的机构一直是最骇人的侵害人权者。把人类的灭亡作为因数计入决算表是现代国家的标志之一: 现在杀人,以后再为他们而付出代价,就众多的公民陷于政府核力量计划的毁灭性罗网之中来说,便是如此。把大政府的司法部门保护普通公民的隐私权比做狮子与羔羊关系是何等非凡的洞察力。民主主义者们提醒我们,试图确定全国范围内的公平同样也是不祥的。就像罗伯特·诺齐克的非预期后果原理所提醒我们的,在动机最为人道的尝试与努力中,新规则在与旧规则竞相纠正更大不公平时,永远被排在后面。由自上而下的体制中产生出来的分配正义,意味着制造分裂的正义。在一个中央集权制的制度中,多数人为少数人寻找位置,在一个分权化的制度中,少数人有机会寻找他们自己的位置。

民主主义者告诉我们,在国际上推进人权事业会引起其他问题。我们不能期望联邦政府在国外推动那种在美国国内还未被接受的东西: 充满活力的选举制民主。尽管美国对专制政府的反对有较大的胜利可能,但是追求安全的幻想——我们的安全或任何其他人的安全——却对其有着一种危险地膨胀着的、强制性的推动力。对于这一点,我们可以从最近这半个世纪国家对安全的追求中了解到。民主主义者们警告说,总体而言,把越来越多的力量用于追求越来越大的需要——军事的、经济的、人口的、生态的——极大地增加了灾难的可能性。当责任心被削弱的时候,权力仍然在被使用。无论超国家的政治组织可以提供什么的服务,它们都不会从根本上改变这种惯例。某人在政治上取得了胜利——没有柏拉图式的文职官员——而选民却离得很远:他们的代表的代表的代表正在为他们做出决定。民主主义者们总结说,那种认为大量减少对世界资源的使用就是美国对普遍人权的最大贡献的看法,是值得商榷的。

民主主义者们摧毁大的组织机构,为的是普通公民能够介入并参与。在体现参与的上升与对地方自治的信任之间的相互关联是何等密切方面,历史记载和当代经验同样是有说服力的。即使在一个很小的民族国家,个人的效能和民众的积极性在地方层次上是上升的。在这些环境中,民主主义者们把选举置于它应该被放置的地方——政治过程的中心。除了选举,没有什么能更有效地实施民众的意见或突出政府反应。在频繁的选举中,众多的投票人数同时也向官员们发出一连串有规律的信息,并使他们捉摸不定。在两次选举之间的这段时间里,官员们继续对民众的其他各种政治主张与政治活动都保持关注。从这里开始,公民就有机会实现本杰明·巴伯的民主定义:"至少在某些时候的某些公共事务中,民主是一种全体人民进行自我管理的统治类型。"7

一旦选举更为接近于政治过程的中心,民主主义者们便转向三种重要的、在现代已经变得微弱或模糊不清的联系:舆论与决定之间的联系,决定与行动之间联系以及行动与决心之间的关系。他们认为,形成舆论和做出决定之间的联系应该是浑然一体的。就像制造出公民实际上对他们的政府有发言权错觉的那些假参与的投票代理人一样,民意测验是这种顺利参与的极为有害的障碍。似乎优柔寡断的公民除了在日常生活的交谈之外只能有真实的看法,民意调查人把这些公民分散和隔离开来,把人们的看法转化成在一个人为静止环境中呈现出来的人为静态的想法。由于为了见解的缘故而表达政治见解完全认可了公众的被动性,所以,民主主义者们故意回避这样的做法,因为作为个人那样做是有辱身份的,而对于公众而言这样做则是不负责任的。关于政治问题,公民们应该假定,形成一种见解是做出决定的前奏。正在考虑一个明确结果——更准地说就是手中拥有一张选票——的公民,有理由感到双重责任:对他们的主张负责,对其结果负责。

又一次考虑到选举的民主主义者们寻求使第二种联系——决定与行动之间联系的意义更加清晰。两者之间不必要的障碍——例如,记下几个特殊的登记选民的日子——应该被彻底取消。但是为了缩短这种联系的缘故,无论怎么联合,这两者对于政治过程同样都是有害的。尤其是最近几种关于电子投票的观点——那就是将来公民将坐在家中对呈现出来的问题做出快速反应——把选举中最本质的东西当作一种明确的、至关重要的行为抽取出来。在民主主义者的方案中,作决定是一回事儿,行动则是另一回事儿。在民主政治中,行动与响应是不同的;选举也不应该与触摸一个按键或按下遥控器按钮相混淆。某种尝试对于它的功能是极为重要的。

由于选举是一项靠选票的数量来获得价值的集体活动,因此,民主主义者需要去巩固第三种联系,这就是行动与决心之间的联系。按照民主的标准,一次选举中不管参加投票的人数多么少,然后好像已经符合了民主的程序一样继续进行运作,这种情况是不能被接受的。尽管被独裁政府彻底玷污了的强迫性投票不再是一种选择,但也很少有志愿者会使用广泛存在的贿赂和把伪选票投入票箱的做法来破坏这种政治程序。在投票人数下降曲线的某个点上,这种制度不再起作用。民主主义者也不想通过把这个点定的太低而低估这个程序。根据传统,多数一直是民主政治的合法性准则。因此,如果选民中的大多数不参加某次选举,那么这次选举将是无效的——也就是说,按照民主的标准是不合格的——并且应该重新安排选举。作为最后一种解决办法,一个其他方面不合格的选举可以在被正式否认为不符合民主程序的情况下继续有效——这种否认是一个使公众丢脸而不是使胜利者丢脸的红 A 字。除非选举被以某种方式与多数人联系在一起,否则它们只会削弱民主的责任:即正在参加选举的选民群体的责任和他们所选举的政府的责任。

拆除和拆卸多少才是足够的?有多少民众参与才是足够的?现在,民主主义者告诉我们不要担心:就所有的问题而言,是越多越好。拥护变革的民主主义者听从了来自历史的第二个重要信息。民主中的主要变革只发源于系统的崩溃,而不是发源于众多小调整的堆积。波澜壮阔的崩溃与重建的过程导致了美国原创民主的诞生,摧毁了奴隶制度,重新定义了20世纪的民主。相反的是,自20世纪60年代以来美国政府机构权威的逐渐下降,对于制止它们日益增加的权力集中没有任何影响,尽管有四年一度的声称要扭转这种趋势的竞选承诺也无济于事。作为小政府和个人首创精神的雄辩提倡者而非常受欢迎的里根总统,加速了联邦预算的增长而把美国淹没在国债的汪洋之中。对集中化权力的控制权的竞争从来没有减缓权力集中。在美国的经验中,经常被引用的寡头统治铁律——在大的组织中不可避免地出现掌握着控制权的少数人——的必然推论是,能够摆脱这种铁律控制的办法只有系统的崩溃,而从来不是拼凑起来的调整。

当权者的代言人们接连不断地发出警告:这个过程是危险的。首先,举了一些从东亚到前苏联帝国再到非洲的例子,他们提出警告,除非有一个强大的政府对日常生活中感情强烈的忠诚进行抑制,否则它们要退化成无政府的流血、杀戮将会是多么的容易。具有明确的边界和稳定的法律的民族国家维持着和平;边界不固定而且法规、法则可商讨改变的文化群体则搅乱了良好的秩序。最新的一个令人恐惧的词汇就是波斯尼亚。第二,他们用与美国关系更密切的例子,哀叹自由那种破坏性离心力对于试图发挥其正常功能的美国政府的限制是多么严重。政治学家萨缪尔·亨廷顿有一句给人印象特别深刻的话:"美国人民认为,政府不应该做那些为了成为政府而必须做的事情,而是作为政府应该在不损害其本身的情况下做那些它所不能做的事情。"[8]

民主主义者们拒绝接受这一论点。由猖獗的宗族主义所造成的严重损害,产生于各种原因的混合,尤其是人为的政府制度和原有的集团特性之间的冲突。然而,无论原因是什么,宣布人们生活中最重要的东西为非法,不是一种解决办法。对像铁托那样的伟大领袖的怀念,完全掩盖了使政府适应人民原有的忠诚这一根本性问题。此外,为了使中央政府放开手脚而中止公民的权利,就等于是丧失了这些权利。民主的权利在仓库中是无法存活的。把民主权利存放起来,它们就会退化变质。那些希望得到权利的人必须行使这些权利——使这些权利进入社会生活之中,运用这些权利,然后,通过坚持不懈地使用这些权利而一再重新获得这些权利。

坚持重大变革的民主主义者以此种态度劝告公民们无论走到哪里都要行使他们的政治权利。实质上,他们应该使他们的生活方式——在工作和休闲的时候,在俱乐部里和重要的事业中,按照性别和民族,通过种族特点和宗教信仰——政治化。其目的不是要把美国淹没在政治活动之中,而是为了使美国政治多样化;不是要把生活的各个方面政治化,而是要把生活的各个方面用于政治——当我们的生活扩展开来的时候,也要把政治扩展开来。詹姆斯·麦格雷戈·伯恩斯绝望地放弃了,因为"选民既不希望,也不能够清除掉家庭、邻里、种族、职业、宗教和利益集团给他们自身带来的影响"。[9]民主主义者自然做出了回答:政治应该顺应选民的情况,而不是相反。

多重的社会身份意味着多重的利益和多重的忠诚。多重的忠诚编织出了由于问题不同而显示出不同色彩的复杂政治局面的多彩画卷。民主主义者相信,能反映出人们身上每天所发生事情的政治,将会极大地扩大那些提出倡议、进行监督,提出新的问题而又使旧问题不被遗忘的公民的数量。就像它在共同的事业中使公民联合在一起一样,这种政治甚至在那些从来没有见过面或相互交谈过的人之间建立起相互联系。尽管这种关系的力度完全不同于面对面的相互作用,但是这种联系绝非是不重要的。

在这一方案中,公共空间就是人们从事公共事务的地方。民主主义者认为,在正常情况下,无论人民中的成员在什么地方聚集并相互交往,他们都会创造出一种公共生活。例如,购物中心就明显具备这种资格。从这一视角出发,历史学家丹尼尔·布尔斯廷的那个表面看来经过雕琢的民主的"消费群体"概念,有一个实实在在的优点:共同的消费模式创造出民主行动的机会。电子公告牌也以它们自己的方式具备了这种资格。此外,在咖啡和快餐自动售货机被安放的地方,在雇员们路上相遇时候经常交谈、聊天的地方,在公告、通知被张贴公布的地方等众多工作场合,也都具备这种资格。同妇女团体中的政治不仅限于争取女权一样,在这里的政治也不仅限于工作场所的问题。民主主义者强调,从臭氧层的空洞到社区街道上的坑洞,无论人们产生了什么样的担心,都是有可能的,并且任何一项关心都不能由于仅仅是象征性的,由于没有其他的更真实而被拒绝考虑。

  游击式政治的一个非常重要的伴随物,就是一种有益健康的不尊敬。民主主义者提醒我们,那些哀叹对政府权威公开尊敬日益下降的人们有两个要点没有觉察到。第一个,官员们已经获得了那种不尊敬。在过分傲慢的统治者以及他们经常性撒谎的背景下,公民们利用不尊敬给他们自己的判断留出空间。第二,美国人对他们的联邦政府的态度,相对而言是信任的。国际民意测验表明,欧洲人的怀疑态度深得多。民主主义者认为,行政管理机构将需要进行大幅度的缩小以便为重大的变革扫清道路。在当前环境下,就像思想家伊恩·夏皮罗所描写的,民主应该被理解为"一种反对的道德",是一种有竞争力的、好斗的管理公共事务的方式,这种管理方式可以"最大限度地防止随心所欲的权利出现僵化,并且在不陷入混乱的情况下削弱了已被巩固的权力"。[10]民主所针对的目标总是一种较高的权力,从来不是一个易受伤害的公民。民主在任何情况下都不会与个人耻辱有利害关系。

  民主主义者的辩护状接着说,推翻权威,不必宽恕主要的政党。尽管这些政党有能力把在其他方面不起作用的公民集聚到公众联盟中来,但实际上它们也表现了等级制度和中央集权的价值观念。共和党人和民主党人都得到了最好的东西,两者都是寡头统治铁律的典型。在现代美国,共和党人和民主党人都是围绕着20世纪30年代妥协中的原则组织起来的,这些原则起到了把下层阶级排除在外的作用。民主主义者强调,就同中了彩票不会改变全国的财富分配一样,出现一个资金不足的候选人战胜资金雄厚的在职者这种传奇性时刻,也不会改变共和、民主两党的这些特点。1990年,当资金极少的候选人保罗·韦尔斯通在明尼苏达州击败资金雄厚的鲁迪·博希威茨时,博希威茨是这一年32个参议员席位竞争中唯一一个落选的现任参议员。在游击式政治取得成功的时候,它几乎总是填补选民中的真空。这种忠诚绘制了他们自己的范围:由工作、礼拜和娱乐而产生的社区并不正好与选区一致。

民主主义者进一步说,这种推翻过程也必须包括被看作是个人权力的东西。大公司维持着等级制度和集权,从事各种各样的公共活动并且事事处处影响着民主的前景。日常生活中的游击政治肯定要强调公司在至少两个领域里的责任。首先,公司官员要对那些受行动影响的公民负责。就像他们的政治需要得到这些选民的认可一样,这些公司官员也需要得到这些选民的支持。第二,公司将对那些与公司有着相互联系和相互影响的地区性社会承担责任。以在富裕的美国市场上出售商品和服务这种重要的特许权为交换,民主主义者支持对所有的公司——无论是国内公司还是外国公司征一种社会税,与因公司适当的积极行动而减免的部分退款一起,被用于诸如教育、环境、生育、娱乐等社会的特殊事业中。最后,民主主义者可以把杰斐逊的定期更新原则用于公司执照。也就是说一个公司每隔15年就必须要证明自己的存在,表明自己以一种对社会负责任的方式发挥着一种有益的作用。民主主义者预言在这一计划背后的公共用途越是重大,那么它的程序就会变得越为平淡。

当游击政治颠覆了一个集权的、等级制度化的上层建筑时,民主主义者期望它创造出一个它自己的有人情味的世界:社区养育政治,政治培育社区。此外,就像西德尼·维尔巴和诺曼·尼在20多年以前报告的,政治培育政治:人民越是积极,他们就会变得更为积极。当然通常的看法仍然坚持认为,很快就对政治感到厌倦的公民会完全抛弃政治。尽管没有特别的证据,但各种戏剧作家、漫画家和评论家们都认为1992年那场激进的、有三组候选人参加的总统竞选搞得美国精疲力竭。还要面临11月下旬的参议员席位第二次预选的佐治亚州那些可怜的公民,受到了来自全国各地的巨大同情。但民主主义者质问,在一项至关重要的政治活动中,为什么认定耐力会这么小?当他们的球队进入延长赛,被迫与一个新的对手进行另一轮比赛时,篮球迷们会发牢骚吗?为什么以某种形式控制一个人的日常生活更缺乏吸引力?

历史的第三个贡献就是把这一时刻的要求与美国经验和传统的历史相

比较,找出那些相吻合的东西。但结果几乎总是:多数是不相吻合的。例如,那个经常被重复的主张,即民主"严重依赖于那些了解各种有价值的思想与观点的见多识广的选民"[11]就是一个例子。即使我们接受这样一个似乎不合情理的主张,即一堆明确的知识展现在这里需要被记住,进而同意通过这个有价值的测试是有益的,但为什么公民必须坐到那里并学习这些知识?在美国民主最充满活力的时候,民主引导着当时的情绪和意见。民主不是让公民充当公民课学习班里头脑一片空白的学生,而是把他们带到公共生活中来的那些东西动员起来。

总的来说,20世纪的批评家以批评家所知道的东西来确定什么是见多识广的选民。按照他们自己的认识,批评家们已经承认了现代政策中的复杂性;只有其他人的认识太过于简单化了。屈从于操纵性口号和骗人广告的只有其他的人而从来不是这些批评家们自己。民主主义者指出,实际上这种明智的意见同其他任何意见一样完全应该受到同样目光敏锐的怀疑。这种明智的意见在20世纪20年代制造出了移民限额,在30年代为金本位进行辩护并且在40年代发出警告不要轻率地废除种族隔离。民主主义者们问,谁更透彻地理解了越南战争:是那些把越战看作是一场反对亚洲共产主义战争的普通公民,还是那些认为他们能够通过在西贡的天主教傀儡和农村地区的战略村来创建一个南越国家的高级顾问?杰斐逊那个著名的关于庄稼汉领会问题比教授快的幻想,运用于现代就是庄稼汉和教授的理解是不同的,对于公民生活而言,各自有其特定的强项与弱点,也没有固定不变的知识用于衡量这两者之间的差别。

历史也支持对民主政治的那种必不可少的品质,尤其是坚持冷漠的礼貌那种品质,持同样怀疑的态度。就像最近对尤尔根·哈贝马斯那种怪异的超然理性的巨大兴趣所表明的,当代评论家们对政治激情表现出一种强烈的反感。我们如何统治我们自己?民主主义者回答说,约束我们心中最强烈的感情。排去政治中的激情将耗尽政治的生命。去除了其中的性别所指后,罗纳德·德沃金的原则就是无懈可击的:"当一个人愤怒的难以言表时,他就无法自由地用言辞表达自己的见解。"[12]民主主义者承认,在这里有一些微妙的问题是至关重要的,其中之一就是德沃金的说法不能被去除性别所指的可能性。当讲话连续攻击一个受控制的、不允许发言和求助的依附者时,它也就完全失去了被称为自由的权利。而且如果激情发展成为粗野的暴力,另一种原则就适用了。20世纪60年代最有害的遗产——暴力,在直接或间接地迫使参与者退出政治过程这一点上,已经成为民主的死敌。保护参与者进入政治过程的权利优先于其他所有考虑,如果涉及的话,也包括对集权控制的反对在内。然而,由于粗野的民众政治的漫长历史,民主斗争的经验法则坚持认为:对于感情的表达只给予尽可能少的限制。

历史记录也劝告批评家们不要对政治中的钱的问题变得易动肝火。限制及更多的限制规定并不能使他们保持相互隔离。试图把金钱从政治中排除同不让海浪冲刷城堡状沙滩一样,都是很难成功的:政治中浸满了金钱。为了均衡金钱的影响而寻求改变金钱的用途,简直是妄想。各种各样的不平等始终是存在的,而用美元去重新平衡等级之间的差别只会使这一问题复杂化。不过,两个准则却表明了降低金钱影响的可能性。第一,大笔的钱追求的是集权。通过游击政治分散权力将会明显地限制这一追求的吸引力:难以捉摸的成员太多,而从每一个成员那里所能得到东西又太少。第二,由于享有大众传媒特权是金钱最受争议的作用,与众多同时代的人相比,民主主义者更少有理由对这种结果感到担心。大众传媒这个词含有对其影响的解释:把简单的信息灌输到无数普通公民那空白的大脑中。民主主义者坚信:信息的接受者同信息的发出者一样,都在引导着信息的发展方向。

对于民主主义者而言,最可怕的后果是金钱的力量决定公共讨论的议程安排。因此,当大众媒体传播政治问题时,它们必须起到开放的公共空间的作用。问题并不是像最高法院在巴克利诉瓦莱奥(1976)一案及补充裁决中所推定的那样:公众对某些消息有知情权,而且对为了政治目的而在传媒中使用金钱进行限制,可能会否认公众是这个明确整体中的一部分。相反,最大的危险是,不受限制地把金钱用于政治宣传可能妨碍公众通过媒体的开放性去说与听的权利——用朱迪思·利希滕伯格的话说就是,妨碍"意见的多样性"。¹³民主主义者关注的焦点是参与者范围的狭小,而不是意见范围的狭小:用谁有机会说取代了他们说什么。就像利希滕伯格所设想的那样,与愉快地接受分散会场的办法相比,把众多附加的意见硬塞进一场全国性讨论之中是不明智的。民主主义者非常珍视美国人进行无数次讨论的传统,每一次讨论都有其自身的目的,许多只反映他们自己集团的意见,而且没有一个具有明确的全国性权威。换句话说,民主的目标不是把大众传媒从政治中根除,而是把传媒向政治多样性开放。众多的声音产生众多的议事日程。

这些众多的声音来自众多的民众。像拉尔夫·纳德和罗斯·佩罗特这样的不断宣称代表全体人民讲话的著名人物,将把这些民众变成一个纯粹的合唱队。民主主义者提醒我们,人民的政府是从这些民众中逐步建立起来的,而不是强加在他们头上的。针对全国性阶级的环境主义者的口号"从全球角度考虑,从地方做起",民主主义者则对以"从地方角度考虑,在全球展开行动"。带着小群体内对共有资源的认识和理解,从人民开始而不是从问题开始,然后,通过其所激发出来的相互联系发展成越来越大的网络。这些群体必须是从人民的生活中产生出来的。简单地把一个地理上的区域宣布为一个居民区域或社区,会有损于其居民的人格,尤其是在这样的命令经常掩盖着一种消除人民之间的种族、民族或宗教联系的愿望时,更是如此。就像菲利普·格林在他对地方民主的解释中所说的,那种坚持认为选民少数与大批错过了最后投票机会的人民之间没有什么不同的观点,有着令人不安的含义。¹⁴那些离开了他们自己的团体的个人会特别依赖于由别人去代表他们的利益,并因此特别容易受到强制的伤害。

民主主义者所追求的是对美国传统的再次确认。这种传统就是把各种身份和忠诚归属的人们引入到一种集体的民主过程中来。这些参与民主过程的公民举行的全国性集会创造出一种令人振奋的前景:被按照种族和民族,性别和性偏好,社会阶层和物质条件,多神崇拜和多种生活方式等划分的公民,都对做出涉及某些人赢、其他人输的那些决定出了一份力,但都承认这些决定是生活的现实。这就是一次公民活动。按照罗尔斯的说法,自治过程"拒绝把选举中的共同看法当作是私人的,甚至是个人的事情"。[15]博爱对此不起任何作用。这是一个相互排斥,甚至是相互敌对的过程。虽然,选票只在一时间使每个人平等,但是投票站却具备所有供人们进去与再次出来的弯弯曲曲的道路。就像他们已经发现的那样,选举忽略了差异性。这种使分裂统一的政治——容众多差异于一体的民主样式——是世界其他地方四处蔓延的血腥宗族主义的真正对立面:与宗族主义正相反,它却是民主中最宝贵的东西。

这些情况最终在带着我们绕了一个大圈子之后又回到了最初的定义上。民主总是需要某种形式的人民自治,这种自治保证使公民享有参与政治过程的权利,从来不禁止失败者进入这一过程,并且使官员不断对他们的选民做出回应。民主主义者一直寻求予以巩固加强的正是这个核心部分。但是民主总是可变为其他什么东西,某些是其所运行的文化环境中所特有的东西。而在美国,这种附加部分从一开始就是个人主义,要么是以独立自主的形式出现,要么是以满足要求的形式出现。对于这种偶尔发生弯曲变化但却未曾中断的传统,民主主义者必须给予特别密切的关注。指出个人主义是美国民主之特有祸根的当代批评的绝大部分在美国民主的历史面前已完全消失了。告诉美国人通过舒适从容地逐渐融入一个社会之中,通过使他们自己消失在集体生活之中来促进民主,就像是逆着风呼喊一样根本没有效果。如果没有强大的个人主义,也就永远不会有美国的民主,而且也没有什么能够表明在某个时刻产生这种民主。

在美国,民主的个人主义总是意味着大量的选择并开始意味着神圣不可侵犯的权利。一个具有新的活力的民主必须包含这两个方面。要求别人做出那些我们认为是正确的选择,这种要求是不合适的。许多批评家引用了一种对消费主义的强烈热爱作为美国浅薄、自私的个人主义的证据;其他人则引用对社会主义的盲目反对作为美国个人主义狭隘的、违背自己初衷一面的证据。在每一种情况下,它们的根子都深深扎在美国的文化之中。在这两种情况下,来自重要人物的命令什么事情也改变不了。而且,重要的是,这种众多抉择的某些说法给全世界数百万人带来了希望。就像查尔斯·

泰勒所主张的,在最好的情况下,出自一系列抉择中的个人选择明确了个人自由范围,赋予选择及选择者以尊严。

现代个人主义添加到选择文化中的神圣不可侵犯的权利,对于民主主义者来说包含着一种同样强有力而且更为复杂的实质性授权。各种各样的美国人正在宣称的权利范围与神圣性在过去的25年中获得大幅度的扩展与提高。如果说集体民主是在共有空间中的一种共同经历,那么个人权利的民主就限制了这种经历并缩小了这种共有的空间。什么时候从集体决定的领域中去除的权利总数增加到如此之多以至于使人民自治陷于瘫痪?没有人有一个明确的答案。然而,就像最近两极化政治的历史所表明的,那种认为多数人已经失去了对一个又一个重要问题控制权的看法,在某种程度上使民主过程受到损害。总体而言,使民主活动私人化则会具有使之琐碎化的风险:一个消费主义和色情泛滥的环境没有使香港成为一个民主的地方。

但是,仅仅命令美国人抛弃较少的权利,和命令他们行使较少的选择权一样,都是荒唐可笑的。就像约翰·邓恩和赫伯特·甘斯已经提到的,那些把他们自己保护起来并期望依靠他们自己的资源生活的个人,显示出缺少选择的自由,这在一个受控制的环境中就是一种风险意识。减少个人权利的障碍与来自具有攻击性的多数人挑战之间的冲突,取决于这些受到威胁的个人找到这样一个地方,在那里,集团的议事日程进一步强化了这些个人自己的议事日程,在那里,非此即彼变成了两者兼顾。实际上,历史为这种前景提供了大量的鼓舞人心的证据。

在美国的民主传统中,没有什么比对遥远的、秘密的权力中心的普遍敌视更坚持不懈或更强有力的了。这种权力中心是日常生活中的民主政治与个人主义保护其权利的天然敌人。摆脱这些权力中心有利于推动民主政治并维护个人主义的权利。第二个强有力的民主传统,即反对那些大多数公民无法得到的特权,也有利于上述两项事业。在这里,推翻等级制度符合民主团体的利益,而打开机会之门符合民主个人的利益。这一传统肯定不要求均分财富或收益。它宣告了作为一个广泛的社会事业中的平等时机,是一项普遍性的权利。这听起来又回到了美国早期民主的原则：拥有权利就意味着使用权利。民主就是需要去做某些事情而不是去接受某些东西这一原则，也就是说公民必须亲自承担某种角色这一原则，既适用于个人也适用于团体。最后，那种被认为是理所当然的、不必一再证明其合法性的权力，激发了另一个深厚的民主怀疑的传统。公然反对这种权力不仅培养了团体的民主活力，而且也助长了个人的民主自尊。

于是，以日常生活为基础的游击政治与个人权利在许多重要的方面都是天然的盟友。这两者之间会有摩擦与不和吗？当然会有。尽管如此，集体民主与个人民主在19世纪相互联系以及在许多地方两者都保持着贯穿于20世纪的、经久不衰的联系，这一事实提醒我们，美国的传统包含着选举的自由，也就是民主固有的内涵之中没有任何东西将多数人统治和个人权利置于对立状态。与此同时，在这种和谐共存的模式中，没有什么东西建议人们要么放弃所有的个人保护要么拒绝新权利的确立。在公开场合行动不受到伤害以及在私下场合行动不施加伤害，对于民主个人主义来说是极其重要的。一名妇女对其本人身体的自主权可以完全不受任何限制地使任何类似于强制性生育这样的事情成为"非自愿的奴役"。民主主义者要求得到的东西是这些权利尽可能少地被排除在政治生活之外，尽可能多地置入到一个多数主义的程序之中。这些权利本身依赖于这个程序。就像最近的事件所表明的，那些因法官而存在的个人权利的捍卫者，也因法官而消失。

总而言之，历史给那些希望恢复美国民主活力的当代批评家们，提出了一些忠告和鼓励。他们的主要障碍既不是美国民主中一直就固有的个人主义，也不是作为许多深层次问题的最新表现的两极分化。相反，最主要的障碍则是最初在19世纪90年代到20世纪20年代之间才开始的一种集权化的等级关系结构，这是一种抵制民众参与而且至少是与个人主义民主处于紧张状态的关系结构。历史表明，这种结构不被打破，民主的普遍复兴将不会出现。渐进式的改革无法应付19世纪的种族问题与性别问题带来的挑战，这种改革也没有消除20世纪民主的重大缺点——那种长期的、带有阶级倾向性的民众参与的下降。与此同时，历史提供了大量令人鼓舞的东西：

特别是对遥远的、排外性的权力中心的习惯性不信任;对于自命的、自我永存性权力的长期怀疑;一种认为公民有权耍脾气及坦率发表意见的假定,以及一种对小的、灵活性团体的忠诚作为民主政治的基础。

如果它们被严肃地对待的话,没有人知道谁会听信这些信息或将会发生什么。民主生来就是不可预测的。如果说集权的等级权力体系的崩溃是民主复兴的一个前提条件的话,它绝不意味着保证会出现民主复兴。结果可能转向全然不同的方向。民主所提供的是一种管理我们共同事务的方式。这是我们一起进行的一次冒险。迈克尔·沃尔特提醒我们,"在民主政治中,所有的目标都是暂时的。"[16]民主总是透露出我们是谁,但从来不透露我们将会成为什么。

注　释

绪论

1. James MacGregor Burns with L. Marvin Overby, *Cobblestone Leadership* (Norman 1990), xiv; M. I. Finley, *Democracy Ancient and Modern*, rev. ed. (New Brunswick 1985), 100, 3; Sorauf (1992), 244; Christopher Lasch, *The True and Only Heaven* (New York 1991), 305; Bellah et al. (1991), 273.

2. Riker (1982), 241.

3. Morone (1990), 323; Cronin (1989), x.

4. Green (1985), vii; Fishkin (1991), 20.

5. Kristol (1972), 42.

6. Dworkin (1977), 205; Gutmann (1980), 198 – 99; Teixeira (1992), 3 – 4.

7. Seymour Martin Lipset, *Political Man* (Garden City 1960), 403; Dahrendorf 1987 年 1 月在耶路撒冷的报告; Bellah et al. (1991), 176.

8. Barber (1984), xvi; Pateman (1989), 210.

9. Greider (1992), 14.

10. Verba and Nie (1972), 1; Walzer (1983), 310.

第一部分

1. Bruce Ackerman, *The Future of Liberal Revolution* (New Haven 1992), 5 – 6.

2. Alexis de Tocqueville, *Democracy in American*, trans. Henry Reeve and Francis Bowen, ed. Phillips Bradley, 2 vols. (New York 1945), 1:208.

第一章

1. Calvin Colton, *History and Character of American Revivals of Religion* (London 1832),

218 - 19.

2. John Harley Warner, *The Therapeutic Perpective* (Cambridge 1986), 16.

3. Henry D. Shapiro and Zane L. Miller, eds., *Physician to the West* (Lexington 1970), 268 199.

4. Francis Hilliard, *The Elements of Law* (Boston 1835), vi.

5. Allen Steinberg, *The Transformation of Criminal Justice* (Chapel Hill 1989), 3.

6. Alan M. Kraut, "Consensus and Pluralism: The Popular Will and the American People," in *The Will of the People*, ed. George R. Johnson, Jr. (Fairfax 1991), 55.

7. Yaron Ezrahi, *The Descent of Icarus* (Cambridge 1990), 69.

8. Alexis de Tocqueville, *Democracy in American*, trans. Henry Reeve and Francis Bowen, ed. Phillips Bradley, 2 vols. (New York 1945), 2:4.

9. Robert J, Steinfeld, *The Invention of Free Labor* (Chapel Hill 1991), 45.

10. William J. Cooper, Jr., *Liberty and Slavery* (New York 1983), 248.

11. Jan. 29, 1858, in *Letters and Recollections of John Murray Forbes*, ed. Sarah Forbes Hughes, 2 vols. (Boston 1900), 1:175.

12. 美国众议院；行政档案第227号(第25届国会, 第三次会议), 第607页。

13. Irving Kristol, *On the Democratic Idea in America* (New York 1972), 57.

14. John Stuart Mill, *Principles of Political Economy*, *in Collected Works*, ed. F. E. L. Priestley et al., 33vols. (Toronto 1963 - 91), 3:763.

15. James Fenimore Cooper, *Homeward Bound*, 2 vols. ((New York 1854 [1838]), 2: 125.

16. Adam Smith, *An Inquiry into the Nature and Causes of the Wealth of Nations*, ed. R. H. Campbell et al., 2 vols. (Oxford 1976), 2:784 - 85.

17. Frederick Grimke, *The Nature and Tendency of Free Institutions*, ed. John William Ward (Cambridge 1968[1856]), 521.

18. [Horace Mann] *The Massachusetts System of Common Schools* (Boston 1849), 17.

19. Tocqueville, *Democracy*, 1:211.

20. John Adams 引自 Isaac Kramnick, *Republicanism and Bourgeois Radicalism* (Ithaca 1990), 138; 理查德·亨利·李1787年7月14日给弗朗西斯·莱特富特·李的信, *The Letters of Richard Henry Lee*, ed. James Curtis Ballagh, 2 vols. (New York 1911 - 14), 2:424; John Marshall, *Life of Washington*, 2 vols. (Philadelphia 1848 [1804 - 7]), 2:447.

21. James Winthrop, "Letters of Agrippa," in *Essays on the Constitution of the United States*, ed. Paul Leicester Ford (Brooklyn 1892), 54, 86; Melancton Smith, in *The Complete Anti-Federalist*, ed. Herbert J. Storing, 7 vols. (Chicago 1981), 6:158; "Federal Farmer," ibid., 2:235; "Brutus," ibid., 2:381.

22. "Federal Farmer," 2:232 - 33, 282.

23. 1789年3月15日托马斯·杰斐逊给詹姆斯·麦迪逊的信, *The Papers of Thomas Jefferson*, ed. Julian P. Boyd et al., 25 vols. to date (Princeton 1950 –), 14:660.

24. Storing, *Anti-Federalist*, 5:257.

25. 引自 John Phillip Reid, *The Concept of Representation* (Chicago 1989), 17.

26. "Federal Farmer," 2:304; [John Taylor] *An Enquiry into the Principles and Tendency of Certain Public Measures* (Philadelphia 1794), 55.

27. Smith, *Wealth of Nations*, 2:945.

28. 托马斯·杰斐逊1801年2月15日给詹姆斯·门罗的信, *The Writings of Thomas Jefferson*, ed. Paul Leicester Ford, 10 vols. (New York 1892 – 99), 7:491.

29. 引自 Gordon S. Wood, *The Radicalism of the American Revolution* (New York 1992), 232.

30. *A Collection of the Political Writings of William Leggett*, ed. Theodore Sedgwick, Jr., 2 vols. (New York 1840), 1:262.

31. Grimke, *Nature*, 136; speech of October 23, 1850, in *Life and Speeches of Stephen A. Douglas*, ed. H. M. Flint (Philadelphia 1865), 27; Usher F. Linder, *Reminiscences of the Early Bench and Bar of Illinois*, 2nd ed. (Chicago 1879), 87; George Bancroft, *An Oration Delivered on the Fourth of July, 1826* (Northampton 1826), 19 – 20.

32. Leggett 引自 *Social Theories of Jacksonian Democracy*, ed. Joseph L. Blau (Indianapolis 1954), 83; Bancroft, *Principle*, 4; George Sidney Camp, *Democracy* (New York 1841), 183.

33. July 15, 1790, *Papers of Jefferson*, 17:195.

34. Stephen Douglas, "Speech…September 7, 1859," in *In the Name of the People*, ed. Henry V. Jaffa and Robert W. Johannsen (Columbus 1959), 139.

第二章

1. Cesare di Beccaria, *An Essay on Crimes and Punishments* (Edinburgh 1778), 16.

2. 在本章和以后各章中,对南北战争前欧洲旅行家的参考注释是按作者标注的。至于详细的引文请参见第287 – 289页(为原英文版书页码)"特别致谢及参考书目"中有关第二章部分。

Stuart Wortley, 1:269 – 70; Grund, 202, 204; Chevalier, 205; Marryat, 43.

3. Grattan, 2:319, 98; Martineau, 2:183; Reid, 22; Trollope, 1:172; Chambers, 344, 222.

4. Trollope, 1:60 – 61; Mackay, 1:197; Buckingham, 2:3; Howitt, 217; Trollope, 2:110; Cather, 142; Adam Smith, *An Inquiry into the Nature and Causes of the Wealth of Nations*, ed. R. H. Campbell et al., 2 vols. (Oxford 1976), 2:943.

5. H. Murray, 1:198; Mackay, 1:40; Grund, 203; H. Murray, 1:17; Reid, 238.

6. Trollope, 1:173; Stuart, 1:468–69; B. Hall, 3:387–88; Howitt, 227–28.

7. Duncan, 209–10; C. Murray, 1:120, 2:88; Reid, 45.

8. Dickens, 1:147; Howitt, 223, 225; Reid, 49.

9. Cobden, 118; Pulzsky and Pulzsky, 1:285; R. Carlyle Buley, *The Old Northwest*, 2 vols. (Indianapolis 1950), 1:363; Dickens, 1:272.

10. Busch, 274; H. Murray, 2:371; C. Murray, 2:88; B. Hall, 3:151.

11. B. Hall, 3:166; H. Murray, 2:383; Dickens, 1:63; Grattan, 2:99; Tocqueville, 1:219.

12. Stuart Wortley, 1:301.

13. Tocqueville, 1:306.

14. Grattan, 1:134; F. Hall, 289; M. Hall, 24.

15. Buckingham, 3:38–39; H. Murray, 1:231; Arese, 9–10; Stuart Wortley, 1:13.

16. Rubio, 20–21; Hamilton, 48; C. Murray, 1:63n.

17. B. Hall, 2:406; Mackay, 1:151; Grattan, 1:66; Grund, 205.

18. Dickens, 1:205–7.

19. Trollope, 1:24; H. Murray, 1:195.

20. Howitt, 226–27.

21. Hamilton, 303; Stuart Wortley, 1:161.

22. C. Murray, 2:108; Buckingham, 2:80; C. Murray, 1:214; Tuckett, 13; Grattan, 2:86; H. Murray, 1:395; Reid, 68.

23. Cobden, 92; Howitt, 75; Cather, 100; Duncan, 242; H. Murray, 2:373.

24. Chambers, 285.

25. B. Hall, 3:41.

26. Hamilton, 212.

27. Edward Everett, *Oration Delivered on the Fourth Day of July, 1835* (Boston 1835), 13; Frederick Grimke, *The Nature and Tendency of Free Institutions*, ed. John William Ward (Cambridge 1968 [1856]), 655; Thomas Starr King, *The Organization of Liberty on the Western Continent* (Boston 1892 [1852]), 54.

28. Daniel Read, *Oration, Commemorative of the Life and Services of General Andrew Jackson* (Bloomington 1845), 14–15; Thomas Payne Govan, *Nicholas Biddle* (Chicago 1959), 20; *Oration of the Hon. Stephen A. Douglas... January 8, 1853* (n.p., n.d.), 3.

29. *The Diary of Philip Hone, 1828–1851*, ed. Allan Nevins (New York 1927), 93.

30. Trollope, 2:107; Bernhard, 2:238; Grattan, 2:106; Chambers, 344.

31. Stuart Wortley, 1:2; Dickens, 2:110; Cather, 80–81.

32. Chambers, 212; Cobden, 115; Buckingham, 1:46.

306 自治

33. B. Hall, 2:94.

34. 一神派牧师 George Hosmer 引自 David A. Gerber, *The Making of an American Pluralism* (Urbana 1989), 25.

35. Duden, 43; C. Murray, 1:207.

36. Martineau, 2:170, 1:139-43.

37. Benton 引自 Daniel Feller, *The Public Lands in Jacksonian Politics* (Madison 1984), 163; *Boston Quarterly Review* (1840): 473.

38. James Bryce, *The American Commonwealth*, 2 vols. (London 1887), 2:851; Josiah Strong, *Our Country*, rev. ed. (New York 1891 [1885]), 203; John Swinton, *A Momentous Question* (Philadelphia 1894), 53, 55, 57.

第三章

1. F. Hall, 59; C. Murray, 2:297; Rubio, 43-44; Dixon, 170-71; A. Murray, 274.

2. Lyell, Second, 1:85; Reid, 55; Tuckett, 32; Hodgson, 221, 226; Grattan, 1:304-5.

3. Martineau, 2:200; Hodgson, 91; Rubio, 117, 4. 鲁比奥所指的总统可能是詹姆斯·K.波尔克。

4. Hamilton, xxiii-xxiv, 18.

5. Tuckett, 18; C. Murray, 1:143 (原著中的斜体字); Grattan, 1:168.

6. Klinkowström, 27; 安德鲁·杰克逊 1824 年 1 月 2 日给乔治·M.马丁的信。*Correspondence of Andrew Jackson*, ed. John Spencer Bassett, 7 vols. (Washington, D. C., 1926-35), 3:222; Hamilton, 229.

7. Tocqueville, 1:182, 210; H. Murray, 1:338.

8. Rynning, 86; Rubio, 39; Cather, 141; Stuart Wortley, 2:66-67; Martineau, 1:109; H. Murray, 2:163.

9. Trollope, 2:33; Dickens, 1:149; Cather, 141; Pulzsky and Pulzsky, 1:180.

10. F. Hall, 56; Reid, 53-54; Grund, 148 (原著中的斜体字).

11. Stephen A. Douglas, "Speech…September 16, 1859," in *In the Name of the People*, ed. Henry V. Jaffa and Robert W. Johannsen (Columbus 1959), 226.

12. B. Hall, 2:64.

13. 感谢 Gordon McKinney 允许我引用他的这一未发表的论文。

14. Kenneth Cmiel, *Democractic Eloquence* (New York 1990), 12-13.

15. Tocqueville, 1:260; A Collection of the Political Writings of William Leggett, ed. Theodore Sedgwick, Jr., 2 vols. (New York 1840), 2:324.

16. F. Hall, 439.

17. 引自 Carl Smith, *Urban Disorder and the Shape of Belief* (Chicago 1995), 80.

18. Klinkowström, 76(原著中的斜体字).

19. Grund, 136; Ferguson, 48; Tocqueville, 2:202 – 3.

20. Fragment of a letter [1849]; Lincoln to William Herndon, January 5, 1849, *The Collected Works of Abraham Lincoln*, ed. Roy P. Basler et al., 9 vols. (New Brunswick 1953 – 55), 2:17, 19.

21. Usher F. Linder, *Reminscences of the Early Bench and Bar of Illinois*, 2nd ed. (Chicago 1879), 82; George Booker to Robert Hunter, November 5, 1852, 美国历史学会年度报告 (1916), vol. 2: *Correspondence of Robert M. T. Hunter, 1826 – 1876*, ed. Charles Henry Ambler (Washington, D.C., 1918), 150.

22. C. Murray, 2:86.

23. 引自 Andrew Nelson Lytle, "The Hind Tit," in *I' ll Take My Stand* by Twelve Southerners (New York 1962 [1930]), 213.

24. A.O.P.尼克尔森1835年12月20日给詹姆斯·K.波尔克的信；亨利·B.凯尔西1835年12月23日给波尔克的信, *Correspondences of James K. Polk*, ed. Herbert Weaver et al., 8 vols. To date (Nashville 1969 –), 3:400, 409.

25. George Burnap, *Lectures to Young Men* (Baltimore 1848 [1840]), 109; Charles Crowe, *George Ripley* (Athens 1967), 132; Horace Bushnell, *The Northern Iron* (Hartford 1854), 26; James Bryce, *The American Commonwealth*, 2 vols. (London 1889), 2:67.

26. Margaret Bayard Smith, *The First Forty Years of Washington Society*, ed. Gaillard Hunt (New York 1906), 293.

27. *National Intelligencer*, 引自 Constance McLaughlin Green, *Washington: Village and Capital*, 1800 – 1878 (Princeton 1962), 121.

28. Smith, *Forty Years*, 297.

29. Ibid. 294.

30. Dickens, 1:149; Kenneth J. Winkle, *The Politics of Community* (Cambridge, Eng., 1988), 177.

31. John Dunn, *Interpreting Political Responsibility* (Cambridge, Eng., 1990), 200.

32. Richard B. Stott, *Workers in the Metropolis* (Ithaca 1990), 237.

33. Lee Soltow and Edward Stevens, *The Rise of Literacy and the Common School in the United States* (Chicago 1981), 85.

34. Thomas Starr King, *The Organization of Liberty on the Western Continent* (Boston 1892 [1852]), 38; Mackay, 1:285 – 86.

35. Charles W. Eliot, *The Working of the American Democracy* (Cambridge 1888), 6 – 7; Howells 引自 Olivier Zunz, *Making America Corporate*, *1870 – 1920* (Chicago 1990), 62; Grimke, *Nature*, 91; Henry Adams, *Democracy* (New York 1961 [1880]), 100.

第四章

1. John Ware, *An Address* (Boston 1826), 15.
2. Nathaniel Southgate Shaler, *The Citizen* (New York 1905), 255.
3. 引自 Chilton Williamson, *American Suffrage* (Princeton 1960), 219.
4. Chevalier, 361.
5. John S. Gilkeson, Jr., *Middle-Class Providence, 1820-1940* (Princeton 1986), 23; Iver Bernstein, *The New York City Draft Riots* (New York 1990), 242.
6. Grund, 236n; Eliza Potter, *A Hairdresser's Experience in High Life* (Cincinnati 1859), 34; newspaper 引自 Robin L. Einhorn, *Property Rules* (Chicago 1991), 162.
7. Harry Crews 引自 Jack Temple Kirby, *Rural Worlds Lost* (Baton Rouge 1987), 187-89.
8. Robert L. Rabin 引自 Lawrence M. Friedman, *Total Justice* (New York 1985), 57.
9. 引自 Christopher L. Tomlins, *Law, Labor, and Ideology in the Early American Republic* (Cambridge, Eng., 1993), 151.
10. James Whiteside, *Regulating Danger* (Lincoln 1990), 56.
11. Drew Gilpin Faust, *A Sacred Circle* (Baltimore 1977), 112.
12. Herbert Aptheker, ed., *A Documentary History of the Negro People in the United States*, vol. 1: *From Colonial Times through the Civil War* (New York 1951), 413, 347-48, 274.
13. Calvin Colton 引自 Lori D. Ginsberg, *Women and the Work of Benevolence* (New Haven 1990), 95.
14. Aptheker, *Documentary History*, 453, 331, 137-38; editor 引自 Benjamin Quarles, *Black Abolitionists* (New York 1969), 122.
15. 引自 Richard R. Beeman, *The Evolution of the Southern Backcountry* (Philadelphia 1984), 219.
16. Aptheker, *Documentary History*, 469.
17. Ibid., 523; Booker T. Washington, "The Educational Outlook in the South" [1884], in *Booker T. Washington and His Critics*, ed. Hugh Hawkins (Lexington 1974), 12.
18. 蔡尔德1843年1月15日给弗朗西斯·肖的信。*Lydia Maria Child*, ed. Milton Meltzer et al. (Amherst 1982), 185.
19. Lyell, *Travels*, 1:57.
20. Ferguson, 48.
21. Susan B. Anthony, "Suffrage and the Working Women" [1871], in *Elizabeth Cady Stanton Susan B. Anthony*, ed. Ellen Carol DuBois (New York 1981), 142.

22. 引自 Elizabeth Cady Stanton et al., eds., *History of Woman Suffrage*, 6 vols. (New York 1881 – 1922), 1:530.

23. 引自 Norma Basch, "Equity vs. Equality: Emerging Concepts of Women's Political Status in the Age of Jackson," *Journal of the Early Republic*, 3 (Fall 1983): 309.

24. Elizabeth Cady Stanton, "Appeal for the Maine Law" [January 21 1853], in *Elizabeth Cady Stanton Susan B. Anthony*, 43.

25. Aptheker, *Documentary History*, 201, 324.

26. Elizabeth Cady Stanton 引自 Charles Royster, *The Destructive War* (New York 1991), 85.

第二部分

1. Horace M. Kallen, *Culture and Democracy in the United States* (New York 1924), 42 – 43.

2. Karl Marx, "The 18th Brumaire of Louis Bonaparte," in *Selected Works*, 2 vols. (Moscow 1958), 1:340.

第五章

1. Karl Marx, "The 18th Brumaire of Louis Bonaparte," in *Selected Works*, 2 vols. (Moscow 1958), 1:255.

2. George Sidney Camp, *Democracy* (New York 1841), 227.

3. "Laboring," *Boston Quarterly Review* (1840): 372.

4. Walter Licht, *Working for the Railroad* (Princeton 1983), 165.

5. 引自 Stuart M. Blumin, *The Emergence of the Middle Class* (Cambridge 1989), 288.

6. George E. McNeill, "The Problems of Today," in *The Labor Movement*, ed. George E. McNeill (Boston 1887), 460; W. A. Peffer, *The Farmer's Side* (New York 1891), 196.

7. McNeill, "Problems,"465; Peffer, *Farmer's Side*, 9, 46, 123.

8. Powderly 引自 Susan Levine, "Labor's True Woman: Domesticity and Equal Rights in the Knights of Labor," *Journal of American History*, 70 (September 1983): 330.

9. Edward Bellamy, Looking Backward, 2000 – 1887 (Boston 1926 [1886]), 231.

10. 引自 Pete Daniel, *The Shadow of Slavery* (Urbana 1972), 94.

11. Walter Weyl, *The New Democracy* (New York 1912), 320.

12. Frederic C. Howe, *Revolution and Democracy* (New York 1921), 4 – 5.

13. John Swinton, *A Momentous Question* (Philadelphia 1895), chap. 3, "The People."

14. Richards O'Hare 引自 David Montgomery, *The Fall of the House of Labor* (Cambridge, Eng., 1987), 286; Upton Sinclair, *The Jungle*, ed. James R. Barrett (Urbana 1988 [1906]), 274 260; Charlotte Perkins Stetson [Gilman], *Women and Economics* (Boston 1910 [1898]), 201.

15. 引自 Numan V. Bartley, *The Creation of Modern Georgia* (Athens 1983), 149.

第六章

1. Tocqueville, 2:200.

2. Grattan, 1:92, 117; Dickens, 2:253.

3. Andrew Carnegie, *Triumphant Democracy* (New York 1886), 117–18.

4. Cornelia Adair, *My Diary* (Austin 1965[1874]), 16.

5. James Bryce, *The American Commonwealth*, 2 vols. (London 1889), 2:666.

6. Horace M. Kallen, *Culture and Democracy* (New York 1924), 278; John B. Andrews 引自 Abraham Epstein, *facing Old Age* (New York 1922), xiii.

7. Walter Lippmann, *The Phantom public* (New York 1925), 100.

8. Mansel G. Blackford, *A Portrait Cast in Steel* (Westport 1982), 47.

9. Charles M. Sheldon, *In His Steps* (Pittsburgh 1979 [1897]), 82.

10. William R. Taylor, "The Launching of a Commercial Culture: New York City, 1860–1930," in *Power, Culture, and Place*, ed. John Hull Mollenkopf (New York 1988), 108–9.

11. Walter Lippmann, *A Preface to Morals* (New York 1929), 317, 257.

12. Carrie Chapman Catt and Nettie Rogers Shuler, *Woman Suffrage and Politics* (Seattle 1969 [1923]), 489.

13. Mary Gray Peck, *Carrie Chapman Catt* (New York 1944), 257.

14. Clyde Griffen and Sally Griffen, *Natives and Newcomers* (Cambridge 1978), 14.

15. William Howard Taft, *Four Aspects of Civil Duty* (New York 1906), 87.

16. Arthur Marwick, *Class* (New York 1980), 199.

第七章

1. Louis D. Brandeis, *Business—A Profession* (Boston 1914), xlv.

2. John Mitchell, "The Workingman's Conception of Industrial Liberty," *American Federationist*, 17 (May 1910): 405–6.

3. Jane Addams, *Twenty Years at Hull–House* (New York 1961 [1910]), 288.

4. 感谢 John Thompson 允许引用他的这一段文字。

5. Jacob A. Riis, *How the Other Half Lives* (New York 1957 [1891]), 159, 134.

6. 引自 Elizabeth Cady Stanton et al., eds., *History of Woman Suffrage*, 6 vols. (New York 1881 – 1922), 5:292.

7. Rheta Childe Dorr, *What Eight Million Women Want* (Boston 1910), 49 (原著中的斜体字).

8. Carrie Chapman Catt and Nettie Rogers Shuler, *Woman Suffrage and Politics* (Seattle 1969 [1923]), 116.

9. Woodrow Wilson, "An Address to the Senate," in *The Papers of Woodrow Wilson*, ed. Arthur S. Link et al., 69 vols. (Princeton 1966 – 92), 51:158 – 59.

10. Wilson, "Remarks to a Group of Suffragists" and "An Address to the Senate," ibid., 51:190, 159.

11. Susan Anita Glenn, *Daughters of the Shtetl* (Ithaca 1990), 114.

12. Horace M. Kallen, *Culture and Democracy in the United States* (New York 1924), 10.

13. Edward Bellamy, *Looking Backward*, *2000 – 1887* (Boston 1926 [1886]), 134.

14. Walter Weyl, *The New Democracy* (New York 1912), 137.

15. Harold Stearns, *Liberalism in America* (New York 1919), 80; Frederick Grimke, *The Nature and Tendency of Free Institutions*, ed. John William Ward (Cambridge 1968 [1856]), 387; George Creel, "The Ghastly Swindle," *Harper's Weekly*, 59 (Aug. 29, 1914): 196 – 97.

16. A. Lawrence Lowell, *Public Opinion and Popular Government* (New York 1913), 4, 109.

17. Frederice Howe, *Revolution and Democracy* (New York 1921), 70.

18. Walter Lippmann, *Drift and Mastery* (New York 1917[1914]), xx, 274.

19. Walter Lippmann, *The Phantom Public* (New York 1925), 147, 146, 166; idem, *A Preface to Morals* (New York 1929), 278 – 79.

20. Lippmann, *Phantom*, 166, 30, 58; idem, *Public Opinion* (New York 1922), 270, 273, 232.

21. Lippmann, *Public Opinion*, 311 – 14.

22. A. Lawrence Lowell, *Public Opinion in War and Peace* (Cambridge 1923), 157, v.; L. H. Bailey, *What Is Democracy?* (New York 1923), 94, 25; V. O. Key, Jr., *Public Opinion and American Democracy* (New York 1961), 536.

23. John Dewey, *The Public and Its Problems* (New York 1927), 215.

24. Ibid., 109, 126, 82, 110, 166.

25. Ibid., 110; Allen 引自 David M. Kennedy, *Over Here* (New York 1980), 43; Lippman, *Phantom*, 52 – 53; Thomas Vernor Smith, *The Democratic Way of Life* (Chicago 1926), 8.

26. Julius Burrows 引自 J. Morgan Kousser, *The Shaping of Southern Politics* (New Haven

1974), 257.

27. Viola Paradise 引自 Elizabeth Ewen, *Immigrant Women in the Land of Dollars* (New York 1985), 27.

28. Ellwood P. Cubberly, *Changing Conceptions of Education* (Boston 1909), 15 – 16; Frances A. Kellor, "Americanization: A Conservation Policy for Industry," *Annals*, 65 (May 1916): 240.

29. Randolph Bourne, "Trans-National America," *Atlantic*, 108 (July 1916): 86 – 97; Kallen, *Culture*, 124, 198.

30. Walter Dean Burnham, *The Current Crisis in American Politics* (New York 1982), 121.

第三部分

1. 引自 Theodore Zeldin, *France*, 1848 – 1945, 2 vols. (Oxford 1973 – 77), 1:131.

2. Seppo Hentilä, "The Origins of the *Folkhem* Ideology in Swedish Social Democracy," *Scandanavian Journal of History*, 3 (1978): 329.

3. James Bryce, *The American Commonwealth*, 2 vols. (London 1889), 2:56.

第八章

1. Walter Lippmann, *A Preface to Morals* (New York 1929), 113.

2. Freda Kirchwey, ed., *Our Changing Morality* (New York 1924), vi.

3. *The Autobiography of Lincoln Steffens* (New York 1931), 328; Thomas Vernor Smith, *The Democratic Way of Life* (Chicago 1926), 135.

4. Gurowski, 1; Elizabeth Cady Stanton, "Speech… 1860," in *Elizabeth Cady Stanton Susan B. Anthony*, ed. Ellen Carol DuBois (New York 1981), 79; Charlotte Perkins Stetson [Gilman], *Women and Economics* (Boston 1910 [1898]), 138 – 39, 147 – 48.

5. 引自 Sheila M. Rothman, *Woman's Proper Place* (New York 1978), 137.

6. 引自 Clarke A. Chambers, *Seedtime of Reform* (Minneapolis 1963), 68.

7. Walter Lippmann, *Public Opinion* (New York 1922), 253 – 54.

8. Richard Washburn Child, "The Great American Scandal: Youth and Felony," *Saturday Evening Post*, 198 (Aug. 29, 1925): 134. 感谢 David Ruth 允许我引用这段文字。

9. Abbott 引自 Robyn Muncy, *Creating a Female Dominion in American Reform*, 1890 – 1935 (New York 1991), 69; [Gilman] *Women and Economics*, 207.

10. Rheta Childe Dorr 引自 Nancy F. Cott, *The Grounding of Modern Feminism* (New York

1987), 46.

11. "Now We Can Begin" [December 1920], in *Crystal Eastman*, ed. Blanche Wiesen Cook (New York 1978), 54.

12. Smith, *Democratic Way*, 129.

13. Kenneth Fearing, "Dirge," in *Collected Poems* (New York 1940), 60–61.

14. Elizabeth Cady Stanton et al., eds., *History of Woman Suffrage*, 6 vols. (New York 1881–1922), 5:256.

15. Joseph Wood Krutch, *The Modern Temper* (New York 1929), 61.

16. Christopher N. May, *In the Name of War* (Cambridge 1989), 195.

第九章

1. W. A. Peffer, *The Farmer's Side* (New York 1891), 173–74.

2. Mackay, 1:198.

3. Arthur M. Schlesinger, Jr., *The Imperial Presidency* (Boston 1973), ix.

4. Michel Crozier, Samuel P. Huntington, and Joji Watanuki, *The Crisis of Democracy* (New York 1975), 93.

5. Helen Phelan 引自 Clarke A. Chambers, *Seedtime of Reform* (Minneapolis 1963), 148.

6. Henry A. Wallace, *New Frontiers* (New York 1934), 282.

7. Carl L. Becker, *Modern Democracy* (New Haven 1941), 14, 33.

8. Wallace, *New Frontiers*, 263, 20.

9. Abraham Epstein, *Facing Old Age* (New York 1922), 215; David E. Lilienthal, *TVA Democracy on the March* (New York 1944), 36.

10. Becker, *Modern Democracy*, 91; B. F. Skinner, *Walden Two* (New York 1976 [1948]), 251.

11. Joseph Tussman, *Obligation and the Body Politic* (New York 1960), 103.

12. Max Lerner, *America as a Civilization* (New York 1957), 355–56; Elmo Roper, *You and Your Leaders* (New York 1957).

13. 引自 Roland Marchand, *Advertising the American Dream* (Berkeley 1985), 67.

14. Lilienthal, *TVA*, 36.

15. Austin Ranney and Willmoore Kendall, *Democracy and the American Party System* (New York 1956), 339.

16. Eleanor Roosevelt, *The Moral Basis of Democracy* (New York 1940), 59.

17. Arthur M. Schlesinger, Jr., *The Vital Center* (Boston 1949), 52.

18. Robin M. Williams, Jr., *American Society* (New York 1959 [1951]), 238.

314 自治

19. William Jewell 引自 M. Christine Boyer, *Dreaming the Rational City* (Cambridge 1983), 272.

20. Morton Grodzins, *The Loyal and the Disloyal* (Chicago 1956), 246; Heinz Eulau, "The Politics of Happiness: A Prefatory Note to 'Political Perspective—1956,'" *Antioch Review*, 16 (Fall 1956): 259 – 64; Seymour Martin Lipset, *Political Man* (Garden City 1960), 181.

21. V. O. Key, Jr., *Public Opinion and American Democracy* (New York 1961), 547; Philip E. Converse, "The Nature of Belief Systems in Mass Publics," in *Ideology and Discontent*, ed. David E. Apter (New York 1964), 207 (原著中的斜体字).

22. Richard Hofstadter and Walter P. Metzger, *The Development of Academic Freedom in the United States* (New York 1955), 245; Hofstadter, *Anti – Intellectualism in American Life* (New York 1963), 407; idem, *The Age of Reform* (New York 1955), 23; idem, *America at 1750* (New York 1971), 106.

23. Richard Hofstadter, "The Paranoid Style in American Politics," in *The Paranoid Style in American Politics and Other Essays* (New York 1965), 31; Hofstadter and Metzger, *Development of Academic Freedom*, 11.

24. Lipset, *Political Man*, 115, 97.

第十章

1. Ruth Schwartz Cowan, *More Work for Mother* (New York 1983), 194.

2. Philip E. Converse, "The Nature of Belief Systems in Mass Publics," in *Ideology and Discontent*, ed. David E. Apter (New York 1964), 218.

3. William O. Douglas, *The Right of the People* (Garden City 1958), 161.

4. Mary Douglas and Aaron Wildavsky, *Risk and Culture* (Berkeley 1982), 75.

5. V. O. Key, Jr., *Public Opinion and American Democracy* (New York 1961), 178; Gabriel A. Almond and Sidney Verba, *The Civic Culture* (Princeton 1963), 500.

6. Converse, "Nature of Belief Systems," 233.

7. Donald G. Mathews and Jane Sherron DeHart, *Sex, Gender, and the Politics of ERA* (New York 1990), 210.

8. C. B. Macpherson, *Democratic Theory* (Oxford 1973), 51; Roberto Mangabeira Unger, *The Critical Legal Studies Movement* (Cambridge 1986), 26; Jones 引自 *New York Times*, July 18, 1993, sec. 4, p. 9.

9. *New York Times*, Aug. 9, 1992, sec. 1, p. 34.

10. Thomas R. Dye and L. Harmon Ziegler, *The Irony of Democracy*, 2nd ed. (Belmont 1972), 9, 20.

11. Ronald Dworkin, "The Reagan Revolution and the Supreme Court," *New York Review of Books* (July 18, 1991): 24, 23; Ira Grasser, in *Civil Liberties* (Fall 1991); Laughlin McDonald, ibid. (Summer-Fall 1992).

12. Nadine Strossen, ibid. (Winter 1991–92).

13. 新教基要主义者 Franky Schaeffer 引自 James Davison Hunter, *Culture Wars* (New York 1991), 103.

14. William Greider, *Who Will Tell the People* (New York 1992), 181.

15. Anna Quindlen, *New York Times*, June 21, 1992, sec. 4, p. 17.

16. Amitai Etzioni, *The Spirit of Community* (New York 1993), 255.

17. Barry D. Karl, *The Uneasy State* (Chicago 1983), 238.

结论

1. Burnham (1982), 133.
2. Dryzek (1990), 80; Dunn (1990), 3, 8.
3. Nozick (1974), 90.
4. Dunn (1990), 208; Barber (1984), 100; Ackerman (1980), 100–101.
5. Sandel (1982), 183; Richard Rorty, *Philosophy and the Mirror of Nature* (Princeton 1979), 188; Ezrahi (1990), 282; Barber (1984), 100.
6. Burns (1984), 14; Huntington (1981), 39.
7. Barber (1984), xiv.
8. Huntington (1981), 41.
9. Burns (1984), 164.
10. Shapiro (1990), 266, 282.
11. Henry Geller 载于 Lichtenberg (1990), 290.
12. Dworkin (1977), 201.
13. Lichtenberg (1990), 107.
14. Green (1985), 174.
15. Rawls (1993), 219.
16. Walzer (1983), 310.

特别致谢与参考书目

我无法做到充分赞誉帮助过我的人,也无法赞誉所有帮助过我的人。在如此长的时期里,我从太多的人那里得到了太多的帮助,以至于我现在无法对此一一表示感谢。下面所列举的就是我认为对我产生过某种影响,并能为读者提供进一步探索机会的那些著作的汇编。

绪论与结论

下面所列的这一组最近 25 年来的著作,既是检验我自身民主信念的一个基础,也是理解这些信念的一个关键性资源。像任何此类的书目一样,它体现了我所走过的特定道路。像我这样的历史研究者窘于承认这个书目为何偏重最新的研究。但是,我已经尽了最大的努力去把过去这 25 年中每一部有关民主的著作包括进来,被列入书目的其他著作也都经过了认真的考虑。从这个意义上说,思想家们是非常有帮助的。除了唯一的例外,我一直把每一个人的出版物限定为一部。尽管仅凭约翰·罗尔斯在这些讨论中独一无二的影响就可以受到这种例外的待遇,但事实上我只收录了他的两部作品,而且还是由于这两本书需要当作一套书来阅读才被共同收录其中的。如果不是由于出版因素的阻碍,它们应该被合在一起作为《正义论》的修订版。最后对那些感到自己的书被强行列入某种类别的作者说声抱歉,按照我在绪论中使用时的区分,我把这些著作分成三个部分。

政论家的著作:

Robert Bellah et al., *The Good Society* (New York 1991).
David Broder, *The Party's Over* (New York 1972).
E. J. Dionne, Jr., *Why Americans Hate Politics* (New York 1991).
Thomas Byrne Edsall and Mary D. Edsall, *Chain Reaction* (New York 1991).
Amitai Etzioni, *The Spirit of Community* (New York 1993).

Herbert J. Gans, *Middle American Individualism* (New York 1993).
William Greider, *Who Will Tell the People* (New York 1992).
Arthur T. Hadley, *The Empty Polling Booth* (Englewood Cliffs 1978).
James Davison Hunter, *Culture Wars* (New York 1991).
Mickey Kaus, *The End of Equality* (New York 1992).
Irving Kristol, *On the Democratic Idea in America* (New York 1972).
Judith Lichtenberg, ed., *Democracy and the Mass Media* (New York 1990).
Samuel Lubell, *The Hidden Crisis in American Politics* (New York 1970).
Ralph Nader, *The Concord Principles* (Washington D.C., 1992).
Michael Parenti, *Democracy for the Few*, 4th ed. (New York 1983).
Kevin Phillips, *The Politics of Rich and Poor* (New York 1990).
Frances Fox Piven and Richard Cloward, *Why Americans Don't Vote* (New York 1988).

思想家的著作：

Bruce Ackerman, *Social Justice in the Liberal State* (New Haven 1980).
Benjaming Barber, *Strong Democracy* (Berkeley 1984).
John S. Dryzek, *Discursive Democracy* (Cambridge, Eng., 1977).
John Dunn, *Interpreting Political Responsibility* (Cambridge, Eng., 1990).
Ronald Dworkin, *Taking Rights Seriously* (Cambridge 1977).
Yaron Ezrahi, *The Descent of Icarus* (Cambridge 1990).
Alan Gilbert, *Democratic Individuality* (Cambridge, Eng., 1990).
Phillip Green, *Retrieving Democracy* (Totowa 1985).
Amy Gutmann, *Liberal Equality* (Cambridge, Eng., 1980).
Jürgen Habermas, *The Structural Transformation of the Public Sphere*, trans. Thomas Burger and Frederick Laurence (Cambridge 1989).
C. B. Macpherson, *Democratic Theory* (Oxford 1973).
Robert Nozick, *Anarchy, State, and Utopia* (New York 1974).
Carole Pateman, *The Disorder of Women* (Stanford 1989).
John Rawls, *Political Liberalism* (New York 1993).
John Rawls, *A Theory of Justice* (Cambridge 1971).
William H. Riker, *Liberalism against Populism* (San Francisco 1982).
Michael J. Sandel, *Liberalism and the Limits of Justice* (Cambridge, Eng., 1982).
Adam B. Seligman, *The Idea of Civil Society* (New York 1992).
Ian Shapiro, *Political Criticism* (Berkeley 1990).

318　自治

Judith N. Shklar, *American Citizenship* (Cambridge 1991).

Charles Taylor, *The Ethics of Authenticity* (Cambridge 1992).

Roberto Mangabeira Unger, *Politics: A Work in Constructive Social Theory*, part 1: False Necessity (Cambridge, Eng., 1987).

Michael Walzer, *Spheres of Justice* (New York 1983).

Robert Paul Wolff, *In Defense of Anarchism*, rev. ed. (New York 1976).

社会科学家的著作：

Peter Bachrach and Aryeh Botwinick, *Power and Empowerment* (Philadelphia 1992).

Walter Dean Burnham, *The Current Crisis in American Politics* (New York 1982).

James MacGregor Burns, *The Power to Lead* (New York 1984).

Thomas E. Cronin, *Direct Democracy* (Cambridge 1989).

Robert A. Dahl, *Democracy and Its Critics* (New Haven 1989).

Thomas R. Dye and L. Harmon Ziegler, *The Irony of Democracy*, 2nd ed. (Belmont 1972).

Leon D. Epstein, *Political Parties in the American Mold* (Madison 1986).

James S. Fishkin, *Democracy and Deliberation* (New Haven 1991).

Benjamin Ginsberg and Martin Shefter, *Politics by Other Means* (New York 1990).

Russell L. Hanson, *The Democratic Imagination in America* (Princeton 1985).

Samuel P. Huntington, *American Politics* (Cambridge 1981).

Jane J. Mansbridge, *Beyond Adversary Democracy* (New York 1980).

James Miller, *"Democracy Is in the Streets"* (New York 1987).

James A. Morone, *The Democratic Wish* (New York 1990).

A. James Reichley, ed., *Elections American Style* (Washington D.C., 1987).

Kay Lehman Schlozman and John T. Tierney, *Organized Interests and American Democracy* (New York 1986).

Frank J. Sorauf, *Inside Campaign Finance* (New Haven 1992).

Ruy A. Teixeira, *The Disappearing American Voter* (Washington D.C., 1992).

Abigail M. Thernstrom, *Whose Votes Count?* (Cambridge 1987).

Sidney Verba and Norman Nie, *Participation in America* (New York 1972).

Joseph F. Zimmerman, *Participatory Democracy* (New York 1986).

帮助我跟上对民主的最新理解的其他作品却由于这样或那样的原因——与这一研究的相关性不那么直接，以另外的方式出现在这一书目中——没有被包括进来：

Herbert E. Alexander, *Financing Politics*, 2nd ed., (Washington D.C., 1980).
Robert N. Bellah et al. *Habits of the Heart* (Berkeley 1985).
Samuel Bowles and Herbert Gintis, *Democracy and Capitalism* (New York 1986).
James MacGregor Burns 与 L. Marvin Overby, *Cobblestone Leadership* (Norman 1990).
Craig Calhoun, ed., *Habermas and the Public Sphere* (Cambridge 1992).
Michel Crozier et al., *The Crisis of Democracy* (New York 1975).
Robert A. Dahl and Edward R. Tufte, *Size and Democracy* (Stanford 1973).
M. I. Finley, *Democracy Ancient and Modern*, rev. ed. (New Brunswick 1985).
Benjamin Ginsberg, *The Captive Public* (New York 1986).
Mary Ann Glendon, *Rights Talk* (New York 1991).
Robert E. Goodin, *Protecting the Vulnerable* (Chicago 1985).
William Graebner, *The Engineering of Consent* (Madison 1987).
Mona Harrington, *The Dream of Deliverance in American Politics* (New York 1986).
Stephen Holmes, *The Anatomy of Antiliberalism* (Cambridge 1993).
Kenneth Janda et al., *The Challenge of Democracy* (Boston 1987).
Everett Carll Ladd, *Where Have All the Voters Gone?* 2nd ed. (New York 1982).
Christopher Lasch, *The Culture of Narcissism* (New York 1978).
Catharine A. MacKinnon, *Toward a Feminist Theory of the State* (Cambridge 1989).
Martha Minow, *Making All the Difference* (Ithaca 1990).
William N. Nelson, *On Justifying Democracy* (London 1980).
Benjamin I. Page, *Choices and Echoes in Presidential Elections* (Chicago 1978).
Robert D. Putnam, *Making Democracy Work* (Princeton 1993).
Richard Rorty, *Philosophy and the Mirror or Nature* (Princeton 1979).
Richard Rorty, "The Priority of Democracy to Philosophy," in *The Virginia Statute for Religious Freedom*, ed. Merrill Peterson and Robert Vaughan (Cambridge, Eng., 1988), 257–82.
Richard Sennett, *The Uses of Disorder* (New York 1970).
James L. Sundquist, *Dynamics of the Party System* (Washington D.C., 1973).
Göran Therborn, "The Rule of Capital and the Rise of Democracy," *New Left Review*, 103 (May-June 1977): 3–41.
Michael Walzer, "Philosophy and Democracy," *Political Theory*, 9 (August 1981): 379–99.
Aaron Wildavsky, "Birthday Cake Federalism," in *American Federalism*, ed. Robert B. Hawkins, Jr. (San Francisco 1982), 181–91.
Daniel Yankelovich, *New Rules* (New York 1981).

我的这个排列顺序是与政论家所关切的事以及思想家当中的大多数争论紧密结合的，但它却打断了社会科学家之间的对话，包括某些理论问题的对话。在较早的出版物中，对于这些对话来说极为重要的有：

Gabriel A. Almond and Sidney Verba, *The Civic Culture* (Princeton 1963).
Committee on Political Parties, "Toward a More Responsible Two-Party System," *American Political Review*, 44 (Supplement: September 1950): 1-96.
Bernard Crick, *In Defense of Politics* (London 1962).
Robert A. Dahl, *A Preface to Democratic Theory* (Chicago 1956).
Anthony Downs, *An Economic Theory of Democracy* (New York 1975).
Louis Hartz, *The Liberal Tradition in America* (New York 1955).
Seymour Martin Lipset, *Political Man* (Garden City 1960).
Theodore Lowi, *The End of American Liberalism* (New York 1969).
C. B. Macpherson, *The Political Theory of Possessive Individualism* (Oxford 1962).
Robert Michels, *Political Parties*, trans. Eden and Cedar Paul (New York 1962).
David Riesman et al., *The Lonely Crowd* (New Haven 1950).
E. E. Schattschneider, *The Semisovereign People* (New York 1960).
David Truman, *The Government Process* (New York 1951).
Sheldon Wolin, *Political and Vision* (Boston 1960).

少数历史学家从长远的角度考虑与美国民主有着密切关系的文化或知识问题：John Patrick Diggins, *The Lost Soul of American Politics* (New York 1984); Christopher Lasch, *The True and Only Heaven* (New York 1991); David M. Potter, *People of Plenty* (Chicago 1954); Merrill D. Peterson, *The Jefferson Image in the American Mind* (New York 1960); and Daniel T. Rodgers, *Contested Truths* (New York 1987). Daniel J. Boorstin 的三卷本 *The Americans* 可以被当作此种主题的最全面的历史著作来读。Lawrence Goodwyn 对平民党运动的研究成果：*Democratic Promise* (New York 1976)也是少数把民主理论与其主题相联系的历史著作之一。

第一章

Robert H. Wiebe, *The Origins of American Society* (New York 1984)把18世纪和19世纪之间的转型当作是一种全国性的现象来考察。Gordon S. Wood, *The Radicalism of the American Revolution* (New York 1992)更详细地致力于众多这样的题目。他的参考笔记对于进一步的阅读是一个很有价值的指南。

两篇论文对于民主在 18 世纪这次转型末期时的含义进行了精辟的分析介绍：Richard Buel, Jr., "Democracy and the American Revolution: A Frame of Reference," *William and Mary Quarterly*, 21 (April 1964): 165 – 90, and Roy N. Lokken, "The Concept of Democracy in Colonial Political Thought," ibid., 16 (October 1959): 568 – 80. Willi Paul Adams 在他那费尽心血的 *The First American Constitutions*，译者：Rita and Robert Kimber (Chapel Hill 1980) 中发现了与民主概念的直接联系。对于代表的含义，参见：J. R. Pole, *Political Representation in England and the Origins of the American Republic* (London 1966); John Philip Reid, *The Concept of Representation in the Age of the American Revolution* (Chicago 1989); 以及 Charles S. Sydnor, *Gentlemen Freeholders* (Chapel Hill 1952)。尽管 Edmund S. Morgan 的 *Inventing the People* (New York 1988) 混淆了什么是虚构和什么是真实这两种概念，但是它仍然是一项有趣的针对英美政治理论所进行的研究。Melvin Yazawa 对 *Representative Government and the Revolution* (Baltimore 1975) 这本书的介绍包含了某些特别有用的对主权民主的评论。Robert J. Dikin 的 *Voting in Provincial America* (Westport 1977) 提供了关于殖民地选举的重要资料。在对政治过程的解释方面，Michael Zuckerman 在 *Peaceable Kingdoms* (New York 1970) 中对殖民地乡镇大会的解释最有价值。

民主的含义与共和政治的概念纠缠在了一起。关于共和政治，必读之书有：Bernard Bailyn, *The Ideological Origins of the American Revolution* (Cambridge 1967) 和 J. G. A. Pocock, *The Machiavellian Moment* (Princeton 1975)。Drew R. McCoy 在 *The Elusive Republic* (Chapel Hill 1980) 中对政治经济的理解和 Michael Warner 在 *The Letters of the Republic* (Cambridge 1990) 中对公共领域的研究丰富了这一概念的内容。一些超越时空的空想家们赋予了共和政治一种几乎是不可思议的解释力。James T. Kloppenberg, "The Virtues of Liberalism: Christianity, Republicanism, and Ethics in Early American Political Discourse," *Journal of American History*, 74 (June 1987): 9 – 33, 和 Daniel T. Rodgers, "Republicanism: The Career of a Concept," ibid., 79 (June 1992): 11 – 38 对于使这一概念保持在适当的范围之内，并把它从民主中分离开来是必不可少的。这两部著作都为与这一主题有关的进一步阅读提供了很好的指导。Isaac Kramnick 的 *Republicanism and Bourgeois Radicalism* (Ithaca 1990) 对这一概念进行了全面的评价。

美国 18 世纪等级制度的那种开放、可塑的性质以不同的方式体现在 Fred Anderson, *A People's Army* (Chapel Hill 1984); Richard L. Bushman, *King and People in Provincial Massachusetts* (Chapel Hill 1985); Jon Butler, *Awash in a Sea of Faith* (Cambridge 1990); Robert A. Gross, *The Minutemen and Their World* (New York 1976); Jackson Turner Main, *Society and Economy in Colonial Connecticut* (Princeton 1985); 和 Gordon S. Wood, *The Creation of the American Republic*, 1776 – 1787 (Chapel Hill 1969) 之中。Joseph H. Kettner 的 *The Development of the American Citizenship*, 1608 – 1870 (Chapel Hill 1978) 对于民主研究是特别重要的。

有关美国革命对这些等级制度影响的某些评价对于 18 世纪 70 年代的剧变是否引

起了持久的变革,几乎没有给予多少关注。这一问题限制了这些有趣研究的价值,比如:Edward Countryman, *A People in Revolution* (Baltimore 1981); Rhys Isaac, *The Transformation of Virginia 1740 – 1790* (Chapel Hill 1982); 和 Richard Alan Ryerson, *The Revolution Is Now Begun* (Philadelphia 1978)。Eric Foner 的 *Tom Paine and Revolutionary America* (New York 1976) 更专注于长远的影响。其他研究,如: Pauline Maier, *From Resistance to Revolution* (New York 1972) 和 Robert M. Weir, "*The Last of American Freemen*" (Macon 1986) 描述了一种给人留下深刻印象的等级制度稳定性。

解释18、19世纪之间美国社会变革的标准方法把它们归因于自由资本主义的变革性力量,并且把关键性的年代确定在1812年战争后20年之中的某个时刻。关于提出这种情况的几种方式,请参见: Andrew R. L. Cayton, *The Frontier Republic* (Kent 1986); Christopher Clark, *The Roots of Rural Capitalism* (Ithaca 1990); Oscar Handlin and Mary Flug Handlin, *Commonwealth* (Cambridge 1947); Hendrik Hartog, *Public Property and Private power* (Chapel Hill 1983); Morton J. Horwitz, *The Transformation of American Law 1780 – 1860* (Cambridge 1977); J. Willard Hurst, *Law and the Conditions of Freedom in the Nineteenth-Century United States* (Madison 1956); Steven Watts, *The Republic Reborn* (Baltimore 1987)。Malcolm J. Rohrbough 的 *The Land Office Business* (New York 1968) 详细描写了一种软弱的、善于适应新环境的全国性政府。也可参见 Daniel Feller, *The Public Lands in Jacksonian Politics* (Madison 1984)。关于这些新的资本主义关系的背景,见: Allan Kulikoff, "The Transition to Capitalism in Rural America," *William and Mary Quarterly*, 46 (January 1989): 120 – 44; Kenneth Lockridge, "Land, Population, and the Evolution of New England Society," *Past and Present*, 39 (April 1968): 62 – 80; 和 Robert D. Mitchell, *Commercialism and Frontier* Charlottesville 1977)。Allan Taylor 的 *Liberty Men and Great Proprietors* (Chapel Hill 1990) 揭示了旧的等级习惯的僵化性。Joyce Appleby 在她的重要论文 *Capitalism and a New Social Order* (New York 1984) 中,发现了18世纪90年代那场变革的根源。

对于政治转型的记述,通常是按照类似的年月顺序进行的。特别要参见三项根本性的研究: Lee Benson, *The Concept of Jacksonian Democracy* (Princeton 1961); Ronald P. Formisano, *The Transformation of Political Culture* (New York 1983); Richard Hofstadter, *The Idea of a Party System* (Berkeley 1969)。James S. Chase, *Emergence of the Presidential Nominating Convention*, *1789 – 1832* (Urbana 1973)对这些研究进行了补充。James M. Banner, Jr., *To the Hartford Convention* (New York 1970); John L. Brooke, *The Heart of the Commonwealth* (Cambridge Eng., 1989) 和 David Hackett Fischer, *The Revolution in American Conservatism* (New York 1965) 非常重视19世纪最初阶段的变革,而 Chilton Williamson 首创的但有时不太精确的 *American Suffrage* (Princeton 1960) 描述了两个世纪之间的一种渐变性转型。

关于权力从上层人士手中转移到普通白人手中,Samuel Haber 的 *The Quest for Authority and Honor in the American Professions*, *1750 – 1900* (Chicago 1991) 当中包含了有关这些失去原有权力者的资料。Nathan O. Hatch, *The Democratization of American Christianity*

(New Haven 1989)是对这个变化过程为何在某个领域展开的最好解释。John B. Bowles, *The Great Revival*, *1787 – 1805*(Lexington 1972)和 Dickson D. Bruce, Jr., *And They All Sang Hallelujah*(Knoxville 1974)提供了有关这一变化的两个方面的有价值的资料,而 Harry S. Stout, *The New England Soul*(New York 1986)证实了变革的时机选择。Sidney E. Mead, *The Lively Experiment*(New York 1963)留下了关于宗教多元化对美国民主重要性的最生动的说明。曾经在19世纪早期被上层人士垄断的、普通公民决定他们自己生活的权力,在两部优秀的著作中得到说明:Allen Steinberg, *The Transformation of Criminal Justice*(Chapel Hill 1989)和 John Harley Warner, *The Therapeutic Perspective*(Cambridge 1986)。W. J. Rorabaugh, *The Alcoholic Republic*(New York 1979)和 Ian R. Tyrrell, *Sobering Up*(Westport 1979)帮助我们了解了获得决定自己生活权力的普通白人是如何对美国人的饮酒习惯进行革命性变革的。Mary Kupiec Cayton, "The Making of an American Prophet: Emerson, His Audiences, and the Rise of the Culture Industry in Nineteenth-Century America", *America Historical Review*, 92(June 1987): 579 – 620; Michael T. Gilmore, *American Romanticism and the Marketplace*(Chicago 1985); Lawrence W. Levine, *Highbrow/Lowbrow*(Cambridge 1988)和 Donald M. Scott, "The Popular Lecture and the Creation of a Public in Mid-Nineteenth-Century America," *Journal of American History*, 66(March 1980): 791 – 809 讨论了文化问题上受众的权力。

尽管 Gordon Wood 的 *The Radicalism of the American Revolution* 坚持革命在削弱旧等级制度中的中心地位,但是它的证据实际上却强化了这样一种印象,即适应性很强的等级制度直到18世纪结束时还维持着自己原有的地位,紧接着,主要的变革随同19世纪一同到来。就像 Wood 所主张的(256),如果按照 William Findley 关于政治应该是利益的表达这一观点,"美国政治史的重要时刻"发生在1786年,那么 Findley 的事业——西宾西法尼亚的银行——到1814年之前是不成功的。在 Wood 看来,美国革命用与导致内战相同的技术性方式引发了民主:"美国革命实际上使不可避免导致内战的意识形态力量和社会力量运转起来"(186 – 87)。James L. Huston 在他的 "American Revolutionaries, the Political Economy of Aristocracy, and the American Concept of the Distribution of Wealth, 1765 – 1900," *American Historical Review*, 98(October 1993): 1079 – 105 讨论支持权力大众化的思想时,为美国革命对19世纪民主的影响提出了一个强有力的理由。

关于普及识字与识数这一重要问题,考虑到强化权力民主化的时间顺序,请参见: Patricia Cline Cohen, *A Calculating People*(Chicago 1982); Albert Fishlow, "The Common School Revival: Fact of Fancy?" 载 *Industrialization in Tow Systems*, ed. Henry Rosovsky,(New York 1966), 40 – 67; Kennth A. Lockridge, *Literacy in Colonial New England*(New York 1974); Lee Soltow 和 Edward Stevens, *The Rise of Literacy and the Common School in the United States*(Chicago 1981)。

有关大西洋这一边的依附性劳动的背景资料,参见: Bernard Bailyn 和 Barbara DeWolfe, *Voyagers to the West*(New York 1986); Richard B. Morris, *Government and Labor in Ear-*

ly America（New York 1946）；Abbot Emerson Smith, *Colonists in Bondage*（Chapel Hill 1947）。有关对大西洋彼岸的限制性例子,请参见:Jerome Bum, *The End of the Old Order in Rural Europe*（Princeton 1978）；Kerby A. Miller, *Emigrants and Exiles*（New York 1985）；Mack Walker, *German Home Towns*（Ithaca 1971）。在证实美国各地的白人何时掌握了他们自己工作命运的控制权方面,有两部著作是特别重要的:W. J. Rorabough, *The Craft Apprentice*（New York 1986）和 Robert J. Steifeld, *The Invention of Free Labor*（Chapel Hill 1991）。Karen Orren 主编的实用性劳动法案例汇编:*Belated Feudalism*（Cambridge Eng., 1991）几乎根本不考虑它们在 19 世纪的年代顺序和历史背景。Thomas Dublin 的 *Women at Work*（New York 1979）和 David E. Schob, *Hired Hands and Plowboys*（Urbana 1975）对两种情况下的工资劳动者的流动生活经历进行了描述。Jeremy Atack 和 Fred Bateman, *To Their Own Soil*（Ames 1987）,以及 Clarence H. Danhof, *Changes in Agriculture*（Cambridge 1969）对独立自主从事农业经营的意义作了具体的说明。

有四部著作进一步阐明了新英格兰的不同之处:Robert A. McCaughey, *Josiah Quincy, 1772-1864*（Cambridge 1974）；Gerard W. Gawalt, *The Promise of Power*（Westport 1979）；Joseph Kett, *The Formation of the American Medical Profession*（New Haven 1968）；Randolph A. Roth, *The Democracy Dilemma*（Cambridge, Eng., 1987）。

Joyce Appleby, "The Radial *Double-Entendre* in the Right to Self-Government," 载 *The Origins of Anglo-American Radicalism*, ed. Margaret Jacob and James Jacob（London 1984）,275-83 发现个人权利和集体权利在 18 世纪后期是相互交织在一起的。实际上,在对宪法规定的携带武器权利最初含义的激烈争论中,历史学家分为两派这一客观事实有助于我们认识到 18 世纪时人们对个人和团体权利的模棱两可的理解。认为宪法第一条修正案代表着组织集体性民兵权利的 Lawrence Delbert Cress, "The Armed Community: The Origins and Meanings of the Right to Bear Arms," *Journal of American History*, 71（June 1984）：22-42 表达了一种反联邦主义者的理解,即权利法案是社会公众防止集体专制的法律保障。认为这项修正案保障了个人权利的 Robert E. Shalhope 的 "The Ideological Origins of the Second Amendment," ibid., 69（December 1982）：599-614 重复了那些保守的联邦主义者的话,这些人想要完全避开州与社区并把权利修正案仅仅当作是一种公民与全国性政府之间一对一的联系。T. Scott Miyakawa 的 *Protestants and Pioneers*（Chicago 1964）对于 19 世纪早期个人领域与社会领域的相互融合有着重要的、深入的了解。Yehoshua Arieli 的 *Individualism and Nationalism in American Ideology*（Cambridge 1964）进行了很有价值的论述。

第二章

在本章和下一章中,有关欧洲人的评论取自下面的资料中。这些资料偏重于英国人的记录,因为英国人的看法确实为理解美国的经验提供了基本的参照点。题目后面

特别致谢与参考书目 325

方括号中的数据指的是访问美国的时间;引注后面括号中的数据是指最初出版的年代。

Count Francesco Arese, *A Trip to the Prairies and in the Interior of North America* [1837 – 38], trans. Andrew Evans (New York 1934).

Duke Bernhard of Saxe-Weiner Eisenach, *Travels through North America during the Years 1825 and 1826*, 2 vols. (Philadelphia 1828).

Fredrika Bremer, *America of the Fifties*, ed. Adolph B. Benson (New York 1924).

James Silk Buckingham, *The Eastern and Western States of America*, 3 vols. (London 1842).

Moritz Busch, *Travels between the Hudson & the Mississippi 1851 – 1852*, trans. and ed. Norman H. Binger (Lexington 1971).

Thomas Cather, *Voyage to America* [1836], ed. Thomas Yoseloff (New York 1961).

William Chambers, *Things as They Are in America* (New York 1968[1854]).

Michael Chevalier, Society, *Manners and Politics in the United States*, trans. T. G. Bradford (Boston 1839).

William Cobbett, *A Year's Residence in America* (Boston [1819?]).

Richard Cobden, *The American Diaries* [1835, 1859], ed. Elizabeth Hoon Cawley (Princeton 1952).

Charles Dickens, *American Notes for General Circulation*, 2 vols. (London 1842).

James Dixon, *Personal Narrative of a Tour through a Part of the United States and Canada* (New York 1849).

Gottfried Duden, *Report of a Journey to the Western States of North America* [1824 – 27], trans. and ed. James W. Goodrich et al. (Columbia 1980).

Mary Lundie Duncan, *America as I Found It* (New York 1852).

William Ferguson, *America by River and Rail* (London 1856).

George Flower, *The Errors of Emigrants* (London 1841).

Thomas Colley Grattan, *Civilized America*, 2 vols. (London 1859).

Francis J. Grund, *The Americans, in Their Moral, Social, and Political Relations* (Boston 1837).

Adam G. de Gurowski, *America and Europe* (New York 1857).

Captain Basil Hall, *Travels in North America in the Years 1827 and 1828*, 3 vols. (Edinburgh 1829).

Francis Hall, *Travels in Canada and the United States in 1816 and 1817* (London 1818).

Margaret Hall, *The Aristocratic Journey* [1827 – 28], ed. Una Pope Hennessy (New York 1931).

Thomas Hamilton, *Men and Manners in America* (New York 1968 [1833, 1843]).

Adam Hodgson, *Remarks during a Journey through North America in the Years 1819, 1820, and 1821*（Westport 1970 [1823]）.

Emanuel Howitt, *Selections from Letters Written during a Tour through the United States in the Summer and Autumn of 1819*（Nottingham 1820）.

Baron Axel Klinkowström, *America 1818 – 1820*, trans. and ed. Franklin D. Scott（Evanston 1952）.

Charles Lyell, *A Second Visit to the United States of America*, 2 vols.（New York 1849）.

Charles Lyell, Travels in North America 2 vols.（New York 1849）.

Alexander Mackay, *The Western World, or, Travels in the United States in 1846 – 47*, 2nd ed., 3 vols.（London 1850）.

Frederick Marryat, *Diary in America*, ed. Jules Zenger（Bloomington 1960 [1839]）.

Harriet Martineau, *Society in America*, 2 vols.（New York 1837）.

Amelia M. Murray, *Letters from the United States, Cuba and Canada*（New York 1969 [1856]）.

Charles Augustus Murray, *Travels in North America during the Years 1834, 1835, & 1836*, 2 vols.（London 1839）.

Henry A. Murray, *Lands of the Slave and the Free: or, Cuba, the United States, and Canada*, 2 vols.（London 1855）.

Francis Pulzsky and Theresa Pulzsky, *White, Red, and Black*, 2 vols.（New York 1853）.

H. Reid, *Sketches in North America*（London 1861）.

Ole Munch Roeder, *America in the Forties*, trans. Gunnar J. Malmin（Mineapolis 1929）.

Rubio [Thomas Horton James], *Rambles in the United States and Canada during the Year 1845*（London 1847）.

Ole Rynning, *Ole Rynning's True Account of America*, trans. and ed. Theodore C. Blegen（Mineapolis 1926[1838]）.

James Stuart, *Three Years in North America*, 2 vols.（Edinburgh 1833）.

Lady Emmeline Stuart Wortley, *Travels in the United States, Etc. During 1849 and 1850*, 3 vols.（London 1851）.

Alexis de Tocqueville, *Democracy in America*, trans. Henry Reeve and Francis Bowen, ed. Phillips Bradley, 2 vols.（New York 1945 [1835, 1840]）.

Frances Milton Trollope, *Domestic Manners of the Americans*, 2 vols.（London 1832）.

Francis Tuckett, *A Journey in the United States in the Years 1829 and 1830*, ed., Hubert C. Fox（Plymouth 1976）.

Frances Wright, *Views of Society and Manners in America*, ed., Paul R. Baker（Cambridge 1963[1821]）.

美国文化的暴力方面,在以下的著作中被提及:Edward L. Ayers, *Vengeance and Jus-*

tice（New York 1984）; Bernard Bailyn, *The Origins of American Politics*（New York 1968）; Richard Maxwell Brown, *Strain of Violence*（New York 1975）; Dickson D. Bruce Jr. , *Violence and Culture in the Antebellum South*（Austin 1979）; John Hope Franklin, *The Militant South 1800 – 1861*,（Cambridge 1956）; Thomas P. Slaughter, *The Whiskey Rebellion*（New York 1986）; Richard Slotkin, *Regeneration through Violence*（Middletown 1973）; Russell F. Weigley, *The American Way of War*（New York 1973）。Michael Kammen 的 *A Season of Youth*（New York 1978）对美国革命传统的保守主义新外表作了重要的评论。

第三章

对19世纪民主的特点与功效的讨论是从选举开始论起的。欺骗是普遍存在的吗？大多数研究这一课题的学者的回答是：不！例如：Howard W. Allen 和 Kay Warren Allen, "Vote Fraud and the Validity of Election Data," 载 *Analyzing Electoral History*, ed. Jerome Clubb et al.（Beverly Hills 1981）; William E. Gienapp, "'Politics Seem to Enter into Everything': Political Culture in the North, 1840 – 1860," 载 *Essays on American Antebellum Politics*, 1840 – 1860, ed. Stephen E. Maizlish 和 John J. Kushma（College Station 1982）, 15 – 69; Mark Kornbluh, *From Participation to Administration*（Baltimore 1995）。Peter Argersinger 从一种现代意识的、好政府的角度出发，在其 "New Perspective on Electoral Fraud in the Gilded Age," *Political Science Quarterly*, 100（Winter 1985 – 86）: 669 – 87 中做出的回答是：是的！而且同上一篇文章一样，"The Value of the Vote: Political Representation in the Gilded Age," *Journal of American History*, 76（June 1989）: 59 – 90 对于研究投票所引起的各种问题是特别有用的。通常所引用的 70% – 80% 的投票率是夸大了的数字吗？Walter Dean Burnham 在他对可能存在的扭曲因素进行了系统分析之后的结论是：其中的夸大成分是微不足道的。参见 "Those High Nineteenth-Century American Voting Turnouts: Fact or Fiction?" *Journal of Interdisciplinary History*, 16（Spring 1986）: 613 – 44。Margaret Lavinia Anderson, "Voter, Junker, Landrat, Priest: The Old Authorities and the New Franchise in Imperial Germany," *American Historical Review*, 98（December 1993）: 1448 – 74 就投票的意义提供了一个有趣的国际比较。

在分析民主政党的起源方面，另外的四项研究是特别有用的：Michael F. Holt, "The Election of 1840, Voter Mobilization, and the Emergence of the Second American Party System: A Reappraisal of Jacksonian Voting Behavior," 载 *A Master's Due*, ed. William J. Cooper, Jr. , et al.（Baton Rouge 1985）, 16 – 58 研究的是党派行为的经济根源；Richard P. McCormick, *The Presidential Game*（New York 1982）研究的是全国性动员；Michael Wallace, "Changing Concepts of Party in the United States: New York, 1815 – 1828," *American Historical Review* 74（December 1968）: 453 – 91 研究的是新的民主价值观念；Harry L. Watson, *Jacksonian Political and Community Conflict*（Baton Rouge 1981）研究的是民主化的局限。Watson 的 *Liberty* and Power (New York 1990) 和 Holt 的 *The Political Crisis of 1850s* (New York 1978) 对战前的党派行为进行了详细的说明。Richard L. McCormick, *The Party Period and Public Policy* (New York 1986) 和 Joel H. Silbey, *The American Political Nation*, *1838 – 1893* (Stanford 1991) 这两部优秀的概述性著作强调了 19 世纪中期前后的连续性。对 19 世纪政党行为的认真研究显示出以它们自身的条件,这些政党是多么的有效。例如:William N. Chambers 和 Philip C. Davis, "Party, Competition, and Mass Participation: The Case of the Democratizing Party System, 1824 – 1852," 载 *The History of American Electoral Behavior*, ed. Joel H. Silbey et al. (Princeton 1978), 174 – 97 对选民动员的研究;和 Robert Marcus, *Grand Old Party* (New York 1971) 对信息资料收集的研究。尽管 Margaret Susan Thompson, *The "Spider Web"* (Ithaca 1985) 也是有用的, 但是它过分夸大了镀金时代游说活动的重要性。地方的、州的, 有时是地区性的冲动影响全国性政治的复杂方式被 William E. Gienapp 在 *The Origins of the Republican Party*, *1852 – 1856* (New York 1987) 中以本土文化保护主义的作用来加以说明;在 Robert Kelley 的 *The Cultural Pattern in American Politics*: *The First Century* (New York 1979) 中以种族特点的作用来加以说明;在 C. Vann Woodward 的杰作 *Origins of the New South*, *1877 – 1913* (Baton Rouge 1951) 中以经济利益的作用来加以说明。

充分利用辉格党与民主党之间的差异是一个古老的经验。见 Wilfred E. Binkley, *American Political Parties*, 4th ed. (New York 1962) 和 Martvin Meyers, *The Jacksonian Persuasion* (Stanford 1957)。在描述非常保守的辉格党时,依据挑选出来的新英格兰的代言人言论而进行的最新研究,包括:John Ashworth, '*Agrarians & Aristocrats*' (London 1983); Daniel Walker Howe, *The Political Culture of the American Whigs* (Chicago 1979); Lawrence Frederick Kohl, *The Politics of Individualism* (New York 1989)。William H. Pease 和 Jane H. Pease, *The Web of Progress* (New York 1985) 通过对比波士顿和查尔斯顿——另一个争取民主的中心——的资本主义类型来比较两者之间的公共生活类型。至于南卡罗来纳的时代背景,请见:Lacy K. Ford, "Republics and Democracy: The Parameters of Political Citizenship in Antebellum South Carolina," 载 *The Meaning of South Carolina History*, ed. David R. Chesnutt 和 Clyde N. Wilson (Columbia 1991), 121 – 45。

19 世纪常用的民主语言的证据比比皆是。Kenneth Cmiel, *Democratic Eloquence* (New York 1990) 在大众语言中, M. J. Heale, *The Presidential Quest* (London 1982) 在政治竞选中, David Grimsted, "Melodrama, as Echo of the Historically Voiceless," 载 *Anonymous Americans*, ed. Thomas K. Hareven (Englewood Cliffs 1971) 在道德剧中都找到了民主语言的证据。在 Gerald F. Linderman 的 *Embattled Courage* (New York 1987) 中, 白人男子带到战争中来的价值观念把北方人和南方人联合在一起。David Donald 在 "An Excess of Democracy," 载 *Lincoln Reconsidered*, rev. ed. (New York 1961), 209 – 35 中所确定的、几乎可以算是无政府的个人主义也做到了这一点。

Rowland Berthoff 在 "Conventional Mentality: Free Black, Women, and Business Corporations as Unequal Persons, 1820 – 1870," *Journal of American History*, 76（December 1989）: 753 – 84 中使用了白人博爱主义的语言。关于白人博爱主义的其他方面, 在 Mark C. Carnes, *Secret Ritual and Manhood in Victorian America*（New Haven 1989）中, 从社会心理学的角度进行了讨论。在 Mary Ann Clawson 的 *Constructing Brotherhood*（Princeton 1989）中, 从马克思主义的角度进行了讨论。在这种兄弟会的生活圈子里, 对于政治身份变化的原因, Ronald P. Formisano 在 "The Invention of the Ethnocultural Interpretation," *American Historical Review*, 99（April 1994）: 453 – 77 中进行了令人满意的解释。这本书也是对进一步阅读的一个很有价值的指南。

许多历史学家试图澄清 19 世纪的民主武断与暴力之间的模糊关系。David Grimsted, "Rioting in Its Jacksonian Setting," *American Historical Review*, 77（April 1972）: 316 – 97 强调了其复杂的由来; Michael Feldberg, *The Turbulent Era*（New York 1980）进行了全面的概述; 而 Paul A. Gilje, *The Road to Mobocracy*（Chapel Hill 1987）则提供了纽约市所发生事件背景。Iver Bernstein, *The New York City Draft Riots*（New York 1990）和 Michael Gordon, *The Orange Riots*（Ithaca 1993）这两项杰出的研究强调了隐藏在这些暴力爆发之下的民主冲动。Paul Johnson, " 'Art' and the Language of Progress in Early Industrial Paterson: Sam Patch at Clinton Bridge," *American Quarterly*, 40（December 1988）: 433 – 49 研究了劳动人民博爱价值观的粗野之处。在 Susan G. Davis, *Parades and Power*（Philadelphia 1986）中劳动人民为争取走上街头的权利而斗争。Rowland Berthoff, *An Unsettled People*（New York 1971）用一种宽阔的视野看待 19 世纪美国社会的动乱。

第四章

有关 19 世纪新的对人体神圣性信仰的有用资料, 参见: Myra C. Glenn, *Campaigns against Corporal Punishment*（Albany 1984）; James Turner, 对与疼痛联系在一起的变化中的价值观进行了考察的 *Reckoning with the Beast*（Baltimore 1980）; Ronald G. Walter 的调查报告: *American Reformers 1815 – 1860*（New York 1978）; 特别是 Thomas L. Haskell 的那些振奋人心的论文 "Capitalism and the Origins of Humanitarian Sensibility," pts. 1 and 2, *American Historical Review*, 90（April 1985）: 339 – 61, （June 1985）: 547 – 66。

关于 19 世纪早期工资劳动者的不明确之处, 参见: Jonathan Prude, *The coming of the Industrial Order*（New York 1983）和 Howard B. Rock, *Artisans of the New Republic*（New York 1979）。Paul E. Johnson, *A Shopkeeper's Millennium*（New York 1978）和 Sean Wilentz, *Chauts Democratic*（New York 1984）极富想像力地描述了 19 世纪早期的工资劳动者当中对自治和自决的新要求。在 *The "Lower Sort"*（Ithaca 1990）中, Billy G. Smith 消除了人们头脑中关于 18 世纪晚期的费城是工匠艺人的黄金时代这种观念。

白人工资劳动者对体面的追求, 包括一种自信的、不属于工会的自由人的劳动, 一种有种族意识的政治,例如 Amy Bridges 在 *A City in the Republic* (Cambridge, Eng., 1984), Eric Foner 的开拓性著作 *Free Soil, Free Labor, Free Man* (New York 1970) 和 Alexander Saxton, *The Rise and Fall of the White Republic* (New York 1990) 中所讨论的;包括对道德自我修养的承诺,例如在 Bruce Lauries 很有影响的著作: *Working People of Philadelphia, 1800 – 1850* (Philadelphia 1980)中的那种有抱负的工资劳动者,以及在 David Montgomery 的杰作 "The Shuttle and the Cross: Weavers and Artisans in the Kensington Riots of 1844," *Journal of Social History*, 5 (Summer 1972): 411 – 46 中表现为富有奋斗精神的那种工资劳动者;包括在中产阶级的生活圈子里有一席之地,如 Michael Cassity 的 *Defending a Way Life* (Albany 1989) 和 Brian Greenberg 的 *Worker and Community* 所阐明的;还包括对工作时间的限定——19世纪体面的恒久主题,就像 David R. Roediger 和 Philip S. Fonder 的 *Our own Time* (Westport 1989) 所揭示的。有几部著作探讨了自治与冒险在技术性工作的文化当中的核心地位: Keith Dix, *What's a Coal Miner to Do?* (Pittsburgh 1988); James H. Ducker, *Men of the Steel Rails* (Lincoln 1983); Walter Licht, *Working for the Railroad* (Princeton 1983); James Whiteside, *Regulating Danger* (Lincoln 1990)。

在 Alan Dawley, *Class and Community* (Cambridge 1976); Susan E. Hirsch, *Roots of the American Working Class* (Philadelphia 1978); Christopher L. Tomlins, *Law, Labor, and Ideology in the Early American Republic* (Cambridge, Eng., 1993) 中所表现的众多工资劳动者的形象比我所描述的要更可怕。这使我受益匪浅。Robert A. Margo 和 Georgia C. Villaflor, "The Growth of Wages in Antebellum America: New Evidence," *Journal of Economic History*, 47 (December 1987): 873 – 95 根据可信的数据资料认为真正的工资几乎没有上升。但是由于 Margo 和 Villaflor 集中精力研究革新最少的行业,因此他们的结论没有取代 Peter H. Lindert 和 Jeffrey G. William 在 "Three Centuries of American Inequality," *Research in Economic History*, vol. 1, ed. Paul Uselding (Greenwich 1976), 69 – 123 中对技术工人工资的最乐观估计。在 *Without Consent or Contract* (New York 1989) 中,Robert William Fogel 以工资劳动者在19世纪50年代中期的一次经济萧条中提出的主张来对 Margo-Villaflor 的观点加以渲染、美化,这是一种与在10小时运动中的同时成功和城市工人政治中的好斗性——这两者都是公认的好时代的标志而不是坏时代的标志——不相符的假设。更有说服力的是 Richard B. Stott 对战前纽约市工作领域的精彩描写: *Workers in the Metropolis* (Ithaca 1990) 这本书为 Lindert-Williamson 所描述的"当非技术工人落后时,技术工人受益"这一观点提供了理由。

非洲裔美国人在19世纪历史中每一个方面的作用都是从奴隶经历开始的。对于其意义的现代讨论开始于 Kennth M. Stampp 的 *The Peculiar Institution* (New York 1956),这本书强调了奴隶与主人之间的冲突,而 Stanley Elkins 的 *Slavery* (Chicago 1959) 则分析了奴隶们为何普遍接受他们的命运。由于更为重视奴隶决定他们自己命运的方式,John Blassingamae 在 *Slave Community* (New York 1972)中对奴隶的反抗进行解释时以及 Eugene D. Genovese 在 *Roll, Jordan, Roll* (New York 1974)中把奴隶制解释成为主人与奴隶相互作用的过程时,这一争论还在继续。一个对奴隶身体条件这一复杂问题的介绍把 Fogel 在 *Without Consent or Contract* 中修改过的看法与在 Paul A. David et al., *Reckoning with Slavery* (New York 1976) 中激发出这种改正的尖锐批评结合在一起。Bertram Wyatt-Brown, "The Mask of Obedience: Male Slave Psychology in the Old South," *American Historical Review*, 93 (December 1988): 1228–52 探讨了奴隶制内部更微妙的斗争;而 Deborah Gray White, *Ar'n't I a Woman?* (New York 1985) 则主要研究了经常被忽视的女奴隶的生活。

Carl N. Degler, *Neither Black nor White* (New York 1971), Orlando Patterson, *Slavery and Social Death* (Cambridge 1982) 对美国黑人异常严酷的命运进行了合理的分析。Ira Berlin, *Slaves without Masters* (New York 1974) 和 Benjamin Quarles, *Black Abolitionists* (New York 1969) 描写了这种后果的某些影响。解放对于非洲裔美国人的含义,在战后的南部受到最严峻的考验。参见: Eric Foner, *Reconstruction* (New York 1988); Thomas Holt, *Black over White* (Urbana 1977); Leon F. Litwack, *Been in the Storm So Long* (New York 1979)。尽管从奴隶制走向自由的长期过渡依然很模糊,但是某些重要的著作阐明了这一过程: Orville Vernon Burton, *In My Father's House Are Many Mansions* (Chapel Hill 1985); Barbara Jeanne Fields, *Slavery and Freedom on the Middle Ground* (New Haven 1985); Robert Higgs, *Competition and Coercion* (New York 1977); James Oakes, *Slavery and Freedom* (New York 1990)。

奴隶制如何影响白人这一复杂问题,似乎使全面的论述成为不可能。在那些被阐明了的地方,在 Ira Berlin 和 Herbert G. Gutman 的 "Natives and Immigrants, Free Men and Slaves: Urban Workingmen in the Antebellum American South," *American Historical Review*, 88 (December 1983): 1175–1200 中对白人工人进行了分析,而 David R. Roediger, *The Wages of Whiteness* (London 1991) 的分析更为细致; George M. Fredrickson, *The Black Image in the White Mind* (New York 1971); Winthrop D. Jordan, *White over Black* (Chapel Hill 1968) 和 Bertram Wyatt-Brown, "Modernizing South Slavery: The Proslavery Argument Reinterpreted," 载 *Region, Race, and Reconstruction* ed. J. Morgan Kousser 和 James M. McPherson (New York 1982) 27–50 对种族思想进行了讨论; Elizabeth Fox Genovese, *Within the Plantation Household* (Chapel Hill 1988) 对上层人士——妇女的道德意识进行了论述; Edmund S. Morgan, *American Slavery American Freedom* (New York 1975) 对南部的男人, Leonard L. Richards, "*Gentlemen of Property and Standing*" (New York 1970) 对北部的男人进行了论述。

奴隶制作为一种强烈的道德危机,在 David Brion Davis, *The Problem of Slavery in the Age of Revolution, 1770–1823* (Ithaca 1975); Ronald G. Walters, *The Antislavery Appeal* (Baltimore 1976) 中被仔细考察。William J. Cooper, Jr., *The South and the Politics of Slavery, 1828–1856* (Baton Rouge 1978), William W. Freehling, *Prelude to Civil War* (New York 1966), Mark V. Tushnet, *The American Law of Slavery 1810–1860* (Princeton 1981) 分析了奴隶制是如何影响南部的法律和政治的。Eugene H. Berwanger, *The Frontier against Slavery* (Urbana 1967), 尤其是 Leon F. Litwack, *North of Slavery* (Chicago 1961) 解释了奴隶制对北部自由黑人的影响。J. Mills Thornton III, *Politics and Power in a Slave Society* (Baton

Rouge 1978)是关于奴隶制与南部民主政治关系的一项重要研究成果。Peter J. Parish, *Slavery*(New York 1989)则是一部很好的概述。

Phyllis F. Field 在 *The Politics of Race in New York*(Ithaca 1982)中认为,解放对白人男子带来的影响也是不同的。其不同之程度被 Harold M. Hyman 和 William M. Wiecek 在 *Equal Justice under Law*(New York 1982)中以谨慎判断的态度进行了讨论;而 Garry Wills, *Lincoln at Gettysburg*(New York 1992)和 Robert J. Kaczorowski, "To Begin the Nation Anew: Congress, Citizenship, and Civil Rights After the Civil War," *American Historical Review*, 92 (February 1987):45 – 68 则从引人注目的重构概念的角度进行了讨论。南方白人转向暴力的转折点在 George C. Rable, *But There Was No Peace*(Athens 1984)和 Allen W. Trelease, *White Terror*(New York 1971)中被描述。

有关印第安人边缘化的特别令人感兴趣的研究,可参见:Robert F. Berkhofer, Jr., *Salvation and the Savage*(Lexington 1965);Brian W. Dippie, *The Vanishing America*(Middletown 1982);Roy Harvey Pearce, *Savagism and Civilization*(Baltimore 1965);Richard White, *The Roots of Dependency*(Lincoln 1983)。也可参见 Reginald Horsman, *Race and Manifest Destiny*(Cambridge 1981)。

对 19 世纪美国人生活中白人妇女的认识,是从对性别化身份的理解开始的,反过来,对性别化身份的理解又是从三个成型的研究开始的:Nancy Cott, *The Bonds of Womanhood*(New Haven 1977);Carroll Smith-Rosenberg, "The Female World of Love and Ritual: Relations between Women in Nineteenth-Century America," *Signs*, 1(1975):1 – 29;Barbara Welter, "The Cult of True Womanhood," *American Quarterly*, 18(Summer 1966):151 – 74。Jonh Mark Faragher, *Women and Men on the Overland Trail*(New Haven 1979);Annette Kolodny, *The Land before Her*(Chapel Hill 1984). Kathryn Kish Sklar, *Catharine Beecher*(New Haven 1973)也为这一问题的研究做出了贡献。当前关于对身份的概念形成挑战或使之复杂化的趋势,可参见:Carl N. Degler, *At Odds*(New York 1980);Linda K. Kerber, "Separate Spheres, Female Worlds, Woman's Place: The Rhetoric of Women's History," *Journal of American History*, 75(June 1988):9 – 39;Nancy Hewitt, "Beyond the Search for Sisterhood: American Women's History in the 1980s," *Social History*, 10(October 1985):299 – 321。

作为 19 世纪的历史背景,Linda Kerber, *Women of the Republic*(Chapel Hill 1980)解释了美国革命的改革对白人妇女的影响是多么的微弱。也可参见:Catherine L. Albanese, "Whither the Sons(and Daughters)? Republican Nature and the Quest for the Ideal," 见 *The American Revolution*, ed. Jack P. Greene(New York 1987), 362 – 87。相比之下,19 世纪妇女公开活动的大规模扩大在以下的著作中被详细描述:Barbara J. Berg, *The Remembered Gate*(New York 1978);Barbara Leslie Epstein, *The Politics of Domesticity*(Middletown 1981);Estelle B. Freedman, *Their Sisters' Keepers*(Ann Arbor 1981);Nancy Hewitt 的杰作 *Women's Activism and Social Change*(Ithaca 1984);Mary P. Ryan, *Women in Public*(Baltimore 1990);Carroll Smith-Rosenberg, *Religion and the Rise of the City*(Ithaca 1971)。Ann Douglas, *The*

Feminization of American Culture（New York 1977）从另一个角度强调了中产阶级白人妇女影响的扩大；而 Mary H. Blewett, *Men, Women, and Work*（Urbana 1988）, Christine Stansell, *City of Women*（New York 1986）则阐明了靠工资为生的妇女所拥有的新的自信。有关中产阶级妇女转向政治活动的基础性研究论著是 Ellen Carol DuBois, *Feminism and Suffrage*（Ithaca 1978）。也可参见：Norma Basch, "Equality vs. Equality: Emerging Concepts of Women's Political Status in the Age of Jackson," *Journal of the Early Republic*, 3（Fall 1983）: 297 – 318; Beverly Beeton, *Women Vote in the West*（New York 1986）; Steven M. Buechler, *The Transformation of the Women Suffrage Movement*（New Brunswick 1986）。

有几本书描绘了男人在 19 世纪晚期对这些范围逐渐扩大的行动所设的限制。Norma Basch, *In the Eye of the Law*（Ithaca 1982）; Amy Dru Stanley, "Conjugal Bonds and Wage Labor: Rights of Control in the Age of Emancipation," *Journal of American History*, 75（September 1988）: 471 – 500; Michael Grossberg, *Governing the Hearth*（Chapel Hill 1985）强调了法院中的保守力量。Lori D. Ginsberg, *Women and the Work of Benevolence*（New Haven 1990）对妇女请愿作了认真讨论，而 James C. Mohr, *Abortion in America*（New York 1978）则更笼统地论述了一种压抑性状态。Ruth Bordin, *Woman and Temperance*（New Brunswick 1990 [1981]）证明了基督教妇女禁酒联合会是如何借助这种保守性趋势创造出这个世界最受欢迎的妇女运动的。Ian Tyrrell, *Woman's World / Woman's Empire*（Chapel Hill 1991）关注着基督教妇女禁酒联合会在国外的影响。

把非洲裔美国人与白人妇女的状况进行比较，做得最好的是 William H. Chafe, *Women and Equality*（New York 1977）。Stephanie McCurry, "The Two Faces of Republicanism: Gender and Proslavery Politics in Antebellum South Carolina," *Journal of American History*, 78（March 1992）: 1245 – 64 也是有帮助的。

第五章

Michael Katz, "Social Class in North American History," *Journal of Interdisciplinary History*, 11（Spring 1981）: 579 – 605 对 19 世纪的双阶级体制作了最好的介绍。也可参见 Katz et al., *The Social Organization of Early Industrial Capitalism*（Cambridge 1982），特别是其中的第一、第九章。Lee Soltow 的两部著作——"Economic Inequality in the United States in the Period from 1790 to 1860," *Journal of Economic History*, 21（December 1971）: 822 – 39 和 *Men and Wealth in the United States, 1850 – 1870*（New Haven 1975）——设计了阶级的经济基础。如果说在 19 世纪持有财产并不决定阶级地位，但却可以说阶级地位开始接近于决定财产的持有。因此，围绕白人人口中有多少人拥有相当数量的财产而进行的争论，直接影响着归入每一个阶级的人口比例。众多没有财产的青年白人男子将最终获得财产这一事实会对这些判断产生什么样的影响？Edward Pessen, *Jacksonian America*, rev. ed.

(Homewood 1978) 指的是下层阶级中的多数人,而 Robert E. Gallman, "Professor Pessen on the 'Egalitarian Myth,'" *Social Science History*, 2 (Winter 1978): 194 – 207 持相反的意见,则指的是中产阶级中的多数人。关于这个世纪中期阶级地位的稳固不变性,参见:David A. Gerber, "Cutting Out Shylock: Elite Anti-Semitism and the Quest for Moral Order in the Mid-Nineteenth-Century American Market Place," *Journal of American History*, 69 (December 1982): 615 – 37; Mary P. Ryan, *Cradle of the Middle Class* (Cambridge, Eng., 1981); Sam Bass Warner, Jr., *The Private City* (Philadelphia 1968)。

John Higham, *From Boundless to Consolidation* (Ann Arbor 1969) 对于理解这个世纪中期变革的文化含义是必不可少的。Dolores Greenberg, "Reassessing the Power Patterns of the Industrial Revolution: An Anglo-American Comparison," *American Historical Review*, 87 (December 1982): 1237 – 61 考察了它的技术背景; Karen Halttunen, *Confidence Men and Painted Women* (New Haven 1982) 考察了它的文化背景,而 Stephan Thernstrom, *Poverty and Progress* (Cambridge 1964) 则考察了它的社会背景。关于 19 世纪工作场所的更多资料,参见 Clyde Griffen 和 Sally Griffen 的 *Natives and Newcomers* (Cambridge 1978)。关于下层阶级工人的文化,参见 Perry R. Duis, *The Saloon* (Urbana 1983); Elliot J. Gorn, "'Good-Bye Boys, I Die a True American': Homicide, Nativism, and Working-Class Culture in Antebellum New York City," *Journal of American History*, 74 (September 1987): 388 – 410; Peter Way, "Evil Humors and Ardent Spirits: The Rough Culture of Canal Construction Laborers," ibid., 79 (March 1993): 1397 – 428。Milton Cantor, ed., *American Workingclass Culture* (Westport 1979) 有很多关于这些问题的资料。

在白领工人和蓝领工人之间划出分界线的社会等级观念,以不同的方式出现在 Stuart M. Blumin, *The Emergence of the Middle Class* (Cambridge, Eng., 1989); Jonathan A. Glickstein, *Concepts of Free Labor in the Antebellum America* (New Haven 1991); Michael Katz, *The Irony of Early School Reform* (Cambridge 1968)。David Brody, "The Old Labor History and The New: In Search of an American Working Class," *Labor History*, 20 (Winter 1979): 111 – 26 讨论了许多说明性问题。

对 19 世纪晚期乡村美国的阶级危机的研究是从 C. Vann Woodward 的优秀著作 *Origins of the New South*, 1877 – 1913 (Baton Rouge 1951)开始的。Lawrence Goodwyn 的纲要式的 *Democratic Promise* (New York 1976) 对农民抗议的失败提出了一个特别悲观的看法。其他涉及农民不满的根源与表现的著作有:Peter H. Argersinger, *Populism and Politics* (Lexington 1974); Dwight B. Billings, Jr., *Planters and the Making of a "New South"* (Chapel Hill 1979); Lacy K. Ford, "Rednecks and Merchants: Economic Development and Social Tensions in the South Carolina Upcountry, 1865 – 1900," *Journal of American History*, 71 (September 1984): 294 – 318; Steven Hahn, *The Roots of Southern Populism* (New York 1983); Bruce Palmer, "*Men over Money*" (Chapel Hill 1980); Norman Pollack, *The Just Polity* (Urbana 1987)。对于平民主义更为怀疑的看法,参见:Barton C. Shaw, *The Wool-Hat Boys* (Baton

Rouge 1984)。

James Livingston 在 "The Social Analysis of Economic History and Theory: Conjecture on Late Nineteenth-Century American Development," *American Historical Review*, 92 (February 1987) 69 – 95 中,对下降中的生产力的分析为 19 世纪 80 年代工资劳动者中的阶级危机提供了有用的背景,David Montgomery 在 *The Fall of the House of Labor* (Cambridge, Eng., 1987) 中,对变化中的技术与工作给予了详尽的交代。Bryan D. Palmer, *A Culture in Conflict* (Montreal 1979)对技术工人中的斗争提出了一种北美人的看法。有关 19 世纪后期工人团结方面的情况,参见 David Bensman, *The Practice of Solidarity* (Urbana 1985); Leon Fink, *Workingmen's Democracy* (Urbana 1983); Richard Jules Oestreicher, *Solidarity and Fragmentation* (Urbana 1986); Steven J. Ross, *Workers on the Edge* (New York 1985)。这些研究——加上 John T. Cumbler 的 *Working-Class Community in Industrial America* (Westport 1979), Stanley Nadel, *Little Germany* (Urbana 1990), Daniel J. Walkowitz, *Worker City, Company Town* (Urbana 1978)——也揭示了工作场所的身份与种族社区和党派忠诚混合在一起的那些不固定的方式。关于要求得到尊重的强烈欲望,Susan Levine, "Labor's True Woman: Domesticity and Equal Rights in the Knights of Labor," *Journal of American History*, 70 (September 1983): 323 – 39 增添了一些有用的材料。

南方下层阶级社会地位的下降,尤其得到了很好的记实性描述。David L. Carlton, *Mill and Town in South Carolina, 1880 – 1920* (Baton Rouge 1982)描述了白人当中的这一下降过程;Jacqueline Jones, *The Dispossessed* (New York 1992), Gavin Wright, *Old South, New South* (New York 1986)解释了白人和黑人的命运是如何交织在一起的。到了 20 世纪 20 年代,一种重要的黑人白人混合工作安排的瓦解——对白人工资劳动者经济上不利的工作安排——在 Eric Arnesen, *Waterfront Workers of New Orleans* (New York 1991), Daniel Rosenberg, *New Orleans Dockworkers* (Albany 1988)中被分析。William Cohen, "Negro Involuntary Servitude in the South, 1865 – 1940: A Preliminary Analysis," *Journal of Southern History*, 42 (February 1976): 31 – 60, Pete Daniel, *The Shadow of Slavery* (Urbana 1972)详细地说明了社会大厦底层的工资劳动者的悲惨命运。也可参见:Amy Dru Stanley, "Beggars Can't Be Choosers: Compulsion and Contract in Postbellum America," *Journal of American History*, 78 (March 1992): 1265 – 93。

三项重要的研究描述了中产阶级的南部白人在隔离非洲裔美国人方面所取得的成功:J. Morgan Kousser, *The Shaping of Southern Politics* (New Haven 1974); Joel Williamson, *The Crucible of Race* (New York 1984); C. Vann Woodward, *The Strange Career of Jim Crow* (New York 1955)。Charles L. Flynn, Jr. 的 *White land, Black Labor* (Baton Rouge 1983)进一步深化了这种说法。就像 Paul Boyer 很有价值的 *Urban Masses and Moral Order in America, 1820 – 1920* (Cambridge 1978), John Higham 的重要著作 *Strangers in the Land* (New Brunswick 1955), 和 Donald K. Pickens 的 *Eugenics and the Progressive* (Nashville 1968) 所解释那样,北方中产阶级白人也在同时使他们自己远离成分更为复杂多样的下层阶级。

Kathleen M. Blee 的 *Women of the Klan*（Berkeley 1991）; Robert Alan Goldberg 的 *Hooded Empire*（Urbana 1981）; Kenneth T. Jackson 的 *The Ku Klux Klan in the City, 1915 – 1930*（New York 1967）, 和 Nancy MacLean 的力作 *Behind the Mask of Chivalry*（New York 1992）对三 K 党的作用给出了不同的评价。Alexander Keyssar, *Out of Work*（Cambridge, Eng., 1986）和 Peter R. Shergold, *Working-Class Life*（Pittsburgh 1982）对三 K 党在工资劳动者中的影响提供了基本的材料。Melvyn Dubofsky, *We Shall Be All*（Chicago 1969）和 Allan Kent Powell, *The Next Time We Strike*（Logan 1985）揭示了孤立的工人力量, 尤其矿山中的工人力量所特有的脆弱性。

在北方城市中, 对于黑人是如何陷入这一地位下降过程之中的, James R. Grossman, *Land of Hope*（Chicago 1989）; Thomas Lee Philpott, *The Slum and the Ghetto*（New York 1978）; Joe William Trotter, Jr., *Black Milwaukee*（Urbana 1985）, 对此作了说明。关于背景, 参见: Roger Lane 的纯理论的 *Roots of Violence*（Cambridge 1986）。就像 Cletus E. Daniel 的 *Bitter Harvest*（Ithaca 1981）揭示了亚裔美国人的情况一样, Frederick E. Hoxie 的 *A Final Promise*（Lincoln 1984）揭示了印第安人——在西部生活的一样不好的有色少数民族的状况。

关于下层阶级生活的分裂与分散, 参见 John J. Bukowczyk, *And My Children Did Not Know Me*（Bloomington 1987）; Sarah Deutsch, *No Separate Refuge*（New York 1987）; Herbert G. Gutman, *Power and Culture*, ed. Ira Berlin（New York 1987）, 尤其是他的 *Work, Culture, and Society in Industrializing America*（New York 1975）; David M. Katzman, *Seven Days a Week*（New York 1978）; Ewa Morawska, *For Bread with Butter*（Cambridge, Eng., 1985）; Oliver Zunz, *The Changing Face of Inequality*（Chicago 1982）。

对工人贵族进行了特别有用的记述的是 Andrew Dawson, "The Paradox of Dynamic Technological Change and the Labor Aristocracy in the United States, 1880 – 1914," *Labor History*, 20（Summer 1979）: 325 – 51; Helena Flam, "Democracy in Debt: Credit and Politics in Paterson, N.J., 1890 – 1930," *Journal of Social History*, 18（Spring 1985）: 439 – 55; Gwendolyn Mink, *Old Labor and New Immigrants in American Political Development*（Ithaca 1986）; Benson Soffer, "A Theory of Trade Union Development: The Role of the 'Autonomous' Workman," *Labor History*, 1（Spring 1960）: 141 – 63。当它们在强调其他问题时阐明了技术工人的脱离过程的著作包括: Patricia Cooper, *Once a Cigar Maker*（Urbana 1987）; Michael Kazin, *Barons of Labor*（Urbana 1987）; David Montgomery, *Workers' Control in America*（Cambridge, Eng., 1979）; Mark J. Stern, *Society and Family Strategy*（Albany 1987）。关于公司吸引技术工人的计划, 参见: Stuart Brandes, *American Welfare Capitalism, 1880 – 1940*（Chicago 1976）; David Brody, "The Rise and Decline of Welfare Capitalism," 载于 Brody 文集: *Workers in Industrial America*（New York 1981）, 41 – 81; Gerald Zahavi, *Workers, Managers, and Welfare Capitalism*（Urbana 1988）。关于对 20 世纪技术工人的一个使人产生误解的解释, 参见: David M. Gordon, Richard Edward, Michael Reich 合著的那本很有影响的著作 *Segmented Work, Divided Workers*（Cambridge, Eng., 1982）。Victoria C. Hattam, *Labor Visions and State*

Power（Princeton 1993）强调了工会在公共事务中的软弱。

关于社会党的兴衰问题,参见 Eric Foner, "Why Is There No Socialism in the United States?" *History Workshop Journal*, 17（Spring 1984）: 57 – 80; Nick Salvatore, *Eugene V. Debs* (Urbana 1982); James Weinstein, *The Decline of Socialism in America*, 1912 – 1925（New York 1967）。有关社会主义运动和工会的其他方面的问题在 John H. M. Laslett, *Labor and the Left*（New York 1970）; Sally M. Miller, *Victor Berger and the Promise of Constructive Socialism*, 1910 – 1920（Westport 1982）和 Elliott Shore, *Talkin' Socialism*（Lawrence 1988）中被讨论。

下列这些著作分析了令人困惑的移民欲望和社区支持问题: James R. Barrett 的 "Americanization from the Botton Up: Immigration and the Remaking of the Working Class in the United States, 1880 – 1930," *Journal of American History*, 79（December 1992）: 996 – 1020 及其重要著作 *Work and Community in the Jungle*（Urbana 1987）; Harold Benanson, "The Community and Family Bases of U. S. Working Class Protest, 1880 – 1920: A Critique of the 'Skill Degradation' and 'Ecological' Perspectives," 载于 *Research in social Movements, conflicts and Change*, vol. 8, ed. Louis Kriesberg（Greenwich 1985）, 109 – 32; John Bodnar, *The Transplanted*（Bloomington 1985）; John J. Bukowczyk, "The Transformation of Working-Class Ethnicity: Corporate Control, Americanization, and the Polish Immigrant Middle-Class in Bayonne, New Jersey, 1915 – 1925," *Labor History*, 25（Winter 1984）: 53 – 82; Susan Anita Glenn, *Daughters of the Shtetl*（Ithaca 1990）; Virginia Yans-McLaughlin, "A Flexible Tradition: South Italian Immigrants Confront a New York Experience," *Journal of Social History*, 7（Summer 1974）: 429 – 45.

从比较的角度对工资劳动者与阶级进行研究的著作有: James E. Cronin and Carmen Sirianni, eds., *Work, Community, and Power*（Philadelphia 1983）; John Foster, *Class Struggle and the Industrial Revolution*（London 1974）; Dieter Groh, "Intensification of Work and Industrial Conflict in Germany, 1896 – 1914," *Politics and Society*, 8（1978）: 349 – 97; Seppo Hentilä, "The Origins of the Folkhem Ideology in Swedish Social Democracy," *Scandinavian Journal of History*, 3（1978）: 323 – 45; Gareth Stedman Jones, *Languages of Class*（Cambridge, Eng., 1983）, 及其 *Outcast London*（Oxford 1971）; Stephen Wood, ed., *The Degradation of Work*? (London 1982)。Vernon L. Lidtke, *The Alternative Culture*（New York 1985）和 Standish Meacham, *A Life Apart*（Cambridge 1977）研究了文化与阶级的关系。Jean H. Quataert, "The Shaping of Women's Work in Manufacturing: Guilds, Households, and the State in Central Europe, 1648 – 1870," *American Historical Review*, 90（December 1985）: 1122 – 48, 对 19 世纪歧视妇女的文化进行了最令人满意的研究。

在第一次世界大战前的英国,对工人贵族的研究有着特别丰富的、且富有争议性的文献资料,如 Robert Q. Gray, *The Labor Aristocracy in Victorian Edinburgh*（Oxford 1976）; Royden Harrison and Jonathan Zeitlin, eds., *Divisions of Labor*（Sussex 1985）; E. J. Hobsbawm 的 *Labouring Men*（London 1964）和 *Workers*（New York 1984）; Henry Pelling, "The Concept of the Labour Aristocracy," 载于 Pelling 的 *Popular Politics and Society in Late Victorian Britain*,

2nd ed. (London 1979), 37 – 61; Roger Penn, *Skilled Workers in the Class Structure* (Cambridge, Eng., 1985); Alastair Reid, "Intelligent Artisan and Aristocrats of Labour: The Essays of Thomas Wright," 载于 *The Working Class in Modern British History*, ed. Jay Winter (Cambridge, Eng., 1983), 171 – 86。

第六章

Anthony Giddens, *The Class Structure of the Advanced Societies* (London 1973) 做了一个特别有意义的分析。Arthur Marwick, *Class* (New York 1980), R. S. Neale, *Class and Ideology in the Nineteenth Century* (London 1972) 和 Raymond Williams, *Culture and Society 1780 – 1950* (New York 1958) 也是很有价值的。对于把重要术语搞混的例子,参见:Lenore O'Boyle, "The Middle Class in Europe, 1815 – 1848," *American Historical Review*, 71 (April 1966): 826 – 45; Edward Shorter, "Middle-Class Anxiety in the German Revolution of 1848," *Journal of Social History*, 2 (Spring 1969): 189 – 215; Peter N. Stearns, "The Middle-Class: Toward a Precise Definition," *Comparative Studies in Society and History*, 21 (July 1979): 377 – 96。

尽管有关夭折的富豪阶级的资料是分散的,但是 Frederic Cople Jaher, "Styles and Status: High Society in Late Nineteenth-Century New York," 载于 *The Rich, the Well Born, and the Powerful*, ed. Jaher (Urbana 1973), 258 – 84, John F. Kasson, *Rudeness and Civility* (New York 1990) 和 Joseph F. Rishel, *Founding Families of Pittsburgh* (Pittsburgh 1990) 都是有用的。

在 *Middle-Class Providence, 1820 – 1940* (Princeton 1986) 中, John S. Gilkeson, Jr., 对美国国内受人尊敬的阶级进行了长期的调查。Mansel G. Blackford, *A Portrait Cast in Steel* (Westport 1982), Robert B. Davies, "'Peacefully Working to Conquer the World', The Singer Sewing Machine Company in Foreign Markets," *Business History Review*, 43 (Autumn 1969): 299 – 325和 Philip Scranton, *Proprietary Capitalism* (Cambridge, Eng., 1983) 讨论了中产阶级传统的商业实践。关于不同地方的社会价值观,参见:Herbert J. Gans, *The Levittowners* (New York 1967); Ted Ownby, *Subduing Satan* (Chapel Hill 1990) 和 Robert A. Slayton, *Back of the Yards* (Chicago 1986)。对于两种情况下的地方政客,参见:Numan V. Bartley, *The Creation of Modern Georgia* (Athens 1983) 和 Philip R. VanderMeer, *The Hoosier Politician* (Urbana 1985)。对于地方中产阶级政治的进一步研究,可以参见:John D. Buenker, *Urban Liberalism and Progressive Reform* (New York 1973); David Burner, *The Politics of Provincialism* (New York 1968); Henry C. Ferrell, Jr., *Claude A. Swanson of Virginia* (Lexington 1985); Dewey W. Grantham, *Southern Progressivism* (Knoxville 1983); William A. Link, *The Paradox of Southern Progressivism, 1880 – 1930* (Chapel Hill 1992); David Thelen, *Paths of Resistance* (New York 1986)。以下四本书对白领女工在新出现的阶级系统中的地位进行了特别仔

细的考察: Susan Porter Benson, *Counter Cultures*（Urbana 1986）; Margery W. Davies, *Woman's Place Is at the Typewriter*（Philadelphia 1982）; Ileen A. DeVault, *Sons and Daughters of Labor*（Ithaca 1990）; Lisa Fine, *The Souls of the Skyscraper*（Philadelphia 1990）。Lynn Dumenil 的 *Freemasonry and American Culture 1880 – 1930*（Princeton 1984）描述了一个受人喜爱的地方中产阶级联盟。

在全国性阶级和地方中产阶级价值观的众多冲突点当中，Sydney E. Ahlstrom, *A Religious History of the American People*, vol.2（New Haven 1972）, George M. Marsden, *Fundamentalism and American Culture*（New York 1980）, Ferenc M. Szasz, *The Divided Mind of Protestant America, 1880 – 1930*（University 1982）揭示了新教徒当中的冲突。JoAnne Brown, *The Definition of a Profession*（Princeton 1992）, Marjorie Murphy, *Blackboard Unions*（Ithaca 1990）, David Tyack and Elisabeth Hansot, *Managers of Virtue*（New York 1982）讨论了职业精神在教育中的吸引力。在 William L. Bowers, *The Country Life Movement in America, 1900 – 1920*（Port Washington 1974）; John Milton Cooper, Jr., *Walter Hines Page*（Chapel Hill 1977）; John Ettling, *The Germ of Lazineses*（Cambridge 1981）中,对城市职业与乡村之间的差距进行了估量。在 Peter J. Schmitt 的 *Back to Nature*（New York 1969）中,描述了这种新的城市居民是如何把这些旧的价值观念带到郊区的。在 Francis G. Couvares, *The Remaking of Pittsburgh*（Albany 1984）; John F. Kasson, *Amusing the Million*（New York 1978）; Kathy Peiss, *Cheap Amusements*（Philadelphia 1986）和 Roy Rosenzweig, *Eight Hours for What We Will*（Cambridge, Eng., 1983）中,解释了城市娱乐的新样式是如何把权力从地方中产阶级手中夺走的。

James May, "Antitrust Practice and Procedure in the Formative Era: The Constitutional and Conceptual Reach of States Antitrust Law, 1880 – 1918," *University of Pennsylvania Law Review*, 135（March 1987）: 496 – 593, Walter F. Pratt, Jr., "American Contract Law at the Turn of the Century," *South Carolina Law Review*, 39（Winter 1988）: 415 – 64 和 Melvin I. Urofsky, "State Courts and Protective Legislation during the Progressive Era: a Reevaluation," *Journal of American History*, 72（June 1985）: 63 – 91 描述了法律中阶级冲突的适应性和可调和性。有关背景参见: Thomas L. Haskell, *The Emergence of Professional Social Science*（Urbana 1977）; Harry N. Scheiber, "Federalism and the American Economic Order, 1789 – 1910," *Law and Society Review*, 10（Fall 1975）: 57 – 118; Carole Shammas, "A New Look at Long-Term Trends in Wealth Inequality in the United States," *American Historical Review*, 98（April 1993）: 412 – 31 和 Stephen Skowronek, *Building a New American States*（Cambridge, Eng., 1982）。关于可供选择的背景参见: Gabriel Kolko, *The Triumph of Conservatism*（Glencoe 1963）, Nell Irwin Painter, *Standing at Armageddon*（New York 1987）。

有关地方中产阶级对城市管理方式的成见,其资料特别丰富,参见: Eric H. Monkkonen, *America Becomes Urban*（Berkeley 1988）, Jon C. Teaford, *The Unheralded Triumph*（Baltimore 1984）。Samuel P. Hays, "The Changing Political Structure of the City in Industrial America," *Journal of Urban History*, 1 (November 1974): 6 – 38 和 Martin J. Schiesl, *The Politics of Efficiency* (Berkeley 1977) 解释了进步改革内部的张力。关于地方中产阶级的胜利,参见:Blaine A. Brownell, *The Urban Ethos in the South*, *1920 – 1930* (Baton Rouge 1975); Carl V. Harris, *Political Power in Birmingham*, *1871 – 1921* (Knoxville 1977); Harold L. Platt, *City Building in the New South* (Philadelphia 1983); Bradley R. Rice, *Progressive Cities* (Austin 1977)。

对于卡特、冈珀斯和华盛顿不同观点,参见:Robert Booth Fowler, *Carrie Catt* (Boston 1986); Louis R. Harlan, *Booker T. Washington*: *The Wizard of Tuskegee 1901 – 1915* (New York 1983); Stuart Kaufman, *Samuel Gompers and the Origins of the American Federation of Labor*, *1848 – 1896* (Westport 1973); Bernard Mandell, *Samuel Gompers* (Yellow Springs 1963); Mary Gray Peck, *Carrie Chapman Catt* (New York 1944); Bruno Ramirez, *When Workers Fight* (Westport 1978)。

Alan Trachtenberg 的 *The Incorporation of America* (New York 1982)为等级制度的出现提供了背景。在 Alfred D. Chandler, Jr., *The Visible Hand* (Cambridge 1977); Dan Clawson, *Bureaucracy and the Labor Process* (New York 1980); Daniel Nelson, *Managers and Workers* (Madison 1975); David F. Noble, *American by Design* (New York 1977) 和 JoAnne Yates, *Control through Communication* (Baltimore 1989) 中,论及了等级制度在商业中的原型。Daniel T. Rodgers 的 *The Work Ethic in Industrial America*, *1850 – 1920* (Chicago 1978)讨论了工作价值观的意义,而 James Gilbert, *Designing the Industrial State* (Chicago 1972) 则讨论了集体主义理论的意义。关于对妇女工资劳动者的影响,参见:Alice Kessler-Harris, *Out to Work* (New York 1982), Leslie Woodcock Tentler, *Wage-Earning Women* (New York 1979)。关于白领男人的同化,参见:Edwin Gabler, *The American Telegrapher* (New Brunswick 1988); Jürgen Kocka, *White Collar Workers in America*, *1890 – 1940*, 译者 Maura Kealey (London 1980) 和 Olivier Zunz, *Making America Corporate*, *1870 – 1920* (Chicago 1990)。Howard P. Chudacoff, *How Old Are You?* (Princeton 1990), Michael H. Hunt, *Ideology and U. S. Foreign Policy* (New Haven 1987) 和 James H. Madison, "Reformers and the Rural Church, 1900 – 1950," *Journal of American History*, 73 (December 1986): 645 – 68 间接地指出了 20 世纪初等级制度思想的传播是多么普遍。

等级制度价值观的顽固性和它们固定在公司生活中的僵化性是 Sanford M. Jacoby 的优秀论文 "American Exceptionalism Revisited: The Importance of Management," 载于 *Masters to Managers*, ed. Jacoby (New York 1991), 173 – 200 的主题。Steve Jefferys, *Management and Managed* (Cambridge, Eng., 1986), David F. Noble, *Forces of Production* (Chapel Hill 1984), Stephen P. Waring, *Taylorism Transformed* (Chapel Hill 1991), William Bruce Wheeler and Michael J. McDonald, *TVA and the Tellico Dam*, *1936 – 1979* (Knoxville 1986)对于研究这一问题也是有帮助的。Michael J. Piore and Charles F. Sabel, *The Second Industrial Divide* (New York 1984), Emma Rothschild, *Paradise Lost* (New York 1973)主要针对的是当代美国。

第七章

把 19 世纪 90 年代看作是美国历史上一条错误分界线的有：Walter Dean Burnham, *Critical Elections and the mainsprings of American Politics* (New York 1970); John Higham, "The Reorientation of American Culture in the 1890s," 载于 Higham 文集 *Writing American History* (Bloomington 1970), 73 - 102; Richard Holfstadter, "Cuba, the Philippines, and Manifest Destiny," *The Paranoid Style in American Politics and Other Essays* (New York 1964), 145 - 87; David P. Thelen, "Social Tensions and the Origins of Progressivism," *Journal of American History*, 56 (September 1969): 323 - 41; C. Vann Woodward, *Tom*, *Watson* (New York 1938); Larzer Ziff, *The American 1890s* (New York 1966)。

对政治实践的变革作了最圆满的解释的是 Michael E. McGerr 的重要著作 *The Decline of Popular Politics* (New York 1986)。John F. Reynolds, *Testing Democracy* (Chapel Hill 1988) 作了极好的补充。Richard J. Jesen, *Grass Roots Politics* (Westport 1983) 中的绪论有助于我们加深对这一变革的理解。这一重大变革的诸多方面在下列著作中被讨论：John Buenker, "Sovereign Individuals and Organic Networks: Political Culture in Conflict during the Progressive Era", *American Quarterly*, 40 (June 1988): 187 - 204; Michael H. Frisch, "Urban Theorists, Urban Reform, and American Political Culture in the Progressive Period," *Political Science Quarterly*, 97 (Summer 1982): 294 - 315; John F. Reynolds and Richard L. McCormick, "Outlawing 'Treachery': Split Tickets and Ballot Laws in New York and New Jersey," *Journal of American History*, 72 (March 1986): 835 - 58; Lloyd Sponholtz, "The Initiative and Referendum: Direct Democracy in Perspective, 1898 - 1920," *American Studies*, 14 (Fall 1973): 43 - 64. Paul Kleppner 的 *Who Voted?* (New York 1982) 提供了一些重要的资料。

James T. Kloppenberg 的那本必读之书 *Uncertain Victory* (New York 1986)，把社会思想领域的变革置于整个欧美背景之下进行研究。Daniel Levine, *Poverty and Society* (New Brunswick 1988) 对于具体的福利问题的研究和 Mary O. Furner 与 Barry Supple, eds., *The State and Economic Knowledge* (Cambridge, Eng., 1990) 对新的职业化工作的研究，也都是这样进行的。Robert B. Westbrook, *John Dewey and American Democracy* (Ithaca 1991) 为研究美国进步价值观提供了基本的材料；而 John Thompson, *Reformers and War* (Cambridge, Eng., 1987) 为在选择战争还是和平的痛苦挣扎中发生了变化的革新观念，提供了一个灵活的解释。Wilbur Zelinsky, *Nation into State* (Chapel Hill 1989) 为理解 20 世纪初期的新国家主义提供了一个有用的框架。在 Thomas J. Archdeacon 的 *Becoming American* (New York 1983) 和 William Preston, Jr., *Aliens and Dissenters* (Cambridge 1963) 也涉及了相关的问题。对于战争时期本身，David M. Kennedy, *Over Here* (New York 1980) 则是一本优秀的著作。

Robyn Muncy, *Creating a Female Dominion in American Reform*, *1890 – 1935*(New York 1991)对进步妇女公共影响的兴衰作了一个很好的解释。在 Linda Gordon, "Social Insurance and Public Assistance: The Influence of Gender in Welfare Thought in the United States, 1890 – 1935," *American Historical Review*, 97 (February 1992): 19 – 54; Jacquelyn Dowd Hall, *Revolt Against Chivalry* (New York 1979); Michael McGerr, "Political Style and Women's Power, 1830 – 1930," *Journal of American History*, 77 (December 1990): 864 – 85; Sheila M. Rothman, *Woman's Proper Place* (New York 1978) 中,包含了一些有关这种进步传统的其他资料。当 Theda Skocpol 的 *Protecting Soldiers and Mothers* (Cambridge 1992) 证明了 20 世纪早期相当数量超过 65 岁的北方白人男子通过旧式的、由党派操纵的分配体制领取退伍军人津贴时,它又夸大了新式的、政府给母亲们的津贴的重要性。

在 Paula Baker 的 "The Domestication of Politics: Women and American Political Society, 1780 – 1920," *American Historical Review*, 89 (June 1984): 620 – 47; Ellen Carol DuBois, "Harriot Stanton Blatch and the Transformation of Class Relations among Woman Suffragists," 载于 *Gender*, *Class*, *Race*, *and Reform in the Progressive Era*, ed. Noralee Frankel and Nancy S. Dye (Lexington 1991), 162 – 79; Richard J. Evans, *The Feminists* (New York 1977) 中,对生育的进步主义传统在作为投票权修正案背景中的地位作了说明。William J. Breen, *Uncle Sam at Home* (Westport 1984); Ross Evans Paulson, *Women's Suffrage and Prohibition* (Glenview 1973); Barbara J. Steinson, *American Women's Activitism in World War I* (New York 1982) 指明了战争对中产阶级妇女地位的影响。

对于这些问题从国际的角度进行有价值的透视,可参见: Peter Clarke, *Liberals and Social Democrats* (Cambridge, Eng., 1978); Steven C. Hause with Anne R. Kenney, *Women's Suffrage and Social Politics in the French Third Republic* (Princeton 1984); Sandra Standley Holton, *Feminism and Democracy* (Cambridge, Eng., 1986); Susan Kingsley, *Sex and Suffrage in Britain*, *1860 – 1914* (Princeton 1987); Sonya Michel and Seth Koven, "Womanly Duties: Materialist Politics and the Origins of Welfare States in France, Germany, Great Britain, and the United States, 1880 – 1920," *American Historical Review*, 95 (October 1990): 1076 – 108。

Sara Alpern 和 Dale Baum 的 "Female Ballots: The Impact of the Nineteenth Amendment," *Journal of Interdisciplinary History*, 26 (Summer 1985): 43 – 67, Paul Kleppner, "Were Women to Blame? Female Suffrage and Voter Turnout," ibid., 12 (Spring 1982): 621 – 43 中,透露了确定妇女选票对美国政治影响的困难性。关于 1920 年以后妇女影响降低的种种方式,参见: Paula Baker, *The Moral Frameworks of Public Life* (New York 1991); Felice D. Gordon, *After Winning* (New Brunswick 1985); William L. O'Nell, *Everyone Was Brave* (Chicago 1969); Judith Sealander, *As Minority Becomes Majority* (Westport 1983)。Sybil Lipschultz, "Social Feminism and Legal Discourse, 1908 – 1923," *Yale Journal of Law and Feminism*, 2 (Fall 1989): 131 – 60, Joan G. Zimmerman, "The Jurisprudence of Equality: The Women's Minimum Wage, the First Equal Rights Amendment, and *Atkins v. Children's Hospital*, 1905 – 1923," *Journal of*

American History, 78 (June 1991):188 – 225 详细叙述了 20 世纪 20 年代改革的失败。关于政治中的个人,参见 Dorothy M. Brown, *Mabel Walker Willebrandt*(Knoxville 1984),Susan Ware, *Beyond Suffrage*(Cambridge 1981)。

第八章

对现代美国文化中新感情的认识是从 Henry F. May 的开创性研究 *The End of American Innocence*(New York 1959)开始的。在不同的情况下,下面这些书提供了另外一些重要的资料。这些书是 Casev Blake, *Beloved Community*(Chapel Hill 1990);Lewis Erenberg, *Steppin' Out*(Westport 1981);Nathan I. Huggins, *Harlem Renaissance*(New York 1971);Daniel Joseph Singal, *The War Within*(Chapel Hill 1982)。Robert M. Crunden 的 *Ministers of Reform*(New York 1982)在强调战前与战后的感情是多么不同这一问题上是有帮助的。

新的价值观念渗透到了每一个地方。James B. Gilbert, *Work Without Salvation*(Baltimore 1977)讨论了对工作态度的变化。也可参见:Harry Braverman, *Labor and Monopoly Capital*(New York 1974)。Warren I. Susman, "'Personality' and the Making of Twentieth-Century Culture," *New Directions in American Intellectual History*, ed. John Higham and Paul K. Conkin(New Haven 1985), 212 – 26 对 19 世纪品质的消失进行了研究,而 K. Austin Kerr, *Organized for Prohibition*(New Haven 1985)则是对 19 世纪一项受人欢迎的改革的最新喝彩。Elaine Tyler May, *Great Expectations*(Chicago 1980),William L. O'Neill, *Divorce in the Progressive Era*(New Haven 1967)揭示了婚姻的新含义。Gillian Brown, *Domestic Individualism*(Berkeley 1990)对 19 世纪的价值观进行了对比。在 Paula S. Fass, *The Damned and the Beautiful*(New York 1977);Carole Haber, *Beyond Sixty-Five*(Cambridge, Eng., 1983);Gilman M. Ostrander, *American Civilization in the First Machine Age*(New York 1970)中涉及了有关针对青年和老年的正在发生变化的定位。

把消费主义当作现代美国文化纽带的那种经典性解释出现在 Daniel J. Boorstin, *The Americans: The Democracy Experience*(New York 1973)一书中。David E. Nye, *Electrifying America*(Cambridge 1991)也广泛地研究了消费者文化。对于把新的消费者时代当作是 20 世纪初期的自我意识的产物,参见:Leigh Eric Schmidt, "The Commercialization of the Calendar: American Holiday and the Culture of Consumption, 1870 – 1930," *Journal of American History*, 78 (December 1991):887 – 916;Susan Strasser, *Satisfaction Guaranteed*(New York 1989);William R. Taylor, "The Launching of a Commercial Culture: New York City, 1860 – 1930," *Power, Culture, and Place*, ed. John Hull Mollenkopf(New York 1988), 107 – 33。对于在这一过程中,尤其是在第一次世界大战前后向满足诉求转变的过程中广告的作用,Roland Marchand, *Advertising the American Dream*(Berkeley 1985)和 James D. Norris, *Advertising and the Transformation of American Society*, 1865 – 1920(New York 1990)有着详细的说

明。Ronald Edsforth 的 *Class Conflict and Cultural Consensus*（New Brunswick 1987）讨论了消费主义对劳工激进主义的催眠作用；而 Lary May, *Screening Out the Past*（New York 1980）解释了好莱坞在保守的环境中掩盖现代价值观的方式。Tania Modleski, *Loving with a Vengeance*（Hamden 1982）从另一个方面对大众传媒的精神意义提出了有趣的辩护。

在那些特别关注妇女在现代文化中地位的研究当中，有几项研究强调了一战前后使妇女突出起来的时代分界线：Nancy F. Cott, *The Grounding of Modern Feminism*（New Haven 1987）；David M. Kennedy, *Birth Control in America*（New Haven 1970）；James R. McGovern, "The American Woman's Pre-World War I Freedom in Manners and Morals," *Journal of American History*, 55（September 1969）: 315 – 33；Rosalind Rosenberg, *Beyond Separate Sphere*（New Haven 1982）。Mary A. Hill, *Charlotte Perkins Gilman*（Philadelphia 1980）可能是关于分界线另一边主要人物的第一部优秀传记。家庭生活领域中的政治，反映了变化中的价值观，这正是 Dolores Hayden, *Redesigning the American Dream*（New York 1984）；Margaret Marsh, "From Separation to Togetherness: The Social Construction of Domestic Space in American Suburbs, 1840 – 1915," *Journal of American History*, 76（September 1989）: 506 – 27 中的主题。Jacquelyn Dowd Hall, "Disorderly Women: Gender and Labor Militancy in the Appalachian South," *Journal of American History*, 73（September 1986）: 354 – 82, Joanne J. Meyerowitz, *Women Adrift*（Chicago 1988），Stephen H. Norwood, *Labor's Flaming Youth*（Urbana 1990）详细地叙述了女工对新的时代精神的贡献。在 Ruth Rosen 对卖淫的研究：*The Lost Sisterhood*（Baltimore 1982）中，古老的价值观已经完全消失了。

与这些变革伴随而来的限制性因素——有些是旧的，有些是新的——描绘了突然获得解放的妇女形象：Regina Markell MorantzSanchez, *Sympathy and Science*（New York 1985）；Mary P. Ryan, "The Projection of a New Womanhood: The Movie Moderns in the 1920s," *Decades of Discontent*, ed. Louis Scharf and Joan M. Jensen（Westport 1983）, 113 – 30；Carroll Smith-Rosenberg, "The New Woman as Androgyne: Social Disorder and Gender Crisis, 1870 – 1936," Smith-Rosenberg 文集 *Disorderly Conduct*（New York 1986）, 245 – 96；Ellen Trimberger, "Feminism, Men, and Modern Love: Greenwich Village, 1900 – 1925," *Powers of Desire*, ed. Ann Snitow et al.（New York 1983）, 131 – 52；Mary Roth Walsh, "*Doctors Wanted: No Women Need Apply*"（New Haven 1977）。Lois W. Banner, *American Beauty*（New York 1983）和 Joan Jacobs Brumberg, *Fasting Girls*（Cambridge 1988）重点研究了费用昂贵的美容业。那些还有很长的路要走的社会运动是下列著作中的主题：Susan D. Becker, *The Origins of the Equal Rights Amendment*（Westport 1981）；James Reed, *From Private Vice to Public Virtue*（New York 1978）研究了节育问题；Margurete Sandelowski, *Pain, Pleasure, and American Childbirth*（Westport 1984）研究的是自然分娩问题；Linda Gordon, *Heroes of Their Own Lives*（New York 1988）对家庭暴力进行了研究。

就像 Charles E. Rosenberg, *The Care of Strangers*（New York 1987）和 David Rosner, *A Once Charitable Enterprise*（Cambridge, Eng., 1982）中所解释的那样，现代文化对于健康保

特别致谢与参考书目 *345*

健诞生的影响也包括医院的革新。Elizabeth Fee, *Disease and Discovery*（Baltimore 1987）和 David Rosner and Gerald Markowitz, *Deadly Dust*（Princeton 1991）描写了公共卫生事业活力的丧失；Allan M. Brandt 在 *No Magic Bullet*（New York 1985）中也暗示了这一情况。Edward H. Beardsley, *A History of Neglect*（Knoxville 1987）揭露了种族偏见；而 Richard A. Meckel 的 *Save the Babies*（Baltimore 1990）揭露了健康保健诞生中的阶级偏见。关于改革和社会服务的总体状况，Clarke A. Chambers, *Seedtime of Reform*（Minneapolis 1963）和 J. Stanley Lemons, *The Woman Citizen*（Urbana 1975）给出了更为乐观的评价。

对于法律的新变化，参见：Morton J. Horwitz, *The Transformation of American Law 1870 – 1960*（New York 1992）; Richard Polenberg, *Fighting Faiths*（New York 1987）。对于笼统上的法律问题，参见：Lawrence M. Friedman, *A History of American Law*（New York 1973）。

第九章

有关自一战以来公共政策的几乎所有被写成文字的东西，都提到了使政府远离公众的问题。对美国现代政府结构的任何取样分析都是十分武断的。那些令人振奋的研究有 Edward Berkowitz and Kim McQuaid, *Creating the Welfare State*, rev. ed.（Lawrence 1992）; Alan Dawley, *Struggles for Justice*（Cambridge 1991）; Michael J. Lacey and Mary O. Furner, eds., *The State and Social Investigation in Britain and the United States*, （Cambridge, Eng., 1993）; Ellis W. Hawley, *The New Deal and the Problem of Monopoly*（Princeton 1966）; Richard Gid Powers, *Secrecy and Power*（New York 1987）; Theda Skocpol, "Political Response to Capitalist Crisis: Neo-Marxist Theories of the State and the Case of the New Deal," *Politics and Society*, 10（1980）: 155 – 201; William Appleman Williams, *The Contours of American History*（Cleveland 1962）。Peri E. Arnold, *Making the Managerial Presidency*（Princeton 1986）和 Thomas K. McCraw, *Prophets of Regulation*（Cambridge 1984）研究了演化中的政府机构。在 John P. Diggins, *Mussolini and Fascism*（Princeton 1972）; Edward A. Purcell, Jr., *The Crisis of Democratic Theory*（Lexington 1973）和 Sheldon Wolin, "The Idea of the State in America," *The Problem of Authority in America*, ed. John Diggins and Mark E. Kann（Philadelphia 1981）, 41 – 58 中讨论了围绕这些过程而传播的那些思想观念。关于政府在其他情况下疏远公众，可参见 Robert A. Caro, *The Power Broker*（New York 1974）对都市帝国扩张的研究和 Sam Bass Warner, Jr., *The Urban Wilderness*（New York 1972）对远方的城市政府的研究。

在 John Lewis Gaddis, *Strategies of Containment*（New York 1982）; Lloyd C. Gardner, *Architects of Illusion*（Chicago 1970）和 Arthur M. Schlesinger, Jr., *The Imperial Presidency*（Boston 1973）中描述了领导人在对外事务中的心态。Walter L. Hixson, *George F. Kennan*（New York 1989）和 Ernest R. May, "Cold War and Defense," *The Cold War and Defense*, ed. Keith Neilson and Ronald G. Haycock（New York 1990）, 9 – 14, 强调了决策者中的反民

主倾向。在 Stanley I. Kutler, *The American Inquisition*（New York 1982）; Mary Sperling McAuliffe, *Crisis on the Left*（Amherst 1987）和 Athan Theoharis, *Seeds of Repression*（Chicago 1971）中，揭示了孤立持不同政见者的过程。Michael J. Hogan,"American Marshall Planners and the Search for a European Neocapitalism,"*American Historical Review*, 90（February 1985）: 44 – 72 和 Charles S. Maier, *In Search of Stability*（Cambridge, Eng., 1987）的第三章准确地把握住了美国人是如何把国内的政治经济观点在战后欧洲表现出来的。Christopher N. May, *In the Name of War*（Cambridge 1989）对日益膨胀的政府权力的解释分析，提醒我们第一次世界大战所提供的起跑优势。

由于同样的原因，几乎每一项关于1920年以来美国政治的研究都与全国性领导人和地方中产阶级领导人之间的权力分配有关。从更为概括性的视角对这一主题进行研究的有 Barry D. Karl, *The Uneasy State*（Chicago 1983）和 James T. Patterson 的两本书：*America's Struggle against Poverty 1900 – 1980*（Cambridge 1981）, *The New Deal and the States*（Princeton 1969）。E. Digby Baltzell, *The Protestant Establishment*（New York 1964）和 Peter H. Irons, *The New Deal Lawyers*（Princeton 1982）揭示了全国性阶级领导人当中变化着的种族感情。

William W. Bremer, *Depression Winters*（Philadelphia 1984）; Kenneth R. Philp, *John Collier's Crusade for Indian Reform*, *1920 – 1954*（Tucson 1977）; Janet Poppendieck, *Breadlines Knee-Deep in Wheat*（New Brunswick 1986）; Bonnie Fox Schwartz, *The Civil Works Administration*, *1933 – 1934*（Princeton 1984）这些著作描写了新政初期政府政策某种程度上的可塑性。对于提出非难者，参见: David H. Bennett, *Demagogues in the Depression*（New Brunswick 1969）和 Alan Brinkley, *Voices of Protest*（New York 1982）。尽管 Arthur M. Schlesinger, Jr., 在头脑中有着截然不同的意图，但是他的 *The coming of the New Deal*（Boston 1959）和 *The Politics of Upheaval*（Boston 1960）包含了有关这种妥协在全国范围内结束的重要信息。关于新政在地方上的实施，参见: Roger Biles, *Big City Boss in Depression and War*（DeKalb 1984）; Nancy L. Grant, *TVA and Black America*（Philadelphia 1990）; Phillip Selznick, *TVA and the Grass Roots*（Berkeley 1949）; Douglas L. Smith, *The New Deal in the Urban South*（Baton Rouge 1988）和 Bruce M. Stave, *The New Deal and the Last Hurrah*（Pittsburgh 1970）。

这些妥协的某些保守性含义在 Mark H. Leff, "Taxing the 'Forgotten Man': The Politics of Social Security Finance in the New Deal," *Journal of American History*, 70（September 1983）: 359 – 81; John Salmond, *A Southern Rebel*（Chapel Hill 1983）和 Bruce J. Schulman, *From Cotton Belt to Sunbelt*（New York 1991）中被讨论。关于教育政策是如何适应这种妥协的例子，参见: Arthur J. Vidich 和 Joseph Bensman, *Small Town in Mass Society*（Princeton 1958）。关于教育政策不适应这种妥协的例子参见: Frank J. Munger and Richard F. Fenno, Jr., *National Politics and Federal Aid to Education*（Syracuse 1962）。Paul E. Peterson, *City Limits*（Chicago 1981）解释了在国家和地方层次上的财政预算中，是不同的社会经济逻辑在起作用。

Lizabeth Cohen, *Making a New Deal*（Cambridge, Eng., 1990）和 Bruce Nelson, *Workers on the Waterfront*（Urbana 1988）强调了产业工联主义在培养工资劳动者的阶级意识中的作用。下列这些书详细分析了对有组织劳工的限制：Nelson Lichtenstein, *Labor's War at Home*（New York 1982）；Linda C. Majka and Theo J. Majka, *Farm Workers, Agribusiness, and the State*（Philadelphia 1982）；Daniel Nelson, "The CIO at Bay: Labor Militancy Politics in Akron, 1936 – 1938," *Journal of American History*, 71（December 1984）: 565 – 86; Richard Oestreicher, "Urban Working Class Political Behavior and Theories of American Electoral Behavior, 1870 – 1940," ibid., 74（March 1988）: 1257 – 86。在 Steve Frazer 和 Gary Gerstle 主编的 *The Rise and Fall of the New Deal Order, 1930 – 1980*（Princeton 1989）中的一些文章也是有用的；Robert H. Zierger 那部可信度很高的著作 *American Workers, American Unions, 1920 – 1985*（Baltimore 1986）也同样是有用的。Joshua B. Freeman, "Catholics, Communists, and Republicans: Irish Workers and the Organization of the Transport Workers Union," *Working-Class America*, ed. Michael H. Frisch and Daniel J. Walkowitz（Urbana 1983）, 256 – 83 揭示了意识形态上的激进主义的外来性质；而 Robert J. Norrell, "Caste in Steel: Jim Crow Careers in Birmingham, Alabama," *Journal of American History*, 73（December 1986）: 669 – 94 则揭示了特定工会中的种族保护史。Howell John Harris, *The Right to Manage*（Madison 1982）和 Sanford M. Jacoby, *Employing Bureaucracy*（New York 1985）共同对 20 世纪 40 年代资方的反击提出了一个精彩的解释。Melvyn Dubofsky and Warren Van Tine, *John L. Lewis*（New York 1977）, Ronald W. Schatz, *The Electrical Workers*（Urbana 1983）对这些模式如何影响单个的领导人和工会作了说明。

关于这种妥协在二战前后和二战期间发挥作用的方式，参见：John Morton Blum, *V Was for Victory*（New York 1976）；Roger Daniels, *Concentration Camps USA*（New York 1972）；Leonard Dinnerstein, *American and the Survivors of the Holocaust*（New York 1992）；Peter Irons, *Justice at War*（New York 1983）；Jacobus tenBroek et al., *Prejudice, War and the Constitution*（Berkeley 1954）；David S. Wyman, *The Abandonment of the Jews*（New York 1984）。Don E. Carleton, *Red Scare*!（Austin 1985）；Walter Gellhorn, ed., *The States and Subversion*（Ithaca 1952）；Michael Paul Rogin, *The Intellectuals and McCarthy*（Cambridge 1967）就地方中产阶级上层人物对于麦卡锡主义的重要性进行了研究探讨。另参见：Alistair Cooke, *A Generation on Trial*（New York 1950）；David Oshinsky, *A Conspiracy So Immense*（New York 1983）。

Peter Bachrach, *The Theory of Democratic Elitism*（Boston 1967）考察了 20 世纪中期民主理论的发展。Michael Kammen 在他的覆盖面很广的 *A Machine That Would Go of Itself*（New York 1986）中，解释了宪法的重要性。

第十章

Allen J. Matusow, *The Unraveling of America*（New York 1984）是对 20 世纪 60 年代那次

失败了的妥协的一个平和、保守的解释。Peter N. Carroll, *It Seemed Like Nothing Happened* (New York 1983) 则对随后在 70 年代发生的事情作出了一个有资料根据的解释。关于争论性问题的实例,参见 Paul Boyer, "From Activism to Apathy: The American People and Nuclear Weapons, 1963 – 1980," *Journal of American History* 70 (March 1984): 821 – 44 对和平政治的研究;Brigitte Berger and Peter L. Berger, *The War over the Family* (New York 1983), Stephanie Coontz, *The Way We Never Were* (New York 1992), Arlene Skolnick, *Embattled Paradise* (New York 1991) 对家庭规范的研究;Samuel P. Hays, *Beauty, Health, and Permanence* (Cambridge, Eng., 1987) 对环境保护主义的研究;Kristin Luker, *Abortion and the Politics of Motherhood* (Berkeley 1984) 和 Frances Fox Piven and Richard A. Cloward, *Regulating the Poor* (New York 1971) 对福利制度的研究。

Wini Breines, *Community and Organization in the New Left: 1962 – 1968* (New York 1982); Vine Deloria, Jr., *Behind the Trail of Broken Treaties* (New York 1974); Kirkpatrick Sale, *SDS* (New York 1973) 和两部自传 Sara Evans, *Personal Politics* (New York 1979) 与 Todd Gitlin, *The Sixties* (New York 1987) 中,在某种程度上倾力于研究 20 世纪 60 年代的左派。在 Sidney Blumenthal, *The Rise of the Counter-Establishment* (New York 1986); Michael Kazin, "The Grass-Roots Right: New Histories of U.S. Conservatism in the Twentieth Century," *American Historical Review*, 97 (February 1992): 136 – 55; Leo Ribuffo, *The Old Christian Right* (Philadelphia 1983); Peter Steinfels, *The Neoconservatives* (New York 1979) 中初步探讨了右派的不满。Lloyd A. Free and Hadley Cantril, *The Politics Beliefs of Americans* (New York 1968) 以及 Michael Mann, "The Social Cohesion of Liberal Democracy," American Sociological Review, 35 (June 1970): 423 – 39 对经济自由主义和文化保守主义在地方中产阶级当中明显杂乱不分感到费解。

在 Lawrence M. Friedman, *Total Justice* (New York 1985); Mary Ann Glendon, *Rights Talk* (New York 1985); Bernard Schwartz, *Super Chief* (New York 1983) 中对有关权利的争论作了进一步的探讨。James C. Cobb, *Industrialization and Southern Society, 1877 – 1984* (Lexington 1984) 和 Gilbert C. Fite, *Cotton Fields No More* (Lexington 1984) 解释了把南部与美国其他地方密切联系在一起的那些力量。对于主要政党的影响,参见:David R. Mayhew, *Placing Parties in American Politics* (Princeton 1986); Kevin P. Phillips, *The Emerging Republican Majority* (New Rochelle 1969); Martin P. Wattenberg, *The Decline of American Political Parties, 1952 – 1980* (Cambridge 1984)。

非洲裔美国人当中力量的聚集和问题的确定,出现在 Kenneth W. Goings, "*The NAACP Comes of Age*" (Bloomington 1990); Charles V. Hamilton 富有见地的 *Adam Clayton Powell* (New York 1991); Genna Rae McNeil, *Groundwork* (Philadelphia 1983); Robert J. Norrell 很有洞察力的 *Reaping the Whirlwind* (New York 1985); Robert Weisbrot, *Father Divine and the Struggle for Racial Equality* (Urbana 1983) 中。Arnold R. Hirsch, *Making the Second Ghetto* (Cambridge, Eng., 1983); Michael W. Homel, *Down from Equality* (Urbana 1984); Di-anne M. Pinderhughes, *Race and Ethnicity in Chicago Politics*（Urbana 1987）这些著作详细描写了芝加哥的非洲裔美国人的生活质量在民权运动前数十年当中是如何恶化的。Clayborne Carson 的 *In Struggle*（Cambridge 1981）和 William H. Grier and Price M. Cobbs, *Black Rage*（New York 1986）探讨了黑人自由运动的情况。关于结果出乎意料的例子,参见: James C. Cobb, "'Somebody Done Nailed Us on the Cross': Federal Farm and Welfare Policy and the Civil Rights Movements in the Mississippi Delta," *Journal of American History*, 77（December 1990）: 912 – 36; 而 Jonathan Kaufman, *Broken Alliance*（New York 1988）是关于黑人和犹太人的。

关于20世纪70年代妇女运动复苏的背景,参见 William Henry Chafe, *The American Woman*（New York 1972）; Ruth Schwartz Cowan, *More Work for Mother*（New York 1983）和 Ruth Milkman, *Gender at Work*（Urbana 1987）, 还有奇特的当代分析三重奏: Betty Friedan, *The Feminine Mystique*（New York 1963）; Kate Millett, *Sexual Politics*（Garden City 1970）; Robin Morgan, ed., *Sisterhood Is Powerful*（New York 1970）。Mary Frances Berry, *Why ERA Failed*（Bloomington 1986）; John Hoff-Wilson, ed., *Rights of Passage*（Bloomington 1986）; Jane J. Mansbridge, *Why We Lost the ERA*（Chicago 1986）; Donald G. Mathews and Jane Sherron DeHart, *Sex, Gender, and the Politics of ERA*（New York 1990）对平等权利修正案的命运作了仔细的分析。

对于阶级的某些微妙之处,参见: Gary Gerstle, *Working-Class Americanism*（Cambridge, Eng., 1989）对蓝领爱国主义的研究; Phyllis Kaniss, *Making Local News*（Chicago 1991）对处于城市压力之下的地方阶级感情的研究; 以及 John Tomlinson, *Cultural Imperialism*（Baltimore 1991）对霸权局限性的分析。Vicki L. Ruiz, *Cannery Women Cannery Lives*（Albuquerque 1987）; Rickie Solinger, *Wake up Little Susie*（New York 1992）考察了阶级与种族和性别的交叉点。在 Christopher Jencks et al., *Inequality*（New York 1992）, 还有 Richard Parker, *The Myth of the Middle Class*（New York 1972）对穷人的负担进行了出色的分析。关于自尊在现代美国的削弱,参见: Christopher Lasch, *The Minimal Self*（New York 1984）。关于不投票政治,参见: Robert B. Lamb, *Political Alienation in Contemporary America*（New York 1975）以及 Norman H. Nie et al., *The Changing American Voter*, rev. ed.（Cambridge 1979）。

总体而言,绪论与结论中所列举的最近25年来的重要著作,也适用于本章。

索 引

(条目后所附为原英文版书页码)

Abbott, Edith 艾博特, 伊迪丝, 191
abortion 堕胎, 237, 238-39, 241-42
Ackerman, Bruce 阿克曼, 布鲁斯, 15, 251
Adams, Henry 亚当斯, 亨利, 84
Adams, John 亚当斯, 约翰, 21, 28
Adamson v. California 亚当森诉加利福尼亚州案, 226
Adams, Jane 亚当斯, 简, 127, 169, 170, 191, 192-93
Adorno, Theodor 阿多诺, 西奥多, 219
affirmative action 肯定性行动, 235
African Americans 非洲裔美国人, 96-104, 129, 150-54, 195-96, 232-35
　美容业, 198
　剥夺公民权, 135
　健康保健权, 189
　吉姆·克劳(歧视黑人)的种族隔离, 125-26, 190
　奴隶制, 16, 52-54, 96-101, 125
　20世纪的工业与~, 160
　暴力反抗, 98, 102, 127, 130
Alien and Sedition Acts 外侨与煽动叛乱法, 35
Almond, Gabriel 阿尔蒙德, 加布里埃尔, 220
amalgamation 合并统一, 97-98
American Civil Liberties Union 美国公民自由协会, 240, 241
American Federation of Labor 美国劳工联合会, 150-54, 160
American Indians 美国印第安人, 见 Native Americans
Americanization 美国化, 178-79
American Medical Association 美国医学协会, 189, 210
American Revolution 美国革命, 14, 18
anarchy 无政府状态, 37
Anderson, Mary 安德森, 玛丽, 216
Anglo-Saxonism 盎格鲁-撒克逊精神, 179
Anthony, Susan B. 安东尼, 苏珊·B., 108
Anti-Saloon League 反酒馆同盟, 166-67
apprenticing 学徒, 25
aristocracy 特权阶层, 138-40
Arnold, Thurman 阿诺德, 瑟曼, 207
Arrow, Kenneth 阿罗, 肯尼思, 250
Asians 亚洲人, 126, 127, 130
assimilation 同化, 178-79
Atkins v. Children's Hospital 阿特金斯诉儿童医院案, 171
Australian ballot 澳大利亚式选票, 137, 204
authoritarianism 独裁主义, 199, 218-19
authority, democratic subversion of 民主对权力的颠覆, 259

Bachrach, Peter 巴克拉克，彼德，8
Bailey, Liberty Hyde 贝利，利伯蒂·海德，175
Bailey, Thomas 贝利，托马斯，218
Baker v. Carr 贝克诉卡尔案，229
Bancroft, George 班克罗夫特，乔治，55, 96, 216
banking 银行业务，227, 242, 参见 credit
Baptists 浸礼会教友，19
barbarism 未开化状态，47–54, 62–63
Barber, Benjamin 巴伯，本杰明，6, 8, 251, 252, 256
Barnes v. Boston & Worcester Railroad 巴恩斯诉波士顿及伍斯特铁路案，93
Beccaria, Cesare di 贝卡里亚，塞扎·戴，88
Becker, Carl 贝克，卡尔，215, 217, 220
Beecher, Catlharine 比彻，卡瑟琳，104
Beecher, Lyman 比彻，莱曼，32
behaviorism 行为主义，188
Bellah, Robert 贝拉，罗伯特，4, 250
Bellamy, Edward 贝拉米，爱德华，124, 172, 178, 187
Berger, Victor 伯杰，维克托，132
Betterfield, Justin 贝特菲尔德，贾斯廷，38
Bill of Rights 权利法案，35, 200, 226, 255
birth control 节育，192, 237
Blaine, James G. 布莱恩，詹姆斯·G.，81
Blatch, Harriet Stanton 布拉奇，哈里特·斯坦顿，167
Boas, Franz 伯厄斯，弗朗兹，190
Boorstin, Daniel 布尔斯廷，丹尼尔，217, 259
bourgeois democracy 资产阶级民主，7
Bourne, Randolph 伯恩，伦道夫，178–79
Brandeis, Louis D. 布兰代斯，路易斯·D., 146, 162, 197
bribery 贿赂，参见 corruption
Broder, David 布罗德，戴维，247
Brownson, Orestes 布朗森，奥雷斯蒂斯，59, 119
Bryan, William Jennings 布莱恩，威廉·詹宁斯，123, 172, 208
Bryant, William Cullen 布莱恩特，威廉·卡伦，38
Bryce, James 布赖斯，詹姆斯，75, 140, 183
Buckeye Steel 七叶树钢铁公司，144–145
Buckley v. Valeo 巴克利诉瓦莱奥案，244, 262
bureaucracy 官僚体制，206
Burnham, Walter Dean 伯纳姆，沃尔特·迪安，8, 248–49
Burns, James MacGregor 伯恩斯，詹姆斯·麦格雷戈，3, 248, 258
business 企业
　公司的责任，260
　地方中产阶级和~，144–47
　20世纪的等级制度，155–61
　福利计划，160

Calhoun, John C. 卡尔霍恩，约翰·C., 64
Camp, George Sidney 坎普，乔治·西德尼，118
campaigning 竞选运动，66–68, 205–6
　开支，244
　参见 elections; political parties; politics
capital investment 资本投资，159
Carnegie, Andrew 卡内基，安德鲁，139, 215
Catt, Carrie Chapman 卡特，卡里·查普曼，150–55, 167–69, 170, 191

censorship 审查制度, 191
central government, justifications for 中央政府的正当理由, 254–55
character 品质, 186
Chicanos 奇卡诺人, 127, 130, 133
Child, Lydia Maria 蔡尔德，莉迪娅·玛丽娅, 105
Child, Richard Washburn 蔡尔德，理查德·沃什伯恩, 191
child labor 童工, 125
children's rights 儿童权利, 238
cities 城市, 113, 146
　阶级地位, 147–48
　19世纪欧洲人的评论, 56–59
　政党组织机构, 163–64
citizenship 公民资格
　资产阶级与~, 14
　教育与~, 31, 178
　下层阶级与~, 177–78
　参与训练与~, 82
　财产与~, 30–31
　参见 voting
Civil Rights Act 公民权利法案, 232, 234
civil rights movement 民权运动, 233–38, 参见 progressive movements
Civil War 内战, 54, 70, 81, 83–84
class 阶级 114–15, 117–42
　非洲裔美国人的个人主义, 195–96
　品质与~, 143, 186
　民权运动与~, 234
　现代全国性阶级的产生, 141–49
　信贷与~, 118–21
　20世纪初的公民资格与~, 135–37, 177–78, 180
　教育与~, 147
　欧洲人的评论, 138–40

差异意识, 127–31
劳工运动与~, 121–24
地方影响, 144–49
下层阶级的变化, 119–21, 124–37
多数主义原则的局限, 245–46
马克思主义的阶级意识, 115, 117–18, 121
少数人与~, 125–27
20世纪60年代的政治与~, 230–31
进步运动与~, 164–65
进入公共空间的权利, 136–37
消除投票偏见, 249
宗教协会, 148, 149
技术工人, 131–32
20世纪的等级制度, 155–61
上层阶级的重组, 138–41
城市文化与~, 147–48
美国经济政策与~, 210–11
工资劳动者, 88–96
女权运动与~, 237–38
Clay, Henry 克莱，亨利, 22, 28, 64
Cleaver, Eldridge 克利弗，埃尔德里奇, 235
Cloward, Richard 克劳伍德，理查德 6, 7, 249
collective rights 集体权利, 183–84, 188
Collier, John 克利尔，约翰, 213
common law 习惯法, 20
common sense 常识, 20
Commonwealth v. Hunt 马萨诸塞州诉亨特案, 94
Communitarians 鼓吹共产主义社会的人, 245
community 社区, 175–76, 251
competition 竞争, 145
complexity 复杂性, 7

Congress of Industrial Organizations（CIO）产业工会联合会, 213-14
conservative politics 保守的政见, 230-31
Constitution 宪法, 28, 34, 220, 参见: Bill of Rights; *specific amendments*
consumerism 消费主义, 195, 197-98, 216, 224-25, 264
选民与~, 218
Converse, Philip 康弗斯, 菲利普, 221
convict labor 囚犯的劳动, 126
Cooper, James Fenimore 库珀, 詹姆斯·费尼莫尔, 29
corporate responsibility 公司的责任, 260
corruption 腐败, 71, 205
crafts movement 行会运动, 194
credit 信贷, 26, 27, 103, 118-19, 227
crisis in democracy 民主的危机, 176, 252
Cronin, Thomas 克罗宁, 托马斯, 4
Cubberly, Ellwood 丘伯尔利, 埃尔伍德, 179
cultural homogeneity 文化同质性, 224-25
cultural lag 文化滞后性, 143
cultural relativism 文化相对主义, 221
culture 文化, 10

Dahl, Robert 达尔, 罗伯特, 6, 7, 8, 219, 250
Dahrendorf, Ralf 达伦多夫, 拉尔夫, 5
Debs, Eugene 德布斯, 尤金, 132
decentralization 权力分散化, 70, 86
democracy 民主, 1-10
美国人的全国性身份与~, 83, 181-82
民主的危机, 176, 252
民主的可延续性, 28
法国大革命与~, 36-37
输入与输出, 4-5
秘密团体政治, 86
19世纪的地方主义, 71-72
政治性的地方秘密组织, 72-75, 86
革命后的著述, 33-34, 38-40
进步主义者对民主的批评, 174-77
改革日程, 258-66
稳定与~, 220
权力的破坏性作用, 259
20世纪的欧洲, 181-83
民主的各种含义, 1-10
democratic ideals 民主的理想, 6
Democratic parties 民主政党, 32, 70, 231
depressions 经济萧条, 60, 210, 215
desegregation 废除种族隔离, 233
development 发展, 54, 87-88
Dewey, John 杜威, 约翰, 175-77, 185
Dewey, Thomas E. 杜威, 托马斯·E., 214
Dickens, Charles 狄更斯, 查尔斯, 46, 47, 48, 50, 57, 65, 78, 139
Dionne, E. J., Jr. 小迪翁, E. J. Jr., 3, 239, 248
direct democracy 直接民主, 163, 172, 174
Dirksen, Everett 德克森, 埃弗雷特, 214
disfranchisement 剥夺公民选举权, 8, 135-36, 164-65
distributive justice 分配正义, 233, 参见 rights
diversity, and political reform 多样性与政治改革, 258, 263
divorce 离婚, 105
domestic violence 家庭暴力, 105
Dorr, Rheta Childe 多尔, 里塔·蔡尔德, 166
Douglas, Stephen A. 道格拉斯, 史蒂芬·A., 38, 66, 73

Douglas, William O. 道格拉斯，威廉·O.，226-27

Douglass, Frederick 道格拉斯，弗里德雷克，99，103

Dryzek, John 德赖齐克，约翰，6，8，249，252

DuBois, W.E.B. 杜波依斯，W.E.B.，151

Dunn, John 邓恩，约翰，5，249，251，265

Dworkin, Ronald 德沃金，罗纳德，5，240，261

Dye, Thomas 戴伊，托马斯，240

economic development 经济发展，参见：发展

economic policy 经济政策，209，210-11，215-16，224，242

Edsall, Mary 埃德索尔，玛丽，248

Edsall, Thomas 埃德索尔，托马斯，248

education 教育
 公民资格与~，31，178
 阶级与~，147
 授权与~，6-7
 19世纪的思想意识，80
 教育的合理化，157

Eighteenth Amendment 宪法第十八条修正案，210

Eisenhower, Dwight 艾森豪威尔，德怀特，208，212，222

elections 选举，8
 等级制度的崩溃，29-30
 因投票率低而无效，257
 19世纪的竞选运动，66-68
 民主一致的方面，82-83
 参见 politics; voting

Eliot, Charles W. 埃利奥特，查尔斯·W.，84

Endicott Johnson Shoes 恩迪科特·约翰逊鞋业公司，144-45

Enlightment 启蒙运动，14，15

entitlements 应得的权利，见 rights

Equal Rights Amendment（ERA）平等权利修正案，193，197，236-38

European democracy 欧洲的民主，181-83

European visitors 欧洲的来访者，参见：游客的评论

experts 专家，143，175，176，217

Ezrahi, Yaron 埃兹拉希，亚伦，21，251

fairness 公正，255

family life 家庭生活，72，239

Farwell v. Boston & Worcester Railroad 法韦尔诉波士顿及伍斯特铁路公司案，92-93

Faust, Drew 福斯特，德鲁，96

federalism 联邦主义，34-35

Federalists 联邦主义者，21，29，32

feminism 女权主义，参见 woman's suffrage movement; women; *specific persons*

Finley, Moses 芬利，摩西，3

Finney, Charles Grandison 芬尼，查尔斯·格兰迪森，19，32

First World War 第一次世界大战，130，168，207

Fishkin, James 菲斯金，詹姆斯，5

foreign policy 对外政策，207-9，255

Fourteenth Amendment 宪法第十四条修正案，100，109，200，226

fraternities 兄弟会，参见 lodges

free blacks 自由黑人，97-98

freehold 终身职位，24

free labor 自由人的劳动，23，90，102

free love 自由性爱主义，105

Freemasons 共济会成员，参见 Masons
French Revolution 法国大革命，18，36－37
Friedan, Betty 弗里达恩，贝蒂，236
Fromm, Erich 弗罗姆，埃里奇，219
frontier 边疆，60
fulfillment 满足，187，196，223，240，251
Fuller, Lon 富勒，朗，226
fund raising 募捐，205，242

Galbraith, John Kenneth 加尔布雷斯，约翰·肯尼思，219
Gans, Herbert 甘恩，赫伯特，265
Garvey, Marcus 贾维，马库斯，195
gay rights 同性恋者的权利，238
gender issues 性别问题，参见：妇女
General Motors 通用汽车，145
George, Henry 乔治，亨利，94
gerrymandering 不公正地划分选区，79
Gilbert, Alan 吉尔伯特，艾伦，5，249
Gilman, Charlotte Perkins 吉尔曼，夏洛特·珀金斯，133，188，191
Gitlow v. New York 吉特洛诉纽约州案，200
Glasser, Ira 格拉泽，艾拉，240
Godkin, E.L. 戈德金，E.L.，60
Gompers, Samuel 冈珀斯，萨缪尔，150－55，191
government 政府，202－22
　集权化证明是合法的，254－55
　经济政策，209，210－11，215－16，242
　对外政策，207－9
　个人自由与～，198－201
　劳工运动与～，213－14
　领导的作用，217－19，247
　地方的影响，210－15
　政府失信，230－31，245，259

现代官僚体制，206
　～在19世纪的作用，68－70
　公共道德与～，209－11
　舆论与～，173，217，231
　集权主义的可能性，218－19
　20世纪的等级制度与～，203－4
graft 贪污，参见：腐败
Great Awakening 大觉醒，17－18
Great Depression 大萧条，210
Green, Philip 格林，菲利普，5，252，263
Greider William 格赖德，威廉，6，8，249
Grimke Frederick 格里姆凯，弗里德里克，31，38，55，59，84，95，172
Griswold v. Connecticut 格里斯沃德诉康涅狄克州案，227
Grodzins, Morton 格罗津斯，莫顿，220
guerrilla politics 游击政治，259－60，262，265
Gutmann, Amy 古特曼，艾米，5

Habermas, Jürgen 哈贝马斯，尤尔根，14，15，261
Hamilton, Alexander 汉密尔顿，亚历山大，28，51
Hamilton, Alice 汉密尔顿，艾丽斯，169
Harding, Warren G. 哈定，沃伦·G.，147
Harrison, William Henry 哈里森，威廉·亨利，22
health and medicine 健康与医疗，19－20，27，189
　工作安全，54，91－95
　健康与医疗的权利，226，239－40
　等级制度
　19世纪早期，17－22，27－30
　20世纪早期的工作，287
　欧洲来访者的偏见与～，42－43

健康保健与～,189
工业化与～,114–15
19世纪的工作与～,23–27
后殖民时代的英格兰,31–33
进步妇女与～,167,171
20世纪的社会,155–61
Hillquit, Morris 希尔奎特, 莫里斯, 132
hippies 嬉皮士, 229–30
Hofstadter, Richard 霍夫施塔特, 理查德, 217, 221–22
Holmes Oliver Wendell, Jr. 霍姆斯, 小奥利弗·温德尔, 200
homosexuals 同性恋, 238
Hoover, Herbert 胡佛, 赫伯特, 206–7, 209
housing 住房, 216
Howe, Frederic 豪, 弗雷德里克, 191
Howells, William Dean 豪厄尔斯, 威廉·迪安, 84
Hull House 赫尔·堂, 192
human rights 人权, 255 参见 rights
Hunter, James Davison 亨特, 詹姆斯·戴维森, 248
Huntington, Samuel 亨廷顿, 萨缪尔, 208, 258

immigrants 移民, 128–31
～的美国化, 178–79
社区领导, 133
19世纪的政治, 80–81
种族类别, 129–31, 179
indentured labor 契约劳工, 24–25
individualism 个人主义, 184, 185–201, 233, 225–27, 239–43, 250–51, 264–66
民权改革, 235

消费主义, 195, 197–98
19世纪早期, 28
政府对～的挑战, 198–201
代际冲突, 190–91
全国性政府与～, 198–201
大众文化, 193–98
自雇, 13, 91–92
价值观与道德, 185–86
妇女与性自由, 191–93, 196–97
工作与～, 194
另参见:权利
industrialization 工业化, 114–15, 141, 181–83
industrial revolution 工业革命, 14, 113
Industrial Workers of the World (IWW) 世界产业工人组织, 130
infant mortality 婴儿死亡率, 189
initiative 进取心, 163, 172, 174
interest groups 利益集团, 71, 163, 203–4, 219, 231
interest rates 利率, 118, 121
investment 投资, 159
iron law of oligarchy 寡头政治铁律, 257, 259

Jackson, Andrew 杰克逊, 安德鲁, 20, 27–28, 73, 74
就职典礼的传说, 76–78
Japanese Americans 日本裔美国人, 213
Japanese democracy 日本的民主, 182
Jefferson, Thomas 杰斐逊, 托马斯, 4, 21, 22, 35, 37, 39, 92
Jim Crow 吉姆·克劳, 125–26, 190
job safety 工作安全, 54, 91–95
Johnson, Lyndon 约翰逊, 林登, 229
Jones, Elaine 琼斯, 伊莱恩, 239

judiciary 司法系统，220，226-27，241

The Jungle (Sinclair)《屠场》(辛克莱)，133

Kallen, Horace 卡伦，霍勒斯，171，178-79

Kaus, Mickey 考斯，米基，252

Kelley, Florence 凯利，弗洛伦斯，169，190，197

Kennedy, John 肯尼迪，约翰，231

Kentucky and Virginia Resolutions 肯塔基与弗吉尼亚决议，35，37

Key, Ellen 基，埃伦，192

Key, V.O. 基，V.O.，217，221

King, Martin Luther, Jr. 金，小马丁·路德，232-35

Kirchwey, Freda 柯奇伟，弗雷达，185

Kiwanis 基瓦尼斯俱乐部，147

Knights of Labor 劳工骑士团，94，122-24

Know Nothing party 一无所知党，81

Korean War 朝鲜战争，208

Kraut, Alan 克劳斯，艾兰，20

Kristol, Irving 克里斯托尔，欧文，5

Ku Klux Klan 三K党，54，102，149，210

labor conspiracy 劳工阴谋，93

labor movement 劳工运动，89-91
  进入公共空间的权利，95
  强迫劳动对～，93-94
  冈珀斯与～，150-55
  地方政治与～，214
  新政时代的政府与～，213-14
  19世纪的阶级状态，121-24
  公共空间权利，136
  对劳工运动的镇压，123，126-27，130
  熟练的工资劳动者与～，131-32
  社会主义者与～，132-33
  妇女与～，167，170-71

LaFollette, Robert 拉福莱特，罗伯特，146，163，208

land reform 土地改革，94

land use, early 19th century 土地的使用，19世纪早期，23-27

Lasch, Christopher 拉希，克里斯托弗，4，250

Lasswell, Harold 拉斯韦尔，哈罗德，220

Lathrop, Julia 莱思罗普，朱莉娅，169

law practice 法律实践，20

leadership 领导
  政府的功能/作用，217-19，247
  移民社区，133
  自由主义者，248
  中产阶级与～，150-55，232
  秘密政治团体，73-74

League of Women Voters 女选民联盟，155，171

Leggett, William 莱格特，威廉，38，68，96

leisure 休闲，186

leisure class 有闲阶级，139

lending 贷款，见信贷

Lerner, Max 勒纳，马克斯，217

Lewis, Flora 刘易斯，弗洛拉，4

Lewis, Sinclair 刘易斯，辛克莱，219

liberalism 自由主义，248

Lichtenberg, Judith 利希滕伯格，朱迪思，262

Lillienthal, David 利连撒尔，戴维，216

Lincoln, Abraham 林肯，亚伯拉罕，67，73，118

Lions 国际狮子会俱乐部，147

Lippmann, Walter 李普曼，沃尔特，148，173-77，185，190，217

Lipset, Seymour Martin 李普塞特，西摩·马

丁, 5, 220
literacy 读写能力, 64, 67, 80, 107
literacy requirements for voting 投票的文化知识要求, 135
lobbies 院外活动集团, 203
local power and politics 地方权利与政治, 70, 144-49, 163-64, 175-76, 210-15
 外部控制, 228-30
Locke, John 洛克, 约翰, 13, 88
Lodge, Henry Cabot 洛奇, 亨利·卡伯特, 102
Lodges 秘密政治集团, 72-75, 79-81, 86, 136, 147
Looking Backward (Bellamy)《回顾》(贝拉米), 124, 172, 187
Lowell, A. Lawrence 洛厄尔, A. 劳伦斯, 173, 175
lower class 下层阶级
 被剥夺公民权, 154-65
 差别意识, 127-31
 下层阶级的边缘, 119-21
 中产阶级的领导与~, 151
 下层阶级的地位下降, 124-37
 参见 class
Lowi, Theodore 洛伊, 西奥多, 241
Lubell, Samuel 卢贝尔, 萨缪尔, 247
Lyell, Charles 莱尔, 查尔斯, 15, 62, 106
lynching 私刑处死, 127, 130
Lynd, Robert 林德, 罗伯特, 217

McCarthyism 麦卡锡主义, 214, 221-22
Mackay, Alexander 麦凯, 亚历山大, 44, 45, 82
McKinley, William 麦金莱, 威廉, 67, 172, 217
McNeill, George 麦克尼尔, 乔治, 122
Macpherson, C. B. 麦克弗森, C. B., 23, 250
Madison, James 麦迪逊, 詹姆斯, 4
majority 多数人, 183, 188, 223, 257
 阶级偏见, 245-46
 杰斐逊论多数人, 39
 权利与多数人, 5, 239-43
 妇女作为多数人, 237
Mann Act 曼法案, 192
manufacturing sector 生产部门, 159
Mapp v. Ohio 马普诉俄亥俄州案, 227
Matineau, Harriet 马蒂诺, 哈里特, 43, 52, 58, 64, 106
Marx, Karl 马克思, 卡尔, 59, 115, 117-18, 121
Maslow, Abraham 马斯洛, 亚伯拉罕, 240
Mason, George 梅森, 乔治, 35
Masons 共济会, 28, 74, 147
mass media 大众传媒, 228, 262-63
 竞选开支, 224
 检查制度, 191
 参见 newspapers
medicine 医疗, 见健康与医疗
melting pot 熔炉, 179
mental health 精神健康, 191
meritocracy 精英管理, 250
Merriam, Charles 梅里安, 查尔斯, 217
Methodists 循道宗教徒, 19
middle class 中产阶级
 非洲裔美国人的个人主义, 195-96
 领导, 232
 地方的影响, 144-49
 下层阶级的边缘, 119-21
 全国性阶级与~, 146-49
 20世纪60年代的政治与~, 230-31

美国经济政策与～,210-11
参见 class
middle-class values 中产阶级的价值观, 185-87
民权运动与～,234
地方价值观与～,229-30
19世纪的劳工运动与～,123
参见 values and morality
military-industrial complex 军事-工业综合体,208
Mill, John Stuart 米尔,约翰·斯图亚特,28
minimum wage 最低工资,171,215
minorities 少数人,见 African Americans
Minor v. Happersett 迈纳诉哈珀塞特案,108
Miranda v. Arizona 米兰达诉亚里桑纳州案,229
Mitchell, John 米切尔,约翰,163
Monroe, James 门罗,詹姆斯,21
morality 道德,见价值观与道德
Mormons 摩门教徒,81
Morone, James 莫伦,詹姆斯,3
Morrow, Prince 莫罗,普林斯,192
Moskowitz, Belle 莫斯科维茨,贝尔,192
Motor Voter Act 汽车选民法案,249
municipal politics 地区政治,163-64
Münsterberg, Hugo 明斯特尔贝格,雨果,159

Nader, Ralph 纳德,拉尔夫,3
National American Woman's Suffrage Association (NAWSA) 全美妇女投票权联合会,108,150,153,155,165-68,192
National Association for the Advancement of Colored People (NAACP) 全国有色人种协进会,152,154,233

national class 全国性阶级,141-49 参见阶级
National Labor Relations Act 国家劳工关系法案,213
national security 国家安全,21
National Urban League 全国城市联盟,151
National Woman's Party 全国妇女党,193
Native Americans 土著美国人,87-88,129-30,203,213
native building 民族构成
美国民主与～,83,181-82
种族主义,98
nativism 本土文化保护主义,80-81,178-79
natural law 自然法,122
neighborhood life 邻里生活,132
New Deal 新政,205-7,213-14
newspapers 报纸,64-65,67,148
New York Times 纽约时报,138
Nie, Norman 尼,诺曼,8,249
Nineteenth Amendment 宪法第十九条修正案,150,165
Nixon, Richard 尼克松,理查德,216,230-31,245
Nozick, Robert 诺齐克,罗伯特,3,250,255

Ogburn, William 奥格本,威廉,143
O'Hare, Kate Richards 奥黑尔,凯特·理查德,133
Omaha Platform 奥马哈宣言,122-23
open balloting 公开投票,29-30 参见 voting
opinion polls 民意测验,240,256
opportunity 机会,118
organized labor 有组织劳工,参见 labor-

movement; unions
Overby, L. Martin 奥弗比，L. 马丁，3

Paine, Tom 潘恩，汤姆，18
Palko v. Connecticut 帕尔克诉康涅狄格州案，200
Parenti, Michael 帕伦蒂，迈克尔，6，249
participation 参与，参见 voting
Pateman, Carole 佩特曼，卡罗尔，6，252
patronage 资助，29
Paul, Alice 保罗，艾丽丝，193
peace movement 和平运动，244-45
Peffer, William 佩弗，威廉，122，202
peonage 服劳役，126
People's power 人民的权力，172
petitioning 请愿，98-99，108，233
Phillips, Kevin 菲利普斯，凯文，3
philosophers 思想家，2-3
Piore, Michael 皮奥里，迈克尔，254
Piven, Frances Fox 皮文，弗朗西斯·福克斯，6，7，249
Planned Parenthood 计划生育，192
Plessy v. Ferguson 普莱西诉弗格森案，103
political action committees 政治行动委员会，242，244
political participation 政治参与，8-9 参见 voting
political parties 政党，204-5，248-49
　　~的无所不包性，80-81
　　作为秘密组织，74-75
　　新英格兰的保守主义，32
　　19世纪，21，29，70，78-81
　　平民党党员，122-24
　　政党改革，259-60
　　南部政治，231

　　20世纪的选民忠诚，206
　　工人阶级与~，89
politicians, disparagement of 对政客的贬损，75
politics 政治，66-68
　　竞选开始，244
　　城市政党组织机构，163-64
　　社区与~，251
　　消费主义与~，218
　　腐败，71，205
　　多样性与~，258，263
　　早期美国，21-22
　　经济与~，205-6
　　欧洲来访者的评论，61-66
　　利益集团，203-4，219，231
　　地方中产阶级与~，146，230-31
　　秘密社团政治，72-75，79-81，86
　　大众传媒与~，262-63
　　地方中产阶级的领导地位，151
　　现代改革（游击政治），258-66
　　19世纪的变革，61-85
　　通用语言，67-68
　　20世纪的南部，222，231
　　价值观与~，8
　　参见 elections; political parties
polls 民意测验，240，256
poll taxes 人头税，135
popular culture 大众文化，193-98
popular participation 大众参与，见 voting
Populist party 平民党，122-24
Potter, David 波特，戴维，217
poverty 贫穷，6-7，127-28，162-63，224
Powderly, Terence 鲍德利，特伦斯，123
preemption policy 公共土地优先购买权政策，26

press 新闻，见 newspapers
price fixing 稳定价格，227
primary elections 初选，172
privacy rights 隐私权，226-27
private sector 私营部门，见 business
professionals 专家，20，147，157-58
progress, in 19th century America 19 世纪美国的发展，57-60
progressive movements 进步运动，150-55，162-65
 杜威与～，175-77
 等级制度与～，167
 李普曼与～，173-77
 下层阶级被剥夺公民权，164-65
 全国性领导人，150-55
 战争与～，168，170，172-73
 参见 civilrights movement; labor movement
Prohibition 禁酒，149，166，189，210
property qualifications for franchise 公民权的财产资格，30-31
protest 抗议，25，213，233
psychology 心理学，188
public health 公共健康，189，参见 health and medicine
publicists 政论家，2-3
publicity 宣传，163
public life, European visitor commentary on 公共生活，欧洲来访者的评论，44-47
public opinion 舆论，173，217，231
 革命后论述，38
Public Opinion（Lippmann）《舆论》（李普曼），174
public order 社会秩序，69-70
public spaces 公共空间，95，136-37，259
public sphere 公共领域，14-15
Pullman, George 普尔曼，乔治，140

Quindlen, Anna 昆德伦，安娜，244

race riots 种族暴乱，127
racial segregation 种族隔离，125-26，233
racism 种族主义
 欧洲民主与～，182，184
 移民与～，129-31，179
 社会党人与～，133
 参见 African Americans; slavery
radio 无线电广播，228
railroads 铁路，94-95，122，141，146
Rand, Ayn 兰德，艾恩，240
rationalization 理性化，156，160
Rawls, John 罗尔斯，约翰，251，263
Reagan, Ronald 里根，罗纳德，242，245，257
referendum 全民公决，163，172，174
religion 宗教
 非洲裔美国人的组织与～，98
 阶级同盟，148，149
 偏执，81
 政治结论与～，86-87
religious revivals 宗教复兴，17-19，32
representation 代表权，35-36
republicanism 共和主义，20，34-35，36-37
Republican Party 共和党，21，29，32，66，70，231
revolution, Marxist ideology of 马克思主义的革命意识形态，115
rhetoric 语言，67-68，261
Rice, Elmer 赖斯，埃尔默，194
rights 权利，5，225-27
 堕胎与～，238-39，241-42
 集体对个人，183-84，188

19 世纪早期的工资劳动者, 89
  非正规政治与~, 265
  健康, 239
  个人主义与~, 184, 250-51, 264-66
  国际人权, 255
  司法与~, 241
  集权政府的合理性, 254-55
  多数人的权力对~, 239-43
  自雇, 13, 91-92
  普遍化, 223-24, 234
  参见 individualism
Riis, Jacob 里斯, 雅各布, 164
Riker, William 赖克, 威廉, 4
Robins, Margaret Dreier 罗宾斯, 玛格丽特·德赖尔, 169, 170
Robinson-Patman Act 罗宾森-帕特曼法案, 227
Roe v. Wade 罗诉韦德案, 238
Roman Catholicism 罗马天主教, 86-87
Roosevelt, Eleanor 罗斯福, 埃莉诺, 218
Roosevelt, Franklin 罗斯福, 富兰克林, 206, 208, 212
Roosevelt, Theodore 罗斯福, 西奥多, 154
Rorty, Richard 罗蒂, 理查德, 251
Rotary 扶轮社, 147
Royce, Josiah 罗伊斯, 乔赛亚, 78
Russell, Charles Edward 拉塞尔, 查尔斯·爱德华, 163

Sabel, Charles 萨贝尔, 查尔斯, 254
safety 安全, 54, 91-95
Sandel, Michael 桑德尔, 迈克尔, 251
Sanger, Margaret 桑格, 玛格丽特, 192
Saturday Evening《星期六晚邮报》, 228
Schattschneider, E.E. 沙特施纳德, E.E., 221

Schlesinger, Arthur Jr. 施莱辛格, 小阿瑟, 208
school desegregation 学校种族隔离的废除, 233
Schumpeter, Joseph 熊彼特, 约瑟夫, 218
science and technology 科学与技术, 143, 148
scientific management 科学管理, 158
segregation 种族隔离, 125-26, 233
self-determination 自决, 91, 186-87
self-directed work 自主工作, 23-27, 43-44, 89, 118, 156, 158, 187
self-employment 自我雇佣, 90
self-help 自助, 90-91, 151
self-ownership rights 自雇的权利, 13, 91-92
self-rule 自治, 39
Seligman, Adam 塞利格曼, 亚当, 4, 250
seniority rules 资深惯例, 67
separate but equal doctrine 隔离但平等原则, 103
settlement house movement 街坊文教馆运动, 127, 170
Seventeenth Amendment 宪法第十七条修正案, 163
sexuality 性行为, 105, 191-93, 196-97, 238
sharecroppers 分成制佃农, 103, 121, 126
Shaw, Anna Howard 肖, 安娜·霍华德, 165, 191
Shaw, Lemuel 肖, 莱缪尔, 92, 94
Sinclair, Upton 辛克莱, 厄普顿, 133
skilled workers 熟练工人, 159
Skinner, B.F. 斯金纳, B.F., 217
Skowronek, Stephen 斯科罗尼克, 史蒂芬, 7

slavery 奴隶制, 16, 52 – 54, 96 – 101, 125
slums 贫民区, 128
Smith, Adam 斯密, 亚当, 23, 30, 44, 88
Smith, Elias 史密斯, 伊莱亚斯, 38
Smith, Margret Bayard 史密斯, 玛格丽特·贝阿德, 76, 78
Smith, T.V. 史密斯, T.V., 194
social hierarchies 社会等级制度, 见 hierarchies
socialism 社会主义, 132 – 33, 249
social justice 社会公平, 169
social registers 社会名人录, 228
social scientists 社会科学家, 2 – 3
social welfare 社会福利, 见 welfare
Sorauf, Frank 索劳夫, 弗兰克, 4
southern politics 南部政治, 222, 231
squatters 擅自占地者, 25, 136
stability 稳定, 220
Stanton, Elizabeth Cady 斯坦顿, 伊丽莎白·卡迪, 108, 111
state 州, 见 government
state government 州政府, 34 – 35, 212
  早期美国政治, 22
Stearns, Harold 斯特恩斯, 哈罗德, 172
Steffens, Lincoln 斯蒂芬斯, 林肯, 146
Stevenson, Adlai 史蒂文森, 艾德莱, 217, 222
strikes 罢工, 121 – 22, 123, 130, 131, 133 – 34, 140
Strossen, Nadine 斯特罗森, 纳丁, 241
suffrage 选举权, 见 woman's suffrage movement
Sundquist, James 森德奎斯特, 詹姆斯, 248

taxes 税, 68 – 69, 216, 245, 260

Taylor, Charles 泰勒, 查尔斯, 251, 264
Taylor, Frederick W. 泰勒, 弗雷德里克·W. 158
technology 技术, 143
Teixeira, Ruy 泰克西拉, 鲁伊, 5
television 电视, 228
temperance 禁酒, 97, 107, 165 – 66
Tennessee Valley Authority (TVA) 田纳西河流域管理局, 211, 212
Therborn, Göran 塞博恩, 戈兰, 5, 7
Thirteenth Amendment 宪法第十三条修正案, 100, 102
Thompson, Samuel 汤姆森, 萨缪尔, 19, 27
Tocqueville, Alexis de 托克维尔, 阿列克西·德, 16, 21, 31, 43, 47 – 48, 64, 72, 138, 240
tolerance 宽容, 142, 222, 224
tort law 侵权行为法, 93
totalitarianism 极权主义, 199, 218 – 19
town meeting 镇民大会, 31, 72
Trenchard, John 特伦查德, 约翰, 36
Trollope, Frances 特罗洛普, 弗朗西斯, 43, 45, 51, 56, 58, 62 – 63, 65, 106
Truman, David 杜鲁门, 戴维, 219
Truman, Harry S. 杜鲁门, 哈里·S., 208, 217
trust 信任, 230
Turner, Frederick Jackson 特纳, 弗雷德里克·杰克逊, 60, 84, 178
Tussman, Joseph 图斯曼, 约瑟夫, 217

unemployment 失业, 125
Unger, Robert Mangabeira 昂格尔, 罗伯特·曼加贝拉, 3
unions 工会, 89, 131, 150 – 55, 160
  土地改革与～, 94

平民党与~, 122
参见 labor movement
unskilled labor 非熟练工人, 124–25, 128, 138–41
upper-upper class 上上层阶级, 143
U. S. Steel 美国钢铁公司, 145
U. S. v. Carolene Products 美国诉卡罗琳产品案, 200

vagrancy law 流浪罪法, 95, 126, 136
values and morality 价值观与道德, 185–86
　公司的责任, 260
　欧洲来访者对美国人的评价, 49
　个人权利对~, 240
　代际冲突, 190–91
　地方对全国性阶级, 148–49
　20 世纪中期的宽容, 222
　现代的统一性, 225
　全国性政府与~, 209–10
　新英格兰的保守主义, 31–33
　19 世纪的劳工运动与~, 123
　非地方性的影响, 228–30
　政治过程与~, 8
　大众文化与~, 193–98
　性行为与~, 191–93
Van Buren, Martin 范布伦, 马丁, 22
Veblen, Therstein 凡勃伦, 索尔斯坦, 140, 194
Verba, Sidney 维巴, 西德尼, 8, 249
Vietnam War 越南战争, 244
vigilantes 治安维持会会员, 52, 102, 130
violence 暴力, 51–52, 54, 63, 262
　劳工改革与~, 123
　下层阶级与~, 130
　少数人与~, 98, 102, 127
　19 世纪的政治, 81
　革命与~, 37
　妇女与~ 105
visitor commentary 游客的评论
　对美国人未开化的评论, 47–54, 62–63
　美国人对~的反应, 54–56
　对美国未来的评论, 57–60
　对报纸的评论, 64–65
　对政治的评论, 61–66
　启蒙运动后的等级偏见与~ 42–43
　对社会生活与社会关系的评论, 44–47
　对健康与阶级的评论, 138–40
　对工作与收益的评论, 43–44
voter apathy 选民的冷漠, 243
voter ignorance 选民的无知, 218, 261
voter registration 选民登记, 135, 249
voting 投票, 29–30, 204–5, 220, 248–49, 253, 255–57
　非洲裔美国人的参与, 98, 100, 243
　直接民主 163, 172
　20 世纪早期的讨论, 176–78
　欧洲的选举, 183
　下层阶级被剥夺公民权, 135–37, 164–65
　现代的改革, 229, 243, 249, 256–57
　相互排斥, 263
　19 世纪的投票率, 83
　不投票者的重要性, 220, 248
　财产与~, 30–31
　公众的冷漠, 243
　世纪之交的投票率, 134–36
　20 世纪的阶级偏向, 180
　妇女投票权运动, 108–10, 150–55, 165–71
Voting Rights Act 选举权利法, 229, 232, 234, 243

wage slavery 工资奴隶制, 93
Wald, Lillian 沃尔德, 莉莲, 169
Walker, David 沃克, 戴维, 99
Wallace, Herry A. 华莱士, 亨利·A., 213, 215
Walzer, Michael 沃尔泽, 迈克尔, 8, 252
Warner, W. Lloyd 沃纳, W.劳埃德, 143
War on Poverty 向贫困开战, 229
Warren, Earl 沃伦, 厄尔, 229
Washington, Booker T. 华盛顿, 布克·T., 103–4, 150–54, 191, 195
Washington, George 华盛顿, 乔治, 21, 64
Watergate scandal 水门丑闻, 245
wealth 财富, 118, 122–23, 138–41, 262
Weber, Max 韦伯, 马克斯, 15
Webster, Daniel 韦伯斯特, 丹尼尔, 22, 64
welfare 福利, 224
    阶级的边界与~, 127
    尼克松与~, 230–31
    私营部门计划, 160
    反贫困战争, 229
Weyl, Walter 韦尔, 沃尔特, 172, 215
Whigs 辉格党党员, 32, 70
white-collar workers 白领工人, 105, 157
White Slavery Act 白奴法案, 192, 196
wife-battering 遭受煎熬的妻子, 105
Wilson, James 威尔逊, 詹姆斯, 28
Wilson, Woodrow 威尔逊, 伍德罗, 168, 174, 207
Wolf, Robert Paul 沃尔夫, 罗伯特·保罗, 6
woman's suffrage movement 妇女投票权运动, 108–10, 150–55, 165–71
women 妇女, 6, 170–71, 236–38
    堕胎权, 238–39, 241–42
    平等权利修正案, 193, 197, 236–38
    个人主义与性自由, 191–93, 196–97
    19世纪时的地位（白人妇女）16, 104–11
Women's Christian Temperance Union 基督教妇女禁酒联合会, 165
Women's Trade Union League 妇女工会联盟, 170
work 工作, 23–27
    欧洲来访者的评论, 43–44
    个人主义与~, 187, 194
    工作安全, 54, 91–95
    19世纪晚期的黑人, 102–3
    下层阶级的边缘与~, 119–21
    种族隔离, 125–26
    自决, 91
    自主, 23–27, 43–44, 89, 118, 156, 158, 187
    自雇的权利, 13, 91–92
    技术工资劳动者, 131–32
    人员更替率, 158
    20世纪的等级制度, 156–61, 187
    价值观, 186
    工资, 124–25, 131, 171, 215
    工资劳动者阶层, 88–96, 119–21, 131–32, 156
    妇女和~, 104–5, 170–71, 196
working class 工人阶级, 88–96, 113–14, 117, 124–25
Works Progress Administration 工程振兴局, 206, 211
World War I 第一次世界大战, 130, 168, 207
World War II 第二次世界大战, 208

youth culture 青年文化, 190–91

Zangwill, Isreal 赞格威尔，伊斯雷尔，179

Ziegler, Harmon 齐格勒，哈蒙，240

译 者 后 记

在当今这个时代,民主似乎具有天然的政治合法性,以至于人们在政治上言必称民主,并把民主当作一种普世价值向世界各地推广。然而,民主制度作为一种权利和利益分配机制并非是完美无缺,民主也不存在一个标准的、整齐划一的形式。实际上,民主在从一种政治理想落实为一种实际制度的过程中,随着从欧洲逐步向外部扩散并在不同的国家和地区发展出不同的形式与内涵。就世界范围来讲,美国的民主制度不同于欧洲,而广大非欧美国家和地区的民主制度又不同于欧美各国的民主制度。相当部分初步实现民主转型的第三世界国家和地区,往往仅具备民主政治的外表,却无法达到理想的效果,甚至呈现出一种橘逾淮为枳或东施效颦的结果。民主制度在不同国家或地区为什么会出现这么大的差异? 一个显而易见的原因是,民主的成长是一个复杂的过程。在这一过程中,由于受不同的历史文化传统、自然物质环境、经济发展条件与水平、种族结构与种族关系、阶级结构与阶级关系等因素的影响,民主制度本身还要不断发生修正和演变。

美国西北大学著名历史学家罗伯特·威布这部《自治——美国民主的文化史》就是通过对美国民主成长历程的考察,分析了影响美国民主制度发展的各种主要因素,以及美国民主制度的演变脉络。作为美国民主史的资深研究者,罗伯特·威布教授对美国民主文化史的研究与分析,在一定程度上为我们揭示了民主制度成长与发展演变的某些规律性的东西。从作者给我们展现的美国民主制度的画面来看,时至今日,美国的民主制度仍然存在诸多不尽人意之处。可以想像,被视为西方民主制度"楷模"的美国尚且如此,那么,当今众多晚近民主化国家和地区的民主制度在成长与发展中由于受当地历史文化、社会经济发展的物质条件等因素的影响而出现各种扭曲与变异，当不足为怪。

把威布教授的这部书一字一句翻译成中文，是一个快乐并痛苦的过程。一方面，作者对美国民主所作的睿智分析与阐述，屡屡给人以启迪，使得本书的翻译工作成为一种不绝如缕的精神享受。另一方面，翻译这本书也使我经历了极其痛苦的肉体及精神折磨。我知道，为了心中的某种承诺与责任，为了译好这本书，一年当中我倾注了几乎全部有效时间、体力与精力，整整一年啊！人的有效生命有几多个一年？不堪回首！

一些师长、同仁和朋友的帮助在我顺利完成本书翻译的过程中是不可或缺的。刘广太教授曾经对本书第二章试译稿作了详细的审阅和精辟的指正。我的老师 James Ernest Boulton 先生多次帮助我克服了我本人所无法克服的翻译障碍，使这部书的翻译得以顺利完成。本书在翻译过程中还得到了茹莹博士、吴辉博士及业师张宏毅教授、陈峰君教授的鼓励与支持。当然，我还必须对商务印书馆的王明毅编辑、张艳丽编辑表示真诚的感谢，他们对我的信任以及他们对翻译质量的严格把关，是我完成本书翻译并把可能的错误降至最低的关键。

我虽尽最大努力试图将这部书的翻译做得更好，但我也清楚地知道，译文中的错误或不当之处在所难免，真诚希望方家不吝指正。

译者　李振广

2005 年 4 月 18 日

图书在版编目(CIP)数据

自治——美国民主的文化史/(美)威布著;李振广译. - 北京:商务印书馆,2006
ISBN 7-100-04562-2

I.自… II.①威… ②李… III.资产阶级民主—政治制度—历史—研究—美国 IV.D771.221

中国版本图书馆 CIP 数据核字(2005)第 063728 号

所有权利保留。
未经许可,不得以任何方式使用。

ZÌ ZHÌ
自 治
——美国民主的文化史

〔美〕罗伯特·H.威布 著

李振广 译

商务印书馆出版
(北京王府井大街36号 邮政编码100710)
商务印书馆发行
北京市白帆印务有限公司印刷
ISBN 7-100-04562-2/K·868

2006年5月第1版　　开本 787×960　1/16
2007年7月北京第2次印刷　印张 23½
印数 5 000 册

定价:34.00元